プリント形式のリアル過去問で本番の臨場感！

北海道

立命館慶祥中学校

2025年春受験用

解答集

本書は，実物をなるべくそのままに，プリント形式で年度ごとに収録しています。
問題用紙を教科別に分けて使うことができるので，本番さながらの演習ができます。

■ 収録内容

・解答集(この冊子です)

書籍ＩＤ番号，この問題集の使い方，最新年度実物データ，リアル過去問の活用，
解答例と解説，ご使用にあたってのお願い・ご注意，お問い合わせ

・2024(令和６)年度 ～ 2020(令和２)年度　学力検査問題

JN132607

○は収録あり	年度	'24	'23	'22	'21	'20	
■ 問題(一般入試)		○	○	○	○	○	
■ 解答用紙		○	○	○	○	※	
■ 配点							

全教科に解説があります

※2020年度の作文用紙は非公表
注)国語問題文非掲載:2022年度の三，2021年度の二

問題文の非掲載につきまして

著作権上の都合により，本書に収録している過去入試問題の本文の一部を掲載しておりません。ご不便をおかけし，誠に申し訳ございません。

本文の一部を掲載できなかったことによる国語の演習不足を補うため，論説文および小説文の演習問題のダウンロード付録があります。弊社ウェブサイトから書籍ＩＤ番号を入力してご利用ください。

なお，問題の量，形式，難易度などの傾向が，実際の入試問題と一致しない場合があります。

教英出版

■ 書籍ＩＤ番号

入試に役立つダウンロード付録や学校情報などを随時更新して掲載しています。
教英出版ウェブサイトの「ご購入者様のページ」画面で，書籍ＩＤ番号を入力してご利用ください。

書籍ＩＤ番号　107401

（有効期限：2025年9月30日まで）

【入試に役立つダウンロード付録】
「要点のまとめ(国語／算数)」
「課題作文演習」ほか

■ この問題集の使い方

年度ごとにプリント形式で収録しています。針を外して教科ごとに分けて使用します。①片側，②中央のどちらかでとじてありますので，下図を参考に，問題用紙と解答用紙に分けて準備をしましょう（解答用紙がない場合もあります)。

針を外すときは，けがをしないように十分注意してください。また，針を外すと紛失しやすくなりますので気をつけましょう。

① 片側でとじてあるもの　　② 中央でとじてあるもの

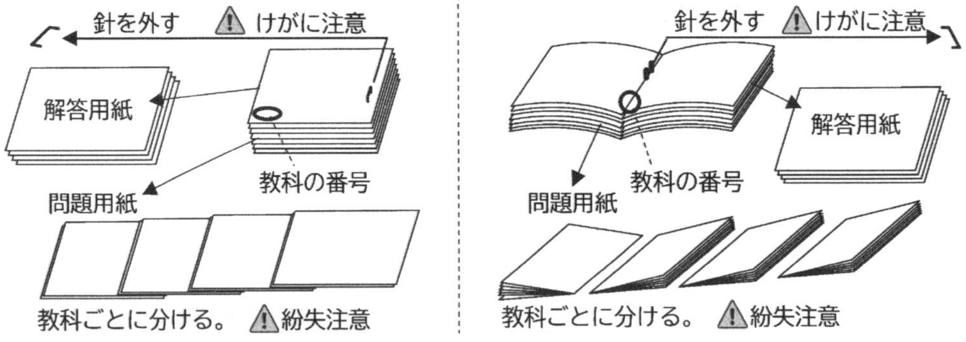

※教科数が上図と異なる場合があります。
解答用紙がない場合や，問題と一体になっている場合があります。
教科の番号は，教科ごとに分けるときの参考にしてください。

■ 最新年度 実物データ

実物をなるべくそのままに編集していますが，収録の都合上，実際の試験問題とは異なる場合があります。実物のサイズ，様式は右表で確認してください。

問題用紙	Ａ４冊子(二つ折り)
解答用紙	Ａ３片面プリント 作文：Ｂ４両面プリント

リアル過去問の活用

～リアル過去問なら入試本番で力を発揮することができる～

本番を体験しよう！

問題用紙の形式（縦向き / 横向き），問題の配置や余白など，実物に近い紙面構成なので本番の臨場感が味わえます。まずはパラパラとめくって眺めてみてください。「これが志望校の入試問題なんだ！」と思えば入試に向けて気持ちが高まることでしょう。

入試を知ろう！

同じ教科の過去数年分の問題紙面を並べて，見比べてみましょう。

① 問題の量

毎年同じ大問数か，年によって違うのか，また全体の問題量はどのくらいか知っておきましょう。どのくらいのスピードで解けば時間内に終わるのか，大問ひとつにかけられる時間を計算してみましょう。

② 出題分野

よく出題されている分野とそうでない分野を見つけましょう。同じような問題が過去にも出題されていることに気がつくはずです。

③ 出題順序

得意な分野が毎年同じ大問番号で出題されていると分かれば，本番で取りこぼさないように先回りして解答することができるでしょう。

④ 解答方法

記述式か選択式か（マークシートか），見ておきましょう。記述式なら，単位まで書く必要があるかどうか，文字数はどのくらいかなど，細かいところまでチェックしておきましょう。計算過程を書く必要があるかどうかも重要です。

⑤ 問題の難易度

必ず正解したい基本問題，条件や指示の読み間違いといったケアレスミスに気をつけたい問題，後回しにしたほうがいい問題などをチェックしておきましょう。

問題を解こう！

志望校の入試傾向をつかんだら，問題を何度も解いていきましょう。ほかにも問題文の独特な言いまわしや，その学校独自の答え方を発見できることもあるでしょう。オリンピックや環境問題など，話題になった出来事を毎年出題する学校だと分かれば，日頃のニュースの見かたも変わってきます。

こうして志望校の入試傾向を知り対策を立てることこそが，過去問を解く最大の理由なのです。

実力を知ろう！

過去問を解くにあたって，得点はそれほど重要ではありません。大切なのは，志望校の過去問演習を通して，苦手な教科，苦手な分野を知ることです。苦手な教科，分野が分かったら，教科書や参考書に戻って重点的に学習する時間をつくりましょう。今の自分の実力を知れば，入試本番までの勉強の道すじが見えてきます。

試験に慣れよう！

入試では時間配分も重要です。本番で時間が足りなくなってあわてないように，リアル過去問で実戦演習をして，時間配分や出題パターンに慣れておきましょう。教科ごとに気持ちを切り替える練習もしておきましょう。

心を整えよう！

入試は誰でも緊張するものです。入試前日になったら，演習をやり尽くしたリアル過去問の表紙を眺めてみましょう。問題の内容を見る必要はもうありません。どんな形式だったかな？受験番号や氏名はどこに書くのかな？…ほんの少し見ておくだけでも，志望校の入試に向けて心の準備が整うことでしょう。

そして入試本番では，見慣れた問題紙面が緊張した心を落ち着かせてくれるはずです。

※まれに入試形式を変更する学校もありますが，条件はほかの受験生も同じです。心を整えてあせらずに問題に取りかかりましょう。

2024 解答例 令和6年度 立命館慶祥中学校

《国　語》

一　問一．①電源　②毛布　③告　④めいろう　⑤ちょぞう　　問二．①エ　②ウ　③オ　④ア　⑤イ

問三．①腹　②口　③目　④頭　⑤鼻　　問四．①足　②機　③六　④賛　⑤正

二　問一．イ　　問二．ア，オ　　問三．ウ　　問四．大金や社会的地位を得ることではなく、小さなことでも自分が「やりがい」や「生きがい」を感じ、幸せだと感じられる　　問五．さまざまなことを学びながら視野を広げ、自分が何をしたいのか、心から幸せだと思えるものは何かを自分自身の中から見出すこと。　　問六．エ

三　問一．ア　　問二．本気で頑張っていないのだから仕方がないと自分に言い訳をすることで、負け犬の現実から目をそむけ、傷つきそうな心を守るもの。　　問三．自分の中に、名晋に憧れ、寂しい心を名晋の演奏でいっぱいにした幼い自分が住んでいて、名晋の音楽が好きだ　　問四．うまくできないのは、いままで本気で練習してこなかった自分への罰だと思う気持ち。　　問五．オ

四　確かに、仕事において必要性を感じたために専門知識を学習するという人が多い。しかし、教養とは知識のことを指すだけではなく、知識を獲得するための方法でもある。

《算　数》

Ⅰ　〔1〕7.44　　〔2〕$\frac{1}{30}$　　〔3〕14　　〔4〕29　　〔5〕180

〔6〕15

Ⅱ　〔1〕21　　〔2〕(1)28　(2)12　　〔3〕(1)125.6　(2)12

Ⅲ　〔1〕2600　　〔2〕3300　　〔3〕右グラフ　道のり…11.1

〔4〕1分40秒後

Ⅳ　〔1〕136　　〔2〕152　　〔3〕ア．×　イ．×　ウ．○

〔4〕(1)216.5　(2)50

A駅とD駅の間で速さが変化したようす

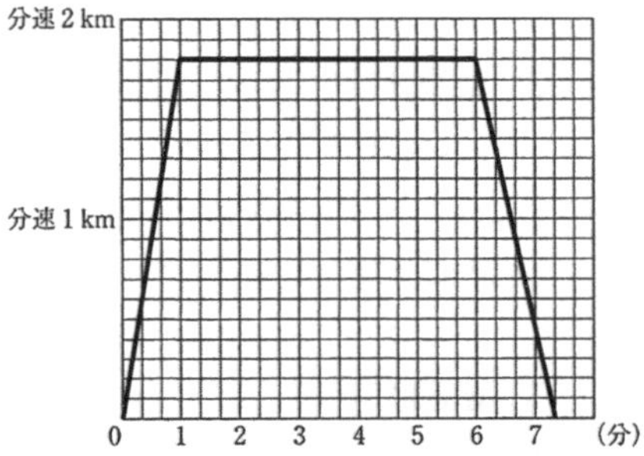

《理　科》

Ⅰ　〔1〕(1)ウ，オ　(2)エ　　〔2〕(1)D　(2)エ　　〔3〕(1)C　(2)①イ　②イ

〔4〕(1)ウ　(2)ア

Ⅱ　〔1〕エ　　〔2〕スチールウールに塩酸を加えると気体が発生するが，スチールウールを燃やしたあとにできた物質に塩酸を加えても気体は発生しない。

〔3〕1.38　　〔4〕5.5　　〔5〕イ　　〔6〕1.04　　〔7〕エ　　〔8〕イ

Ⅲ　〔1〕直列　　〔2〕ア　　〔3〕右グラフ　　〔4〕太さが太く，長さが短い電熱線。　　〔5〕480　　〔6〕22.4　　〔7〕ア

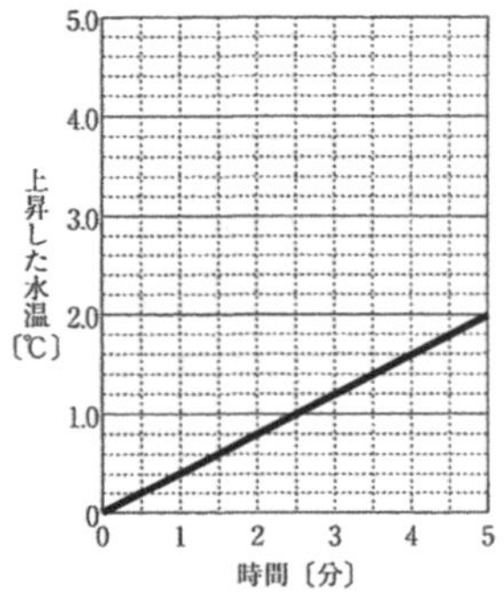

Ⅳ　〔1〕(1)気管　(2)エ　(3)イ，ウ，エ　　〔2〕ア，ウ　　〔3〕地球温暖化

〔4〕空気中の二酸化炭素が海水に多くとけるから。　　〔5〕ウ　　〔6〕22.9

《社　会》

Ⅰ　〔1〕X．カルデラ　Y．シラス　Z．地熱　〔2〕ウ　〔3〕イ　〔4〕エ　〔5〕扇状地
〔6〕イ　〔7〕イ　〔8〕記号…ア　区名…千代田

Ⅱ　〔1〕(後)漢　〔2〕(1)エ　(2)ひらがな〔別解〕かな文字　〔3〕(1)エ　(2)同じ耕地で，1年に2回異なる作物を栽培する農業。　〔4〕(1)イ　(2)エ　〔5〕(1)殖産興業　(2)ウ　〔6〕イ
〔7〕記号…B　政治…摂関政治

Ⅲ　〔1〕ア　〔2〕新興国や途上国は南半球，先進国は北半球に多く位置していることが表現の由来であり，グローバル・サウスの経済規模がグローバル・ノースに比べて低く，南北問題と呼ばれる格差がある。
〔3〕(1)ア　(2)ウ　(3)ア，ウ，エ　〔4〕(1)非核三原則　(2)日米安全保障条約に基づき，アメリカが核戦力を含むあらゆる種類の能力を通じて，日本に対して拡大抑止を提供することが規定されているため，核兵器禁止条約の禁止事項と矛盾が生じるから。　〔5〕イ

Ⅳ　企業側のメリットは，在庫を抱えるリスクを減らし，収益を最大化できることであるが，デメリットは，ダイナミックプライシングそのものの認知度が低いため，価格の変動に対して消費者から不信感を抱かれる可能性があることである。一方，消費者側のメリットは，需要が少ない場合には商品やサービスを安価で購入できることであるが，デメリットは，需要が多い場合には価格が高額になることである。

《作　文》

〈作文のポイント〉

・最初に自分の主張、立場を明確に決め、その内容に沿って書いていく。
・わかりやすい表現を心がける。自信のない表現や漢字は使わない。
さらにくわしい作文の書き方・作文例はこちら！→

https://kyoei-syuppan.net/mobile/files/sakupo.html

《2024 国語 解説》

一 問二① エは反対の意味をもつ漢字の組み合わせ。他は、上の漢字が下の漢字を打ち消しているもの。

② ウは同じような意味をもつ漢字の組み合わせ。他は、上の漢字が下の漢字を説明しているもの。

③ オは同じような意味をもつ漢字の組み合わせ。他は、反対の意味をもつ漢字の組み合わせ。

④ アは上の漢字が下の漢字を説明しているもの。他は、下の漢字から上の漢字に返って読むと意味がわかるもの。

⑤ イは上の漢字が下の漢字を説明しているもの。他は、上の漢字が主語で下の漢字が述語になっているもの。

問四①「自給自足《じきゅうじそく》」は、必要なものを自分自身の力で生産してまかなうこと。　②「心機一転《しんきいってん》」は、あることをきっかけにして、気持ちがすっかり変わること。　③「四六時中《しろくじちゅう》」は、一日中。　④「自画自賛《じがじさん》」は、自分のことを自分でほめること。　⑤「公明正大《こうめいせいだい》」は、公平で、やましいところや私心がなく、正しいこと。

二 **問一** ——線部①の「傾向《けいこう》」は、直前の「これ」が指している「若者たちの間に海外志向が高まっている」ということを指す。このことについて、「日本だけでなく、そのほかの国の人たちも、いち早く海外に飛び出して、新しいものを吸収し～世界が求めていることに取り組もうと考えている」「グローバル人材の育成は、国境を越《こ》えた教育が不可欠だ～ことで若い人たちの可能性はどんどん大きなものへとなっていく」と述べていることから、イのような考えが読み取れる。

問二 イの「図2からは～農業に従事しよう～副業に自分のやりがいを見つける～読み取れる」、ウの「著《いちじる》しく減少している」、エの「すべての世代で、半数以上が地方への移住に関心を持っており」は誤り。

問三 A.「幸福を勝ち取る手段じゃない」というより、どちらかといえば「数ある幸せの形のほんの一つでしかない」というつながりなので、「むしろ」が適する。　B. 直前で述べた「農業といえば、若者から遠ざけられる仕事だった」「農家で生まれ育った子供たちでさえ、跡《あと》を継《つ》ぐことを嫌《いや》がるほどだった」とは逆の傾向に変わりつつある、「農業ブームがこうした状況《じょうきょう》を打破しつつある」というつながりなので、「しかし」が適する。

問四 「農業ブーム」と「地方移住」の話は、「農業ブーム」の話の直前で述べたことの具体例である。——線部②は、それらの具体例をふまえて、もう一度まとめていると言える。よって、「ビジネスを成功させて高収入を得ることだけが、幸福を勝ち取る手段じゃない～ここ 10 年くらいの間に～若い人たちは、お金とは別のところに価値を見出すようになっていった～『やりがい』『生きがい』」「お金や社会的地位に固執《こしつ》するのではなく、小さなことであっても、自分がやっていて幸せだと感じられることに価値を見出しはじめた」という部分をまとめる。

問五 本文の最後で「君たちがするべきなのは、社会に出る前にさまざまなことを学びながら視野を広げて、自分が何をしたいのか、心から幸せだと思えるものは何かを考えることだ」「その答えは、人から与《あた》えてもらうものではなく、自分自身の中から見出すもの」と述べていることからまとめる。

問六 本文中で「お金持ちの家に生まれて～でなければ、グローバル人材になれない～僕《ぼく》はこの意見には反対だ」「世界へ飛び出して成功するには、お金やコネなんて大して重要ではない～どれだけ大きな情熱を持っているかだ～既存《きそん》のものをうまく利用～世界が求めるスキルを身につけることはできる。大事なのは～格差だとか、そういう枠《わく》に自分をはめ込《こ》み、可能性を限定しないことだ」と述べていることに、エが適する。

三 **問一** A.「羨望《せんぼう》」は、うらやむこと。　B.「嘲笑《ちょうしょう》」は、あざわらうこと。

問二 ここでの「スイッチ」は、「『本気で頑張《がんば》っていない』というスイッチ」。具体的には「演奏がうまくできなくても、目立てなくても、『それ以外』でも(座奏Aチーム・パレコンチームに入れなくても)、『本気で頑張っていない』のだから仕方がない」と思うためのスイッチである。つまり、自分の現実から目をそむけるために用意した言い訳だと言える。なぜこのようなスイッチが必要なのか。――線部②の直前の段落に「(負け犬の中の負け犬だと感じて)ズタズタにされるはずだったアリスの心は～スイッチを押《お》すことで守られた」とあるのを参照。ここから、「ズタズタ」にされないように心を守るためのものだと読み取れる。

問三　《シング・シング・シング》の演奏が始まった時の子どもたちの様子を見てアリスが思ったことが書かれている部分を参照。「夢は破れた。なのに、部活をやめなかったのは、やっぱり名晋《めいしん》の音楽が好きだったからだ。あのころ、名晋に憧《あこが》れ、寂《さび》しい心を名晋の演奏でいっぱいにした幼い女の子が、まだアリスの中に住んでいる」とあることからまとめる。

問四　――線部③の前後で「ダメだ！　やっぱりダメだ！　なんで私はうまくできないんだろう！」「いままで本気で練習してこなかった罰《ばつ》だ。私は自分に罰せられてるんだ……」と思っていることからまとめる。

問五　「本気で頑張っていない」スイッチをオンにして、「ひねくれた態度をし、練習は適当にこなし、ひたむきに頑張っている者たちを裏で嘲笑し」、自分のことを「負け犬」だと思っていたアリスだったが、保育園児を招いての演奏会を通して、自分が名晋の音楽が好きであることを再認識し、最後にはソロの演奏を成《な》し遂《と》げた様子が書かれているので、オが適する。

四　一文目は、「教養よりも専門知識の方が、将来生かしやすい」という兄の考えを、「確かに」と認める内容になる。よって、【資料Ⅱ】から、「現在または当時の仕事において必要性を感じたため」に「仕事に必要な知識・技能や資格に関すること」を学習する人が多いという内容を書く。「しかし」で始める二文目は、一文目で認めた内容とは異なる内容となり、それが書き手の主張につながる。【資料Ⅰ】では、「教養とは知識のことを指すだけではなく、知識を獲得《かくとく》するための方法でもあるとすればどうでしょうか。そうすると、『教養がある』とは～新たな知識を手に入れるための方法を持っているかどうか、そして知識を手に入れる方法を複数持っているか、ということも意味することになります」と述べている。この部分と［ア］の直後の内容を照合し、下線部を用いて書く。

《2024　算数　解説》

Ⅰ　〔1〕　与式＝5.04＋2.4＝**7.44**

〔2〕　与式＝$(\frac{4}{3}-\frac{3}{4})\div 3\frac{3}{4}\times\frac{3}{14}=\frac{16-9}{12}\div\frac{15}{4}\times\frac{3}{14}=\frac{7}{12}\times\frac{4}{15}\times\frac{3}{14}=\mathbf{\frac{1}{30}}$

〔3〕　与式より，□×3×108－19×2×108＝4×108　(□×3－38)×108＝4×108　□×3－38＝4

□×3＝4＋38　□＝42÷3＝**14**

〔4〕　約数が2個だけある整数は素数(約数が1とその数自身のみの整数)である。素数を小さい順に並べると，

2，3，5，7，11，13，17，19，23，29，……となるから，10番目に小さい素数は**29**である。

〔5〕　**【解き方】2月に生産した個数を100とすると，3月は100×$(1+\frac{16}{100})$＝116，1月は100×$\frac{6}{5}$＝120となる。**

120＋100＋116＝336が504個にあたるので，1月に生産した製品の個数は，504×$\frac{120}{336}$＝**180**(個)

〔6〕　**【解き方】入場した人数は，(新しく行列に並んだ人数)＋(行列が減った人数)である。**

12分の間に行列が，1500－1200＝300(人)減ったので，1分あたり300÷12＝25(人)減った。したがって，1つの入場口からは1分あたり30＋25＝55(人)入場する。入場口を2つにしたときからは，1分あたり行列が55×2－30＝80(人)減るから，求める時間は，1200÷80＝**15**(分後)

Ⅱ　〔１〕　**【解き方】ＢＣ＝ＢＥ＝ＢＡより，三角形ＡＢＥが二等辺三角形であることを利用する。**

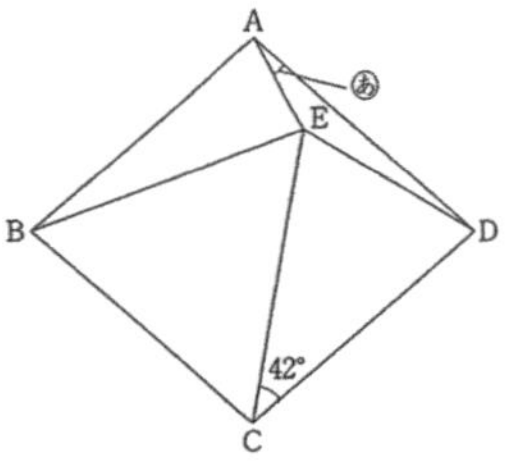

角ＢＣＤ＝60°＋42°＝102°で，平行四辺形(ひし形は平行四辺形にふくまれる)のとなりあう角の和は180°だから，角ＡＢＣ＝180°－102°＝78°

角ＡＢＥ＝78°－60°＝18°であり，三角形ＡＢＥが二等辺三角形だから，

角ＢＡＥ＝(180°－18°)÷２＝81°

角ＢＡＤ＝角ＢＣＤ＝102°だから，角㋐＝102°－81°＝**21°**

〔２〕　**【解き方】図１の色がついた三角形は，最も長い辺の長さが16㎝の直角二等辺三角形である。したがって，直線ＡＢの左側にある色がついた三角形と，直線ＣＤの右側にある色がついた三角形は，直角をはさむ２辺の長さが６㎝の直角二等辺三角形である。**

図Ⅰ

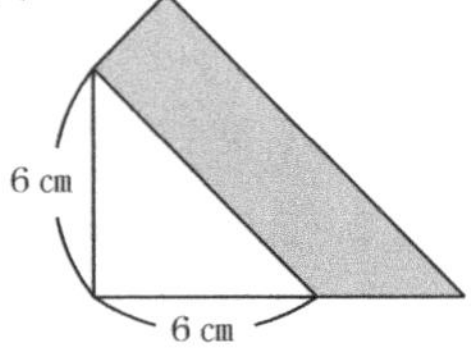

図Ⅱ

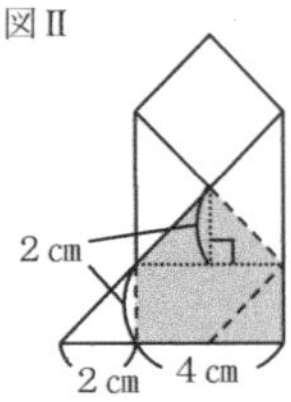

⑴　右の図Ⅰの色がついた部分の面積を求めればよいので，

16×８÷２－12×６÷２＝**28**(㎠)

⑵　右の図Ⅱの色がついた部分の面積を求めればよいので，

２×４＋４×２÷２＝**12**(㎠)

〔３〕⑴　**【解き方】長方形アは図２の円柱部分の側面になるから，５㎝でない方の辺の長さは底面の円周と等しい。**

図２の円柱部分の底面は円イであり，その円周は８×3.14(㎝)である。

よって，長方形アの面積は，５×(８×3.14)＝40×3.14＝**125.6**(㎠)

⑵　**【解き方】右図より，求める辺の長さはおうぎ形ウの半径と等しいとわかる。**

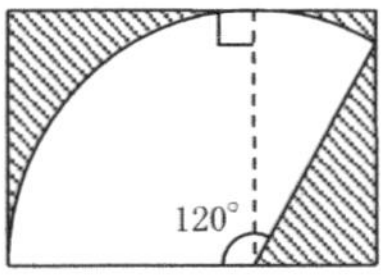

おうぎ形ウの曲線部分の長さは，長方形アの長い方の辺の長さと等しく，８×3.14(㎝)である。中心角が120°のおうぎ形は同じ半径の円を$\frac{120^\circ}{360^\circ}=\frac{1}{3}$にしたものだから，

おうぎ形ウと同じ半径の円の円周は，(８×3.14)×３＝24×3.14(㎝)である。

したがって，おうぎ形ウの半径は24÷２＝**12**(㎝)であり，これが求める長さである。

Ⅲ　〔１〕　秒速20ｍで160－30＝130(秒)進んだから，20×130＝**2600**(ｍ)

〔２〕　アの面積は，30×20÷２＝300だから，０秒～30秒の間に300ｍ進んだ。

ウの面積は，(200－160)×20÷２＝400だから，160秒～200秒の間に400ｍ進んだ。

よって，Ａ駅とＢ駅の間の道のりは，300＋2600＋400＝**3300**(ｍ)

〔３〕　図の横の１目盛りは20秒，縦の１目盛りは分速0.1㎞である。グラフは，点(０分，分速０㎞)→点(１分，分速1.8㎞)→点(６分，分速1.8㎞)→点(７分20秒，分速０㎞)の順に直線で結べばよい。

〔２〕と同様に面積から道のりを求めると，０分～１分の間に進んだ道のりは，１×1.8÷２＝0.9(㎞)，１分～６分の間に進んだ道のりは，1.8×(６－１)＝９(㎞)である。７分20秒－６分＝$1\frac{20}{60}$分＝$\frac{4}{3}$分だから，６分～７分20秒の間に進んだ道のりは，$\frac{4}{3}$×1.8÷２＝1.2(㎞)である。

よって，Ａ駅からＤ駅までの道のりは，0.9＋９＋1.2＝**11.1**(㎞)

〔４〕　普通電車が出発してから30秒後に速さが秒速20ｍになったとき，普通電車は300ｍ進んでいる。このとき特急電車は出発してから30－20＝10(秒)走っている。特急電車は最初の１分＝60秒で0.9㎞＝900ｍ進むから，最初の10秒では900×$\frac{10}{60}$＝150(ｍ)しか進んでおらず，まだ普通電車に追いつけていない。

特急電車が出発してから１分後に速さが分速1.8㎞になったとき，特急電車は900ｍ，普通電車は，300＋20×(20＋60－30)＝1300(ｍ)進んでいて，1300－900＝400(ｍ)はなれている。

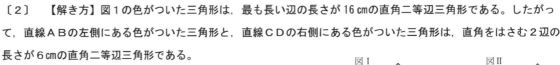

分速 1.8 ㎞は，$\frac{1.8\times1000}{60}$＝30 より秒速 30mだから，特急電車が普通電車に追いつくのは，さらに$\frac{400}{30-20}$＝40(秒後)である。このとき，特急電車も普通電車もまだ速さが一定で走っている状態だから，条件に合う。

よって，求める時間は**1分 40 秒後**である。

Ⅳ　〔1〕　受験者数はB方式の方がA方式より少ないので，B方式の受験者数は 159 人以下である。

A方式の倍率は$\frac{160}{64}$＝2.5(倍)だから，B方式の倍率は 2.5 倍より大きい。したがって，B方式の受験者数は 54×2.5＝135(人)より多い。以上より，B方式の受験者数は**136** 人以上 159 人以下である。

〔2〕　**【解き方】B方式の受験者数は５で割ると２余る数であり，また，４の倍数である。５で割ると２余る４の倍数に８を足すと，４と５の公倍数，つまり最小公倍数である 20 の倍数となる。**

B方式の受験者数は 20 の倍数より８小さい数である。(1)より，B方式の受験者数は 136 人以上 159 人以下だから，条件に合う人数は，20×８－８＝**152**(人)だけである。

〔3〕　ア．合格者の 70%以上は，64×$\frac{70}{100}$＝44.8 より，45 人以上である。グラフより，60 点以上は，９＋17＋12＋６＝44(人)だから，正しいといえないので，**×**。

イ．グラフより，上から 10 番目は 80 点以上 90 点未満にふくまれ，50 番目は 50 点以上 60 点未満にふくまれる。この２人の得点の差は最大で 89－50＝39(点)だから，正しいといえないので，**×**。

ウ．全員が考えられる最も低い得点だった場合の平均点を計算する。例えば，90 点以上 100 点未満の６人は全員 90 点と考える。このように計算すると合計点は，30×１＋40×５＋50×14＋60×９＋70×17＋80×12＋90×６＝4160(点)となるから，平均点は 4160÷64＝65(点)となる。よって，平均点は 65 点以上となるので，正しいといえるから，**○**。

〔4〕(1)　**【解き方】面積図で考える。**

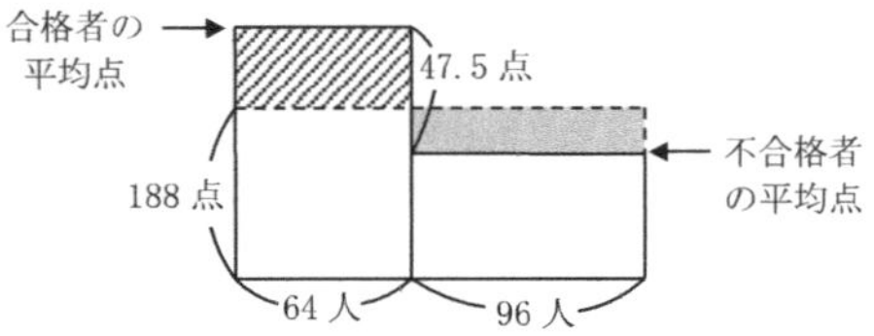

不合格者は 160－64＝96(人)だから，右のような面積図がかける。斜線の長方形と色をつけた長方形は面積が等しく，横の長さの比が 64：96＝２：３だから，縦の長さの比は３：２である。

よって，合格者の平均点は，188＋47.5×$\frac{3}{3+2}$＝**216.5**(点)

(2)　**【解き方】受験者全体の算数の平均点と，考えられる最小の，合格者の算数の平均点を求め，面積図を利用する。**

受験者全員，国語と理科がそれぞれ同じ点数と考える。全員の国語の点数を 8.5 点ずつ，理科の点数を 8.5＋３＝11.5(点)ずつ下げると，全員の国語と理科の点数は受験者全体の算数の平均点と等しくなる。このとき，受験者全体の合計点の平均点は，188－8.5－11.5＝168(点)だから，受験者全体の算数の平均点は，168÷３＝56(点)である。考えられる最小の，合格者の算数の平均点は，〔3〕ウより 65 点である。これは受験者全体の算数の平均点より 65－56＝９(点)高いから，右のような面積図がかける。

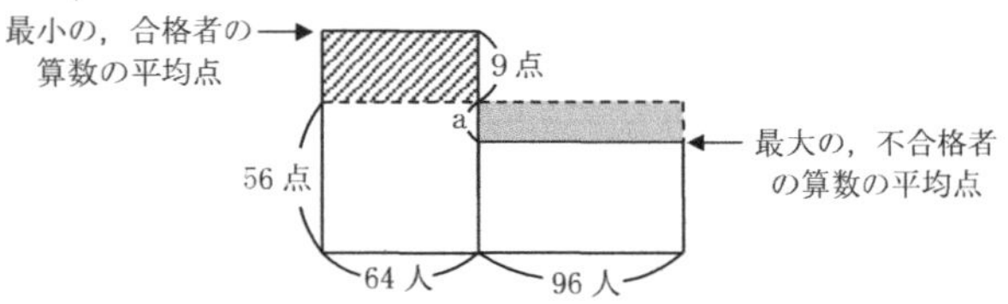

(1)より，a＝９×$\frac{2}{3}$＝６(点)だから，不合格者の算数の平均点は，56－６＝**50**(点)以下である。

《2024　理科　解説》

Ⅰ　〔1〕(1)　たまごの姿以外で冬をこすこん虫について，アは幼虫，イはさなぎ，エとカは成虫の姿で冬をこす。

(2)　バッタなどのこん虫のからだは，頭，胸，腹の３つの部分に分かれていて，３対(６本)のあしがすべて胸についている。

〔２〕　より多くの鏡ではね返った光が当たっているところほど明るく，温度が高くなる。Ｄは３枚，ＢとＥは２枚，ＡとＣとＦは１枚の鏡ではね返った光が当たっている。

〔３〕　物体をあたためると体積が増える。このとき，液体である水よりも気体である空気の方が体積の増え方が大きいので，あたためる前の空気の体積が大きいものほど，ガラス管の中の色のついた水が大きく動くと考えればよい。

〔４〕(1)　黒っぽい雲は雨を降らせる雲で，アやウなどである。また，空の低いところに全体的に広がるのは層状の雲だから，ウが正答となる。　(2)　雨が降っておらず，雲の量が０～８のときは晴れ，９～10のときはくもりである。よって，１日目はくもり，２日目と３日目は晴れである。

Ⅱ　〔１〕　石灰水は二酸化炭素に反応して白くにごる。スチールウール(鉄)を燃やしても二酸化炭素は発生しないので，石灰水は変化しない。

〔２〕　塩酸と鉄などの金属が反応したときに発生する気体は水素である。

〔３〕　表１で，加熱後にできた物質の重さがスチールウールの重さよりも大きくなったのは，スチールウールに酸素が結びついたためである。スチールウールと酸素が結びつくときの重さの割合は一定だから，0.84ｇのスチールウールの加熱後の重さが1.16ｇであれば，1.00ｇのスチールウールの加熱後の重さは$1.16\times\frac{1.00}{0.84}=1.380\cdots\to$1.38(ｇ)である。

〔４〕　表１より，0.84ｇのスチールウールがすべて反応すると，1.16－0.84＝0.32(ｇ)の酸素が結びつくことがわかる。スチールウールの重さが2.00ｇのとき，結びついた酸素の重さは2.72－2.00＝0.72(ｇ)であり，酸素と結びついたスチールウールは$0.84\times\frac{0.72}{0.32}=1.89$(ｇ)だから，反応していないスチールウールの重さは2.00－1.89＝0.11(ｇ)である。よって，0.11÷2.00×100＝5.5(％)となる。

〔５〕　氷の密度は0.92ｇ/㎤，エタノールの密度は0.79ｇ/㎤で，氷の方が密度が大きいから，氷はエタノールにしずむ。

〔６〕　密度を求める式より，$\frac{5.2}{5}=1.04$(ｇ/㎤)となる。

〔７〕　密度が大きい順に並べると，食塩水＞プラスチック＞水＞菜種油＞エタノールとなるから，プラスチックは食塩水にうき，その他の液体にはしずむ。

〔８〕　密度が大きい順に並べると，食塩水＞物体Ｘ＞菜種油となるから，食塩水と菜種油では食塩水が下にきて，物体Ｘは食塩水にはうき，菜種油にはしずむ。なお，ア，ウ，カのように，物体Ｘの全体が(底につくことなく)１種類の液体中にあるのは，物体Ｘとその液体の密度が同じときである。

Ⅲ　〔２〕　ＡとＢは，長さが同じで太さが異なるから，結果の違《ちが》いが太さによるものだと判断できる。表より，Ａでは１分あたり0.8℃，Ｂでは１分あたり0.4℃上昇《じょうしょう》しているので，電熱線の太さが太いＡの方が多くの熱を発生していると考えられる。

〔３〕　ＡとＢの結果から，上昇温度は電熱線の太さに比例し，ＢとＣの結果から，上昇温度は電熱線の長さに反比例すると考えられる。よって，Ｅは，太さがＡと同じで，長さがＡの２倍だから，同じ時間での上昇温度がＡの半分になる。つまり，水温の変化はＢと同じになるから，５分後の上昇温度が22.0－20.0＝2.0(℃)になる比例のグラフをかけばよい。

〔５〕　Ｂの４分後の上昇温度は21.6－20.0＝1.6(℃)だから，８分後の上昇温度はその２倍の3.2℃である。よって，水150ｇの温度が3.2℃上昇したから，水が得た熱量は１×150×3.2＝480(cal)である。

〔6〕　Dの5分後の水温は24.0℃だから，この150gの水は1×150×24.0＝3600(cal)の熱量をもっていると考えられる。同様に考えると，20.0℃の水100gは1×100×20.0＝2000(cal)の熱量をもっているので，150＋100＝250(g)の水が3600＋2000＝5600(cal)の熱量をもっているときに何℃になるかを求めればよいので，5600÷250＝22.4(℃)が正答となる。なお，それぞれの水の温度(20.0℃と24.0℃)の間を体積の逆比に分ける温度になると考えることもできる。つまり，20.0℃よりも(24.0−20.0)×$\frac{150}{150+100}$＝2.4(℃)高くなるから，22.4℃である。

〔7〕　Cの5分後の水温が21.0℃(上昇温度が1.0℃)であることに着目する。Cでかん電池を4個にして同様の操作を行うと，5分後の水温が24.0℃(上昇温度が4.0℃)になるから，電熱線の太さと長さの条件がCと同じアが正答となる。

Ⅳ　〔1〕(1)　Pを気管，その先の枝分かれした部分を気管支という。　(3)　イとウはヒトと同じほ乳類，エは鳥類で，ほ乳類や鳥類は肺で呼吸する。アは魚類であり，皮ふやえらで呼吸する。

〔2〕　ア○…図1より，石炭が150億トンより少し大きく，石油が約90億トン，天然ガスが65億トンより少し大きい。よって，合計で150＋90＋65＝305(億トン)より少し大きいので，正しい。　イ×…図1より，約150÷90＝1.6…(倍)となるので，誤り。　ウ○…図2より，約420÷280＝1.5(倍)となるので，正しい。　エ×…図1で，1850年以降に化石燃料による二酸化炭素の排出量がだんだん増加していくと，図2でも大気中の二酸化炭素の濃度が増加していく関係が読み取れるので，誤り。

〔4〕　二酸化炭素の水溶液《すいようえき》(炭酸水)は酸性である。

〔5〕　図4より，二酸化炭素は水の温度が低いときほど水にとける量が多くなることがわかる。

〔6〕　1年間で1m^2あたり約0.53kgの二酸化炭素をたくわえるから，43200m^2整備すれば，0.53×43200＝22896(kg)→22.896t→22.9tの二酸化炭素をたくわえることができる。

《2024　社会　解説》

Ⅰ　〔1〕　X＝カルデラ　Y＝シラス　Z＝地熱　　X．火山噴火でできた巨大なくぼ地をカルデラという。Y．水はけのよいシラス台地は，稲作に向かず，茶の栽培や畑作，畜産がさかんである。Z．九州地方には，大分県の八丁原地熱発電所をはじめ，多くの地熱発電所がある。

〔2〕　ウ　　中部地方に属するのは静岡県だから，みかんと茶の産出額が多いウを選ぶ。アは広島県，イは京都府，エは岩手県。

〔3〕　イ　　アットゥシ織は，北海道の先住民族アイヌの織物である。①のグラフは沖縄県である。

〔4〕　エ　　アは，瀬戸大橋ではなく，明石海峡大橋・大鳴門橋であれば徳島県，イとウは島根県。

〔5〕　扇状地　　れきや砂が積もった扇状地の扇央部分は，水はけがよいので果樹の栽培に適している。

〔6〕　イ　　★は名古屋港だから，自動車組み立て工場のイを選ぶ。自動車組み立て工場は，太平洋ベルトと関東内陸部に多く立地している。アは製紙工場，ウは半導体工場，エは製鉄所。

〔7〕　エ　　南高梅は和歌山県の特産品である。エは和歌山県みなべ町の条例。アは青森県板柳町，イは秋田県横手市，ウは北海道留萌市の条例である。

〔8〕　記号…ア　区名…千代田区　　千代田区は，夜間人口が少なく，夜になると急激に人が少なくなる。イは江東区，ウは世田谷区，エは江戸川区。

Ⅱ　〔1〕　(後)漢　　福岡県の志賀島で発見された，漢委奴国王と刻まれている金印は，1世紀に後漢の皇帝から奴国の王に授けられたものと考えられている。

〔２〕⑴　エ　　平安時代中頃に広まった日本独自の文化を国風文化という。写真Ｂは，『源氏物語絵巻』。

⑵　ひらがな〔別解〕かな文字　　ひらがなは，漢字をくずしてつくられ，カタカナは漢字の一部を切り取ってつくられた。

〔３〕⑴　エ　　アは桃山文化，イは鎌倉文化，ウは天平文化(奈良時代)。　⑵　米の裏作で小麦を栽培する二毛作が行われた。

〔４〕⑴　イ　　写真Ｄは松尾芭蕉とその弟子曾良である。元禄文化は，江戸時代前半に上方(京都・大阪)の商人を担い手として栄えた。　⑵　エ　　松尾芭蕉の訪れたルートに，神奈川県西部の箱根は含まれていない。

〔５〕⑴　殖産興業　　「工業の近代化」とあるので，殖産興業とする。国を豊かにして力をつけ，強い軍隊をもつことを目指した「富国強兵」と間違えないようにしよう。　⑵　ウ　　製糸工場で長時間労働をさせられていたのは若い女工たちであった。

〔６〕　イ　　米騒動は1918年に起きた。シベリア出兵を見越した商人による米の買い占めで，米価が急に高くなり，人々の生活は大きな打撃を受けた。富山県の漁村で，女性たちが米の安売りなどを要求する運動を起こしたことが新聞で報道されると，この動きは全国に広がり，各地で民衆が米屋や精米会社を襲った。米騒動の責任をとって退陣した寺内内閣に代わって，初の本格的な政党内閣である原内閣が発足した。アは1905年，ウは1895年，エは1905年～1910年。

〔７〕　Ｂ／摂関政治　　自分の娘を天皇に嫁がせ，生まれた男子を天皇に立て，自らが外戚として摂政や関白に就き，政治の実権をにぎる政治を摂関政治という。

Ⅲ　〔１〕　ア　　日本国憲法第99条は，憲法尊重擁護の義務を規定していて，「天皇又は摂政及び国務大臣，国会議員，裁判官その他の公務員は，この憲法を尊重し擁護する義務を負ふ」とある。法の支配…国の権力のはたらきが，民主的に定められた法によって制限されること。

〔２〕　先進国と途上国の間の格差を南北問題という。途上国の生産者や経営者の自立をうながす支援として，フェアトレードを進めることも，南北問題解消の取り組みの１つである。

〔３〕⑴　ア　　インドは，中国を抜いて人口が１位となった。オーストラリアはオセアニア州にある。

⑵　ウ　　世界保健機関の説明である。アは国際通貨基金，イは経済協力開発機構，エは世界貿易機関の略称。

⑶　ア，ウ，エ　　ア．誤り。2023年現在，国際連合の加盟国数は193である。ウ．誤り。安全保障理事会は，アメリカ合衆国，ロシア，イギリス，フランス，中国の５か国で，アジアの国(中国)が含まれている。エ．誤り。拒否権は，安全保障理事会の常任理事国だけに与えられた権利である。

〔４〕⑴　非核三原則　　非核三原則を唱えた佐藤栄作首相は，後にノーベル平和賞を受賞した。

〔５〕　イ　　アは1993年，ウは2016年，エは1985年。

Ⅳ　ホテルなどの宿泊料金やテーマパークの入場料金などにダイナミックプライシングが適用されている。企業側は，需要が高まる時期に金額を上げることで収益を伸ばすことができ，需要が低い時期に金額を下げることで，商品の売れ残りをなくして，余剰在庫を削減することができる。

立命館慶祥中学校

《国　語》

一　問一．①演奏　②散乱　③垂　④めんみつ　⑤さんぱい　　問二．①エ　②ア　③イ　④オ　⑤ウ
問三．①耳　②歯　③手　④口　⑤舌　　問四．①絶　②深　③棒　④両　⑤伝

二　問一．オ　　問二．ウ，オ　　問三．ア　　問四．先進国に追いつこうとしている発展途上国にはやむを得ないことであり、発展する権利をうばうことはできない　　問五．異常気象などの極端現象の回数の増加や、それによる熱中症や伝染病の拡大といった新しい問題。　　問六．エ

三　問一．自分の心の中にあるものを表現したくてウズウズしていて、芸術の世界で頭角を現すような人物。
問二．イ　　問三．趣味として好きに描いているスケッチが、好きでなくなってしまうかもしれないと、家族からの期待を重荷に感じる気持ち。　　問四．自分がすごいと思うものを、紙の上に写すという「作業」を楽しむためだけのもの。　　問五．エ

四　確かに、フェアトレードの認知率は全ての年代で上がっている。しかし、フェアトレードと書かれた商品が本当に信用できるのか、中身をきちんと調べてみることも重要である。

《算　数》

Ⅰ　〔１〕$\frac{5}{8}$　〔２〕1.7　〔３〕1820　〔４〕283　〔５〕550　〔６〕３

Ⅱ　〔１〕(あ)34　(い)31　〔２〕45　〔３〕⑴15　⑵528

Ⅲ　〔１〕7300　〔２〕右グラフ　〔３〕175　〔４〕ペットボトルの総数…56
５本以上 10 本未満持ってきた人…８

Ⅳ　〔１〕3800　〔２〕ア．1.2　イ．1.5　〔３〕75　※〔４〕300　〔５〕28.2

※の求め方は解説を参照してください。

《理　科》

Ⅰ　〔１〕⑴ア　⑵250　〔２〕⑴ウ　⑵58.0　〔３〕⑴①×　②20　⑵①ア　②イ　〔４〕⑴新月　⑵C
〔５〕⑴37.5　⑵エ

Ⅱ　〔１〕Q，S　〔２〕ア　〔３〕ウ，エ　〔４〕①ア　②ア
〔５〕水温と明るくする時間の両方　〔６〕い．50　う．４　え．$\frac{1}{4}$
〔７〕1.6　〔８〕1600

Ⅲ　〔１〕ウ　〔２〕右グラフ　〔３〕216　〔４〕B．イ　C．ア　D．イ
〔５〕X．３　Y．１　〔６〕20　〔７〕0.00146

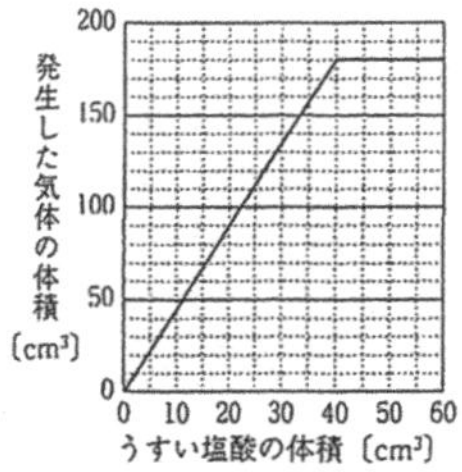

Ⅳ　〔１〕ウ　〔２〕エ　〔３〕ウ　〔４〕⑴エ　⑵7752　〔５〕海水から水蒸気が得られなくなるから。
〔６〕アメダス　〔７〕110

《社　会》

Ⅰ　〔1〕X．千島　Y．日本　Z．潮目　〔2〕イ　〔3〕ア　〔4〕日本での生産量が減少する秋から冬にかけて，冬の気温があまり下がらないメキシコから輸入している。　〔5〕輪作　〔6〕ウ　〔7〕ウ
〔8〕記号…エ　地方名…近畿

Ⅱ　〔1〕ウ　〔2〕⑴イ　⑵5　〔3〕ア　〔4〕⑴目安箱を設置し，民衆に意見を投書させた。　⑵エ
〔5〕⑴おうかせいさく　⑵ア　〔6〕⑴満州国　⑵イ　〔7〕記号…D　人物名…間宮林蔵

Ⅲ　〔1〕第一次世界大戦中に欧米諸国に工業製品を輸出することで，日本の工業が発展した。　〔2〕⑴イ　⑵イ
〔3〕ウ　〔4〕WHO　〔5〕午後9　〔6〕グリーンツーリズム〔別解〕アグリツーリズム
〔7〕内閣総理大臣は国会議員の中から指名されるが，都道府県知事は住民による直接選挙によって選ばれる。

Ⅳ　メタバースを利用することで，メタバース上の土地の購入など新たな市場が生まれ，経済が活性化すると考えられる。また，メタバース上では，アバターを使うことから，外出が困難な人などに対して雇用を創出することができる。一方で，メタバースを利用している人は少なく，メタバースの認知度も低い。また，メタバース上の所有権に対する法整備がされておらず，メタバース上の売買に関して法律によるルールがない状態である。

《作　文》

〈作文のポイント〉

・最初に自分の主張、立場を明確に決め、その内容に沿って書いていく。

・わかりやすい表現を心がける。自信のない表現や漢字は使わない。

さらにくわしい作文の書き方・作文例はこちら！→https://kyoei-syuppan.net/mobile/files/sakupo.html

《2023 国語 解説》

一 問二① ア・イ・ウ・オ．上の漢字が下の漢字を修飾《しゅうしょく》している。 エ．「(下の漢字)を(上の漢字)する」の形になっている。 よってエが正解。 ② イ・ウ・エ・オ．同じような意味の漢字の組み合わせ。 ア．反対の意味の漢字の組み合わせ。 よってアが正解。 ③ ア・ウ・エ・オ．「(下の漢字)を(上の漢字)する」の形になっている。 イ．上の漢字が下の漢字を修飾している。 よってイが正解。 ④ ア・イ・ウ・エ．上の漢字が下の漢字を打ち消している。 オ．反対の意味の漢字の組み合わせ。 よってオが正解。 ⑤ ア・イ・エ・オ．上の漢字が主語で下の漢字が述語の形になっている。 ウ．上の漢字が下の漢字を修飾している。 よってウが正解。

問四① 「空前絶後《くうぜんぜつご》」とは、これまでに一度も起こらず、これからも起こらないであろうと思われること。 ② 「意味深長《いみしんちょう》」とは、意味に深みがあって複雑なこと。 ③ 「針小棒大《しんしょうぼうだい》」とは、針ほどの小さなことを棒のように大きなことのように言うこと。 ④ 「一刀両断《いっとうりょうだん》」とは、一太刀《ひとたち》でまっぷたつに斬《き》ってしまうこと。また、決断が早いさま。 ⑤ 「以心伝心《いしんでんしん》」とは、言葉を使わずに心から心へ伝えること。

二 問一 第２段落の初めに「地球が温暖化していることについては確実で、それが人間の活動のせいであることは『疑う余地がない』と明記されている」とあり、終わりに「『将来どれだけ温暖化するだろう？』、『温暖化を抑制《よくせい》するために何をすればよいだろう？』という議論に本格的に移るべきときが来た」とある。これに合うのはオである。アの「その原因が人間であるとは断定できないことを指摘《してき》する内容」、イの「個人が自分の暮らしを見直すきっかけになる」、ウの「本格的に対処する契機《けいき》にはなり得ない」、エの「その唯一《ゆいいつ》の原因は人間の活動である」は適さない。

問二 ア．図２より、ＳＳＰ１の二酸化炭素排出《はいしゅつ》量は、二〇一五年の40から二一〇〇年は０以下となっているので「二〇一五年の半分」が誤り。 イ．「図１・２から地球環境《かんきょう》はＳＳＰ５の悲観的なシナリオをたどり始めていることが読み取れる」が誤り。 ウ．本文に「パリ協定で、温暖化による気温上昇《じょうしょう》を二℃以内～にとどめようと各国は合意した」とあるので正しい。 エ．ＳＳＰ３は図２ではＳＳＰ５に比べて緩《ゆる》やかな増加であるが、図１では四℃上昇していてパリ協定の二℃を上回っているので、「パリ協定を達成できる可能性はある」と言えない。 オ．「二〇一五年の年間排出《はいしゅつ》量と同程度の二酸化炭素を二〇五〇年まで排出し続け」ているのは、図２よりＳＳＰ２である。ＳＳＰ２は図１から二一〇〇年に二～三℃上昇していることが読み取れるので正しい。 よってウとオが正解。

問三 Ａは、前の段落で「ＳＳＰ１は～理想的なシナリオ」と述べられているが、「そのほかのシナリオは、大変悲観的である」という逆の内容なので、「しかし」。Ｂは、前に「地球の気温がそれから二℃上昇した場合」について述べた後で、それ以上に「温暖化が激しくなって気温上昇が四℃となった場合」とあるので、「さらに」。よってアが適する。

問四 「そんな国々」とは「なんとか先進国に追いつこうとしている」「発展途上《とじょう》国」のことである。「『日本やアメリカは、これまでさんざん石炭や石油を燃やして森林を伐採《ばっさい》しまくった結果先進国になったのではないか～おなじことをするのを禁じるのは不平等だ』と言われてしまう」し、発展途上国も「発展する権利があり、その可能性をうばってはならない」からである。

問五 直後の「世界の平均気温が上昇することに加えて」の後に、「異常気象などの極端《きょくたん》現象の回数が増えることが予期されている」とあり、最後に「このような気候の変化は、熱中症《しょう》や伝染《でんせん》病の拡大など、これまでに経験しなかった問題を人類に課すことにもつながる」とある。この二点をまとめる。

問六　ア．「先進国が化石燃料からの完全脱却《だっきゃく》をすることで、発展途上国は無理のない範囲《はんい》で排出量の削減《さくげん》に取り組むことができる」とは本文で述べられていない。発展途上国には「発展する権利があり、その可能性をうばってはならない」としている。　イ．地球温暖化はすでに進行していて、パリ協定を達成できたとしても二℃までの上昇はあるので、「地球温暖化による悪影響《えいきょう》は全てなくなり」という部分が誤り。　ウ．「先進国と発展途上国が足並《あしな》みをそろえる姿勢が必要」なのは、本文の最後から２番目の段落にあるように「温暖化の被害《ひがい》を最小限で食い止めるため」で、「温暖化が進んだ後の気候の変化に適応していくため」は誤り。　エ．最後から２段落目の内容と合う。　オ．「発展途上国だけでなく先進国の二酸化炭素の排出量の削減にも支障を来《きた》す」という内容は、本文からは読み取れない。　よってエが適する。

三　**問一**　圭人《けいと》は後で「芸術の世界で頭角を現す人は、小さいころから秘《ひ》めているものがちがうはずだと確信している。なにか自分の心の中のものを表現したくて、ウズウズしているんだろう。あの落書き犯の子みたいに」と考えていることからまとめる。

問二　Aは、圭人の絵の才能に「ほお！」「へえ！」と声を出していることから、「感心してほめる」という意味の「感嘆《かんたん》」。Bは、「ロンドンの美術館や博物館」の入り口の様子について「寄付をつのっているところもある。素《す》通《どお》りできないほど」「こっちが日本人だからか？　と、圭人はムッとしたことすらある」とある。「威圧《いあつ》的」とは、実力や権力によって、相手をおそれさせておさえつけること。「高圧的」は、自分の方が高い立場にあるとして、有無を言わせずに従わせようとすること。Aとの組み合わせより、イが適する。

問三　「二人まで」とは、母が「もし本気で絵をやりたいなら、がんばって応援《おうえん》するわよ」と言ったことに、祖父母まで「オレ達も応援するぞ。たったひとりの孫だしな」「そうそう。ほんとほんと」と賛同していることを指す。これについて圭人は、「ずっと趣味《しゅみ》で描《えが》きたいだけ」「それ以上じゃないんだ」「ただ好きでスケッチしたいってだけなのに、変に期待されるのはいやなんだ」と答えていることからまとめる。

問四　後の「ひとりになってから、圭人はもう一度スケッチブックを手にし～想《おも》いをはせた」に続く部分から読み取る。「ただ、すごいと思うものを写真に撮《と》るみたいに、紙の上に写したいだけなのだ」「そんな『作業』をしたいだけだ。アーティストとは、たぶん根本がちがう」とある。

問五　アの「スプレーアートは許しがたく、犯人を交番につきだす使命感にかられた」、イの「圭人が日本での暮らしになじめない」、ウの「美をめぐる旅を通して～将来の夢も方向づけられた」、オの「心の奥《おく》ではイタリアを懐《なつ》かしく思っている」は、本文から読み取れない。エは、本文の最後の２～３行目に「父のおかげで傑作《けっさく》を見過ぎたせいか、自分がアーティストになろう、なれる、なりたいなどと考えたことは一度もない」とあるのに合う。よってエが適する。

《2023　算数　解説》

I　〔１〕　与式$=1\frac{1}{2}-\frac{3}{4}\times\frac{7}{6}=1\frac{4}{8}-\frac{7}{8}=\frac{12}{8}-\frac{7}{8}=\mathbf{\frac{5}{8}}$

〔２〕　与式より，$(2.3-\square)\times 8=10-5.2$　　$2.3-\square=4.8\div 8$　　$\square=2.3-0.6=\mathbf{1.7}$

〔３〕　与式$=(589+321)\times 76-740\times 91=910\times 76-74\times 910=910\times(76-74)=910\times 2=\mathbf{1820}$

〔４〕　真ん中の奇数は$2023\div 7=289$だから，最も小さい奇数は，$289-2\times 3=\mathbf{283}$

〔５〕　**【解き方】豚肉150ｇぶんを除くと，牛肉と豚肉合わせて200ｇあたり280＋120＝400(円)で買ったこと**

になる。

豚肉 150 g で $120\times\frac{150}{100}$＝180(円)だから，残りは 1780－180＝1600(円)ぶんである。1600÷400＝4だから，牛肉と豚肉を 200×4÷2＝400(g)ずつ買うと 1600 円である。よって，買った豚肉の重さは，150＋400＝**550**(g)

〔6〕　**【解き方】右のような表にまとめて考える。**

		A		合計
		正解	不正解	
B	正解	㋒	㋑	12 人
	不正解		15 人	
合計		11 人	㋐	35 人

㋐＝35－11＝24(人)，㋑＝㋐－15＝24－15＝9(人)だから，

㋒＝12－㋑＝12－9＝3(人)　　よって，求める人数は**3**人である。

Ⅱ　〔1〕　三角形ＦＥＧは二等辺三角形だから，

角ＦＥＧ＝(180°－22°)÷2＝79°　　対頂角は等しいから，角ＤＥＨ＝角ＦＥＧ＝79°

三角形ＨＣＥは直角二等辺三角形だから，角ＨＣＥ＝角ＨＥＣ＝45°　　角(あ)＝79°－45°＝**34°**

三角形ＥＣＤは二等辺三角形だから，角ＥＣＤ＝(180°－34°)÷2＝73°

対頂角は等しいから，角ＡＣＢ＝角ＨＣＤ＝45°＋73°＝118°

三角形ＣＡＢは二等辺三角形だから，角(い)＝(180°－118°)÷2＝**31°**

〔2〕　**【解き方】対応する辺の比がａ：ｂの同じ形の図形の面積比は，(ａ×ａ)：(ｂ×ｂ)になることを利用する。**

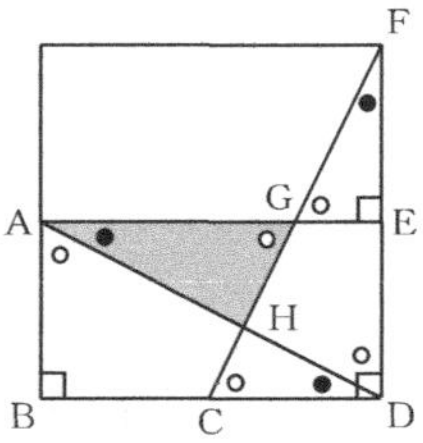

右図のように記号をおく。○＋●＝90°とすると，三角形ＡＢＤと三角形ＣＤＦが合同であることと，平行線の同位角，錯角はそれぞれ等しいことから，図のように等しい角がわかる。したがって，三角形ＣＨＤ，ＤＨＦ，ＧＥＦ，ＧＨＡはいずれも三角形ＡＢＣ，ＣＤＦと同じ形の直角三角形だから，直角をはさむ2辺の比が1：2である。

ＣＨ：ＨＤ＝1：2，ＤＨ：ＨＦ＝1：2だから，ＣＨ：ＨＦ＝1：(2×2)＝1：4

(三角形ＤＨＦの面積)＝(三角形ＣＤＦの面積)$\times\frac{\text{HF}}{\text{CF}}$＝(10×20÷2)$\times\frac{4}{1+4}$＝80(㎠)

ＧＥ＝ＦＥ$\times\frac{1}{2}$＝10$\times\frac{1}{2}$＝5(㎝)だから，ＡＧ＝20－5＝15(㎝)

ＦＤ：ＡＧ＝20：15＝4：3だから，三角形ＤＨＦと三角形ＧＨＡの面積比は，(4×4)：(3×3)＝16：9

よって，三角形ＧＨＡの面積は，(三角形ＤＨＦの面積)$\times\frac{9}{16}$＝80$\times\frac{9}{16}$＝**45**(㎠)

〔3〕⑴　**【解き方】切り取る正方形の1辺の長さをxとすると，右図のように等しい長さがわかる。**

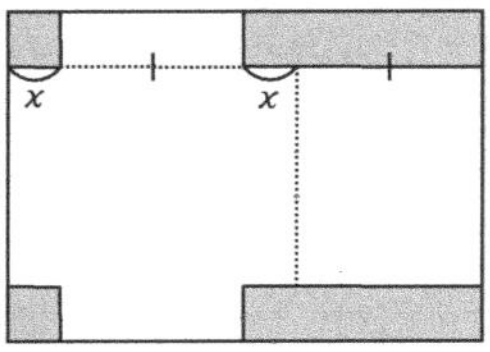

切り取る長方形の横の長さは，長方形の紙の横の長さの半分だから，30÷2＝**15**(㎝)

⑵　**【解き方】⑴より，切り取る紙の面積の合計は，(x×x＋x×15)×2＝{x×(x＋15)}×2と表せる。**

{x×(x＋15)}×2＝152 より，x×(x＋15)＝152÷2　　x×(x＋15)＝76

したがって，76 を差が 15 の2数の積で表す。76＝1×76＝2×38＝4×19 だから，x＝4である。

できる直方体は，縦 20－4×2＝12(㎝)，横 15－4＝11(㎝)，高さ4㎝だから，体積は，12×11×4＝**528**(㎤)

Ⅲ　〔1〕　**【解き方】3.5 トン＝(3.5×1000)kg＝3500 kg＝(3500×1000)g＝3500000 g を人口で割ると，480 g になる。**

人口は，3500000÷480＝7291.6…より，約 **7300** 人である。

〔2〕　**【解き方】その他は 480 g のうちの 120 g だから，$\frac{120}{480}$×100＝25(%)である。**

1人あたりのゴミ排出量のうち，資源ゴミと生ゴミの割合は 100－25＝75(%)である。資源ゴミと生ゴミの比は，1：$\frac{2}{3}$＝3：2だから，資源ゴミの割合は，75$\times\frac{3}{3+2}$＝**45**(%)，生ゴミの割合は，100－45－25＝**30**(%)である。

〔3〕　**【解き方】減らす水分の量は，生ゴミの量の$\frac{80}{100}\times\frac{10}{100}=\frac{8}{100}$(倍)である。**

町全体のゴミの量 3500000 g のうち，生ゴミの量は $3500000\times\frac{30}{100}=1050000$ (g) だから，減らす水分の量は，$1050000\times\frac{8}{100}=84000$ (g) である。これは，84000÷480＝**175**(人分)のゴミの量にあたる。

〔4〕　**【解き方】25 人を 5 本未満持ってきた人(Aグループ)と，5 本以上 10 本未満持ってきた人(Bグループ)と，10 本以上持ってきた人(Cグループ)の 3 つのグループに分けて考える。Bグループが最低でも何人いるか求めるために，各グループにふくまれる人はすべてそのグループ内の最多の本数を持ってきたものと考える。つまり，Aグループの人は全員 4 本，Bグループの人は全員 9 本，Cグループの人は全員 14 本持ってきたものとする。**

集まったペットボトルは全部で，7.2×25＝180(本)である。14 本の人が 4 人で計 14×4＝56(本)持ってきたから，Aグループと Bグループの本数の合計は，180－56＝124(本)，人数の合計は，25－4＝21(人)である。

21 人全員が 4 本ずつ持ってきたとすると，124 本より 124－4×21＝40(本)少なくなる。1 人の本数を 4 本から 9 本におきかえると本数の合計は 9－4＝5(本)多くなるから，9 本の人が 40÷5＝8(人)，4 本の人が 21－8＝13(人)と考えることができる。

以上より，求めるペットボトルの本数は **56** 本，求める人数は **8** 人である。

Ⅳ　〔1〕　B さんが家を出発してからの 23 分間で移動していたのは，23－3－1＝19(分)だから，B さんが進んだ道のりは全部で，200×19＝**3800**(m)

〔2〕　**【解き方】B さんのグラフをもとに A さんの家から公園までの道のりを求める。**

B さんが移動した道のりは，自分の家から A さんの家までの 2600m 以外に，A さんの家から公園までだから，A さんの家から公園までの道のりは，3800－2600＝1200(m)，つまり 1.2 km である。

よって，ア＝**1.2**，イ＝1.2＋0.3＝**1.5**

〔3〕　**【解き方】A さんのグラフから，A さんの移動時間を求める。**

A さんが移動していた時間は，39－5－10＝24(分)である。A さんが進んだ道のりの合計は 1500＋300＝1800(m)だから，A さんの速さは，毎分 $\frac{1800}{24}$ m＝毎分 **75**m

〔4〕　**【解き方】2 人が出会ったのは A さんが出発してから 39 分後，B さんが出発してから 23 分後だから，B さんは A さんより，39－23＝16(分)おくれて出発した。**

A さんが店に着いたのは出発してから，1500÷75＝20(分後)で，このとき B さんは出発してから 20－16＝4(分)進んでいる。店から B さんの家までの道のりは，2600－1500＝1100(m)だから，求める道のりは，1100－200×4＝**300**(m)

〔5〕　**【解き方】問題用紙に用意されているグラフに 2 人の移動の様子をかきこむと，右図のようになる。A さんと B さんの間の道のりが 500m になる 1 回目は㋐のあたり，2 回目は㋑のあたりである。**

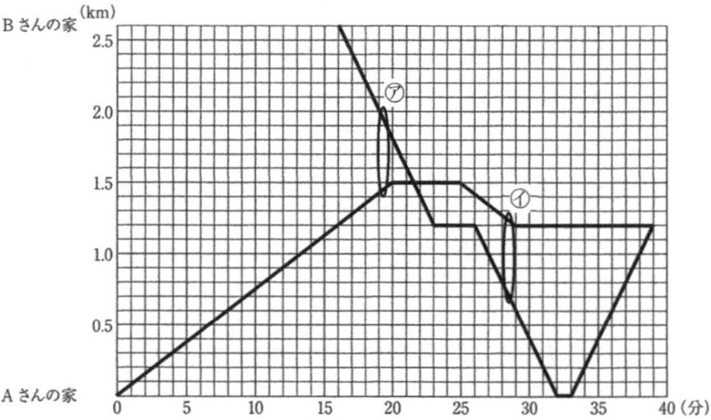

A さんが出発してから 26 分後のとき，2 人の間の道のりは 500m 未満で，29 分後のとき 500m より大きいから，この間である。

26 分後のとき，A さんは店から，75×(26－25)＝75(m)進んでいるから，2 人は 300－75＝225(m)はなれている。このあと 2 人の間の道のりがさらに 500－225＝275(m)はなれるときを求めればよいので，$\frac{275}{200-75}$＝2.2(分後)である。

よって，求める時間は，26＋2.2＝**28.2**(分後)

《2023　理科　解説》

Ⅰ　〔１〕(1)　針がふりきれて電流計が壊《こわ》れるのを防ぐため，電流の値が予想できないときは，最も大きい５Ａの一端《たん》子《し》を選んでつなぐ。　(2)　図１では一端子を 500mA につないだので，最大目盛りが 500mA であり，流れている電流の大きさは 250mA である。

〔２〕(2)　メスシリンダーでは，液面の中央部分を真横から見て，目もりを読み取る。図３では，メスシリンダーを図２の状態から逆さにしたので，集まった気体の体積は左側の目盛りを読み取る。

〔３〕(1)　てこでは，棒を左右にかたむけるはたらき〔おもりの重さ(g)×支点からの距離《きょり》〕が等しくなるときにつり合う。図４で，てこを左にかたむけるはたらきは 10×６＝60 だから，てこを右にかたむけるはたらきが 60 になるときにつり合う。①てこを右にかたむけるはたらきが 40×１＝40 となるので，つり合わない。　②つり合っているので，てこを右にかたむけるはたらきは 60 になる。よって，60÷３＝20(g)となる。　(2)　図５のはさみは支点が力点と作用点の間にある。このようなてこでは，支点から作用点までのきょりが短いほど，小さな力で大きな力を生み出すことができる。図５のはさみでは，支点に近い部分でものを切った方が，支点から遠い部分で切るよりも小さな力で切ることができる。

〔４〕(1)　月はＧ：新月→Ａ：上弦《じょうげん》の月(７日後)→Ｃ：満月(15 日後)→Ｅ：下弦の月(22 日後)の順に満ち欠けし，約 29.5 日後に新月にもどる。　(2)　午後６時に東の空に見える月は，真夜中(午前０時)ごろに南の空，午前６時ごろに西の空に見える。この月は地球から見て太陽と反対側にあるときに見える満月(Ｃ)である。

〔５〕(1)　54÷144×100＝37.5(%)　(2)　ア×…１時間あたりに通った自動車の台数は多い方からＰ，Ｑ，Ｒ，Ｓの順だが，よごれている気孔《きこう》の数は多い方からＰ，Ｓ，Ｑ，Ｒの順である。　イ×…ＱとＲはよごれている気孔の数が同じくらいだが，観測した気孔の数が異なるので，空気のよごれぐあいは同じくらいとはいえない。

ウ×，エ○…よごれている気孔の数の割合は，Ｐが 37.5%，Ｑが 22÷120×100＝18.3…(%)，Ｒが 21÷154×100＝13.6…(%)，Ｓが 24÷181×100＝13.2…(%)だから，よごれている気孔の数の割合が大きいほど，１時間あたりに通った自動車の台数が多いといえる。

図ｉ
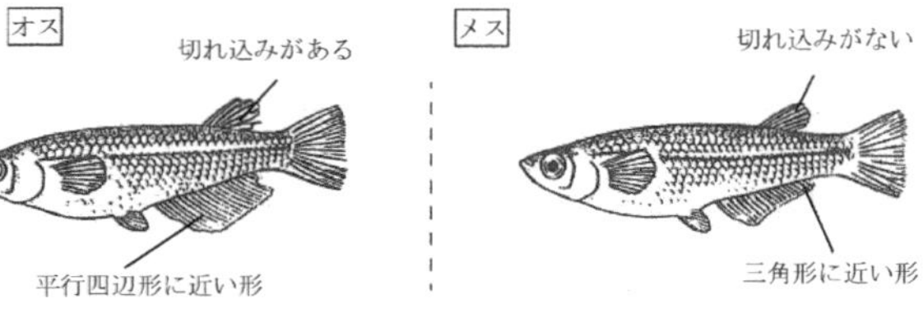

Ⅱ　〔１〕　図ｉのようにメダカのオスとメスを区別できる。

〔２〕　イ×…直射日光の当たらない明るいところに置く。　ウ×…えさは食べ残しが出ないくらいの量を与える。　エ×…川原からとってきた小石やすなは，微生物《びせいぶつ》がたくさんついているので，洗ってから水そうの底にしく。

〔３〕　ウ，エは緑色をしていて，光合成をしてでんぷんを作ることができる。

〔４〕　①たまごはＲ(腹びれ)とＳ(しりびれ)の間につく。　②メダカのメスは水草にたまごをうみつけ，そこにオスが精子をかけることで受精する。

〔５〕　たまごをうんだＤに対し，明るくする時間だけを短くしたＣではたまごをうまなかったので，明るくする時間を長くするとたまごをうむことがわかる。また，たまごをうんだＤに対し，水温だけを低くしたＢではたまごをうまなかったので，水温を 25℃程度にするとたまごをうむことがわかる。

〔６〕　い．200÷(2.0×2.0)＝50(g/㎠)　う．２×２＝４(倍)　え．圧力は水の重さを面積で割って求めるので，面積が４倍になると，圧力は$\frac{1}{4}$倍になる。

〔7〕　表2より，面積が同じであれば，へこみは水の重さに比例することがわかる。よって，水の重さが 800 g のときのへこみは，$0.4 \times \frac{800}{200} = 1.6$(cm)となる。

〔8〕　表2は板の1辺の長さが 2.0 cmのときの値だから，表3の板の1辺の長さが 2.0 cmのときの値を使う。表3で，板の1辺の長さが 2.0 cmのときのへこみは 3.2 cmとわかるので，$200 \times \frac{3.2}{0.4} = 1600$(g)となる。

Ⅲ　〔1〕　水素は気体自体が燃えるので，マッチの火を近づけると音を立てて燃える。アは二酸化炭素，イはアンモニアなどの気体，エは酸素の性質である。

〔2〕　うすい塩酸の体積が 40 ㎤までは比例のグラフになり，その後は気体の体積が一定になる。

〔3〕　亜鉛《あえん》0.5 g とうすい塩酸 40 ㎤がちょうど反応し，180 ㎤の気体が発生したので，亜鉛 0.6 g とちょうど反応するうすい塩酸は $40 \times \frac{0.6}{0.5} = 48$(㎤)となる。よって，亜鉛 0.6 g がすべて反応して，$180 \times \frac{0.6}{0.5} = 216$(㎤)の気体が発生する。

〔4〕　Aのとき，プラスチックの筒《つつ》の中には気体が残らなかったので，酸素：水素＝１：２の体積比でちょうど反応することがわかる。よって，Bでは水素が２㎤，Cでは酸素が１㎤，Dでは水素が２㎤残る。

〔5〕　Eでは水素２㎤と酸素１㎤が反応するので，酸素が３㎤残る。Fでは水素６㎤と酸素３㎤が反応するので，酸素が１㎤残る。

〔6〕　水素８㎤とちょうど反応する酸素は４㎤だから，空気は $4 \div 0.2 = 20$(㎤)必要である。

〔7〕　酸素１㎤の質量は $0.13 \times \frac{1}{100} = 0.0013$(g)，水素２㎤の質量は $0.008 \times \frac{2}{100} = 0.00016$(g)である。水の質量はこれらの質量の合計だから，$0.0013 + 0.00016 = 0.00146$(g)となる。

Ⅳ　〔1〕　容器の直径にかかわらず，雨量は容器に１時間にたまった雨水の深さと等しい。

〔2〕　積乱雲は入道雲，雷《かみなり》雲とも呼ばれ，短時間にせまい範囲《はんい》に強い雨を降らせる雲である。なお，乱層雲は雨雲とも呼ばれ，長時間，広い範囲に弱い雨を降らせる雲である。

〔3〕　ア×…台風の発生数が４個の 10 月の上陸数は０である。　イ×…太陽の高度が最も高くなる６月よりも，８月や９月のほうが海水面の温度が高い。　エ×…東シナ海の海水面の温度が 24℃の２月にも台風が１個発生している。

〔4〕⑴　水１ｇあたりの体積は４℃の液体のときに最も小さく，気体が最も大きい。　⑵　水の温度は 100－25＝75(℃)上昇《じょうしょう》するので，2442kJ→2442000 J より，2442000÷(4.2×75)＝7752.3…→7752 g となる。

〔7〕　気圧が 40hPa 下がることによって海水面が 40 cm上昇したので，強い風による海水面の上昇は 150－40＝110(cm)となる。

《2023　社会　解説》

Ⅰ　〔1〕　X＝千島　Y＝日本　Z＝潮目　　千島海流は親潮，日本海流は黒潮ともいう。また，潮目は潮境でもよい。潮目は，暖流と寒流がぶつかる海面上の境界，潮境は，暖流と寒流がぶつかる境界面全体を意味する。

〔2〕　イ　　４都道府県のうち瀬戸内工業地域に位置するのは山口県である。山口県は石油化学工業がさかんである。アは工業出荷額が多く輸送用機械器具が多いことから神奈川県である。ウは工業出荷額が少なく電子部品・デバイス・電子回路が多いことから山形県である。東北地方の東北自動車道沿いには，電子部品などの工場や電気機械の工業団地が形成されている。エは工業出荷額が多くせんいが多いことから，古くからせんい業で発達した大阪府である。

〔3〕　ア　　屋敷林は，強い冬の北西季節風から家屋を守るために，山陰地方から北陸にかけての日本海側に多く見られるので，P(富山県)である。北陸地方の富山県は，冬に雪が積もるため水田単作地帯となっている。

〔4〕　秋から冬にかけて国内産のアスパラガスの量が少ないことを読み取る。また，佐賀県産のアスパラガスは春から夏にかけて多いこと，プエルトペニャスコの冬の気温が佐賀県の春の気温に近いことから考える。

〔5〕　輪作　　毎年栽培する農作物をかえることで，土壌《どじょう》の養分などのかたよりをなくし，病害虫の被害を受けにくくすることができる。

〔6〕　ウ　　2015 年に登録された日本の世界遺産は，「明治日本の産業革命遺産　製鉄・製鋼，造船，石炭産業」である。地図中の★には官営八幡製鐵所があるから，ウの鉄鋼を選ぶ。アはせんい品，イは機械類，エは精密機械。

〔7〕　ウ　　Rの都市は，木曽川・長良川・揖斐川の洪水に悩まされてきた地域だから，輪中の説明が適当である。アは積雪，イは台風，エは低温に対する対策である。

〔8〕　エ／近畿地方　　歴史的な都市＝京都・奈良，国際的な貿易港＝神戸港などから近畿地方と判断する。アは東北地方，イは中部地方，ウは中国・四国地方。

Ⅱ　〔1〕　ウ　　最古の人類は，アフリカ大陸で発見された猿人(サヘラントロプス・チャデンシス)と言われている。氷期は今から約１万年前までつづき，それまでの日本列島は大陸と地続きで，人類は歩いて渡ってきた。

〔2〕⑴　イ　　海松(海藻の一種)から，この税は地方の特産物であると判断する。律令時代の税の種類については右表を参照。

名称	内容	納める場所
租	収穫した稲の約３％	国府
調	布または特産物	都
庸	10 日間の労役にかわる布	都
雑徭	年間 60 日以内の労役	
衛士	１年間の都の警備	
防人	３年間の九州北部の警備	

⑵　5　　口分田は，６年ごとに作成される戸籍をもとにして，６歳以上の男女に支給された。

〔3〕　ア　　元寇(文永の役・弘安の役)は防衛戦であったため，幕府のために戦った御家人に対して十分な恩賞を与えることができなかった。イは安土桃山時代の朝鮮出兵のころ，ウは応仁の乱後の戦国時代，エは源頼朝が鎌倉に幕府を開いたころのようすである。

〔4〕⑴　町火消は，八代将軍徳川吉宗の治世に大岡忠相の提案により編成された。享保の改革の内容と関連付けて，解答しよう。享保の改革では，目安箱の設置のほか，公事方御定書の制定，上米の制，キリスト教に関係のない洋書の輸入の規制緩和などが行われた。　⑵　エ　　明暦の大火(1657 年)は，四代将軍徳川家綱の治世に発生した。日本人の出国と帰国を禁止し，出島を築いてオランダ商館を移設したのは，三代将軍徳川家光の治世である。

〔5〕⑴　おうかせいさく　　「鹿鳴館の建設」「井上馨が中心となって進めた政策」から欧化政策と判断する。

⑵　ア　　イとエは大正時代，ウは室町時代の社会のようすである。

〔6〕⑴　満州国　　資料３は満州事変の実情を調査するリットン調査団の写真である。満州事変…1931 年，柳条湖事件をきっかけに関東軍が満州全土を支配し，翌年満州国を建国した出来事。リットン調査団の報告を受けて，国際連盟で満州国建国についての採決が行われ，満州国建国を認めないこと，日本軍の満州からの撤退が，圧倒的多数によって決定した。これに対して日本は，国際連盟からの脱退を決めた。　⑵　イ　　写真Ｆは 1933 年の出来事である。アは 1925 年，イは 1940 年，ウは 1932 年，エは 1904 年の出来事。

〔7〕　D　　江戸時代，間宮林蔵は，樺太を探検し，樺太が島であることを確認し，間宮海峡を発見した。

Ⅲ　〔1〕　第一次世界大戦中，日本は，ヨーロッパ諸国に代わって，アジアや欧米に工業製品を出荷し，輸出額が輸入額を上回る大戦景気となった。第一次世界大戦が終結しヨーロッパの産業が復興すると，不景気に陥《おちい》ったことと合わせて覚えておきたい。

〔2〕⑴　イ　　生存権の説明である。アは自由権(経済活動の自由)，ウは参政権，エは黙秘権(生命身体の自由)である。基本的人権の種類については右図を参照。

基本的人権
- 平等権(法の下の平等・両性の本質的平等)
- 自由権(生命身体の自由・精神の自由・経済活動の自由)
- 社会権(生存権・教育を受ける権利・労働基本権)
- 請願権(裁判を受ける権利・請願権・国家賠償請求権など)
- 参政権(選挙権・被選挙権など)

⑵　イ　　児童労働問題に取り組む国際機関は，ユネスコ(国連教育科学文化機関)ではなくユニセフ(国連児童基金)である。

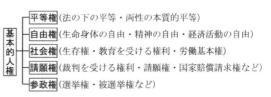

〔５〕　午後９時　Ａさんはイギリス，Ｂさんは日本，Ｃさんはアメリカ東部にいる。イギリスのロンドンを経度０度の本初子午線が通り，日本は東経135度の経線を標準時子午線としている。経度差15度で１時間の時差が生じるから，イギリスと日本の経度差は 135－０＝135(度)，時差は 135÷15＝９(時間)になる。したがって，Ａさんのいるイギリスは日本より９時間遅く，Ｃさんのいるアメリカ東部は日本より９＋５＝14(時間)遅いことになる。Ａさんと Ｃさんが空いている時間を日本時間に直すと，Ａさんは午後７時から深夜３時まで，Ｃさんは午後９時から深夜２時までになるから，Ｂさんは午後10時までに電話が終わるためには，午後９時に電話をかけ，午後10時まで話せばよい。

Ⅳ　指定された語句について，市場は「新たな市場」「市場が開拓され」など，雇用は「雇用が生まれる」「雇用が創出される」など，所有権・法整備は「所有権に対する法整備」「所有権は確立されていない」「法整備が必要」などの記述が考えられる。

立命館慶祥中学校

《国　語》

一　問一．①除　②補欠　③看板　④せいじゅん　⑤てっこう　　問二．①ア　②エ　③ウ　④オ　⑤イ

問三．①耳　②手　③口　④顔　⑤足　　問四．①千　②小　③本　④始　⑤応

二　問一．ア　　問二．オ　　問三．地域共同体が維持しにくいため家族や地域の絆が弱くなり、やがては生きがいや希望の喪失につながっていく　　問四．イ，エ　　問五．家族や地域の人々に大切にされていると感じ、自然の中で生かされているという感謝を抱く生活を送っているから。　　問六．ウ

三　問一．エ　　問二．Ⅰ．目も眩む程まばゆい　Ⅱ．暗く孤独な場所　　問三．小説の中のヒロインのように完璧であるはずの宮田が、一体誰かと思うほど怯えきっているということ。　　問四．孤独で辛くて怖いのはこの世で自分だけでなく、宮田にも同じように恐れや災いがあるということ。　　問五．イ

四　(例文)確かに、ＡＩを後ろ向きにとらえる人よりも前向きにとらえる人の方が多い。しかし、ＡＩは何でもできるわけではなく、人間がしっかりと仕事内容の定義を行う必要がある。

《算　数》

Ⅰ　〔1〕$\frac{5}{6}$　〔2〕28　〔3〕32　〔4〕300　〔5〕2.5　〔6〕13

Ⅱ　〔1〕78　〔2〕47.64　〔3〕(1)8　(2)70

Ⅲ　〔1〕6，7，41，42　〔2〕最小の1と最大の15の和に2番目に小さい2を加えた18

〔3〕奇数か偶数か…偶数　カードに書かれた数…7，8，13

〔4〕5，8，9，10，11，13，15

〔5〕2，7，12

Ⅳ　〔1〕点Pの速さ…3　点Qの速さ…2　時間…14.4

〔2〕(1)$\frac{1}{9}$　(2)$\frac{11}{18}$

〔3〕右図／136.8

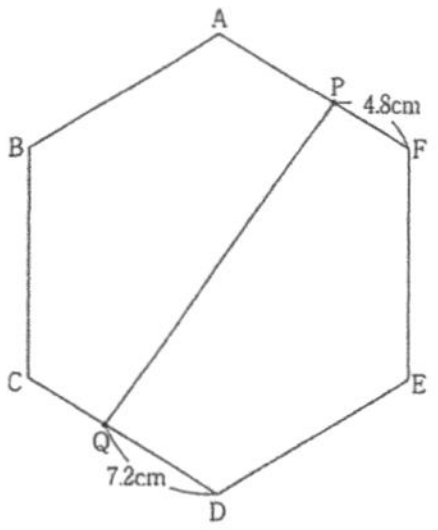

《理　科》

Ⅰ　〔1〕(1)エ　(2)エ　〔2〕(1)イ→ア→ウ→エ　(2)空気が不足していたから。

〔3〕(1)右グラフ　(2)35　〔4〕(1)エ　(2)ウ

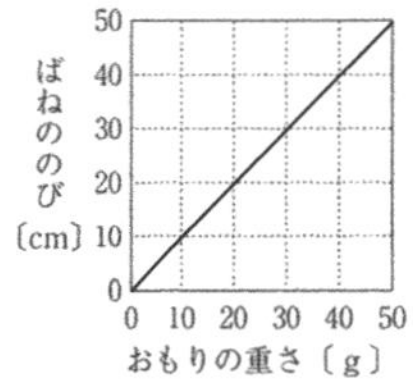

Ⅱ　〔1〕運搬　〔2〕エ　〔3〕5　〔4〕①ア　②イ　〔5〕イ　〔6〕ウ

Ⅲ　〔1〕①，②　〔2〕ア　〔3〕b．エ　c．イ　〔4〕Q→P→R

〔5〕熱したところから順に遠いところへとあたたまるから。　〔6〕X．アルミニウム　Y．銅　Z．鉄

Ⅳ　〔1〕(1)エ　(2)イ　〔2〕a．ア　b．エ　c．イ　〔3〕(1)イ　(2)ア　〔4〕ウ　〔5〕ア

〔6〕無色とう明のキャップをかぶせる。　〔7〕(1)ア　(2)ア　(3)イ　(4)イ

《社　会》

Ⅰ 〔1〕栽培漁業　〔2〕イ　〔3〕右図　〔4〕ウ　〔5〕ア　〔6〕抑制栽培
〔7〕ア，ウ　〔8〕水はけのよい火山灰土であるシラスが広がっており，稲作に不向きだから。

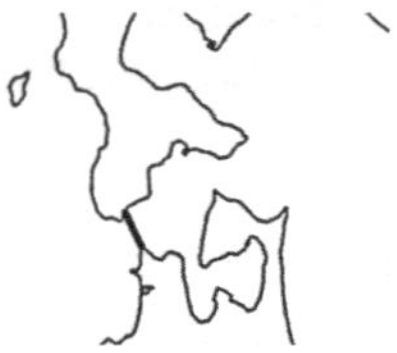

Ⅱ 〔1〕ウ　〔2〕十七条の憲法　〔3〕⑴エ　⑵イ　〔4〕イ　〔5〕豊臣秀吉
〔6〕⑴寛政の改革　⑵ウ　〔7〕名称…八幡製鉄所　理由…石炭を産出する筑豊炭田と，鉄鉱石を輸入する中国に近かったから。　〔8〕イ

Ⅲ 〔1〕ア　〔2〕高速道路が整備されたことで，製品などの輸送が便利になったため，工場が立地するようになった。　〔3〕アセスメント　〔4〕⑴イ　⑵安い費用で大量輸送が可能だが，運ぶのに時間がかかる。
〔5〕ウ　〔6〕イ　〔7〕人口が増加し続けて，食料が不足しているという課題があるが，コオロギを食べることで食料難を解決できる。

Ⅳ 専業主婦世帯が減り，共働き世帯が増えており，育児がしづらい環境になっていることや，非正規雇用者の割合が増えており，育児にかけられるお金が減っていることが，少子高齢化が進んでいる理由として挙げられる。改善策として，男性も育児に参加しやすくするために育児休暇をとりやすくするなど，世の中のしくみや考え方を変えるとともに，賃金が低い非正規雇用者の賃金を上げることが考えられる。

《作　文》

〈作文のポイント〉

・最初に自分の主張、立場を明確に決め、その内容に沿って書いていく。
・わかりやすい表現を心がける。自信のない表現や漢字は使わない。
　さらにくわしい作文の書き方・作文例はこちら！→

https://kyoei-syuppan.net/mobile/files/sakupo.html

2022 解説 ▶ 立命館慶祥中学校

令和４年度

←解答例は前のページにありますので，そちらをご覧ください。

《2022　国語　解説》

一　問二①　アは、上の漢字が下の漢字を修飾している。他は、上の漢字が下の漢字を打ち消している。　②　エは、反対の意味の漢字の組み合わせ。他は、同じような意味の漢字の組み合わせ。　③　ウは、上の漢字が下の漢字を打ち消している。他は、下から上に返って読むと意味がわかる形になっている。　④　オは、上の漢字が下の漢字を修飾している。他は、上の漢字が主語で下の漢字が述語の形になっている。　⑤　イは、下から上に返って読むと意味がわかる形になっている。他は、上の漢字が下の漢字を修飾している。

二　問一　――線部①の直前までの７行の内容を読み取る。「製造業では～大規模工場での大量生産で生産性が～高まります。商業やサービス業でも、人口密集地域で大量販売《はんばい》することで収益性を上げられます」や「狭《せま》い国土に多くの人口を抱《かか》えた我が国で、さらに人口の都市集中が進んだ結果」とある。よって、これらと内容が一致《いっち》するアが適する。

問三　設問にある「オフィスや住宅のコスト増、通勤のためのインフラ投資や時間の浪費《ろうひ》」は、――線部②の前の段落の１～２行目に書かれている。同じ段落の続く部分に「大規模都市では地域共同体が維持《いじ》しにくい」「都市化によって家族や地域の絆《きずな》が弱くなり、やがては生きがいや希望の喪失《そうしつ》につながってしまうのです」とあるので、この部分からまとめればよい。

問四　イ．図１の直後の段落に、「福井県の持ち家率は～全国四位～広さは百七十三平米～東京は持ち家率～全国四十七位～広さも九十一平米」とある。これとイの持ち家に関する内容が一致する。また、同じ段落に「平均通勤時間は福井県が～片道二十五分～東京は～片道五十分」とある。これとイの通勤に関する内容が一致する。よって、適する。　エ．図１の２つあとの段落に、福井県と東京の生活費を比較《ひかく》した結果が書かれている。子供二人が大学まで進み、新築一戸建てをローンで建てた場合、「東京のほうが面積が六割ほどしかない狭《せま》い家」であるにもかかわらず、「支出は三千六百十万円も多い」という結果になったとあるので、適する。

問五　――線部④の理由について、次の段落から８段落にわたって具体的に説明し、それらをまとめて「子供たちは家族や地域の人々に大切にされていると感じ、自然の中で生かされているという感謝を抱《いだ》く」とまとめている。

問六　ウ．――線部②の直後の段落から、――線部③の直前までで、地方への人口分散と人々の幸福度の上昇《じょうしょう》が結びついているであろうことが述べられている。また、最後の段落に、「過密都市の弊害《へいがい》を克服《こくふく》し～幸せと希望を回復していくこと、それが新日本文明の目指すところなのです」とある。よって、ウが適する。

三　著作権に関係する弊社《へいしゃ》の都合により本文を非掲載《ひけいさい》としておりますので、解説を省略させていただきます。ご不便をおかけし申し訳ございませんが、ご了承《りょうしょう》ください。

《2022　算数　解説》

Ｉ　〔１〕　与式$=\frac{5}{7}\div\frac{15}{4}+\frac{9}{14}=\frac{5}{7}\times\frac{4}{15}+\frac{9}{14}=\frac{4}{21}+\frac{9}{14}=\frac{8}{42}+\frac{27}{42}=\frac{35}{42}=\frac{5}{6}$

〔２〕　与式より，$(\square+38)\times3=432-234$　　$\square+38=198\div3$　　$\square=66-38=28$

〔３〕　与式$=4.59\times6.4+4.59\times10\times0.16-5.9\times0.8=4.59\times(6.4+1.6)-5.9\times0.8=4.59\times8-5.9\times8\times0.1=(4.59-0.59)\times8=4\times8=32$

〔４〕　**【解き方】19でわると３あまる数は，19の倍数より３大きい数である。**

100÷19＝５余り５より，19 の倍数より３大きい数のうち，２けたの数は，19＋３＝22，19×２＋３＝41，…，19×５＋３＝98 である。よって，求める数は，(19＋３)＋(19×２＋３)＋…＋(19×５＋３)＝19×(１＋２＋３＋４＋５)＋３×５＝19×15＋15＝(19＋１)×15＝20×15＝300

〔５〕　**【解き方】はじめにＡ，Ｂに入っていた水の量をそれぞれａ，ｂとする。はじめにＡからＢに水をａ÷２だけ移すので，このときのＢにはｂ＋ａ÷２だけ水が入っている。よって，ａ÷２＋ｂの半分が 1.9Ｌなのだから，ａ÷２＋ｂは 1.9×２＝3.8(Ｌ)にあたる。ａ÷２の値を考える。**

最後，Ａにはａ÷２と 2.6Ｌが入って 3.9Ｌになるのだから，ａ÷２は 3.9－2.6＝1.3(Ｌ)にあたる。

よって，はじめにＢに入っていた水の量は，3.8－1.3＝2.5(Ｌ)

〔６〕　**【解き方】つるかめ算を用いる。**

定価は 500×(１＋0.6)＝800(円)，定価の３割引きは 800×(１－0.3)＝560(円)なので，１個あたりの利益は，定価で売ると 800－500＝300(円)，３割引きで売ると 560－500＝60(円)となる。20 個すべて３割引きで売れたとすると，利益は 60×20＝1200(円)となり，実際より 4320－1200＝3120(円)安くなる。１個を３割引きから定価に置きかえると，利益は 300－60＝240(円)高くなるので，定価で売れた品物は，3120÷240＝13(個)

Ⅱ　〔１〕　折って重なる角の大きさは等しいので，右図のように同じ大きさの角に同じ記号をつけ，ＢＤとＣＥの交わる点をＦとする。

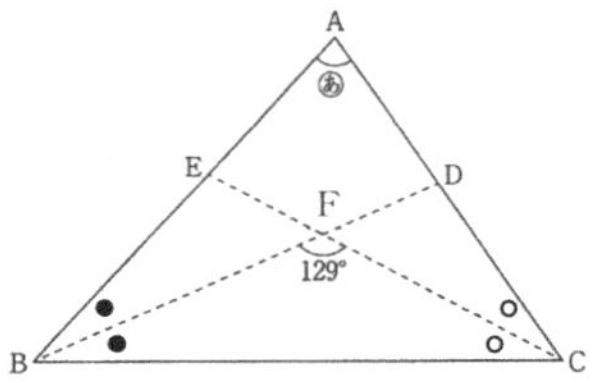

三角形ＦＢＣの内角の和より，●＋○＝180°－129°＝51°だから，

●●＋○○＝51°×２＝102°

三角形ＡＢＣの内角の和より，角(あ)＝180°－102°＝78°

〔２〕　**【解き方】右図のように記号をおき，ａとｂの値をそれぞれ求める。**

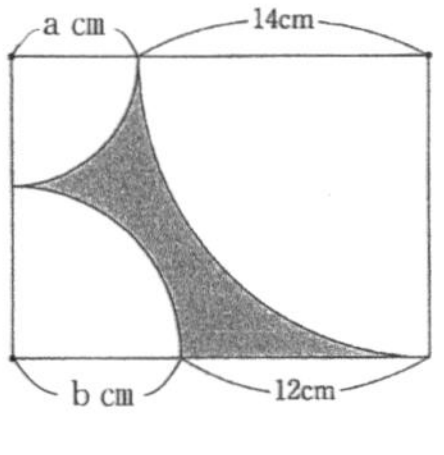

ａとｂの和は長方形のたての長さに等しく 14 であり，ａとｂの差は 14－12＝２

よって，ａの２倍は 14－２＝12 だから，ａ＝12÷２＝６，ｂ＝６＋２＝８

求める面積は，たて 14 cm，横６＋14＝20(cm)の長方形の面積から，半径がそれぞれ６cm，８cm，14 cmの円の$\frac{1}{4}$の面積をひけばよいので，

14×20－(６×６×3.14×$\frac{1}{4}$＋８×８×3.14×$\frac{1}{4}$＋14×14×3.14×$\frac{1}{4}$)＝280－(９＋16＋49)×3.14＝47.64(㎠)

〔３〕⑴　求める差は，図２のうち，図１の直方体が重なっている部分の面積である。重なっている部分は右図の色付き部分であり，１つの色付き部分に対して重なっている部分は２つ(上の面と下の面)あるから，求める差は，(１×１)×４×２＝８(㎠)

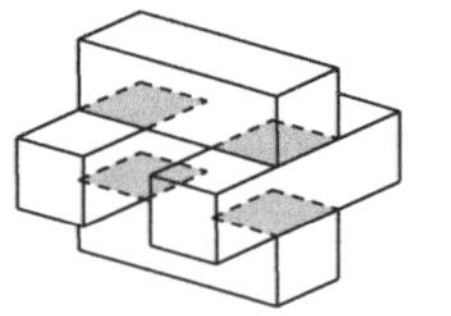

⑵　**【解き方１】表面積は，上下左右前後から見たときに見える図形の面積と，その６方向からは見えない部分の面積を足せばよい。**

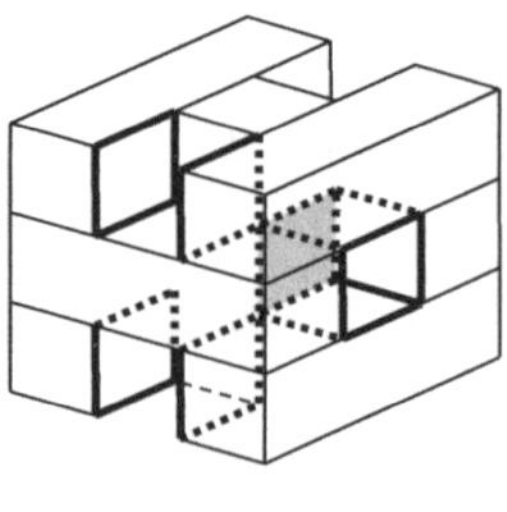

図３を上下左右前後から見ると，３辺が３cmの正方形となる。

６方向から見えない部分は，右図の太線部分である１辺１cmの正方形が８個(色付きの正方形は除く)と，同じように反対側にも１辺１cmの正方形が８個ある。

よって，表面積は，(３×３)×６＋８＋８＝70(㎠)

【解き方２】　⑴をふまえる。直方体が重なっている部分が 14 か所できる。

図１の直方体の表面積は１×１×２＋３×１×４＝14(㎠)である。重なっている部分は２つの面があるから，求める表面積は，14×７－１×１×14×２＝70(㎠)

Ⅲ　〔１〕　３つの数の和について，小さい方から考える。最小の値になる３つの数の組み合わせは(１，２，３)の

１通り，２番目に小さい値になる組み合わせは（１，２，４）の１通り，３番目に小さい値になる組み合わせは（１，２，５）（１，３，４）の２通りある。４番目以降は２通り以上あることがわかる。
大きい方から考えた場合にも同じことがいえるので，求める数は，１＋２＋３＝６，１＋２＋４＝７，12＋14＋15＝41，13＋14＋15＝42 である。

〔２〕　３つの数の和について，１が含《ふく》まれる最大の数は１＋14＋15＝30，15 が含まれる最小の数は１＋２＋15＝18 である。よって，１から 15 のどのカードも含まれている可能性がある答えは，18～30 の整数である。

〔３〕　**【解き方】複数の数を足すときの和の偶奇《ぐうき》は，足した奇数の個数で決まる。奇数の数が奇数個であれば和は奇数となり，奇数の数が偶数個（０個を含む）であれば和は偶数となる。また，２つの数の差の偶奇は，２つの数が偶数同士か奇数同士ならば偶数，２つの数が偶数と奇数ならば奇数となる。**

３つの数の和の 28 は偶数なので，３の数のうち，奇数は０個か２個ある。よって，３つの数は，偶数が１個，奇数が２個あることがわかる。
一番大きい数と一番小さい数の差の６は偶数なので，一番大きい数と一番小さい数はともに奇数である。
よって，一番大きい数と一番小さい数の組み合わせは，（１，７）（３，９）…（９，15）であり，そのうち３つの数の和が 28 になるような真ん中の数があるのは，３つの数が７と８と 13 になるときだけである。

〔４〕　**【解き方】84 を素数の積で表すと，84＝２×２×３×７だから，約数に１，２，３，２×２＝４，２×３＝６，７，２×２×３＝12，２×７＝14 以外の数がある数は，３つの数に含まれない。**

求める数は，５，８，９，10，11，13，15 である。

〔５〕　**【解き方】２番目に大きい数が奇数であることと 84 がもつ約数から考える。**

３つの数は，１，２，３，４，６，７，12，14 のいずれかである。「２番目の数だけ」というケイコの発言から一番大きい数と一番小さい数は偶数と判断できる。２番目に大きい数は奇数なので，その数は３か７となる。
２番目に大きい数が３とすると，84 は７を約数にもつので，一番大きい数は７を約数にもつ偶数である 14 が考えられるが，14 は２×２＝４を約数にもたない。すると，一番小さい数が２×２＝４を約数にもつ数となってしまうが，これだと一番小さい数が３より大きくなってしまう。したがって，２番目に大きい数は７と決まる。また，残り２つの数で，３と２×２＝４を約数にもたなくてはならないが，14 はどちらも約数にもたず，一番大きい数が 14 だと一番小さい数が両方を約数にもつことになり，７より大きくなってしまう。したがって，一番大きい数は 12 となる。一番小さい数は約数を２個もつ偶数だから，２と決まる。２と７と 12 の最小公倍数は 84 となるので，条件に合う。よって，求める３つの数は，２と７と 12 である。

Ⅳ　〔１〕　正六角形ＡＢＣＤＥＦの周の長さは 12×６＝72（㎝）だから，Ｐの速さは毎秒（72÷24）㎝＝毎秒３㎝，Ｑの速さは毎秒（72÷36）㎝＝毎秒２㎝である。ＰとＱが出会うのは，72÷（３＋２）＝14.4（秒）ごとである。

〔２〕　**【解き方】正六角形の面積をａとして，Ａを含む方の図形の面積をａの式で表す。その際，正六角形は対角線によって６つの合同な正三角形にわけられること，高さの等しい三角形の面積の比は底辺の長さの比に等しいことを利用する。**

図ｉ
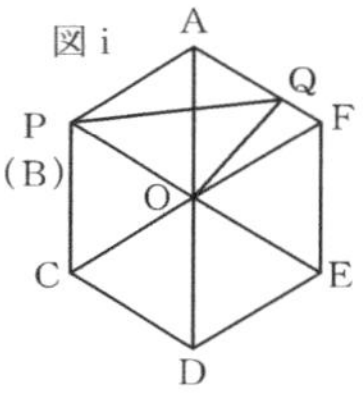

⑴　４秒後，ＰはＡから３×４＝12（㎝）進んだ位置（Ｂ），ＱはＡから２×４＝８（㎝）進んだ位置にある（図ｉ参照）。よって，Ａを含む方の図形は，三角形ＡＰＱである。
ＡＦとＢＥは平行だから，三角形ＡＰＱと三角形ＡＯＱの面積は等しい。
（三角形ＡＯＦの面積）＝（正六角形の面積）÷６＝ａ÷６＝$a \times \frac{1}{6}$
（三角形ＡＯＦの面積）：（三角形ＡＯＱの面積）＝ＡＦ：ＡＱ＝12：８＝３：２だから，（三角形ＡＯＱの面積）＝

$a\times\frac{1}{6}\times\frac{2}{3}=a\times\frac{1}{9}$　三角形ＡＰＱの面積も$a\times\frac{1}{9}$だから，正六角形の面積の$\frac{1}{9}$倍である。

(2)　４秒後，ＰはＡから３×８＝24(cm)進んだ位置(Ｃ)，ＱはＡから２×８＝16(cm)，つまり，進んだＦから16－12＝４(cm)進んだ位置にある(図ⅱ参照)。よって，Ａを含む図形の面積を，(四角形ＡＢＰＦの面積)＋(三角形ＰＱＦの面積)で求める。

図ⅱ

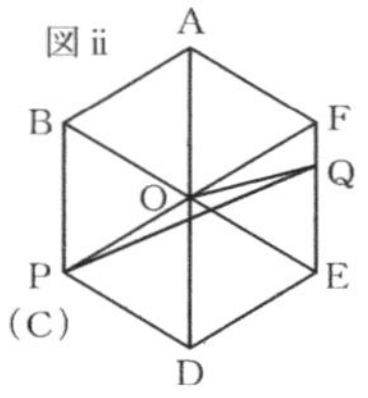

四角形ＡＢＰＦの面積は，(正六角形の面積)$\times\frac{3}{6}=a\times\frac{1}{2}$

(三角形ＯＦＱの面積)：(三角形ＯＦＥの面積)＝ＦＱ：ＦＥ＝４：12＝１：３だから，

(三角形ＯＦＱの面積)$=a\times\frac{1}{6}\times\frac{1}{3}=a\times\frac{1}{18}$　(三角形ＰＱＦの面積)：(三角形ＯＦＱの面積)＝ＰＦ：ＯＦ＝２：１だから，(三角形ＰＱＦの面積)$=a\times\frac{1}{18}\times2=a\times\frac{1}{9}$

よって，Ａを含む図形の面積は$a\times\frac{1}{2}+a\times\frac{1}{9}=a\times\frac{11}{18}$だから，正六角形の面積の$\frac{11}{18}$倍である。

〔３〕　**【解き方】直線ＰＱが初めて正六角形の面積を二等分するのは，ＰとＱが合わせて，72÷２＝36(cm)(正六角形の周の長さの半分)進んだときである。ここから，ＰとＱが合わせて72cm(正六角形の周の長さ)進むごとに，直線ＰＱは正六角形の面積を二等分する。**

直線ＰＱが正六角形の面積を２回目に二等分するのは，ＰとＱが合わせて36＋72＝108(cm)進んだときであり，このときＰは$108\times\frac{3}{3+2}=64.8$(cm)，Ｑは108－64.8＝43.2(cm)進んだ。64.8÷12＝５余り4.8，43.2÷12＝３余り7.2より，ＰはＡから左回りに５つ頂点を移動したＦから4.8cm進んだ位置，ＱはＡから右回りに３つ頂点を移動したＤから7.2cm進んだ位置にある。

直線ＰＱが正六角形の面積を初めて二等分するのは，出発してから36÷(３＋２)＝7.2(秒後)であり，ここから14.4秒ごとに正六角形の面積を二等分する。

よって，10回目に二等分するのは，出発してから7.2＋14.4×(10－１)＝136.8(秒後)

《2022　理科　解説》

Ⅰ　〔１〕(1)　アはヒマワリ，イはアサガオ，ウはマリーゴールドのたねである。

〔２〕　Ａが空気調節ねじ，Ｂがガス調節ねじである。Ｂでほのおの大きさを調節したあと，Ａでほのおの色を青色に調節する。マッチに火をつけたあとにＢのねじをゆるめることに注意しよう。

〔３〕(1)　表より，Ｘはおもりの重さが10ｇ増えると，長さ(のび)が10cm増えるとわかる。　(2)　表より，おもりの重さが10ｇのとき，ＸとＹの長さの差は40－20＝20(cm)，おもりの重さが20ｇのとき，ＸとＹの長さの差は42－30＝12(cm)だから，おもりの重さが10ｇ増えると，ＸとＹの長さの差は20－12＝８(cm)小さくなる。よって，おもりの重さが10ｇのときから$10\times\frac{20}{8}=25$(ｇ)増えた35ｇのとき，ＸとＹの長さの差は０cmになる(長さが等しくなる)。

〔４〕(1)　春分の日の太陽は，午前６時ころに真東からのぼり，午前12時ころに真南で最も高くなり，午後６時ころに真西にしずむ。午前９時は午前６時と午前12時の真ん中だから，このとき太陽は東と南の真ん中の南東にある。太陽が南東にあるとき，かげは反対の北西にのびるから，アが北西とわかる。よって，イが北，クが西だから，エが東，カが南である。　(2)　(1)解説より，３時間後の午前12時には太陽が南の空で最も高くなるから，２時間後の棒のかげは図４のアとイの間にできる。また，太陽の高さが高くなるほどかげの長さは短くなるから，ウのようになる。

Ⅱ　〔１〕　流れる水が土砂をけずりとるはたらきをしん食，土砂を積もらせるはたらきをたい積という。

〔２〕　つぶが大きい順に，小石＞砂＞どろである。つぶが大きいほどしずむ速さが速いから，Ｃが小石，Ｂが砂，

Ａがどろである。

〔３〕　図３より，直径1.0㎜のつぶが100㎝の深さをしずむのにかかる時間は20秒だから，速さは100÷20＝(毎秒)５(㎝)である。

〔４〕　ふつう，地層は下にあるものほど古いから，地層がたい積した順番はｃ→ｂ→ａであり，つぶがしだいにおおきくなっている。つぶが大きいほど，河口近くの浅い海にたい積するから，海の深さはしだいに浅くなっていったことがわかる。

〔５〕　ねん土の層はつぶが小さため，つぶとつぶの間にすき間ができにくく，水を通しにくい。地表からａとｂを通りぬけた水が，ｃを通りぬけることができず，ｂとｃの間からしみ出してくる。

〔６〕　ａ～ｄの地層をつくる小石や砂やねん土のつぶは，川を流れてくる間に川底や他の石とぶつかるなどして角がとれ，丸みを帯びているが，ｅの地層をつくる火山灰は，流れる水のはたらきを受けずにたい積するので角ばっている。

Ⅲ　〔１〕　エナメル線の太さ以外の条件(エナメル線の巻き数と電池の数)が同じ①と②を比べればよい。

〔２〕　コイルＡの左はしにＳ極が引きつけられているから，左はしがＮ極であり，右はしがＳ極である。

〔３〕　ｂとｃの方位磁針のＮ極はコイルの右はしのＳ極に引きつけられるから，ｂはエ，ｃはイの向きになる。

〔４〕　アルコールランプの火で熱した点に近いところから順にあたたまるから，Ｑ→Ｐ→Ｒの順にろうがとける。このような熱の伝わり方を伝導という。

〔６〕　Ｘ．アルミニウムは酸性の塩酸にもアルカリ性の水酸化ナトリウム水溶液《すいようえき》にもとける。　Ｚ．鉄はさびやすいため，クロムと混ぜて合金(ステンレス)にしたり，表面を亜鉛でメッキしたトタンにしたりして，さびにくくしている。

Ⅳ　〔１〕⑴　図５のような気体の集め方を水上置換《ちかん》法という。水にとけにくい気体は水上置換法で集めるのがよい。なお，水にとけやすい気体は，空気よりも軽ければ上方置換法，空気よりも重ければ下方置換法で集める。

⑵　アは二酸化炭素，ウは水素，エはアンモニアなどの水にとけるとアルカリ性を示す気体の説明である。

〔２〕　ａ．Ⅰの考えが正しい場合，ガラス管Ａでは空気の方にゾウリムシが移動し，空気がないガラス管Ｂではゾウリムシは移動しない。　ｂ．Ⅱの考えが正しい場合，光を当てた部分にゾウリムシが移動し，光を当てなければゾウリムシは移動しない。　ｃ．会話文より，ゾウリムシは重力に対して負の走性があるから，重力の向き(下向き)とは反対に上向きに移動する。

〔３〕　メダカは川の流れに向かって泳ぐから，水流に対して負の走性がある。

〔４〕　ばねばかりは物体にはたらく重力の大きさをはかるから，重力が$\frac{1}{6}$であれば$120\times\frac{1}{6}=20$(ｇ)を示す。上皿てんびんでは，分銅にはたらく重力も$\frac{1}{6}$になるから，120ｇのおもりとつり合うのは120ｇの分銅である。上皿てんびんではかる物体そのものの量のことを質量という。

〔５〕　Ｐ～Ｒで，先端《せんたん》を切りとったり，先端に光が当たらなかったりすると曲がらなかったことから，先端で光を感じていると考えられる。

〔７〕　⑴芽ばえが光を感じる部分(ア)で曲がる原因となる物質がつくられると考えられる。　⑵～⑷芽ばえが曲がるのは，曲がる原因となる物質が，光の当たる側で成長をおさえるか，光の当たらない側で成長をすすめるかのどちらかである。Ｓで曲がり，Ｔで曲がらなかったことから，アでつくられた物質は光の当たらない側を下に移動し，成長をすすめたと考えられる。

《2022　社会　解説》

Ⅰ　〔1〕　育てる漁業には，稚魚を一定の大きさまで育てた後に海や川に放流して自然の中で育てる「栽培漁業」と，いけすや網で区切った海などで出荷するまで人工的に育てる養殖業がある。

〔2〕　イが正しい。秋田県と岩手県を通ることから北緯 40 度の緯線と判断する。北緯 40 度の緯線は，アメリカのニューヨーク・スペインのマドリード・イタリア半島南部・中国の北京などを通過する。

〔3〕　津軽半島と渡島《おしま》半島の間の津軽海峡で，青函トンネルを結ぶ。

〔4〕　ウ．P－Q間の北に諏訪湖があることから，諏訪湖を水源とする唯一の河川の天竜川と判断する。

〔5〕　ア．トヨタのある愛知県(あ)は自動車の生産額が日本一である。スズキ・ホンダ・ヤマハのある静岡県(い)は二輪自動車(オートバイ)の生産が盛んである。

〔6〕　暖かい気候の沖縄県(う)や，愛知県の渥美半島で電照菊の抑制栽培が盛んである。また，暖かい沖縄ではビニルハウスを使わないことも多い。

〔7〕　瀬戸大橋は岡山県の倉敷市児島と香川県坂出市を結ぶ。岡山県は人口・工業出荷額が２番目に多いア，日本最小の香川県は面積の小さいウと判断する。イは広島県，エは愛媛県。

〔8〕　Ⅰは畜産，Ⅱは野菜，Ⅲは米である。鹿児島(え)のシラス台地では，畜産や畑作などが盛んなので，豚の飼育頭数やさつまいもの生産量が多い。

Ⅱ　Aは吉野ヶ里遺跡(弥生時代)，Bは法隆寺(飛鳥時代)，Cは平等院鳳凰堂(平安時代)，Dは鶴岡八幡宮(鎌倉時代)，Eは姫路城(安土桃山時代)，Fは日光東照宮(江戸時代)，Gは八幡製鉄所(明治時代)，Hは原爆ドーム(昭和時代)。

〔1〕　ウを選ぶ。邪馬台国の女王である卑弥呼が魏に使いを送り，「親魏倭王」の称号を授かったことが中国の歴史書『魏志』倭人伝に記されている。アは前漢，イは後漢，エは宋(南朝)の時代。

〔2〕　飛鳥時代，聖徳太子が豪族に役人としての心構えを説くために十七条の憲法を制定した。また，聖徳太子は仏教を広めるために法隆寺を建立した。

〔3〕(1)　平安時代のエが正しい。アは奈良時代，イは飛鳥時代，ウは鎌倉時代。　(2)　「白河」「鳥羽」「後白河」から院政を導き，平安時代後半のイを選ぶ。後白河天皇と崇徳上皇の対立に藤原氏一族や源氏平氏の争いが結びついて保元の乱が起こり，保元の乱で活躍した平清盛と源義朝の対立や貴族間の対立から平治の乱が起こった。アは平安時代前半，ウは平安時代初め，エは平安時代中頃である。

〔4〕　イが正しい。六波羅探題は，鎌倉時代の承久の乱後に朝廷と西国の御家人を監視するため，鎌倉幕府によって設置された。(A)は執権で北条氏が就任した。鎌倉府は，室町幕府のときに置かれた。

〔5〕　三層の天守閣をつくった豊臣秀吉が，姫路城に改名した。

〔6〕(1)　老中松平定信の寛政の改革が厳しかったのに対し，彼の前に実権をにぎっていた良くも悪くも世俗的な田沼意次の政治を懐かしんで庶民がよんだ狂歌である。定信がもと白河藩主であったことから，白河と書かれている。
(2)　ウが正しい。老中田沼意次は，株仲間の結成を奨励してわいろが横行したことでも知られる。アは老中松平定信の寛政の改革，イは老中水野忠邦の天保の改革，エは８代将軍徳川吉宗の享保の改革。

〔7〕　八幡製鉄所は，鉄道建設や軍備拡張のための鉄鋼を生産することを目的に，中国から鉄鉱石を輸入しやすく，筑豊炭田から石炭を輸送しやすい北九州の地につくられた。

〔8〕　イ．原爆ドームは，1945 年８月６日に広島に原子爆弾が投下されたときの被害を象徴する建造物で，当時のままに保存されている。

Ⅲ　〔1〕　ア．人口 13 億人以上の中国・インド，２億人を超えるブラジルである。10 位のメキシコでも日本より多い１億３千万人がいる。

〔2〕　図２の中央に高速道路が通っていることに着目する。高速道路ができて，目的地まで工業製品を直接運べるようになったため，周辺に多くの工場ができ，工業団地がつくられた。

〔3〕　環境アセスメント法の対象になるのは，道路の新設・河川の改修やダムの新築・鉄道の建設・空港整備・発電所の設置や廃棄物処理場の建設などである。

〔4〕⑴　イ．成田国際空港は，集積回路などの小型軽量で単価の高い製品が多いので，貨物取扱金額が圧倒的に高い。⑵　重量の重い工業製品や石油・石炭といった原料や燃料などは船，小型・軽量で単価の高い半導体などの電子部品は航空が利用されている。

〔5〕　ウ．江戸時代，いわしを干して作った干鰯や，菜種油をしぼって作った油粕が肥料として利用されていた。

〔6〕　イを選ぶ。米騒動は 1918 年に富山県の漁村での暴動から全国に発展した。アの治安維持法の制定は 1925 年，ウの関東大震災は 1923 年，エの第一次護憲運動は 1912 年。

〔7〕　下線部①より，世界人口は今後 10%増える予測なので，食料不足となって資源が枯渇する恐れがある。下線部③の前後に着目すると，食用のコオロギはタンパク質などの栄養素が豊富であり，家畜よりも土地や飼料が少なく環境負荷が小さいので，未来へとつながる食料として重要になることがわかる。

Ⅳ　原因について，資料１より，共働き世帯が増加したことで専業主婦世帯数を逆転した結果，2020 年には共働き世帯の方が２倍ほど多いことが読み取れる。資料３と資料４より，正社員よりも賃金が低い非正規雇用者が男女ともに増加していることが読み取れる。改善策について，資料２より，男性の育児休暇取得率が圧倒的に低いことが読み取れる。日本では，女性が家事と育児を一人で行うワンオペ育児に陥りやすいので，保育所の整備や短時間勤務の実現をはかる取り組みなどが推進されている。

★立命館慶祥中学校

《国　語》

一　問一．①きょうちゅう　②こうちょう　③層　④染　⑤格納　　問二．①ア　②オ　③オ　④イ　⑤ウ
問三．①目　②歯　③口　④首　⑤鼻　　問四．①実　②不　③変　④断　⑤色

二　問一．イ，エ　　問二．ウ　　問三．エ　　問四．何らかの技術領域に詳しいというだけで、未来を生み出せるわけではないということ。　　問五．技術の実装だけではなく、素晴らしい世界を描き、領域を超えたものをつなぎデザインする　　問六．ア

三　問一．やってもらうのが当たり前のような態度をとってお礼を言わない上に、みんなと同じ給食を食べないから。
問二．エ　　問三．Ⅰ．友だちだと思ってる　Ⅱ．お礼なんていらない　　問四．見知らぬきれいな国のイメージが、頭のなかでふくらみ、アブダラくんを通して、世界が広がっていくように感じた。　　問五．ウ

四　(例文)確かに、外国人と共生するとなると、言葉や文化の違いによる不安は大きい。しかし、どのような価値観であっても、基本となるのは家族の幸福である。

《算　数》

Ⅰ　〔１〕$\frac{3}{4}$　　〔２〕４
〔３〕210　　〔４〕12
〔５〕４　　〔６〕1500

Ⅱ　〔１〕72　　〔２〕3798
〔３〕(1)30　(2)704

Ⅲ　〔１〕日本／19　※〔２〕８　　〔３〕４，午後５，10
〔４〕右図　　〔５〕シドニー…Ｆ　アテネ…Ａ　北京…Ｂ
ロンドン…Ｅ　リオデジャネイロ…Ｃ　東京…Ｄ

Ⅳ　〔１〕ア．10　イ．15　　〔２〕蛇口…Ｑ　水の量…750
〔３〕右グラフ　　〔４〕８

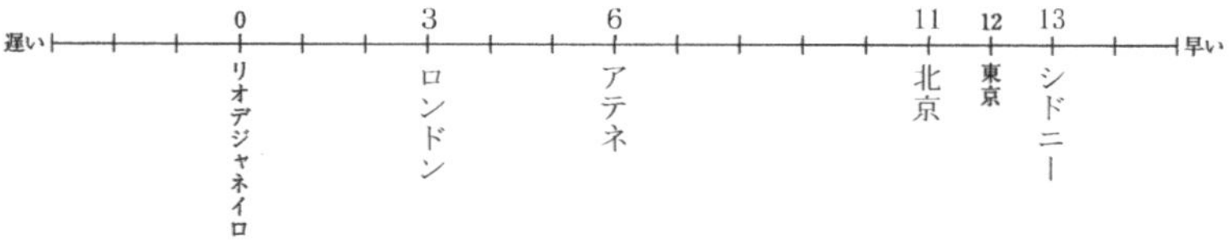

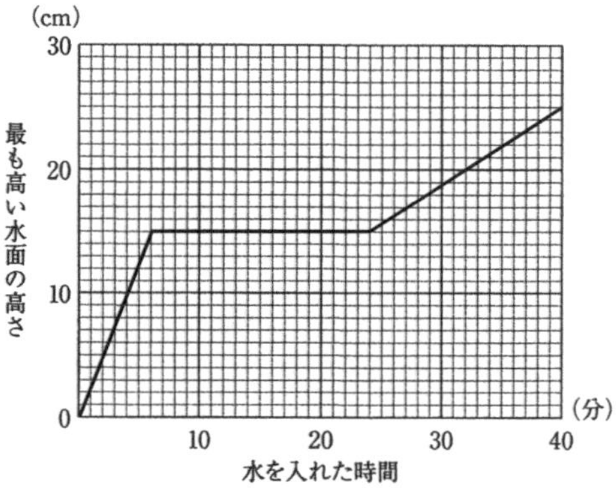

※の求め方は解説を参照してください。

《理　科》

Ⅰ　〔1〕⑴エ　⑵1428　　〔2〕⑴発生した水蒸気が水てきとなってびんの内側につくから。　⑵ウ

〔3〕⑴ア　⑵イ　　〔4〕⑴右図　⑵ア

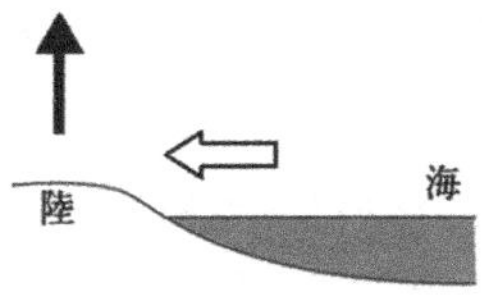

Ⅱ　〔1〕⑴A，B　⑵B，E　⑶B，C　　〔2〕空気　　〔3〕子葉

〔4〕Q，R　　〔5〕エ　　〔6〕デンプンが発芽や成長に使われたから。

Ⅲ　〔1〕2.8，3.5　　〔2〕ア．25　イ．1　ウ．2　　〔3〕イ　　〔4〕ウ

〔5〕1.75　　〔6〕3.5　　〔7〕2

Ⅳ　〔1〕エ　　〔2〕マグマのねばりけが弱い。　　〔3〕ア　　〔4〕ウ

〔5〕式…$200\times\frac{150}{100}\times2.5\div1000=0.75$　$0.75\div0.03=25$　食塩水…25　　〔6〕塩酸　　〔7〕ウ

《社　会》

Ⅰ　〔1〕ウ　　〔2〕記号…イ　県名…秋田　　〔3〕イ　　〔4〕①ウ　②ア　　〔5〕エ　　〔6〕ア

〔7〕ア　　〔8〕人口減少と少子高齢化が進み，働く世代の人口が減少することで，税収が減り，社会保障サービスが維持できなくなる点。

Ⅱ　〔1〕⑴イ　⑵ウ　　〔2〕⑴ア　⑵平清盛　　〔3〕ウ　　〔4〕下剋上　　〔5〕⑴杉田玄白　⑵寺子屋が全国につくられ，貸本屋で安く本を借りることができたから。　〔6〕⑴エ　⑵ア

〔7〕宗教名…キリスト教　記号…D，F

Ⅲ　〔1〕イ，オ　　〔2〕知識や技術を欧米から学び，近代化を進めて，不平等条約の改正を達成し，欧米と対等な立場になること。　　〔3〕イ　　〔4〕シェールガス　　〔5〕イ　　〔6〕集団的自衛

〔7〕イ→エ→ウ→ア　　〔8〕社会保険　　〔9〕国土面積に占める農地面積の割合が高く，大量に大豆やとうもろこしを生産している国である。この技術は，農作物の生産量を安定させ，食料不足を解消することが期待されている。

Ⅳ　(例文)現金の受けわたしがないので，1人の客に対応する時間が短縮でき，レジで待つ機会が減る。また，現金を数える作業がなくなり，売り上げの確認がしやすくなることで，店側の負担も減る。キャッシュレス決済を広めるためには，今よりもっと割引率や還元率を高くすること，個人情報の管理を強化することなど，客が安心して安全に使うための新たな取り組みが必要だと考える。

《作　文》

〈作文のポイント〉

・最初に自分の主張、立場を明確に決め、その内容に沿って書いていく。

・わかりやすい表現を心がける。自信のない表現や漢字は使わない。

さらにくわしい作文の書き方・作文例はこちら！→

https://kyoei-syuppan.net/mobile/files/sakupo.html

《2021　国語　解説》

一　問二①　アの「育児」(児を育てる)は、後の漢字から前の漢字に返って読むと意味がわかるもの。それ以外は、同じような意味の漢字の組み合わせ。　②　オの「周囲」(周も囲も、まわりという意味)は、同じような意味の漢字の組み合わせ。それ以外は、反対の意味の漢字の組み合わせ。　③　オの「国連」は、「国際連合」の略。それ以外は、主語と述語の組み合わせ。　④　イの「運行」(運も行も、行くという意味)は、同じような意味の漢字の組み合わせ。それ以外は、後の漢字から前の漢字に返って読むと意味がわかるもの。　⑤　ウの「乗車」は、後の漢字から前の漢字に返って読むと意味がわかるもの。それ以外は、前の漢字が後の漢字を説明しているもの。

問四①　「質実剛健《しつじつごうけん》」は、かざりけがなく、まじめで、強くてたくましいこと。　②　「前後不覚《ぜんごふかく》」は、物事のあとさきも分からなくなるほど、正体を失うこと。　③　「天変地異《てんぺんちい》」は、地震《じしん》、台風、洪水《こうずい》など、天地の間に起こる自然界の異変。　④　「言語道断《ごんごどうだん》」は、言葉で言い表せないほどの、とんでもないこと。
⑤　「十人十色《じゅうにんといろ》」は、考えや好みなどが、人それぞれにちがっていること。

二　著作権に関係する弊社《へいしゃ》の都合により本文を非掲載《ひけいさい》としておりますので、解説を省略させていただきます。ご不便をおかけし申し訳ございませんが、ご了承《りょうしょう》ください。

三　問一　前書きに「やってもらうのが当たり前のようなアブダラくんの態度に不満を募《つの》らせていた」、――線部①の９～10行後に「ありがとうっていってほしくてムカついてる」とあること、また、［　A　］の４～５行後で「みんなと同じ給食食べてないの、アブダラくんだけじゃなかった」と思っていることから、具体的に何に腹を立てているのかがわかる。そのようなアブダラくんに対して、「ぼく」は「『ふつう』じゃないって、腹を立ててた」のである。

問三　「ぼく」が「人にさんざん世話になっといて、ありがとうのひとつもいえないようなやつ」と言ったのを聞いたアブダラくんはおどろき、「ごめん。そんなの気にしてると思わなかったんだ。ぼくは、ハルのためにできることはなんでもする～ハルがそうしてくれてるから。それが友だちだ～当たり前のことだから。お礼なんて、友だちじゃないみたいだ」と言った。このアブダラくんの考え方を、「ぼく」が「要するに、友だちだと思ってるからこそ、お礼なんていらないってことだよね～無言実行型の『ありがとう』なんだな」と解釈《かいしゃく》している。

問四　「一枚の青い刺繍《ししゅう》布に出会って、魅了《みりょう》された。それから、プルカリのとりこ」になったというネコスケ先生が「いいとこだぞ、パキスタン」というのを聞いて、「ぼく」は「(パキスタンってどんなところだろう)」と想像し始めた。「見たことも、ほとんどきいたこともない国のイメージが、頭のなかでふくらんでいく。まるで、アブダラくんを通して、世界が広がっていくみたいだ～プルカリ。きっとすごく、きれいなんだろうな」という部分からまとめる。美しい刺繍を生んだパキスタンという国にあこがれをいだき、想像を広げているのである。

問五　アブダラくんがお礼を言わなかった理由がわかり、「アブダラくんが考えてることがわかるだけで、こんなにホッとしてる～なにをそんなに怒《おこ》ってたんだろうって不思議に思うくらいだ」と、それまでのわだかまりが消えた。そして「アブダラくんと、もっといろんなことを話せたらいいのにな」と思い、最後には「すごくハッピーな気分。だって、アブダラくんは、ぼくの好きなことを笑わない。ぼくはそれがうれしいんだ」とある。そのような心境になっているので、ウが適する。

四　二文目の「人類の価値観の基本的性質」は、【資料Ⅰ】の後ろから２段落目の「いかなる宗教、いかなる文化、いかなる国の価値観であっても、基本となるのは家族の幸福だ。家族の幸福という人類共通の価値観を基本として」より、「家族の幸福」にあると読み取れる。「いかなる宗教～文化～価値観であっても」と述べる背景にある、【資料Ⅱ】の外国人の増加で不安視されている点を、一文目で取り上げよう。

《2021　算数　解説》

Ⅰ　〔1〕　与式$=1\frac{1}{6}-\frac{5}{12}=\frac{14}{12}-\frac{5}{12}=\frac{9}{12}=\frac{3}{4}$

〔2〕　与式より，111－□×６＝29×３　　□×６＝111－87　　□＝24÷６＝４

〔3〕　与式＝21×0.01×800＋６×21－0.4×10×21＝21×(８＋６－４)＝21×10＝210

〔4〕　**【解き方】正しい答えとまちがった答えの比は８：80＝１：10である。**

１：10の比の数の10－１＝９が864にあたるから，正しい答えは$864\times\frac{1}{9}$＝96で，ある整数は，96÷８＝12

〔5〕　**【解き方】つるかめ算を利用する。**

１日25ページずつ15日間読むと，25×15＝375(ページ)になり，360ページより375－360＝15(ページ)多くなる。15日間のうち１日を25ページ読む日から20ページ読む日に置きかえると，読むページ数の合計が25－20＝５(ページ)減る。よって，20ページ読んだ日数は15÷５＝３(日)だから，３月３日までであり，25ページずつ読み始めたのは３月４日からである。

〔6〕　**【解き方】１人分の金額について，交通費を①とすると，チケット代は⑤，食事代は③である。**

Ａがはらったのが⑤×２＝⑩，Ｂがはらったのが(①＋③)×２＝⑧だから，⑩－⑧＝②が300×２＝600(円)にあたる。よって，１人分のチケット代は，$600\times\frac{⑤}{②}$＝1500(円)

Ⅱ　〔1〕　**【解き方】二等辺三角形の性質から，右のように作図できる。**

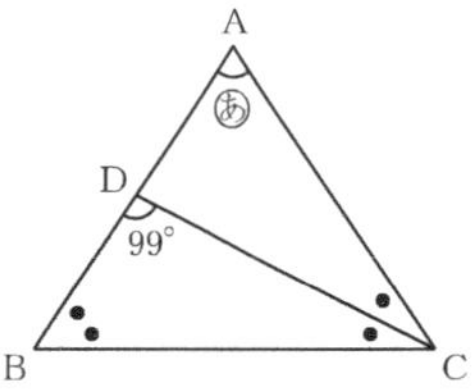

三角形ＤＢＣの内角の和より，●×３＋99°＝180°だから，●＝(180°－99°)÷３＝27°

三角形ＡＢＣの内角の和より，角あ＝180°－27°×４＝72°

〔2〕　**【解き方】道の部分を右図のように，長方形部分とそれ以外の部分に分ける。**

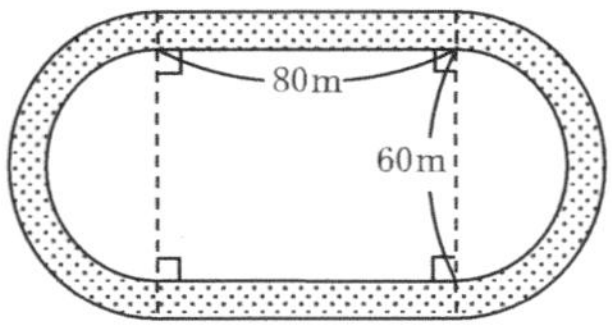

道のうち長方形部分の面積の合計は，

(10×80)×２＝1600(㎡)

長方形部分以外の面積の合計は，半径(60＋10×２)÷２＝40(m)の円の面積から，半径60÷２＝30(m)の円の面積を引くと求められ，40×40×3.14－30×30×3.14＝(1600－900)×3.14＝700×3.14＝2198(㎡)

よって，道の面積は，1600＋2198＝3798(㎡)

〔3〕(1)　**【解き方】２枚の紙が接している辺は右図の太線である。**

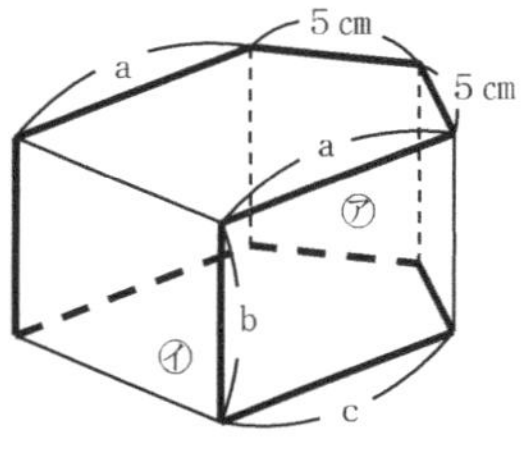

□の長さは，ａの長さ２つ分と５cmと５cmの長さの和である。

ｂの長さはアの紙の縦の長さだから，６cmである。

ａ＝ｃで，イの紙の横の長さが26cmだから，ａ＝(26－６)÷２＝10(cm)

よって，□＝10×２＋５＋５＝30(cm)

(2)　**【解き方】２枚の紙が接している辺は右図の太線である。立体全体を，直方体と，合同な２つの三角柱に分けて考える。**

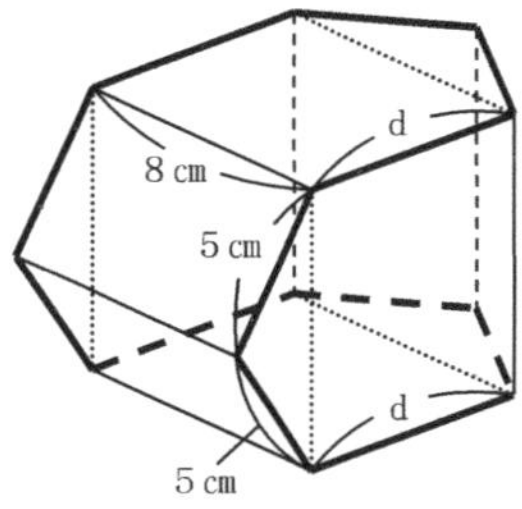

ｄ×２＋５＋５＝26(cm)だから，ｄ＝(26－５－５)÷２＝８(cm)

したがって，直方体(立方体)部分の体積は，８×８×８＝512(㎤)

三角柱部分は，底面積が８×３÷２＝12(㎠)で高さが８cmだから，２つ分の体積は，(12×８)×２＝192(㎤)

よって，この立体の体積は，512＋192＝704(㎤)

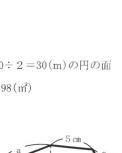

Ⅲ　〔1〕　日本が1月1日午前8時のとき，ハワイは12月31日午後1時だから，ハワイの時刻を(12－1)＋8＝19(時間)進めると日本の時刻に追いつく。よって，日本の方が19時間早い。

〔2〕　3箱で12×3＝36(個)入っているから，1箱ずつ買ったときの1個あたりの値段は，$9\times3\div36=\frac{27}{36}$(ドル)，3箱セットで買ったときの1個あたりの値段は，$25\div36=\frac{25}{36}$(ドル)である。よって，1箱ずつ買った場合の値段は3箱セットで買った場合の値段の$\frac{27}{36}\div\frac{25}{36}\times100=108$(%)にあたるから，108－100＝8(%)高い。

〔3〕　ハワイの時刻で考えると，新千歳空港に着くのは，1月3日の午後1時45分＋8時間25分＝午後10時10分である。これを日本の時刻に直すために19時間進める。2時間進めた段階で1月4日の午前0時10分になる。さらに19－2＝17(時間)進めるので，求める時刻は，1月4日の17時10分，つまり午後5時10分である。

〔4〕　時刻が遅い順に見ていく。ロンドンはリオデジャネイロより11－8＝3(時間)早く，アテネはロンドンより(12－11)＋2＝3(時間)早く，北京はアテネより7－2＝5(時間)早く，東京は北京より8－7＝1(時間)早く，シドニーは東京より9－8＝1(時間)早い。よって，解答例のようになる。

〔5〕　①よりEを真ん中にして等間隔《とうかんかく》にA，E，Cが並ぶとわかる。
②よりAを真ん中にして等間隔にC，A，Dが並ぶとわかる。
したがって，A，C，D，Eの並びは右の図1か図2のようになる。この並びに合う都市を〔4〕でかいた数直線で探すと，Cがリオデジャネイロ，Eがロンドン，Aがアテネ，Dが東京とわかる。残った北京とシドニーのうち時刻が早いのはシドニーだから，③よりBが北京，Fがシドニーである。

図1

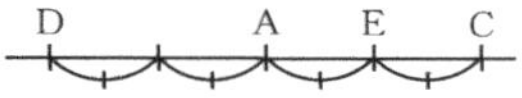

図2

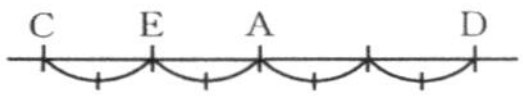

Ⅳ　**【解き方】右図は容器を正面から見た図であり，容器内の空間に図のように①～⑤の記号をおく。蛇口を開けたことで，水が①～⑤の空間にどの順番で入っていくかを考える。**

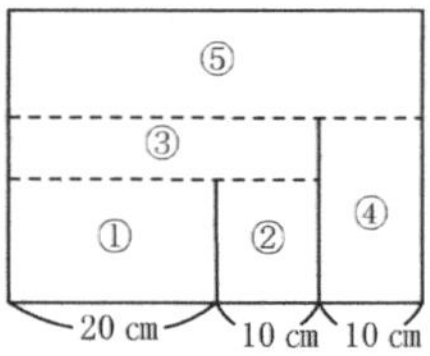

〔1〕　PまたはQを開くと，まず①または②が水でいっぱいになったあと，水がアをこえて②または①に水が入り，しばらくグラフが水平になる。したがって，アの高さはグラフが1回目に水平になっている高さだから，10 cmである。そのあと①，②，③が水でいっぱいになり，④に水が入っている間グラフが水平になる。したがって，イの高さはグラフが2回目に水平になっている高さだから，15 cmである。

〔2〕　**【解き方】①と②が水でいっぱいになるのにかかる時間の比は，①と②の容積比に等しい。**
①と②の容積比は，縦の長さと高さが等しいのだから横の長さの比に等しく，20：10＝2：1である。
したがって，PとQのどちらを開いても，①と②を水でいっぱいにするのにかかる時間の比は2：1である。
図2のグラフを見ると，蛇口の真下の空間を水でいっぱいにするのに4分かかり，次にとなりの空間を水でいっぱいにするのに8分かかっているとわかるから，最初に②に水が入っている。よって，開いたのはQである。
②の容積は30×10×10＝3000(㎤)で，これを水でいっぱいにするのに4分かかったから，入れた水の量は，
毎分$\frac{3000}{4}$㎤＝毎分750(㎤)

〔３〕　**【解き方】〔２〕と同じ割合で水を入れたのだから，①～⑤の各空間を水でいっぱいにするのにかかる時間は，図２のグラフと同じである。したがって，まず図２のグラフを読み解く。**

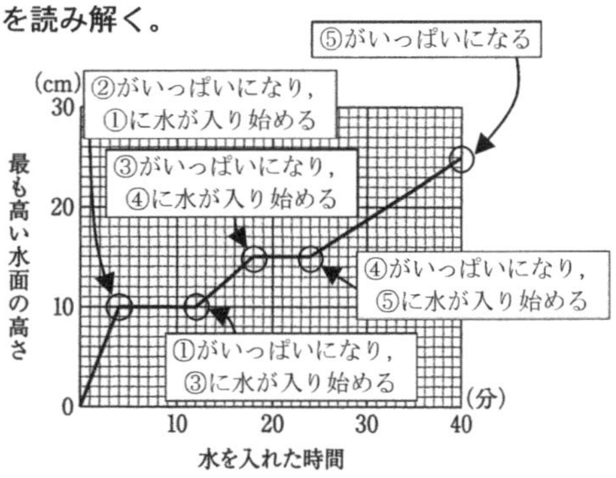

図２のグラフから右図のようなことが読み取れるから，各空間が水でいっぱいになるのにかかる時間は，①が８分，②が４分，③が６分，④が６分，⑤が 16 分である。Ｒから水を入れた場合も同じ時間がかかり，水が入る順番は，④→②→①→③→⑤となる。④が水でいっぱいになるのは水を入れ始めてから６分後，③がいっぱいになるのは６＋４＋８＋６＝24(分後)，⑤がいっぱいになるのは 40 分後なので，グラフは，点(０分，０cm)，(６分，15 cm)，(24 分，15 cm)，(40 分，25 cm)を直線で結んだ形となる。

〔４〕　**【解き方】Ａ，Ｂ，Ｃそれぞれにおいて，真上の蛇口が開いたあとに水面が毎分何cm上がるかを調べると，Ａでは毎分$\frac{900}{30\times20}$cm＝毎分$\frac{3}{2}$cm，Ｂでは毎分$\frac{600}{30\times10}$cm＝毎分２cm，Ｃでは毎分$\frac{1200}{30\times10}$cm＝毎分４cmである。**

Ｑを開いたとき，Ａの水面の高さは$\frac{3}{2}\times1=\frac{3}{2}$(cm)になっている。このあとＢの水面がＡの水面に追いつくのは，$\frac{3}{2}\div(2-\frac{3}{2})=3$(分後)であり，３分でＢの水面は２×３＝６(cm)になっていて，まだアの高さに届いていないと確認できる。したがって，Ｐを開いてから１＋３＝４(分後)のＣの水面の高さを求める。

Ｒが開いてから４－２＝２(分後)の水面の高さは４×２＝８(cm)で，まだイの高さに届いていないから，これが求める高さである。

《2021　理科　解説》

Ⅰ　〔１〕(1)　エ○…光が空気中を伝わる速さは毎秒約 30 万kmで，音よりもはるかに速い。　(2)　340×4.2＝1428(m)

〔２〕(1)　ろうそくが燃えると水蒸気が発生する。その水蒸気が冷やされて水てきに変化してびんの内側につくため，びんの内側がくもる。　(2)　ウ○…○はちっ素，▲は酸素である。ろうそくが燃えると酸素が使われて二酸化炭素が発生するが，ちっ素の割合は変化しない。また，ろうそくを燃やしたあとには，酸素が 16％程度は残っている(二酸化炭素は４％程度になる)ので，■が１個増えて，▲が１個減るウが適切。

〔３〕(1)　ア○…モンシロチョウ，テントウムシは，卵，よう虫，さなぎ，成虫の順に育つ。このような育ち方を完全変態という。なお，セミ，バッタは，卵，よう虫，成虫の順に育つ。このような育ち方を不完全変態という。

(2)　イ○…モンシロチョウはさなぎ，バッタは卵，テントウムシは成虫，セミは主に幼虫で冬越しする。

〔４〕(1)　晴れた日の昼間は，陸の方が海よりもあたたまりやすいから，陸上の空気の温度が高くなって上にあがり，そこに海上の空気が流れこむ。このような風を海風という。　(2)　ア○…冬には大陸が海よりも冷えて，陸上の空気よりも温度が高くなった海上の空気が上にあがり，大陸の冷たくかわいた空気から海に向かって風が吹く。

Ⅱ　〔１〕(1)　ある条件について調べたいときは，その条件だけがことなる２つの実験の結果を比べる。水の条件だけがことなるＡとＢを比べると，発芽に水が必要だとわかる。　(2)　光の条件だけがことなるＢとＥを比べると，発芽に光は必要がないことがわかる。　(3)　肥料の条件だけがことなるＢとＣを比べると，発芽に肥料は必要がないことがわかる。

〔２〕　Ｄは種子が水につかっていて，空気がない状態だから，ＢとＤのカップの結果を比べることで，発芽には空気が必要だとわかる。

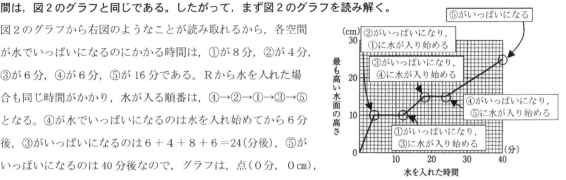

〔５〕　エ○…インゲンマメの種子は子葉に栄養分(デンプン)をたくわえている。

〔６〕　子葉にたくわえられたデンプンは発芽やその後の成長に使われるので，インゲンマメが育つにつれて，デンプンの量が減る。

Ⅲ　〔１〕　おもりが１往復する時間(周期)は 1.4 秒だから，３回目に②から動き出すのは，1.4×２＝2.8(秒後)，①を通って③へと３回目に進むのは2.8＋1.4÷２＝3.5(秒後)である。

〔２〕　表より，周期はふりこの長さによって決まることがわかる。したがって，アは25，イは１，ウは２である。

〔３〕　イ○…おもりをはなす高さが高いほど，おもりが①を通るときの速さは速くなる。したがって，条件２の方が速い。

〔４〕　ウ○…①を８回目に通るのは，おもりが３往復と$\frac{3}{4}$進んだときである。この時間が６秒だから，１往復の時間(周期)は６÷３$\frac{3}{4}$＝1.6(秒)となる。したがって，Ｄの長さはＡより長くＣより短い。

〔５〕　Ａのおもりが①を通過するのは0.35秒後，1.05秒後，1.75秒後，2.45秒後，3.15秒後，3.85秒後，4.55秒後，5.25秒後，5.95秒後，6.65秒後，7.35秒後…，Ｂのおもりが①を通過するのは0.25秒後，0.75秒後，1.25秒後，1.75秒後，2.25秒後，2.75秒後，3.25秒後，3.75秒後，4.25秒後，4.75秒後，5.25秒後…となるので，初めてすれちがうのは1.75秒後である。

〔６〕　Ａのおもりが③に上がるのは0.7秒後，2.1秒後，3.5秒後，4.9秒後，6.3秒後，7.7秒後，9.1秒後，10.5秒後…，Ｂのおもりが③に上がるのは0.5秒後，1.5秒後，2.5秒後，3.5秒後，4.5秒後，5.5秒後，6.5秒後，7.5秒後，8.5秒後，9.5秒後，10.5秒後…となるので，初めて同時に上がるのは3.5秒後である。

〔７〕　〔５〕解説より，1.75秒後の次にちょうど①ですれちがうのは5.25秒後で，5.25－1.75＝3.5(秒)に１回すれちがうので，５回目にすれちがうのは，1.75＋3.5×４＝15.75(秒後)である。次に〔６〕解説より，3.5秒後の次に同時に③に上がるのは10.5秒後で，その次は10.5－3.5＝７(秒)より，10.5＋７＝17.5(秒後)である。したがって，２回起こる。

Ⅳ　〔３〕　ア○…実験２は，はじめにできた結晶のまわりに，もっと小さな結晶がたくさんできていたので，火山岩のでき方を調べる実験である。深成岩のでき方を調べるには，もっとゆっくり冷やせばよいので，湯の中に入れ，そのまま冷えるまで放置すればよい。

〔４〕　ウ○…溶岩が流れ出たことから，地表や地表付近で急に冷え固まってできた火山岩だと考えられる。また，火山の色から，黒っぽいゲンブ岩だと考えられる。

〔５〕　食品100ｇあたり200㎎のナトリウムがふくまれるから，この食品を150ｇには200×$\frac{150}{100}$＝300(㎎)のナトリウムがふくまれる。この値を2.5倍すると食塩の重さになるので，300×2.5＝750(㎎)→0.75ｇである。したがって，３％の食塩水に0.75ｇの食塩がふくまれているので，0.75÷0.03＝25(ｇ)である。

〔６〕　④の気体は二酸化炭素である。石灰石にうすい塩酸をかけると，二酸化炭素が発生する。

〔７〕　ウ○…ジャガイモのいもはくきが，サツマイモのいもは根が変形したものである。

《2021　社会　解説》

Ⅰ　〔１〕ウを選ぶ。近郊農業の盛んな茨城県・千葉県，抑制栽培が盛んな群馬県・長野県，促成栽培が盛んな宮崎県の金額が高いことから，農業産出額と判断できる。

〔2〕　イの秋田県で行われている竿灯まつりである。竿燈全体を稲穂に，提灯を米俵に見立てており，豊作への願いが込められている。アは青森県，ウは山形県，エは宮城県。

〔3〕　イが誤り。霞ヶ浦は日本で２番目に大きな湖であるが，霞ヶ浦と太平洋を結ぶ水域には橋や水門があるため，大型船は通行できない。

〔4〕①　屋根が低く瓦がしっくいで固められているのは台風による強風に備えるための南西諸島で見られる工夫である。よって，８月～９月の降水量が多いウを選ぶ。　②　屋根の傾きが急になっているのは降り積もった雪を自然に下へ落とすための豪雪地帯の工夫である。よって，冬の降水量が多いアを選ぶ。イは札幌市，エは高松市の気温と降水量である。

〔5〕　エが正しい。図１より，促成栽培によるきゅうりの生産が盛んな宮崎県と判断する。アは福岡県，イは茨城県，ウは高知県についての記述である。

〔6〕　アが正しい。輸送用機械器具の産出額が高いAはトヨタ自動車がある愛知県である。鉄鋼業の産出額が高いBは阪神工業地帯がある兵庫県である。化学工業の産出額が高いCは石油化学コンビナートがある千葉県である。輸送用機械器具の産出額が高いDは日産自動車がある神奈川県である。

〔7〕　自動車は，アジアでの生産台数が最も多いからアを選ぶ。労働力が豊富で賃金の安い中国や東南アジアに工場を移し，そこで生産された製品を日本に輸入することが増えている。イは北アメリカ，ウはヨーロッパ，エはアフリカ。

〔8〕　図５より，飯南町の人口は減少し続けていることが読み取れる。さらに図４を見れば，飯南町では50年ほどの間に，15歳未満の子どもが３分の１程度減少し，65歳以上の高齢者が５倍以上増加したため，少子高齢化が進行していることがわかる。また，社会保険料を納める働く世代が減少する一方，年金や医療保険給付を受ける高齢者が増えていることから，今後の社会保障サービスの維持がさらに困難になってくることを導く。

Ⅱ　〔1〕⑴　聖武天皇の記述のイが正しい。奈良時代の墾田永年私財法では，新たに開墾した土地の永久私有が認められた。アは飛鳥時代の文武天皇，ウは飛鳥時代の天智天皇，エは平安時代の桓武天皇についての記述である。

⑵　鑑真来日は奈良時代だから，Xのみ誤りと判断し，ウを選ぶ。荘園領主と地頭の間で，年貢や土地支配をめぐる争いが起こったのは鎌倉時代であった。

〔2〕⑴　延暦寺は滋賀県大津市にある天台宗の総本山だから，アを選ぶ。イは奈良県，ウは和歌山県，エは大阪府。

⑵　平清盛は，一族の者を朝廷の高官につけ，自らは武士として初めて太政大臣の地位に就いて，西日本を中心として政治の実権をにぎった。また，娘の徳子を高倉天皇にとつがせ，その子を安徳天皇とした。

〔3〕　鎌倉時代の記述のウが正しい。御成敗式目を制定したのは鎌倉幕府３代執権北条泰時であった。アは江戸時代の徳川吉宗による享保の改革，イは室町時代，エは安土桃山時代の豊臣秀吉による刀狩についての記述である。

〔4〕　ザビエルは 1549 年にキリスト教を伝えたスペインの宣教師である。応仁の乱(1467～1477 年)の後に主戦場となった京都が荒廃し，その後全国各地で下剋上の風潮が広がっていった。

〔5〕⑴　『蘭学事始』は，杉田玄白が『解体新書』出版にかけての苦心談などをまとめた手記である。『解体新書』は，オランダ語で書かれた『ターヘル・アナトミア』を杉田玄白・前野良沢らが翻訳して出版したものである。

⑵　資料２より，寺子屋で子どもたちが本を使っていることに着目する。江戸時代の中ごろに商業が発達してくると，百姓や町人の子どもなど庶民の間で教育がさかんになった。当時，本は高価だったため，貸本屋を利用して借りて読む人が多かった。

〔6〕⑴　エ．ロシアの南下政策に対抗するため，日本は 1902 年にイギリスと日英同盟を結び，1904 年に日露戦

争を開始した。　(2)　日露戦争の終戦は1905年だからアを選ぶ。韓国併合は1910年，徴兵令の発令は1873年，樺太・千島交換条約は1875年，板垣退助の自由党結成は1881年，大隈重信の立憲改進党結成は1882年。

〔7〕　D・F．大浦天主堂は「長崎と天草地方の潜伏キリシタン関連遺産」として世界文化遺産に登録されている。キリスト教が禁じられている中で，潜伏キリシタンが信仰を継続していたことにかかわる遺産である。他の空欄には仏教があてはまる。

Ⅲ　〔1〕　イとオが正しい。アは裁判所，ウは衆議院，エは国会の持つ権限である。

〔2〕　資料1より，明治政府がお雇い外国人を迎え入れ，近代産業の育成を目ざして欧米の知識や技術を取り入れようとしていたことがわかる(殖産興業)。資料3より，洋服の着用や太陽暦の採用，ガス灯の使用など，欧米の文化をとりいれていたことがわかる(文明開化)。資料2の岩倉使節団(左から木戸孝允・山口尚芳・岩倉具視・伊藤博文・大久保利通)は明治政府が欧米へ派遣した使節団である。第一の目的は幕末に結んだ日米修好通商条約などの不平等条約を改正するための予備交渉であったが，交渉が失敗したため，欧米の進んだ政治や産業を学ぶことにきりかえ，2年近く欧米を歴訪した。

〔3〕　イが正しい。　ア．「被服」ではなく「食料」である。　ウ．被服・住居・光熱は小さくなった年もある。エ．2018年の消費者物価指数は，食料が2300，住居と光熱が700ほどだから，その差は約1600である。

〔4〕　図4より，頁岩と呼ばれる堆積岩の層から採取される化石燃料だから，シェールガスである。アメリカはシェールガスの採掘に成功したため，原油の生産量が急増した。

〔5〕　イが誤り。世界貿易機関(WTO)の設立は1995年だから，2000年以前である。リーマンショックは2008年，イギリスのEU離脱は2020年，ギリシャの金融危機は2009年。

〔7〕　イ．東京オリンピック・パラリンピックの開催(1964年)→エ．日中平和友好条約の締結(1978年)→ウ．国際平和協力法の制定(1992年)→ア．アイヌ文化振興法の制定(1997年)

〔8〕　社会保険には健康保険や年金，雇用保険などがあり，その費用は，政府と事業主と労働者で負担する。

〔9〕　表より，遺伝子組み換え作物の栽培がさかんなアメリカでは，国土面積の4割以上が農地面積であることがわかる。図5より，アメリカ産の大豆やとうもろこしは全体の3割以上を占めていることがわかる。以上のことを，図6で人口が増加し続けて食糧不足が危ぶまれることに関連付けて，影響力の大きいアメリカで遺伝子組み換え食品を生産することが，食料の安定供給につながるということを導く。

Ⅳ　キャッシュレス決済の利点は，資料2より，「おつりの用意」「お金の受けわたしでミスをする」「現金を数えて…確認するなどの手間」を省けることから考える。キャッシュレス決済を広めるためには，資料3より，「個人情報の流出」「不正使用」「紛失・盗難」「使いすぎ」などの課題を読み取り，資料4でそれらに対応する「セキュリティ対策」「個人情報の厳格な管理」などの解決法と関連付けて，客の安心につながる取り組みを考えるとよい。

2020 解答例 令和2年度　立命館慶祥中学校

《国　語》

一　問一．①しゅうしょく　②どくそう　③閉　④登頂　⑤破損　　問二．①エ　②イ　③オ　④ア　⑤ウ
問三．①顔　②足　③目　④鼻　⑤口　　問四．①晩　②美　③引　④投　⑤方

二　問一．エ　　問二．氷河がとけて水が海に流れだしたり、海水が熱でふくれたりするから。　　問三．現代の人間は電気がなくては生活できず、化石燃料を燃やして電気をおこさなくてはならないということ。　　問四．イ，オ
問五．ア　　問六．エ

三　問一．a．しゃべれない　b．しゃべらない　　問二．新学期になって教室に行った際に最初に目が合った子に自分からあいさつをするという約束をしたから。　　問三．オ　　問四．アンサーポールは鈴木さんのために作られたものだが、使う前に鈴木さんがしゃべるようになったから。　　問五．ア

四　確かに、コミュニケーションには言葉に関する能力が必要である。しかし、敬語とは手段でしかなく言葉そのものよりも敬う気持ちを伝えることが重要だ。

《算　数》

Ⅰ　〔1〕$2\frac{4}{21}$　〔2〕128　〔3〕$\frac{1}{5}$　〔4〕1020　〔5〕142　〔6〕111

Ⅱ　〔1〕112　〔2〕107　〔3〕(1)5140　(2)3028

Ⅲ　〔1〕右図　(西1，南4)　〔2〕104
〔3〕(1)東へ…400　北へ…240　(2)右図　(東50，北15)
(3)(東100，北15)〔別解〕(東50，北35)

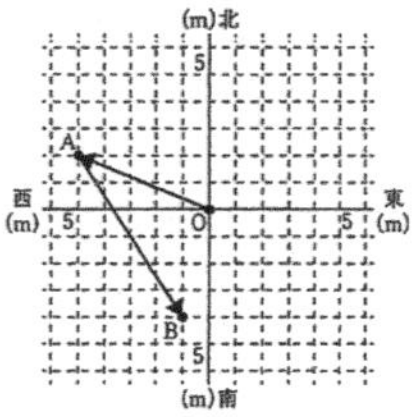

Ⅲ〔1〕の図

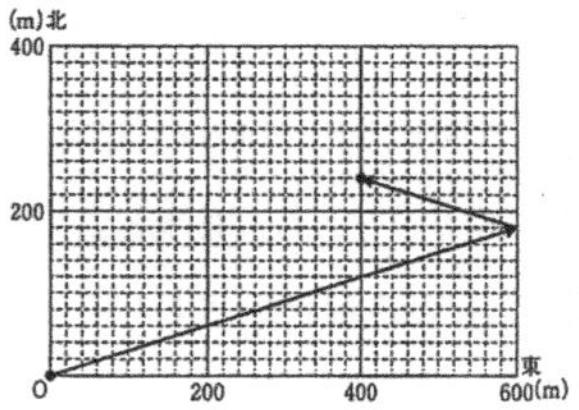

Ⅲ〔3〕(2)の図

Ⅳ ※〔1〕2100　〔2〕24　〔3〕9000

※の説明は解説を参照してください。

《理　科》

Ⅰ 〔1〕⑴ウ　⑵イ，エ　〔2〕⑴C　⑵B　〔3〕⑴食物連鎖　⑵生物Bは増え，生物Dは減る。

〔4〕⑴ウ　⑵B

Ⅱ 〔1〕水が蒸発するのを防ぐため。　〔2〕蒸散　〔3〕ウ　〔4〕10

〔5〕ア，カ　〔6〕2.5　〔7〕イ，ウ

Ⅲ 〔1〕ア　〔2〕エ　〔3〕a．18　b．20　〔4〕しょう点距離…16

計算式…(20×80)÷(20＋80)＝16　〔5〕3　〔6〕(い)の方向に，60 cm動かした。

Ⅳ 〔1〕イ　〔2〕ア　〔3〕⑴イ　⑵右グラフ　⑶1　⑷14　⑸9.7　⑹4400

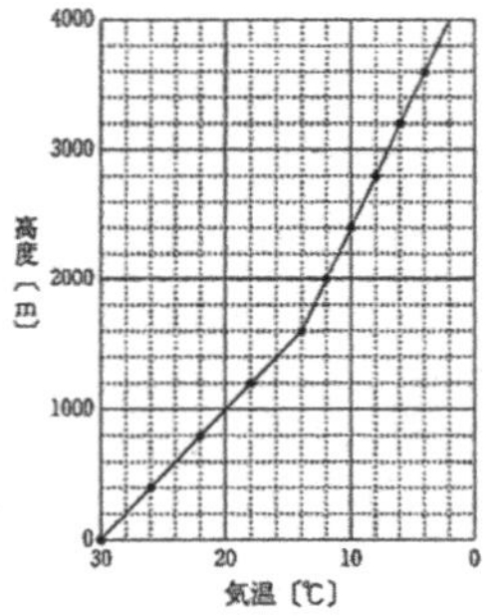

《社　会》

Ⅰ 〔1〕エ　〔2〕ウ　〔3〕イ　〔4〕ア　〔5〕より身近な商品を売ることで，より多くの伝統的工芸品を買ってもらうため。　〔6〕地産地消　〔7〕ウ　〔8〕エ　〔9〕イ

Ⅱ 〔1〕壬申の乱　〔2〕⑴ウ　⑵イ　〔3〕エ　〔4〕⑴倭寇　⑵ア　〔5〕⑴囲い米〔別解〕囲米　⑵ア，エ，カ　〔6〕⑴薩摩藩や長州藩の出身者ではなく，衆議院の第一党である立憲政友会の党員が内閣を構成することで，議会中心の政治を行おうとした。　⑵イ　〔7〕記号…F　都道府県名…高知県

Ⅲ 〔1〕⑴ジャカルタ　⑵X．地下水　Y．海面の上昇　〔2〕⑴ア　⑵ウ　〔3〕メタン　〔4〕かつてブラジルに移住した人々の子孫が日本に働きに来ているから。　〔5〕エ　〔6〕エ　〔7〕日本は食料の多くを輸入にたよっており，それらが外国で生産されるときには，輸入相手国の水資源が大量に消費されることから，日本は間接的に水資源を大量に輸入している国であるといえる。　〔8〕公聴会

Ⅳ 下川町では，地域おこし協力隊のアイデアをもとに一の橋バイオビレッジを設立して，だれでも住みやすい住宅地をつくった。さらに，下川町への移住や新たな企業の設立などを支援することで，まちの活性化を図っている。また，おが粉や木くずを燃料とした木質バイオマスエネルギーを活用している。このエネルギーは地域の資源を利用しているため，下川町のエネルギー自給率の向上につながった。

《作　文》

〈作文のポイント〉

・最初に自分の主張、立場を明確に決め、その内容に沿って書いていく。

・わかりやすい表現を心がける。自信のない表現や漢字は使わない。

さらにくわしい作文の書き方・作文例はこちら！→

http://bit.l《エル》y/JekfSh

立命館慶祥中学校

←解答例は前のページにありますので，そちらをご覧ください。

《2020　国語　解説》

一　問二①　エの「往来」は、反対の意味の漢字の組み合わせ。他は、ア「骨が折れる」、イ「円が安い」、ウ「年が少ない」、オ「県が営《いとな》む」と読めるから、上の漢字が主語で下の漢字が述語の形。　②　イの「着席」は、「席に着く」と読めるから、後の字が前の字の目的(～を)や対象(～に)を表す組み立ての熟語。他は、ア「曲がった線」、ウ「激しい痛み」、エ「水の力」、オ「鉄の板」と読めるから、上の漢字が下の漢字を修飾《しゅうしょく》している。

③　オの「呼応《こおう》」は、「呼《よ》ぶ／応《おう》じる」と読めるから、前後が反対の意味の(対《つい》になる)漢字の組み合わせ。他は、同じような意味の漢字の組み合わせ。　④　アの「日照」は、「日が照る」と読めるから、上の漢字が主語で下の漢字が述語の形になっている。他は、イ「毒を消す」、ウ「税を納《おさ》める」、エ「書を読む」、オ「血を採《と》る」と読めるから、後の字が前の字の目的(～を)や対象(～に)を表す形になっている。　⑤　ウは、同じような意味の漢字の組み合わせ。他は、反対の意味の漢字の組み合わせ。

問四①　大器晩成《たいきばんせい》…大きな器《うつわ》が早くできあがらないように、大人物は世に出るまでに時間がかかるということ。

②　八方美人《はっぽうびじん》…(どこから見ても欠点のない美人の意から)だれに対しても手落ちのない、気のきいた応対をすること。また、その人。非難《ひなん》の気持ちを込《こ》めて用いることが多い。　③　我田引水《がでんいんすい》…(自分の田に水を引くの意から)物事を、自分に都合《つごう》のいいように言ったりしたりすること。　④　意気投合《いきとうごう》…おたがいの気持ちがぴったりと合うこと。　⑤　品行方正《ひんこうほうせい》…ふだんの行いが正しいこと。身持ちがいい。

二　問一　A．「日本や世界の平均気温は毎年高くなっていて、記録をぬりかえている」ことを示すために、以下で日本の実際の例をあげているから「たとえば」が適する。　B．二酸化炭素などの温室効果ガスをこれ以上増やさないということに関して、前文では良い事実、後文では良くない事実を対照してあげているから、逆接の接続詞「ところが」が適する。　よってエが適する。

問二　――線部②の３つ後の段落に着目する。「そのため海面水位は、一〇〇年前にくらべて平均約二〇センチメートルも上昇《じょうしょう》した」の直前の１文で、水位が上昇する理由が述べられている。

問三　この段落の後半、「石炭や石油などの資源は『化石燃料』といい、化石燃料が燃やされると二酸化炭素が出る」からあとの部分をまとめる。「現代の人間は、電気なしでは生活できない」ことをまずおさえ、これがどういうことを意味するかを簡潔にまとめる。

問四　ア．――線部③の４行あとに、「褐虫藻《かっちゅうそう》は光合成をして、サンゴに栄養分をあたえている」とあるのと一致《いっち》しない。　イ．――線部③の次の段落の後半に見られるサンゴの「白化」の説明と一致する。　ウ．代表的なサンゴ礁《しょう》域としてあげられているところは、文章中の記述と一致する。しかし、サンゴは北海道や東北など、水温の低い北部の海では見られないから、「日本中の海で見ることができ」とは言えない。　エ．――線部③の３つあとの段落の最後の文「そして恐《おそ》ろしいのは、サンゴが死んだ海からは、魚などほかの生き物も消えてしまっていたことである」と合わない。　オ．――線部③の５つあとの段落の記述と一致する。

問五　C．次の文に「このチョウは～いま北上をつづけている」とある。　D．1940 の生息域を示す線は山口県を通っている。　E．2000 年の生息域の線は東京・横浜《よこはま》市の点のすぐ東を通っているから、「その後神奈川《かながわ》県横浜市と東京都にもあらわれた」は2000年頃《ころ》のことだと思われる。Eはそれよりもあと。　よってアが適する。

問六　ア．最後の段落参照。生態系がこわれてしまうのでよくないことだと考えている。　イ．「白化」した時点で、褐虫藻はサンゴからぬけ出ている。　ウ．「仕方のないこと」だとは一度も言っていない。温暖化による現象を紹介《しょうかい》しているのは、それによって起こる良くない影響《えいきょう》を心配しているから。　エ．――線部③の直前の文からは、「身を守る手段をもたない生き物の生活」への影響を紹介、説明している。特に最後の「一種でも生息地が変わると生態系はくずれてしまい、ほかの生き物の生活に影響をあたえるのだ」がエと同じ考え方。　オ．最後から４番目の段落を参照。「本州へは渡《わた》らないで、北海道で越冬《えっとう》する群れがでてきた」のは、「一九九五年の冬」。

三　**問一**　鈴木《すずき》くんは、鈴木さんがタナベ塾ではふつうにしゃべるのを見聞きして知っていた。だから、「でもさ、鈴木さんってなんでクラスでしゃべらないんだ？　聞いてみようか、本人に」と提案した。しかし、鈴木さんが「しゃべれない」と思っていた床井《とこい》くんは、そんなことをしても鈴木さんを困らせるだけだし、もしかしたら傷つけてしまうかもしれないと思い、「やめろよ、そういうこと言うの。しょうがないじゃん」と言った。それに対して鈴木くんは、「だってあいつ、塾《じゅく》ではふつうにしゃべるぜ？」と反論し、事実を告げた。少しあとの「『(鈴木さんが学校だとしゃべらないのは、)もしかして、だれからも話しかけられないからじゃないかな』教授が言った。鈴木くんが大きくうなずく。『それな。このクラスの女子は、だれもあいつに話しかけねぇよな』」も参照。

問二　それから３年後の、暦《こよみ》との会話での鈴木さんの発言からわかる。「その(＝アンサーポールをいっしょに作ってもらう)かわり、新学期になって教室で最初に目が合った子に、自分からあいさつするって、それが先生との約束だったの」を参照。

問三　鈴木さんがしゃべらないのはだれも鈴木さんに話しかけないからで、そうだとしたら鈴木さんに悪いことをしたという気にみんながなった。「みんなで話しかけて見ようか。これ(＝アンサーポール)のこととか」「でも、突《とつ》然《ぜん》みんなで行ったりしたら、びっくりさせちゃわないかな」「それもそうだな。じゃあ代表者が」という流れで、暦が話しかけることになった。やってきた鈴木さんは、自分の方から暦にあいさつし、出席をとるときの返事をきちんとした。こういう流れだから、当然みんな鈴木さんがしゃべり始めたことを歓迎《かんげい》し、喜んでいた。だが、「大きな反応《はんのう》をしてはいけない」ことに気がついていたので、静かに自然に受け入れようとしたのだ。だから「六年二組の教室は、静かな感動でつつまれた」のである。よってオが適する。

問四　白滝《しらたき》先生と鈴木さんはいっしょにアンサーポールを作ったときに、問二のような約束を交わしていたので「白滝先生はにんまり笑って」「そんなことはないですよ」と答えた。鈴木さんがあいさつをし、さらにしゃべるようになるきっかけになったのだから、アンサーポールは無駄《むだ》ではなかった。しかし、床井くんはそのことを知らなかったので、――線部③のように言ったのである。

問五　鈴木さんは教室ではしゃべらない期間があったが、先生との約束を守ってしゃべった。中学三年生の時にはクラスのなかでもおしゃべりな子になった。小学生の時しゃべらなかった理由は「自分でもわからない」と言っており、これは正直・誠実な答え方だと言える。少なくとも「相手によって答えを変える裏表《うらおもて》のある性格」とは言えない。よって、アが人物の説明として適切ではない。

四　一文目は「【資料Ⅱ】からわかる、一般《いっぱん》的な認識《にんしき》」から書くから、グラフで上位になっている３項目《こうもく》に着目する。また、「人とうまくコミュニケーションをとるために、日本語の知識をしっかり身につけることが大切」というケイコさんの言葉を認める内容を書く。二文目は【資料Ⅰ】の「(敬語は) 敬うための『手段』でしかない」、「敬語が多少間違《まちが》っていても、敬う気持ちが伝わるときはある。ようするに～『相手がどう感じるか』につきるのだ」などをふまえて、一文目とは逆の内容を書く。

《2020　算数　解説》

Ⅰ　〔1〕　与式$=\frac{6}{7}+\frac{5}{3}\times\frac{4}{5}=\frac{6}{7}+\frac{4}{3}=\frac{18}{21}+\frac{28}{21}=\frac{46}{21}=2\frac{4}{21}$

〔2〕　与式より，$43-□\div 8=567\div 21$　$43-□\div 8=27$　$□\div 8=43-27$　$□\div 8=16$　$□=16\times 8=128$

〔3〕　与式$=(\frac{1}{2}-\frac{1}{3})\div(\frac{1}{4}+\frac{7}{12})=(\frac{3}{6}-\frac{2}{6})\div(\frac{3}{12}+\frac{7}{12})=\frac{1}{6}\div\frac{5}{6}=\frac{1}{6}\times\frac{6}{5}=\frac{1}{5}$

〔4〕　弟が85m進むごとに兄との差は$95-85=10$(m)ずつ広がっていくから，兄と弟の差が80mになるのは，弟が$85\times\frac{80}{10}=680$(m)進んだときである。その後，弟が85m進むごとに兄との差は$85-65=20$(m)ずつ縮まるから，弟が追いつくのは，弟が$85\times\frac{80}{20}=340$(m)進んだときである。よって，家から公園までの道のりは，$680+340=1020$(m)である。

〔5〕　７を引くと９で割り切れる数は，９の倍数より７大きい数，つまり，(９の倍数)＋７だが，９の倍数の中から９だけ取り出してきて，(９の倍数)＋９＋７＝(９の倍数)＋16と表すこともできる。同じように考えると，９を引くと７で割り切れる数は，(７の倍数)＋９＝(７の倍数)＋７＋９＝(７の倍数)＋16と表せることから，求める数は，(９と７の公倍数)＋16とわかる。７と９の最小公倍数は63で，63の倍数のうち，最も小さい３けたの整数は，63×２＝126だから，求める数は，126＋16＝142である。

〔6〕　赤のテープ１本と青のテープ１本と黄のテープ１本の長さの比は，同じ長さに必要なテープの本数の逆比に等しく，$\frac{1}{4}:\frac{1}{5}:\frac{1}{6}=15:12:10$である。青のテープ１本の長さを12とするとき，青のテープを$\frac{1}{4}$だけ使ったあとの残りの長さは，$12\times(1-\frac{1}{4})=9$になるから，黄のテープの長さの10との差である，$10-9=1$が３cmにあたる。よって，３つのテープの長さの合計は，$3\times(15+12+10)=111$(cm)である。

Ⅱ　〔1〕　三角形ＡＢＥの面積は，$18\times(6+10)\div 2=144$(cm²)だから，三角形ＦＢＧの面積は，$144-108=36$(cm²)である。三角形ＦＢＣの面積は，$36+64=100$(cm²)で，ＦＢ＝10cmだから，$BC=100\times 2\div 10=20$(cm)になる。よって，長方形ＡＢＣＤの面積は，$(6+10)\times 20=320$(cm²)だから，四角形ＣＤＥＧの面積は，$320-144-64=112$(cm²)である。

〔2〕　右のように記号をおく。三角形ＯＡＢはＯＡ＝ＯＢの二等辺三角形だから，角ＡＯＢ＝$180-73\times 2=34$(度)である。角ＢＯＣ＝$120-34=86$(度)だから，角ＢＯＤ＝角ＣＯＤ＝$86\div 2=43$(度)である。また，三角形ＯＡＣはＯＡ＝ＯＣの二等辺三角形だから，角ＯＡＣ＝角ＯＣＡ＝$(180-120)\div 2=30$(度)である。

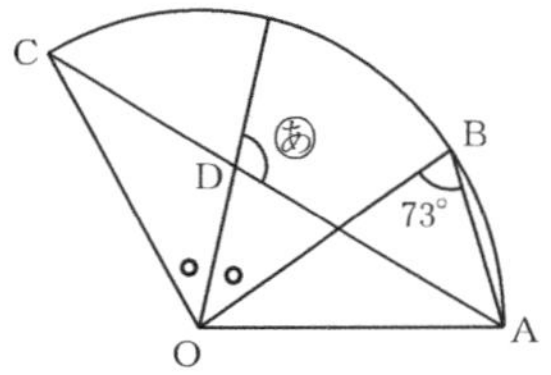

三角形ＯＡＤで外角の性質を使うと，角㋐＝角ＡＯＤ＋角ＯＡＤ＝$(43+34)+30=107$(度)である。

〔3〕⑴　右のような，底面積が$20\times 20=400$(cm²)で高さが５cmの四角柱と，底面の半径が$20\div 2=10$(cm)で高さが10cmの円柱を重ねた立体ができるから，求める体積は，$400\times 5+10\times 10\times 3.14\times 10=2000+3140=5140$(cm³)

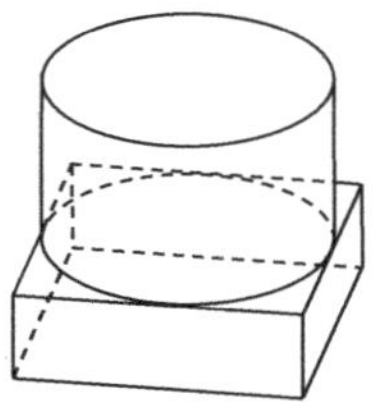

⑵　円柱と四角柱がはなれていたとすると，円柱は，底面積が$10\times 10\times 3.14=314$(cm²)で，側面積が$(20\times 3.14)\times 10=628$(cm²)だから，表面積は$314\times 2+628=1256$(cm²)になる。
また，四角柱は，底面積が400cm²で，側面積が$20\times 4\times 5=400$(cm²)だから，表面積は$400\times 2+400=1200$(cm²)になる。円柱と四角柱を２つずつ，下から四角柱・円柱・四角柱・円柱の順に重ねると，半径10cmの円６つ分の面積が減るから，求める表面積は，$1256\times 2+1200\times 2-314\times 6=3028$(cm²)

Ⅲ　〔1〕　(西５，北２)と進んだあとに(東４，南６)と進むと，結果として，(西１，南４)の位置になる。

〔２〕　①の手順で５秒進むと，東に２×５＝10，北に３×５＝15 進んで，(東 10，北 15)に移る。
①の手順のあとで②の手順で４秒進むと，東に３×４＝12，北に１×４＝４進むので，東に 10＋12＝22，北に 15＋４＝19 進んで，(東 22，北 19)に移るから，１秒休んだ 10 秒後にも，(東 22，北 19)の位置にいる。
東に進む数の方が北に進む数より多いので，この操作を繰り返すと，正方形の東の辺に着くことがわかる。
点Oから正方形の東の辺までは 200mあるので，200÷22＝９余り２より，①～③の操作を９回繰り返すと，200－２＝198，19×９＝171 より，(東 198，北 171)に移る。次に①と同じペースで１秒進むと，(東 200，北 174)の位置に移る(ここまでに 10×９＋１＝91(秒)かかっている)。
次に北に毎秒２mで進むから，点アに着くのは，91＋(200－174)÷２＝104(秒後)である。

〔３〕⑴　タツオくんは，北に進む数の方が東に進む数より多いので，北の辺に着くことがわかる。タツオくんは，16 分間で，東に 25×16＝400(m)，南北に 35×16＝560(m)移動するから，北の辺から南に 560－400＝160(m)移動するので，東へ 400m，北へ 400－160＝240(m)の地点で出会った。

⑵　ケイコさんが北の辺に着いて方向を変えるとタツオくんと同じ動きになってしまうので，ケイコさんは東の辺に着いて方向を変えたと考えられる。ケイコさんは，16 分間で東西方向に 600×２－400＝800(m)移動したことになるので，東へ毎分(800÷16)m＝毎分 50mの割合で動いたことになる。また，16 分間で南北方向に 240m動いたから，北へ毎分(240÷16)m＝毎分 15mの割合で動いたことになる。よって，ケイコさんの動き方は，毎分(東 50，北 15)となる。

⑶　右の①～③の場合が考えられるが，③の場合は，２人の東への移動の大きさが同じために，出発してから 16 分より前に出会っていることになる。よって，①と②の場合を考える。

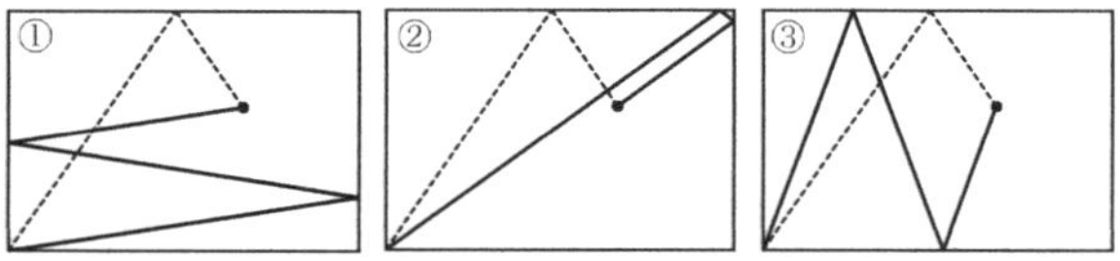

①東の辺→西の辺の順に着いた場合
北へは 240m動いたから，⑵より北へ毎分 15mになる。東西方向には，600×２＋400＝1600(m)動いたから，東へ毎分(1600÷16)m＝毎分 100mになる。よって，動き方は毎分(東 100，北 15)である。
②北の辺→東の辺の順に着いた場合
⑵より東へは毎分 50m，⑴より北へは毎分 35mの割合で動いたから，動き方は毎分(東 50，北 35)である。

Ⅳ　〔１〕　Ａ＋Ｂ＋Ｃ＝30＋50＋10＝90(㎝)だから，大きさはサイズ 100，重さはサイズ 120 にあてはまるので，重さのサイズ 120 に合わせて 2100 円になる。

〔２〕　右図は辺の長さの和が等しい正方形と長方形をかいたものである。この２つの図形の面積は，正方形の方が斜線の部分の面積だけ大きくなる。これと同じことが立方体と直方体でも言える。つまり，たて・横・高さの和が同じ立方体と直方体では，立方体の方が直方体より体積が大きくなる。

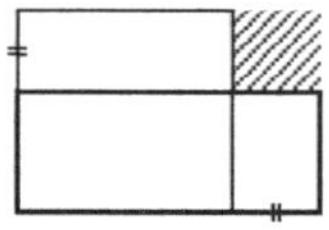

よって，サイズ 120 の箱は，１辺が 120÷３＝40(㎝)の立方体になったときに体積は最大になるが，40 は８と 16 と 20 の公倍数ではないため，すきまなく入れることができない。そこで 40 に近く和が 120 を超えない(Ａの長さ，Ｂの長さ，Ｃの長さ)の組を考えると，(40，48，32)(40，32，48)が求められる。
この２組は，いずれも和が 120 になるので，箱の中にすきまはないから，箱の容積を，商品１個の体積で割れば，入れる商品の個数は求められる。この２組の直方体の体積はともに 40×48×32＝61440(㎤)で，商品１個の体積は，20×８×16＝2560(㎤)だから，商品は 61440÷2560＝24(個)入れることができる。また，24 個の商品の重さの合計は，600×24＝14400(ｇ)，つまり 14.4 ㎏となり，サイズ 120 の重さ 15 ㎏を超えない。

〔３〕　サイズ160の重さは25㎏だから，25000÷600＝41余り400より，重さでは41個まで入れることができる。サイズ160は(40，56，64)のとき40×56×64÷2560＝56(個)入るが，重さのサイズからサイズ160には41個までとわかる。サイズ140の重さは20㎏だから，20000÷600＝33余り200より，重さでは33個まで入れることができる。サイズ140は，(40，48，48)(60，48，32)(60，32，48)のとき40×48×48÷2560＝36(個)入るが，重さのサイズからサイズ140には33個までとわかる。⑵より，サイズ120は，24個を入れることができる。
サイズ100の重さは10㎏だから，10000÷600＝16余り400より，重さでは16個まで入れることができる。
100個の品物を箱につめていくので，少なくとも箱は３つ以上使う必要がある。３つの箱の選び方は，
(サイズ160を２個，サイズ140を１個)，(サイズ160を２個，サイズ120を１個)，
(サイズ160を１個，サイズ140を２個)がある。
この中で最も送料が安いのは，(サイズ160を１個，サイズ140を２個)の場合の，3200＋2900×２＝9000(円)である。

《2020　理科　解説》

Ⅰ　〔１〕⑴　ウ○…かん電池を２個を直列，豆電球２個を並列《へいれつ》につないだウが最も明るく光る。　⑵　イ，エ○…かん電池を並列，豆電球を直列につなぐとかん電池は長持ちする。なお，イとエは同じつなぎ方の回路である。

〔２〕　においがあるＢは塩化水素，線香が消えなかったＡはものを燃やす性質がある酸素，石灰水に通したときににごったＤは二酸化炭素である。よって，Ｃはちっ素である。　⑴　Ｃ○…体積で見た場合，空気の約８割をちっ素，約２割を酸素が占めている。　⑵　Ｂ○…塩化水素の水溶液を塩酸という。アルミニウムは塩酸にあわを出しながらとける。

〔３〕⑵　生物Ｃに食べられる数が減るので，生物Ｂは増える。生物Ｃが減るということは生物Ｄのエサが減るということだから，生物Ｄは減る。

〔４〕⑴　ウ○…星座早見は観察する方角を下にしてもち，頭上にかざす。　⑵　Ｂ○…北極星は２等星で特に明るい星ではないので，カシオペヤ座や北斗七星を手がかりにして探すと見つけやすい。右図の北斗七星のＡの部分を５倍にのばした位置，または，カシオペヤ座のＢの部分を５倍にのばした位置にある星が北極星である。

図Ⅰ

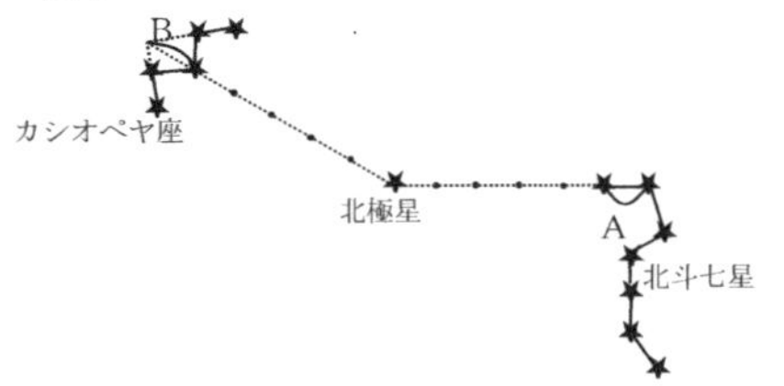

Ⅱ　〔３〕　ウ○…アは孔辺細胞《こうへんさいぼう》である。孔辺細胞に囲まれたすき間を気孔《きこう》という。気孔は水蒸気の出口であるとともに，酸素や二酸化炭素の出入り口でもある。

〔４〕　表Ⅰは，図１，図２をまとめたものである。表Ⅰより，葉の表側から出ていった水の量は，Ｂの水の減少量とＤの水の減少量の差だから，15－５＝10(mL)である。

表Ⅰ

枝	A	B	C	D
水が出ていった部分	葉の表側 葉の裏側 茎	葉の表側 茎	葉の裏側 茎	茎
水の減少量	40mL	15mL	30mL	5mL

〔５〕　ア，カ○…表Ⅰ参照。水の減少量の差は，ＡとＢが40－15＝25(mL)，ＣとＤも30－５＝25(mL)である。

〔６〕　25÷10＝2.5(倍)

〔7〕　イ，ウ○…図2で，太陽が出ている昼間はグラフの傾きは急だが，明け方と夕方以降はグラフの傾きがゆるやかであることから，夜間より昼間の方が蒸散は盛んに起こっていると考えられる。実験では，裏側から表側の2.5倍の水が出ていったことが確認できた。6時から22時の間に，茎(葉以外の部分)からも5㎖の水が出ていったから，葉以外の部分でも蒸散は起こる。

Ⅲ　〔1〕　ア○…凸レンズのしょう点距離より近い位置に観察物を置くと，凸レンズを通して，同じ向きで実物よりも大きな像が見える。

〔2〕　エ○…ろうそくのある側からスクリーンを見ると，凸レンズを通してスクリーンには実物とは上下左右が逆の像が見える。問題では，(ろうそくのある側とは)反対の方向からスクリーンを見ているので，エのように見える。

〔3〕　凸レンズXのしょう点距離は12㎝だから，A＝(B×F)÷(B－F)にB＝36，F＝12をあてはめると，(36×12)÷(36－12)＝18(㎝)となる。同様にして，B＝(A×F)÷(A－F)にA＝30，F＝12をあてはめると，(30×12)÷(30－12)＝20(㎝)となる。

〔4〕　凸レンズYについて，F＝(A×B)÷(A＋B)にA＝20，B＝80をあてはめると，(20×80)÷(20＋80)＝16(㎝)となる。

〔5〕　凸レンズYについて，B＝48のとき，A＝(48×16)÷(48－16)＝24(㎝)となる。また，A＝80のとき，B＝(80×16)÷(80－16)＝20(㎝)となる。スクリーンにもとのろうそくよりも大きな像がうつるとき，A＜Bとなるので，3組である。

〔6〕　ろうそくからスクリーンまでの距離(AとBの和)は20＋80＝100(㎝)で変わらないから，スクリーンにはっきりした像がうつるのは，Aが80㎝，Bが20㎝のときである。よって，凸レンズYを㋑の方向に80－20＝60(㎝)動かしたことがわかる。

Ⅳ　〔1〕　イ○…ろうそく，木，プラスチックは燃やすと二酸化炭素が発生する。スチールウールは金属の鉄を繊維《せんい》状にしたものなので，燃やしても二酸化炭素は発生しない。

〔2〕　ア○…北半球では北に行くほど平均気温は低くなる。また同じ緯度ならば標高が高い所に行くほど気温は低くなる。

〔3〕⑶　雲ができ始めたのは，⑵のグラフの傾きが変わった高度1600mだと考えられる。1600mまでは400m上昇するごとに4℃下がっているから，100m上昇するごとに1℃下がる。　⑷　高度1600mで空気中の水蒸気が水滴に変わり雲ができ始めたから，この空気のかたまりの露点は高度1600mの気温14℃である。　⑸　高度600mでの気温は24℃である。24℃での飽和水蒸気量は21.8g/㎥であり，露点である14℃での飽和水蒸気量12.1g/㎥がこの空気1㎥がふくんでいる水蒸気量だから，1㎥中にあと21.8－12.1＝9.7(g)の水蒸気をふくむことができる。　⑹　雲ができてからは400m上昇するごとに2℃下がっている。高度3600mの気温は4℃だから，0℃になり氷ができ始めるのは高度$3600+400\times\frac{4}{2}=4400$(m)のときである。

《2020　社会　解説》

Ⅰ　Aは福岡市(福岡県)，Bは広島市(広島県)，Cは神戸市(兵庫県)，Dは大阪市(大阪府)，Eは京都市(京都府)，Fは名古屋市(愛知県)，Gは横浜市(神奈川県)，Hは川崎市(神奈川県)，Iはさいたま市(埼玉県)，Jは札幌市(北海道)。

〔1〕　人口は，G．横浜市→D．大阪市→F．名古屋市→J．札幌市→A．福岡市の順に多いから，エが正しい。

〔2〕　ウが正しい。福岡県の筑紫平野では米と小麦の二毛作がさかんである。アは山形県，イは鹿児島県・宮崎県，エは沖縄県についての記述である。

〔3〕　イが正しい。広島県はアジア・太平洋戦争の時まで陸軍や海軍の主要拠点だったので，呉市には大きな軍需工場が多くあった。その後，呉市では技術者や職人から技術が伝えられ，現在も造船の街として有名である。製紙・パルプは静岡県，精密機械は長野県，印刷は東京都で生産がさかんである。

〔4〕　兵庫県と明石海峡大橋・大鳴門橋で結ばれたのは徳島県だから，アが正しい。イは香川県，ウは愛媛県，エは和歌山県についての記述である。

〔5〕　図3より，2015 年の伝統的工芸品の生産額が，ピーク時に比べて5分の1程度に減っていることを読み取り，この問題を解決するため，伝統的工芸品を現代のニーズに合わせた商品へと展開していることを導く。

〔6〕　地産地消とは，その地域で生産した農産品を地元の人々が消費することをいう。地産地消によって，生産者と消費者との距離が近くなり，消費者が安心して農産物を購入できるようになる。また，地元の人々が地元の農家が生産した農産品を買えば，その地域のお金は他の地域に流出することなく，地域内で循環する。さらに，輸送距離が少なくなることで，トラックなどから排出される二酸化炭素の量を抑えることもできる。

〔7〕　ウが正しい。冬の北西季節風は，暖流の対馬海流の上空で大量の水蒸気をふくんだ後，越後山脈にぶつかって，日本海側に大量の雪を降らせ，関東平野に乾いたからっ風をもたらす。やませは夏の東北地方の太平洋側に吹く冷たく湿った風であり，奥羽山脈を越えて山形県あたりに届くころにはフェーン現象によって高温な風となる。

〔8〕　エが正しい。2017 年の漁獲量は，中国が約 1600 万 t，日本が約 300 万 t だから，中国は日本の 1600÷300＝5.3…(倍)となる。　ア．1970 年に最も漁獲量が多いのは日本である。　イ．1990 年から 2000 年にかけて漁獲量が減少したのは，日本とアメリカ合衆国である。　ウ．インドネシアの漁獲量は，1970 年が約 100 万 t，2017 年が約 600 万 t だから，1970 年から 2017 年にかけて，漁獲量は約 500 万 t 増加した。

〔9〕　Dが位置する大阪府に広がる阪神工業地帯についての記述だから，イを選ぶ。アは京浜工業地帯，ウは北九州工業地帯，エは中京工業地帯。

Ⅱ　〔1〕　壬申の乱(672 年)は，天智天皇(中大兄皇子)の死後，天智天皇の子である大友皇子と天智天皇の弟である大海人皇子の間で起こったあとつぎ争いである。大海人皇子が勝利し，天武天皇として即位した。

〔2〕(1)　Bは9世紀初頭の平安時代だから，ウが正しい。ア～エはいずれも平安時代であるが，アは10 世紀末～11 世紀，イは 10 世紀，エは 12 世紀の記述である。　(2)　イ．藤原氏の策略により，長らく派遣されていなかった遣唐使に選ばれた菅原道真が，唐の衰退と航海の危険を理由に遣唐使の派遣の停止を宇多天皇に意見し，これが聞き入れられた。そうして国内にとどまった道真だったが，後に藤原氏によってあらぬ罪をかけられて大宰府に流されてしまい，そこで亡くなった。

〔3〕　Cは鎌倉時代だから，エが正しい。踊念仏をする一遍(時宗の開祖)を描いた「一遍上人絵伝」である。アは安土桃山時代の「南蛮人渡来図屏風」，イは江戸時代の「勧進大角力取組図」，ウは安土桃山時代の「長篠合戦図屏風」。

〔4〕(1)　倭寇と正式な貿易船を区別するために勘合という合い札が用いられたので，日明貿易は勘合貿易とも呼ばれる。　(2)　Dは室町時代だから，アが正しい。イとウは江戸時代，エは奈良時代についての記述である。

〔5〕(1)　松平定信が行った寛政の改革では，ききんに備えるため，1万石につき 50 石の米を，社倉や義倉と呼ばれる穀物倉に備蓄させた(囲い米の制)。　(2)　Eは江戸時代だから，アとエとカが正しい。イとオは鎌倉時代，ウは弥生時代についての記述である。

〔6〕(1)　資料2より，明治時代初期は薩摩藩や長州藩出身者が政府の要職を占める藩閥政治が行われたことがわ

かる。表より，大正時代は陸軍・海軍・外務以外の大臣すべてを衆議院の第一党である立憲政友会の党員から選んだ，本格的な政党内閣が成立したことがわかる。藩閥政治は，板垣退助らが民撰議院設立の建白書を提出して始めた自由民権運動中で批判された。「民撰議院」とは国民が選出した議員で構成される議院のこと。　(2)　図１は樺太・千島交換条約を締結した1875年，図２は韓国を併合した1910年を表しているから，イが誤り。イは1925年のことである。アは1902年，ウは1894年，エは1890年のことである。

〔７〕　東から西の順に並べると，C．鎌倉(神奈川県)・E．神田湯島(東京都)→A．大津宮(滋賀県)→B．高野山(和歌山県)・D．北山(京都府)→F．高知県となる。

Ⅲ　〔１〕(1)　ジャカルタの半分近くが海抜ゼロメートル地帯であるため，首都をカリマンタン島東部に移転する予定である。　(2) X　Dの「人口増加～地下水を多量にくみ上げるようになりました」から「地下水」を導く。地盤沈下によって，建物と地面の間に隙間ができたり，道路に凹凸ができたりする。また，地表と河川との高低差がなくなるため，排水が悪くなり浸水被害が起こりやすくなる。　Y　Bの「地球温暖化で気温が上がると～海水の温度が上がって海水の体積が大きくなったりすることで，海面が上昇する」から「海面の上昇」を導く。

〔２〕(1)　アが正しい。江戸時代には，地震や洪水，火山の噴火などによる凶作で，享保のききん・天明のききん・天保のききん(江戸三大ききん)が発生した。イは奈良時代，ウは室町時代，エは明治時代についての記述である。

(2)　ウが正しい。徳川吉宗による享保の改革では，青木昆陽に指示して甘藷の栽培を進めた。アは５代将軍徳川綱吉の政策，イの棄捐令は老中松平定信による寛政の改革，エは老中水野忠邦による天保の改革についての記述である。

〔３〕　メタンハイドレートを燃やしたときに排出される二酸化炭素は，石炭や石油を燃やすときよりも少ないため，地球温暖化対策として注目されている。

〔４〕　明治政府の呼びかけにより，経済難と食糧難に苦しんでいた日本人たちがコーヒー農園での仕事を求めてブラジルに渡った。1908年，笠戸丸に乗った781人の移民がブラジルに初めて入植し，移民の子孫は日系二世，三世と呼ばれる。

〔５〕　両方とも誤りだからエを選ぶ。「高潮」と「津波」が逆であれば正しい。

〔６〕　エが誤り。内閣総理大臣の指名は，衆議院議員総選挙後30日以内に召集される特別国会(特別会)で行われる。

〔７〕　表より，日本が特にアメリカやオーストラリアなどから食料を多く輸入していることを読み取り，図４でそれらの国からの仮想水輸入量が多いことと関連づける。

Ⅳ　資料１より，下川町の取り組むべき課題として，「再生可能エネルギーの活用」「定住者・雇用の確保」を読み取り，資料２～資料４と関連付ける。資料２では，「定住者の確保」のため，地域おこし協力隊の結成や，バリアフリー設計の一の橋バイオビレッジの設立を支援し，「雇用の確保」のため，新たな企業の設立を支援していることがわかる。資料３と資料４では，「再生可能エネルギーの活用」のため，木質バイオマスエネルギーで代用することで，下川町のエネルギー自給率を上昇させていることがわかる。

■ ご使用にあたってのお願い・ご注意

（1）問題文等の非掲載

著作権上の都合により，問題文や図表などの一部を掲載できない場合があります。

誠に申し訳ございませんが，ご了承くださいますようお願いいたします。

（2）過去問における時事性

過去問題集は，学習指導要領の改訂や社会状況の変化，新たな発見などにより，現在とは異なる表記や解説になっている場合があります。過去問の特性上，出題当時のままで出版していますので，あらかじめご了承ください。

（3）配点

学校等から配点が公表されている場合は，記載しています。公表されていない場合は，記載していません。

独自の予想配点は，出題者の意図と異なる場合があり，お客様が学習するうえで誤った判断をしてしまう恐れがあるため記載していません。

（4）無断複製等の禁止

購入された個人のお客様が，ご家庭でご自身またはご家族の学習のためにコピーをすることは可能ですが，それ以外の目的でコピー，スキャン，転載（ブログ，ＳＮＳなどでの公開を含みます）などをすることは法律により禁止されています。学校や学習塾などで，児童生徒のためにコピーをして使用することも法律により禁止されています。

ご不明な点や，違法な疑いのある行為を確認された場合は，弊社までご連絡ください。

（5）けがに注意

この問題集は針を外して使用します。針を外すときは，けがをしないように注意してください。また，表紙カバーや問題用紙の端で手指を傷つけないように十分注意してください。

（6）正誤

制作には万全を期しておりますが，万が一誤りなどがございましたら，弊社までご連絡ください。

なお，誤りが判明した場合は，弊社ウェブサイトの「ご購入者様のページ」に掲載しておりますので，そちらもご確認ください。

■ お問い合わせ

解答例，解説，印刷，製本など，問題集発行におけるすべての責任は弊社にあります。

ご不明な点がございましたら，弊社ウェブサイトの「お問い合わせ」フォームよりご連絡ください。迅速に対応いたしますが，営業日の都合で回答に数日を要する場合があります。

ご入力いただいたメールアドレス宛に自動返信メールをお送りしています。自動返信メールが届かない場合は，「よくある質問」の「メールの問い合わせに対し返信がありません。」の項目をご確認ください。

また弊社営業日（平日）は，午前９時から午後５時まで，電話でのお問い合わせも受け付けています。

2025 春

株式会社教英出版
〒422-8054　静岡県静岡市駿河区南安倍３丁目 12-28
TEL　054-288-2131　　FAX　054-288-2133
URL　https://kyoei-syuppan.net/
MAIL siteform@kyoei-syuppan.net

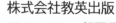

教英出版　2025年春受験用　中学入試問題集

学校別問題集

✿はカラー問題対応

北海道

①[市立]札幌開成中等教育学校
②藤女子中学校
③北嶺中学校
④北星学園女子中学校
⑤札幌大谷中学校
⑥札幌光星中学校
⑦立命館慶祥中学校
⑧函館ラ・サール中学校

青森県

①[県立]三本木高等学校附属中学校

岩手県

①[県立]一関第一高等学校附属中学校

宮城県

①[県立]宮城県古川黎明中学校
②[県立]宮城県仙台二華中学校
③[市立]仙台青陵中等教育学校
④東北学院中学校
⑤仙台白百合学園中学校
⑥聖ウルスラ学院英智中学校
⑦宮城学院中学校
⑧秀光中学校
⑨古川学園中学校

秋田県

①[県立]
- 大館国際情報学院中学校
- 秋田南高等学校中等部
- 横手清陵学院中学校

山形県

①[県立]
- 東桜学館中学校
- 致道館中学校

福島県

①[県立]
- 会津学鳳中学校
- ふたば未来学園中学校

茨城県

①[県立]
- 日立第一高等学校附属中学校
- 太田第一高等学校附属中学校
- 水戸第一高等学校附属中学校
- 鉾田第一高等学校附属中学校
- 鹿島高等学校附属中学校
- 土浦第一高等学校附属中学校
- 竜ケ崎第一高等学校附属中学校
- 下館第一高等学校附属中学校
- 下妻第一高等学校附属中学校
- 水海道第一高等学校附属中学校
- 勝田中等教育学校
- 並木中等教育学校
- 古河中等教育学校

栃木県

①[県立]
- 宇都宮東高等学校附属中学校
- 佐野高等学校附属中学校
- 矢板東高等学校附属中学校

群馬県

①
- [県立]中央中等教育学校
- [市立]四ツ葉学園中等教育学校
- [市立]太田中学校

埼玉県

①[県立]伊奈学園中学校
②[市立]浦和中学校
③[市立]大宮国際中等教育学校
④[市立]川口市立高等学校附属中学校

千葉県

①[県立]
- 千葉中学校
- 東葛飾中学校

②[市立]稲毛国際中等教育学校

東京都

①[国立]筑波大学附属駒場中学校
②[都立]白鷗高等学校附属中学校
③[都立]桜修館中等教育学校
④[都立]小石川中等教育学校
⑤[都立]両国高等学校附属中学校
⑥[都立]立川国際中等教育学校
⑦[都立]武蔵高等学校附属中学校
⑧[都立]大泉高等学校附属中学校
⑨[都立]富士高等学校附属中学校
⑩[都立]三鷹中等教育学校
⑪[都立]南多摩中等教育学校
⑫[区立]九段中等教育学校
⑬開成中学校
⑭麻布中学校
⑮桜蔭中学校
⑯女子学院中学校
✿⑰豊島岡女子学園中学校
⑱東京都市大学等々力中学校
⑲世田谷学園中学校
✿⑳広尾学園中学校（第2回）
✿㉑広尾学園中学校（医進・サイエンス回）
㉒渋谷教育学園渋谷中学校（第1回）
㉓渋谷教育学園渋谷中学校（第2回）
㉔東京農業大学第一高等学校中等部（2月1日 午後）
㉕東京農業大学第一高等学校中等部（2月2日 午後）

神奈川県

①[県立] 相模原中等教育学校
　　　　平塚中等教育学校
②[市立]南高等学校附属中学校
③[市立]横浜サイエンスフロンティア高等学校附属中学校
④[市立]川崎高等学校附属中学校
✿⑤聖光学院中学校
✿⑥浅野中学校
⑦洗足学園中学校
⑧法政大学第二中学校
⑨逗子開成中学校(1次)
⑩逗子開成中学校(2·3次)
⑪神奈川大学附属中学校(第1回)
⑫神奈川大学附属中学校(第2·3回)
⑬栄光学園中学校
⑭フェリス女学院中学校

新潟県

①[県立] 村上中等教育学校
　　　　柏崎翔洋中等教育学校
　　　　燕中等教育学校
　　　　津南中等教育学校
　　　　直江津中等教育学校
　　　　佐渡中等教育学校
②[市立]高志中等教育学校
③新潟第一中学校
④新潟明訓中学校

石川県

①[県立]金沢錦丘中学校
②星稜中学校

福井県

①[県立]高志中学校

山梨県

①山梨英和中学校
②山梨学院中学校
③駿台甲府中学校

長野県

①[県立] 屋代高等学校附属中学校
　　　　諏訪清陵高等学校附属中学校
②[市立]長野中学校

岐阜県

①岐阜東中学校
②鶯谷中学校
③岐阜聖徳学園大学附属中学校

静岡県

①[国立]静岡大学教育学部附属中学校
　　　　(静岡·島田·浜松)
② [県立]清水南高等学校中等部
　 [県立]浜松西高等学校中等部
　 [市立]沼津高等学校中等部
③不二聖心女子学院中学校
④日本大学三島中学校
⑤加藤学園暁秀中学校
⑥星陵中学校
⑦東海大学付属静岡翔洋高等学校中等部
⑧静岡サレジオ中学校
⑨静岡英和女学院中学校
⑩静岡雙葉中学校
⑪静岡聖光学院中学校
⑫静岡学園中学校
⑬静岡大成中学校
⑭城南静岡中学校
⑮静岡北中学校
⑯ 常葉大学附属常葉中学校
　 常葉大学附属橘中学校
　 常葉大学附属菊川中学校
⑰藤枝明誠中学校
⑱浜松開誠館中学校
⑲静岡県西遠女子学園中学校
⑳浜松日体中学校
㉑浜松学芸中学校

愛知県

①[国立]愛知教育大学附属名古屋中学校
②愛知淑徳中学校
③ 名古屋経済大学市邨中学校
　 名古屋経済大学高蔵中学校
④金城学院中学校
⑤椙山女学園中学校
⑥東海中学校
⑦南山中学校男子部
⑧南山中学校女子部
⑨聖霊中学校
⑩滝中学校
⑪名古屋中学校
⑫大成中学校
⑬愛知中学校
⑭星城中学校
⑮名古屋葵大学中学校
　(名古屋女子大学中学校)
⑯愛知工業大学名電中学校
⑰海陽中等教育学校(特別給費生)
⑱海陽中等教育学校(I·II)
⑲中部大学春日丘中学校
新刊⑳名古屋国際中学校

三重県

①[国立]三重大学教育学部附属中学校
②暁中学校
③海星中学校
④四日市メリノール学院中学校
⑤高田中学校
⑥セントヨゼフ女子学園中学校
⑦三重中学校
⑧皇學館中学校
⑨鈴鹿中等教育学校
⑩津田学園中学校

滋賀県

①[国立]滋賀大学教育学部附属中学校
②[県立] 河瀬中学校
　　　　守山中学校
　　　　水口東中学校

京都府

①[国立]京都教育大学附属桃山中学校
②[府立]洛北高等学校附属中学校
③[府立]園部高等学校附属中学校
④[府立]福知山高等学校附属中学校
⑤[府立]南陽高等学校附属中学校
⑥[市立]西京高等学校附属中学校
⑦同志社中学校
⑧洛星中学校
⑨洛南高等学校附属中学校
⑩立命館中学校
⑪同志社国際中学校
⑫同志社女子中学校(前期日程)
⑬同志社女子中学校(後期日程)

大阪府

①[国立]大阪教育大学附属天王寺中学校
②[国立]大阪教育大学附属平野中学校
③[国立]大阪教育大学附属池田中学校

④[府立]富田林中学校
⑤[府立]咲くやこの花中学校
⑥[府立]水都国際中学校
⑦清風中学校
⑧高槻中学校（A日程）
⑨高槻中学校（B日程）
⑩明星中学校
⑪大阪女学院中学校
⑫大谷中学校
⑬四天王寺中学校
⑭帝塚山学院中学校
⑮大阪国際中学校
⑯大阪桐蔭中学校
⑰開明中学校
⑱関西大学第一中学校
⑲近畿大学附属中学校
⑳金蘭千里中学校
㉑金光八尾中学校
㉒清風南海中学校
㉓帝塚山学院泉ヶ丘中学校
㉔同志社香里中学校
㉕初芝立命館中学校
㉖関西大学中等部
㉗大阪星光学院中学校

兵庫県

①[国立]神戸大学附属中等教育学校
②[県立]兵庫県立大学附属中学校
③雲雀丘学園中学校
④関西学院中学部
⑤神戸女学院中学部
⑥甲陽学院中学校
⑦甲南中学校
⑧甲南女子中学校
⑨灘中学校
⑩親和中学校
⑪神戸海星女子学院中学校
⑫滝川中学校
⑬啓明学院中学校
⑭三田学園中学校
⑮淳心学院中学校
⑯仁川学院中学校
⑰六甲学院中学校
⑱須磨学園中学校（第1回入試）
⑲須磨学園中学校（第2回入試）
⑳須磨学園中学校（第3回入試）
㉑白陵中学校
㉒夙川中学校

奈良県

①[国立]奈良女子大学附属中等教育学校
②[国立]奈良教育大学附属中学校
③[県立]
　国際中学校
　青翔中学校
④[市立]一条高等学校附属中学校
⑤帝塚山中学校
⑥東大寺学園中学校
⑦奈良学園中学校
⑧西大和学園中学校

和歌山県

①[県立]
　古佐田丘中学校
　向陽中学校
　桐蔭中学校
　日高高等学校附属中学校
　田辺中学校
②智辯学園和歌山中学校
③近畿大学附属和歌山中学校
④開智中学校

岡山県

①[県立]岡山操山中学校
②[県立]倉敷天城中学校
③[県立]岡山大安寺中等教育学校
④[県立]津山中学校
⑤岡山中学校
⑥清心中学校
⑦岡山白陵中学校
⑧金光学園中学校
⑨就実中学校
⑩岡山理科大学附属中学校
⑪山陽学園中学校

広島県

①[国立]広島大学附属中学校
②[国立]広島大学附属福山中学校
③[県立]広島中学校
④[県立]三次中学校
⑤[県立]広島叡智学園中学校
⑥[市立]広島中等教育学校
⑦[市立]福山中学校
⑧広島学院中学校
⑨広島女学院中学校
⑩修道中学校
⑪崇徳中学校
⑫比治山女子中学校
⑬福山暁の星女子中学校
⑭安田女子中学校
⑮広島なぎさ中学校
⑯広島城北中学校
⑰近畿大学附属広島中学校福山校
⑱盈進中学校
⑲如水館中学校
⑳ノートルダム清心中学校
㉑銀河学院中学校
㉒近畿大学附属広島中学校東広島校
㉓AICJ中学校
㉔広島国際学院中学校
㉕広島修道大学ひろしま協創中学校

山口県

①[県立]
　下関中等教育学校
　高森みどり中学校
②野田学園中学校

徳島県

①[県立]
　富岡東中学校
　川島中学校
　城ノ内中等教育学校
②徳島文理中学校

香川県

①大手前丸亀中学校
②香川誠陵中学校

愛媛県

①[県立]
　今治東中等教育学校
　松山西中等教育学校
②愛光中学校
③済美平成中等教育学校
④新田青雲中等教育学校

高知県

①[県立]
　安芸中学校
　高知国際中学校
　中村中学校

福岡県

①[国立]福岡教育大学附属中学校（福岡·小倉·久留米）
②[県立]
- 育徳館中学校
- 門司学園中学校
- 宗像中学校
- 嘉穂高等学校附属中学校
- 輝翔館中等教育学校

③西南学院中学校
④上智福岡中学校
⑤福岡女学院中学校
⑥福岡雙葉中学校
⑦照曜館中学校
⑧筑紫女学園中学校
⑨敬愛中学校
⑩久留米大学附設中学校
⑪飯塚日新館中学校
⑫明治学園中学校
⑬小倉日新館中学校
⑭久留米信愛中学校
⑮中村学園女子中学校
⑯福岡大学附属大濠中学校
⑰筑陽学園中学校
⑱九州国際大学付属中学校
⑲博多女子中学校
⑳東福岡自彊館中学校
㉑八女学院中学校

佐賀県

①[県立]
- 香楠中学校
- 致遠館中学校
- 唐津東中学校
- 武雄青陵中学校

②弘学館中学校
③東明館中学校
④佐賀清和中学校
⑤成穎中学校
⑥早稲田佐賀中学校

長崎県

①[県立]
- 長崎東中学校
- 佐世保北中学校
- 諫早高等学校附属中学校

②青雲中学校
③長崎南山中学校
④長崎日本大学中学校
⑤海星中学校

熊本県

①[県立]
- 玉名高等学校附属中学校
- 宇土中学校
- 八代中学校

②真和中学校
③九州学院中学校
④ルーテル学院中学校
⑤熊本信愛女学院中学校
⑥熊本マリスト学園中学校
⑦熊本学園大学付属中学校

大分県

①[県立]大分豊府中学校
②岩田中学校

宮崎県

①[県立]五ヶ瀬中等教育学校
②[県立]
- 宮崎西高等学校附属中学校
- 都城泉ヶ丘高等学校附属中学校

③宮崎日本大学中学校
④日向学院中学校
⑤宮崎第一中学校

鹿児島県

①[県立]楠隼中学校
②[市立]鹿児島玉龍中学校
③鹿児島修学館中学校
④ラ・サール中学校
⑤志學館中等部

沖縄県

①[県立]
- 与勝緑が丘中学校
- 開邦中学校
- 球陽中学校
- 名護高等学校附属桜中学校

もっと過去問シリーズ

北海道

北嶺中学校
7年分(算数・理科・社会)

静岡県

静岡大学教育学部附属中学校
(静岡·島田·浜松)
10年分(算数)

愛知県

愛知淑徳中学校
7年分(算数・理科・社会)
東海中学校
7年分(算数・理科・社会)
南山中学校男子部
7年分(算数・理科・社会)
南山中学校女子部
7年分(算数・理科・社会)
滝中学校
7年分(算数・理科・社会)
名古屋中学校
7年分(算数・理科・社会)

岡山県

岡山白陵中学校
7年分(算数・理科)

広島県

広島大学附属中学校
7年分(算数・理科・社会)
広島大学附属福山中学校
7年分(算数・理科・社会)
広島学院中学校
7年分(算数・理科・社会)
広島女学院中学校
7年分(算数・理科・社会)
修道中学校
7年分(算数・理科・社会)
ノートルダム清心中学校
7年分(算数・理科・社会)

愛媛県

愛光中学校
7年分(算数・理科・社会)

福岡県

福岡教育大学附属中学校
(福岡·小倉·久留米)
7年分(算数・理科・社会)
西南学院中学校
7年分(算数・理科・社会)
久留米大学附設中学校
7年分(算数・理科・社会)
福岡大学附属大濠中学校
7年分(算数・理科・社会)

佐賀県

早稲田佐賀中学校
7年分(算数・理科・社会)

長崎県

青雲中学校
7年分(算数・理科・社会)

鹿児島県

ラ·サール中学校
7年分(算数・理科・社会)

※もっと過去問シリーズは
国語の収録はありません。

教英出版
〒422-8054
静岡県静岡市駿河区南安倍3丁目12－28
TEL 054-288-2131
FAX 054-288-2133
詳しくは教英出版で検索
教英出版 検索
URL https://kyoei-syuppan.net/

二〇二四年度C

立命館慶祥中学校

国語

（全18ページ）

（60分）

注意事項

一　受験番号・氏名および解答は、すべて定められたところに記入しなさい。

二　問題用紙に解答を書きこんでも採点されません。

三　、や「　」などの記号は、特別の指示のない限り一字と数えます。

例

し	か	し	、	で	あ	る	。

一、次の各問いに答えなさい。

問一　次の――線部の、カタカナは漢字に直し、漢字はその読みをひらがなで答えなさい。

①　デンゲンを切る。

②　モウフをかける。

③　自分の思いをツげる。

④　明朗な人がらだ。

⑤　穀物を貯蔵する。

問二　次の各組の熟語の中で、組み立ての異なるものを、ア～オの中から一つずつ選び、記号で答えなさい。

①　ア　無実　イ　未然　ウ　不正　エ　合否　オ　非常

②　ア　仮定　イ　青空　ウ　才能　エ　新年　オ　地上

③　ア　善悪　イ　縦横　ウ　損得　エ　加減　オ　困難

④　ア　明示　イ　開会　ウ　解体　エ　就職　オ　集金

⑤　ア　気弱　イ　急病　ウ　官営　エ　円安　オ　胃痛

問三　次の□に身体の一部を表す漢字一字を入れて、下の意味を持つ慣用句を完成させなさい。

①　□をくくる…覚悟《かくご》を決めること。

②　□がうまい…話が上手であること。

③　□から鼻へぬける…頭の回転が速く、利口であること。

④　□をかかえる…どうしたらよいか分からないこと。

⑤　□持ちならない…人の言動や態度ががまんできないこと。

問四　次の□に漢字一字を入れて、四字熟語を完成させなさい。

①　自給自□

②　心□一転

③　四□時中

④　自画自□

⑤　公明□大

二、次の文章を読んで、後の問いに答えなさい。

　ビジネスにせよ、研究にせよ、アートにせよ、あらゆる分野でグローバル化は、刻一刻と激しさを増している。日本だけでなく、そのほかの国の人たちも、いち早く海外に飛び出して、新しいものを吸収し、国境の垣根《かきね》を越《こ》えて、世界が求めていることに取り組もうと考えている。

　この象徴《しょうちょう》の一つが大学教育だろう。

　グローバル人材の育成は、国境を越えた教育が不可欠だ。10代～20代の人たちが多様な人種と出会い、まったく新しい観点から物事を学び、世界の未来にとって何が大切かを考え、意見を交《か》わしあう。そうすることで若い人たちの可能性はどんどん大きなものへとなっていく。

　日本人の海外留学者数は、※1リーマンショックのダメージを受けた年を除いて増加の一途《いっと》をたどってきた。少子化が進んでいるのに、留学生の数が右肩《みぎかた》上がりなのは、それだけ若者たちの間に海外志向が高まっていることを示す。

　海外の大学に目を移すと、これは①世界的に共通する傾向《けいこう》であることがわかる。多くの国から留学生を受け入れているオーストラリアでいえば、国内にある40ほどの大学に１２０万人の学生がいるとされているが、そのうち約30万人、つまり大学生の４人に１人が留学生なのだ。

　また、外国人留学生が日本に留学に来るケースも増えている。日本は言語の習得が難しい上に、※2バブル崩壊《ほうかい》後の景気低迷《ていめい》により、外国人留学生には敬遠されがちだといわれているが、図1を見ると、20年前に比べ

【図1】日本への留学生の推移

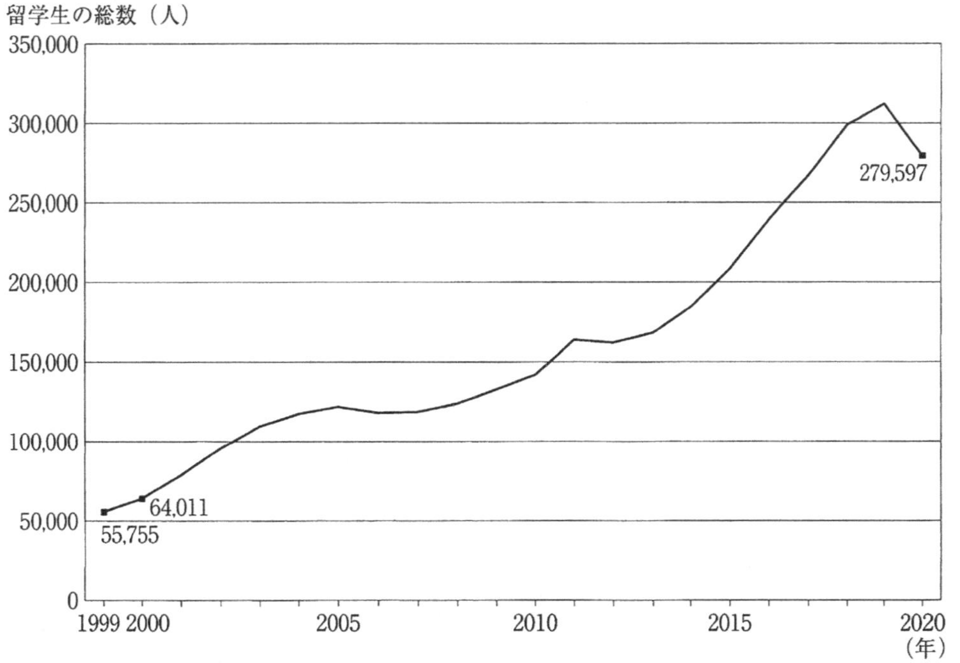

独立行政法人日本学生支援《しえん》機構（JASSO）「外国人留学生在籍状況《ざいせきじょうきょう》調査」（2020年度）のデータを元に作成。

て5倍になっているのがわかるだろう。

世界規模でビジネスをするということは、文化の垣根を超越《ちょうえつ》した価値を見出《みいだ》すということだ。これは、いま、世界を席巻《せっけん》※3しているビジネスを考えればわかるんじゃないだろうか。グーグル、アマゾン、フェイスブック、アップルなど脚光《きゃっこう》を浴びているのは、いろんな国にルーツを持つ人たちを集め、未来に向けたビジネスを展開している多国籍企業《きぎょう》だ。

日本のビジネスでも同じだ。ニンテンドースイッチやプレイステーションといったゲーム機は世界中で人気を博しているし、ロボット技術も同じように評価が高い。

これらのビジネスは、いずれも最初から若い人、そして世界をターゲットにしている点で共通する。たとえ最初は国内で日本人向けのビジネスとしてスタートしたものであっても、商品が世代の垣根を越えてつくられていれば、いずれは海外の市場に打って出ることができるようになる。

楽天やユニクロといった大手企業が「社内公用語」を英語にしているのも、その表れだ。いまは、どの国でビジネスをスタートさせたとしても、世界展開を見すえたものでなければすぐに限界が来てしまう。

こうした話をすると、親の支援で留学ができる特権階級の人だけに当てはまることだと受け取られがちだ。お金持ちの家に生まれて、能力の高い子でなければ、グローバル人材になれない、と。

僕《ぼく》はこの意見には反対だ。現に、世界で活躍《かつやく》する人の中には、裕福《ゆうふく》とはほど遠い暮らしをしていた人が大勢いる。

いまでは「世界のオザワ」と呼ばれる、日本が誇《ほこ》る指揮者の小澤征爾《おざわせいじ》さんだってそうだった。家庭は決して裕福じゃなく、方々から借りたお金を手に、貨物船に乗せてもらって海外へと渡《わた》った。そこで貧乏《びんぼう》旅行をしながら、世界中の音楽コンクールに出場し、賞をもらって名声を勝ち得た。

世界へ飛び出して成功するには、お金やコネ※4なんて大して重要ではない。

それより、どれだけ大きな情熱を持っているかだ。

また最近では、社会にあるシステムをうまく利用して世界へ飛び出す若者も多い。僕のまわりでは、海外青年協力隊や国際NGO※5で数年間働いて経験をつんだ後、国連などの国際機関に入ったり、世界を股《また》にかけた事業を起こしたりする人が何人も出てきている。既存《きそん》のものをうまく利用するだけで、世界が求めるスキル※6を身につけることはできる。

大事なのは、文化だとか、格差だとか、そういう枠《わく》に自分をはめ込《こ》み、可能性を限定しないことだ。

物理的なことに限らず、精神的な意味において、いかに既存の枠組みから解き放たれ、情熱に従って物事を深めていけるかどうか。日本にいたって、君たちの気持ち一つで世界に通用する人間になることは可能だということを忘れないでほしい。

最後に挙げたいのが、新しい生き方を見つけるだ。

これまで新しい仕事をつくったり、世界に目を向けて働いたりすることの意義を書いてきたけど、何もビジネスを成功させて高収入を得ることだけが、幸福を勝ち取る手段じゃない。［A］、そうしたことは数ある幸せの形のほんの一つでしかない。ここ10年くらいの間に、[※7]「ミレニアル世代」や[※8]「Z世代」と呼ばれる若い人たちは、お金とは別のところに価値を見出すようになっていった。
その幸せの形を言葉で表せば、「やりがい」「生きがい」となる。
いくらビジネスを成功させて大金を稼《かせ》いだとしても、その人が、やってよかったと思って、心が満たされるかどうかは別の話だ。
若い世代はそのことに気がついて、お金や社会的地位に固執《こしつ》するのではなく、小さなことであっても、自分がやっていて幸せだと感じられることに価値を見出しはじめた。
そしてそれがだんだんとスタンダード[※9]な考え方となり、これまで光が当てられてこなかった仕事やライフスタイルが見直されるようになっていった。
一例を出せば、若い世代で広まる農業ブームがある。
少し前まで、農業といえば、若者から遠ざけられる仕事だった。
農業は自然相手なので毎日朝から田畑と向きあっていなければならず、重労働なのに利益が保証されるわけではない。その上、都市から離《はな》れているので近所には娯楽《ごらく》どころか、買い物に必要な店すらもほとんどない。こうしたこともあって、農家で生まれ育った子供たちでさえ、跡《あと》を継《つ》ぐことを嫌《いや》がるほどだった。
[B]、農業ブームがこうした状況を打破しつつある。
若い世代の人たちが、都会を離れて地方へ移住し、農業を手がけるようになったのだ。２００８年には８６０人だった49歳《さい》以下の新規参入者が、２０１７年には３倍以上の２７１０人になっていることからもブームの大きさがわかるだろう。
彼《かれ》らは、オフィス街であくせく働いて、人より少しでも高い収入を得ることに人生の時間を費《つい》やすより、自然の中でゆっくりとした気持ちで生活することに価値を見出した。ネットを活用すれば、地方に住んでいても娯楽や買い物に困ることだってない。
特徴的なのは、こうした人たちが社会と切り離された生活をしているわけではない点だ。彼らは農業を営みながら、自分たちで生産した農作物を人脈やネットを通してさまざまな人に購入《こうにゅう》してもらったり、地域の人たちと連携《れんけい》して町おこしをしたり、その伝統文化を守ったりする。都会とは異なる「やりがい」を見出し、それまでとは違《ちが》った方法で社会の一員として活躍している。
農業以外の分野でも、似たようなブームは起きつつある。
図２を見てもらえればわかるように、東京在住の20代のうち、半数以上が地方移住に関心があり、４人に１人が実際に決めているか、検討しているかしている。これは、②社会的に価値観の変容が起きていると言っても過言じゃない。
他方、都会に残って企業勤めをすることを選んだ人たちの中にも、価値観に変化が生じている。企業に属して働きながら、プライベートで自分のやりたいことのほうに多くの時間を割《さ》くライフスタイルが定着しつつある。
僕の知っているIT企業に勤める20代後半の男性は、会社のフレック

【図2】あなたは地方移住に関心がありますか？

年齢《ねんれい》	調査数	すでに地方移住することを決めている	現在検討している	関心はあるが具体的には検討していない	特に関心はない
20～29歳	227	10.1%	16.3%	27.3%	46.3%
30～39歳	222	5.9%	12.2%	33.3%	48.6%
40～49歳	222	0.9%	5.4%	39.2%	54.5%
50～59歳	222	2.3%	5.0%	40.5%	52.3%
60歳以上	222	0.9%	9.0%	34.2%	55.9%

※東京在住の20歳以上の男女1,115名を対象にしたインターネット調査。2017年6月26日～6月29日に実施《じっし》。

株式会社トラストバンク「地方移住に関する意識調査」EL BORDE（エル・ボルデ）を元に作成。

スタイム制（出退勤の時間を調整できる制度）を利用して毎朝7時に出勤する代わりに、夕方には仕事を終えて帰宅する。そして空いている時間をつかってベルトやサイフといった革《かわ》製品を手づくりし、それをネットで売るという副業をしている。商品の評判は口伝えに広まり、予約で数カ月待ちという商品もあるそうだ。

彼はIT企業での仕事は生活を安定させるものとしてとらえ、モノづくりの副業にこそやりがいを見出している。モノづくりをやりたいからこそ、仕事をやっているという位置づけなのだ。

一世代前なら、企業は社会の副業など認めず、就業時間をきっちりと決め、就業後も飲み会に参加させていた。しかし、いまは多くの企業がフレックスタイム制の導入や、副業の許可に前向きで、現時点ですでに3割が副業・兼業《けんぎょう》を認めているとされている。

この背景には、企業が社員に対して終身雇用《こよう》を保障して、年功序列で高い給与《きゅうよ》を払《はら》うことを保障することができなくなっている現実がある。だからこそ、社会全体の価値観が、「いい企業に就職してお金持ちになる」ことから、「自分のやりがいを見つけて実現する」ことへシフト※10しており、企業もそれを認めて推奨《すいしょう》しはじめている。

こんなふうに見ていくと、③君たちが進んでいく未来の社会のあり方が見えてくるんじゃないだろうか。

君たちは、狭《せま》い日本社会に固執して、お金と社会的地位に固執し、高齢者の限られた財産を奪《うば》い取《と》ることに必死になる必要なんてこれっぽっちもない。

10年後、15年後、社会には従来とはまったく異なる価値観が広まっているはずだ。その中では、広い世界の中で自分を試《ため》してみたり、君にとって心底好きになれるものを見出して取り組んでいったりすることで、幸福を噛《か》みしめて生きていけるかどうかが大切になってくる。

君たちがするべきなのは、社会に出る前にさまざまなことを学びながら視野を広げて、自分が何をしたいのか、心から幸せだと思えるものは何かを考えることだ。

何を選んでもいいし、何に向かってもいい。

忘れないでほしいのは、その答えは、人から与《あた》えてもらうものではなく、自分自身の中から見出すものということだ。難しく考える必要はない。君が自分に正直になりさえすれば、きっと答えは出てくるはずだ。

（石井《いしい》光太《こうた》『格差と分断の社会地図』より　一部改変）

※1　リーマンショック……２００８年のアメリカの投資銀行リーマン・ブラザーズの倒産《とうさん》をきっかけに広がった世界的金融《きんゆう》危機。

※2　バブル崩壊……１９９１年から１９９３年ごろを起点とした、株価や地価の急落から始まった不景気のこと。

※3　席巻……勢力範囲《はんい》を勢いよく拡大すること。

※4　コネ……「コネクション」の略。ある人との特別なつながり。

※5　ＮＧＯ……非政府組織。

※6　スキル……技能。

※7　ミレニアル世代……１９８０年代～２０００年ごろに生まれた世代。

※8　Ｚ世代……１９９０年代半ば～２０００年代までに生まれた世代。

※9　スタンダード……標準。基準。

※10　シフト……体制や状態などを移行すること。

問一　――線部①「世界的に共通する傾向」とあるが、この傾向の内容と、それについての筆者の意見として最も適切なものを、次のア～オの中から一つ選び、記号で答えなさい。

ア　若者の間に海外志向が高まり、海外留学者数が増加しているという傾向で、世界で活躍する人材になるためには本人の努力や能力の高さに加え、親の支援も必要だと考えている。

イ　若い人たちの、海外に出て新しいものを吸収し、世界の未来を考えようとする志向が高まる傾向で、若い人がビジネスをはじめとして世界規模で活躍するために重要だと感じている。

ウ　色々な分野でグローバル人材が求められ、若い人たちが世界での活躍を目標に大勢留学する傾向で、若い人の間で世界の未来に関する意見交換《こうかん》が活発に行われることを期待している。

エ　グローバル人材の育成によって、若い人たちの関心が世界の諸問題の解決に向きやすい傾向のことで、世界へと飛び出して成功体験を得られる貴重な機会だととらえている。

オ　家庭環境《かんきょう》に恵《めぐ》まれていない人でも積極的に世界へ飛び出していく傾向のことで、お金やコネがなくても既存のシステムを利用して世界で活躍する若い人が増えることを願っている。

問二　本文および図1・2から読み取れる内容として正しいものを、次のア～オの中から二つ選び、記号で答えなさい。

ア　地方移住や農業のブームは主に若い世代で起こっており、図2からも世代が上がるにつれて地方移住の計画や関心が減る傾向にはあるが、50代は40代に比べ関心がやや高いと分かる。

イ　図2からは、20代と30代は地方移住に比較的《ひかくてき》前向きであり、農業に従事しようと考える人も増えているが、40代以降は副業に自分のやりがいを見つける傾向にあると読み取れる。

ウ　図1からは、日本にやって来る外国人留学生は年々増加していることが読み取れるが、２００８年ごろはリーマンショックの影響《えいきょう》を受けて外国人留学生数が著《いちじる》しく減少している。

エ　図2によると、東京在住の日本人のすべての世代で、半数以上が地方への移住に関心を持っており、特に20代の人については一割の人がすでに移住を決めていることが読み取れる。

オ　図1によると、１９９９年に約5万6千人だった日本への外国人留学生は、２０２０年には約28万人となっており、20年間で5倍に増え、多くの外国人留学生が日本で学んでいる。

問三　［A］・［B］に入ることばの組み合わせとして最も適切なものを、次のア～オの中から一つ選び、記号で答えなさい。

ア　A　つまり　　B　なぜなら
イ　A　それとも　B　だが
ウ　A　むしろ　　B　しかし
エ　A　ただし　　B　そのため
オ　A　そして　　B　さらに

問四　――線部②「社会的に価値観の変容が起きていると言っても過言じゃない」とあるが、農業・地方移住に関心を持つ人や企業勤めの人に生まれている新しい価値観は、どのようなものか。そのことを説明した次の文の［　　］にあてはまることばを、以前の価値観との違いがわかるように、本文中のことばを使って五十五字以内で答えなさい。

［　　］ことを重視する価値観。

問五　――線部③「君たちが進んでいく未来の社会のあり方」とあるが、筆者は「君たち」に、未来のために今どのようにすることをすすめているか。本文中のことばを使って六十字以内で答えなさい。

問六　本文の内容と合致《がっち》するものを、次のア～オの中から一つ選び、記号で答えなさい。

ア　農業をする場合、居住地の関係で買い物や娯楽については困ることが多いが、その分自然の中でくつろぐ時間に価値を見出せるので、昨今の若い世代には農業ブームが広がっている。
イ　これからの日本の企業は終身雇用や高い給与を保障しないので、一つの会社に頼《たよ》らず、企業勤めはあくまで生活の安定のためと割り切って、副業に生きがいを見出すべきである。
ウ　若い人たちは、今後一段と高齢化が進んで経済的な成功が難しくなる日本にこだわり、限られた地位やお金を奪い合うより、チャンスが広がる世界に飛び出すべきである。
エ　世界で活躍するためには生まれ育った家庭環境は重要ではなく、大きな情熱を持ってスキルを身につけて、自分を枠にはめて可能性を閉ざすことのないようにすることが大切だ。
オ　日本に来る外国人留学生の数をさらに増やすには、「社内公用語」が英語の大手企業と教育機関が連携し、外国人留学生の日本語の習得が簡単になる仕組みを作らなければならない。

三、次の文章を読んで、後の問いに答えなさい。

> 小野《おの》アリスは総部員数200名に及《およ》ぶ名門愛知名晋《めいしん》高校吹奏《すいそう》楽部に所属する3年生で、コンクールには出場することができない座奏Bチームのリーダーを務めている。座奏Bチームには明確な目標が無く、緩《ゆる》んだ空気が漂《ただよ》っていたが、顧問《こもん》の尾藤《びとう》先生の提案で、近くの保育園児を招いての演奏会を行うことになった。

長いか短いかわからないが、現在までの17年8カ月の人生。そのうちの4分の3以上が名晋の吹奏楽部とともにあった。

家は貧乏《びんぼう》というほどではないが生活は苦しくて、アリスは物心ついたときから保育園に預けられていた。アリスは特に気が強い子どもだったわけではないが、生まれつき体がしっかりしていて目つきが鋭《するど》く、喧嘩《けんか》などをしたわけでもないのにまわりの子どもたちからは怖《こわ》がられていた。仲の良い友達もいなかった。母親が迎《むか》えにきてくれるのはいつも最後。静まり返った保育園にひとり残ってお迎えを待つのは心細く、このまま母親が来ないんじゃないかと不安になった。

ようやく自宅アパートに帰っても、母は家事に追われ、遅《おそ》く帰ってくる父はくたびれ果てている。甘《あま》える暇《ひま》もなくアリスは寝《ね》かしつけられた。

そんなアリスが出会ったのが名晋高校吹奏楽部だった。名古屋《なごや》市内のいくつかの保育園や幼稚園《ようちえん》の子どもたちが招待され、コンサートが催《もよお》されたのだ。尾藤先生は顧問に就任して2年目で、まだ髪《かみ》も黒かった。

演奏されたのは《どんぐりころころ》や《ちょうちょ》、《アンパンマンのマーチ》など幼い子どもたちに馴染《なじ》みのある曲が多かった。

アリスは名晋の演奏を食い入るように見つめた。語彙《ごい》の少ない幼児の頭に浮《う》かぶのは「すごい」「カッコいい」と「私もやりたい」だけだったが、アリスの心は名晋の奏《かな》でた音楽に満たされた。その後、寂《さび》しいときはいつもその音楽を思い出し、鼻歌を歌いながら楽器を演奏する真似《まね》をした。

アリスは小学校4年から金管バンド部に入って打楽器を担当し、中学では吹奏楽部でクラリネット担当になった。部員数が少なく、強豪《きょうごう》でもなかったけれど、3年間一生懸命《いっしょうけんめい》に練習した。部長も務め、部活推薦《すいせん》で憧《あこが》れの名晋に入学することになった。その中学校の吹奏楽部から名晋に進むのは初めてのケースで、同期や後輩《こうはい》たちから[A]の眼差《まなざ》しを向けられた。

しかし、実際に名晋に入ってみると、まわりのレベルの高さに圧倒《あっとう》された。とてもではないけれど、「中学時代はエースでした」などと恥《は》ずかしくて言えなかった。

特に、同期でパートも同じ和木佳純《わきかすみ》には驚《おどろ》かされた。同い年とは思えないほどクラリネットがうまいのに、それを鼻にかけることはせず、誰《だれ》にでも優《やさ》しかった。リーダーシップもあり、学力は学年上位。同性でもつい目で追ってしまうほど容姿も整っていた。「こんな完璧《かんぺき》な子が存在するんだな」と、アリスはただただ驚くしかなかった。

アリスも最初は佳純に負けないよう必死に練習した。1年のときのチーム分けで佳純はいきなり座奏Aに選ばれたが、アリスはBだった。「まだ1年だし、これからこれから!」と、アリスは自分を励《はげ》ました。だが、2年になって後輩たちが入ってくると、数人は明らかに自分よりうまかった。全国大会出場経験者もいた。

後輩からチーム分けについて質問されたとき、アリスは「コンクールに出る55人が座奏Aチーム。マーチングコンテストに出る81人がパレコンチーム。それ以外が座奏Bチームだよ」と説明した。自分もそう教わった。

だが、その言葉を発してから、初めてアリスは認識《にんしき》した。

「私って、それ以外なんだ……」

2年のチーム分けでは佳純はA、アリスはまたBだった。そのとき、①アリスは自分の中でスイッチをオンにした。「本気で頑張《がんば》っていない」というスイッチだ。演奏がうまくできなくても、目立てなくても、「それ以外」でも、「本気で頑張っていない」のだから仕方がない。

座奏Bで活動する中で、佐伯一哉《さえきかずや》を見つけた。コントラバスはもともと人数が少ないからAに選ばれやすいのに、佐伯はメンバー外だった。技術不足だと判断されたのだろう。

「佐伯は、きっと心の中に私と同じスイッチを持ってる」と思った。

アリスは自分から佐伯に近づき、別パートなのに直属の後輩のように扱《あつか》った。ふたりしてひねくれた態度をし、練習は適当にこなし、ひたむきに頑張っている者たちを裏で[B]した。

そして今年、アリスはついに最後のオーディションでも座奏Bに決まった。尾藤先生からリーダーに指名されても、何の救いにもならなかった。所詮《しょせん》、Bは負け犬の巣窟《そうくつ》だ。そのリーダーなど、「負け犬の中の負け犬」と認定されたようなものだ。ズタズタにされるはずだったアリスの心は、「本気で頑張っていない」スイッチを押《お》すことで守られた。

だが、②不思議なことにアリスは吹奏楽部をやめようと考えたことはなかった。佐伯からは何度か「もう退部しちゃいます?」と言われたこともあったが、曖昧《あいまい》な返事でスルー※1した。

なぜ私はまだ吹奏楽部にいるんだろう――。

座奏Bのメンバーは、打って変わって真剣《しんけん》に練習した。ささやかながらも本番があること、10曲をできるようにするという課題ができたこともあったが、何よりリーダーのアリスが鬼気迫《ききせま》る表情で《シング・シング・シング》のソロを練習していることが大きかった。その影響《えいきょう》なのか、佐伯もアリスから離《はな》れて低音パートと一緒《いっしょ》にセクション練習をするようになった。

ただ、アリスの《シング・シング・シング》のソロが安定しなかった。指が回らずに途中《とちゅう》で止まってしまったり、悲鳴のようなリードミス※2が響《ひび》いたり、途中で演奏が止まってしまったりした。それでもアリスは練習をやめず、そのことがさらにほかのメンバーのモチベーション※3を高めた。

そして、ミニコンサートの当日がやってきた。

合奏室に入った座奏Bのメンバーは驚いた。室内は折り紙で作った輪《わ》飾《かざ》りなどで華《はな》やかに装飾《そうしょく》され、大きく「名晋高校吹奏楽部ミニコンサート」と書かれた横断幕もあった。
「Aとパレコンのメンバーがやってくれたそうです」と、[※4]カナピーがアリスに言った。
アリスは唇《くちびる》をキュッと結び、座奏Bのメンバーを集合させた。
「自分はずっとみんなに言いたかったことがあります」
合奏室がしんと静まり返った。
「前にみんなの前で、座奏Bは負け犬の巣窟だって言ったことがある。ずっと練習態度も最悪だった。リーダーの自覚もなかった。まず、それを謝《あやま》ります」
アリスは頭を下げた。端《はし》っこのほうで、佐伯も頭を下げていた。
「Aにもパレコンにも選ばれなかったのがBかもしれない。でも、今日ここに来る子どもたちから見たら、自分らはAもBもない名晋の部員なんだ。楽器ができて、いろんな曲を奏でられるすごい人たちなんだ」
そこまで言うと、アリスは一度言葉を切った。みんながアリスを見ていた。トランペットを胸に抱《だ》いた[※5]美森《みもり》も、大きな瞳《ひとみ》を凝《こ》らしてアリスの次の言葉を待っていた。
「子どもたちの中には、きっと家庭の事情でつらい思いをしている子もいる。我慢《がまん》している子もいる。そんな子どもたちがすべてを忘れて楽しめるように――全力で最高の音楽を届けよう」
メンバーはみな笑《え》みを浮かべて頷《うなず》きながら「はい！」と返事をした。
座奏Bのメンバーはいったん合奏室を出て通路に待機した。Aの佳純たちが園児たちと手を繋《つな》いで合奏室に招き入れ、準備してあったマットに座《すわ》らせた。
園児や保育士が拍手《はくしゅ》する中、座奏Bが入場を始めた。一列になって手を振《ふ》りながら園児たちの前を通ってから持ち場についていった。
美森は列の最後のほうにいた。ひとりだけ列を離れて子どもたちに握《あく》手《しゅ》しにいくと、「お姉ちゃんお姉ちゃん」と手や[※6]トニックを引っ張られ、マットに座《すわ》り込《こ》んでしまった。
「アホ、何やってんだ！　早く来い！」
[※7]響《ひびき》が小声で言ったが、美森は園児たちに抱きつかれ、「お名前は？」「この楽器、なに～？」「どうやって音出すの？」と質問攻《ぜ》めにされていた。響は諦《あきら》めて、自分の持ち場についた。
最後に尾藤先生が入ってきた。園児たちは拍手をした。先生は園児たちの中に混じっている美森をチラッと見たが、そのまま短く挨拶《あいさつ》をすると、演奏をスタートした。
1曲目の《どんぐりころころ》が始まると、子どもたちは誰にうながされたわけでもなく立ち上がり、体を揺《ゆ》らしながら歌い始めた。美森も一緒になって歌った。
途中で響がトランペットソロを奏でると、子どもたちは「うまーい！」「すごーい！」と声を上げた。トロンボーンパートのメロディで[※8]ガンちゃんが派手に音を外すと「間違《まちが》えた～！」と大声で笑った。とにかく感じたことを素直《すなお》に表現する、どこまでも正直な聴衆《ちょうしゅう》だった。
2曲目の《ちょうちょ》も子どもたちは演奏に合わせて一緒に歌い、3曲目の《ディープ・パープル・メドレー》は演奏の迫力《はくりょく》とスタンドプレイに口をあんぐり開けて圧倒されていた。
　そして、いよいよ《シング・シング・シング》になった。座奏Bの演奏を見るために、Aやパレコンのメンバーも合奏室に入ってきて壁際《かべぎわ》に座った。
　曲の冒頭《ぼうとう》、ドラムセットがソロで独特のリズムを奏で始めた。子どもたちはまた立ち上がってそれぞれに手拍子《てびょうし》を始めた。きらきらした幼い目を見て、アリスは思った。
（あのとき、きっと私もあんな目をしてたんだ。ううん、あれは私自身だ）
　アリスは幼いころに憧れていた場所に来た。けれど、自分が思うような存在にはなれなかった。座奏Aのメンバーとして、全国大会のステージでまぶしいライトを浴びながら演奏する——そんな夢はもう一生叶《かな》うことがない。それを認めたくなかった。
　夢は破れた。なのに、部活をやめなかったのは、やっぱり名晋の音楽が好きだったからだ。あのころ、名晋に憧れ、寂しい心を名晋の演奏でいっぱいにした幼い女の子が、まだアリスの中に住んでいる。
（私に聴《き》かせてあげるんだ、名晋の音楽を！）
　アリスは指揮をする尾藤先生の横に進み出ると、1回目のソロを奏でた。まったくミスのない見事なソロ。子どもたちと美森は拍手喝采《かっさい》を送った。アリス自身、ホッとしていた。
（問題は2回目のほうだ。52小節ミスなく吹《ふ》いて、最後の超高音《ちょうこうおん》をちゃんと出せるかな……）
　踊《おど》りながら手拍子する子どもたちの前で演奏は続いていった。

　途中、トランペットのソロが始まった。前に出て演奏するのは響だ。とても1年生とは思えない落《お》ち着《つ》き払《はら》った様子できらびやかな音を響かせる。ときに強く、ときに繊細《せんさい》に音を吹き分ける抑揚《よくよう》も見事で、「天才少年」と呼ばれたその実力を見せつけた。
　響がソロを終えて元の場所に戻《もど》ると、ドラムセットのソロとともに再びアリスが前に出た。その表情は明らかに緊張《きんちょう》していた。
　まるで囁《ささや》き声で話すように静かな音でソロの冒頭が始まった。アリスは何度も繰《く》り返《かえ》し練習してきた※9フレーズを奏でていった。※10スウィングジャズならではの奏法やノリを維持《いじ》しながら、次々と音を繰り出す。伴《ばん》奏《そう》はドラムセットの※11リフレインだけだ。緊張感から手に汗《あせ》がにじみ、キーを押さえる指が滑《すべ》った。
（ダメだ！　やっぱりダメだ！　なんで私はうまくできないんだろう！）
③徐々《じょじょ》にテンポが遅《おく》れ始《はじ》め、焦《あせ》ると指が絡《から》まった。
（いままで本気で練習してこなかった罰《ばつ》だ。私は自分に罰せられてるんだ……）
　いくつも音符《おんぷ》が飛び、いまにもクラリネットの音が止まりかけた。と、どこから「がんばれ〜」という声が聞こえてきた。アリスの様子に気づいたひとりの子どもが声を上げたのだ。すると、まるで小さなロウソクの炎《ほのお》が次々とまわりのロウソクを灯《とも》していくかのように「がんばれ〜！」の声が子どもたちの間に広がり、やがて大合唱になった。
「がんばれ〜！」
「お姉ちゃん、がんばれ〜！」

（頑張れって言われたって……指は動かないし、頭の中はもう真っ白なんだよ……！）

アリスは目を閉じて現実から逃《に》げようとした。もう少しで「本気で頑張っていないスイッチ」を押しそうになった。

そのときだ。不意に響き始めたのは――トランペットの音だった。

マットの上で美森が立ち上がり、楽器を奏で始めていた。それは、クラリネットソロそのものだった。美森はアリスの練習を聴きながらソロをすべて覚えてしまっていたのだ。

園児たちはもちろん、その場にいる部員たちも美森の突然《とつぜん》の演奏に驚いていた。

いちばん驚いていたのはアリスだった。

（あの美森って子……！）

美森はトランペットを吹きながらアリスのほうへ歩み出ていった。すると、まるでその音に手を引かれるかのように、アリスの音に力が戻ってきた。美森のトランペットにアリスのクラリネットが重なる。ふたりの目が合い、かすかに微笑《ほほえ》み合った。音はぴたりと揃《そろ》って、美しいユニゾン※12を描《えが》いた。

残り18小節。高音へと駆《か》け上《あ》がるフレーズの途中で美森はトランペットの音を小さくしていき、吹くのをやめた。再びソロはクラリネットだけになった。運指の難しい複雑な8分音符を、アリスの指と息が的確にとらえる。そして、最後の4小節、超高音のロングトーン※13。アリスは13年間の思いを込めてその音を吹き鳴らした。

アリスが両手を広げ、お辞儀《じぎ》をすると、子どもたちがワッと歓声《かんせい》を上げた。目の前で星のようにまたたく笑顔《えがお》の数々。幼いアリス自身もその中で拍手していた。

（オザワ部長『空とラッパと小倉トースト』より　一部改変）

※1　スルー……相手の発言などをやり過ごす。無視する。
※2　リードミス……ピーッなどの高い音が鳴ってしまうこと。
※3　モチベーション……意欲。やる気。
※4　カナピー……吹奏楽部に所属する1年生。
※5　美森……吹奏楽部に所属する1年生。
※6　トニック……ここでは、名晋高校吹奏楽部のコンサート用の衣装《いしょう》のこと。
※7　響……吹奏楽部に所属する1年生。
※8　ガンちゃん……吹奏楽部に所属する1年生。
※9　フレーズ……音楽において、いくつかの音符から成る一まとまり。メロディの一区切り。
※10　スウィングジャズ……ジャズのジャンルの一つ。軽快で耳なじみの良いメロディが特徴《とくちょう》。
※11　リフレイン……同じメロディを繰り返すこと。
※12　ユニゾン……複数の楽器で演奏した、同じメロディ。
※13　ロングトーン……音や声などを安定して長く伸《の》ばすこと。

問一 A ・ B に入ることばの組み合わせとして最も適切なものを、次のア～オの中から一つ選び、記号で答えなさい。

ア A 羨望《せんぼう》 B 嘲笑《ちょうしょう》
イ A 賞賛 B 応援《おうえん》
ウ A 驚嘆《きょうたん》 B 尊敬
エ A 批判 B 軽蔑《けいべつ》
オ A 嫉妬《しっと》 B 同情

問二 ――線部①「アリスは自分の中でスイッチをオンにした」とあるが、ここでの「スイッチ」はアリスにとってどういうものだったか。「現実」「心」という二つのことばを必ず用いて六十字以内で答えなさい。

問三 ――線部②「不思議なことにアリスは吹奏楽部をやめようと考えたことはなかった」とあるが、その理由をアリス自身はどう考えたか。そのことを説明した次の文の□にあてはまることばを、本文中のことばを使って五十字以内で答えなさい。

全国大会の舞台《ぶたい》に立つ夢は破れたが、□から。

問四 ――線部③「徐々にテンポが遅れ始め、焦ると指が絡まった」とあるが、このときのアリスの気持ちを本文中のことばを使って四十字以内で答えなさい。

問五 この文章の主題として最も適切なものを、次のア～オの中から一つ選び、記号で答えなさい。

ア 憧れだけではどうにもならない才能の壁に挫折《ざせつ》した主人公が、ひょんなことから自己実現を成《な》し遂《と》げる人生の奥《おく》深さ。
イ 評価されないことで不真面目な態度のまま最後まで迷惑《めいわく》をかけた未熟な主人公を、最後まで支えた他の部員の優しさ。
ウ 何事にも才能はあり、努力も簡単には報《むく》われないが、あきらめずに練習し続け、ついに夢を実現した主人公の感動。
エ 夢を抱《いだ》いて努力してきたが才能の限界に直面し、挫折に苦しみ続けて報われなかった主人公の、思春期特有の辛《つら》さ。
オ 挫折から自暴自棄《じき》になりつつも、音楽への純粋《じゅんすい》な思いを取り戻し、かつて憧れたような演奏ができた主人公の達成感。

四、次の資料や意見文を読んで、後の問いに答えなさい。

【資料Ⅰ】

わたしたちの社会は民主主義のルールによって動いています。そこでは、社会のメンバー一人ひとりが、自分で考え、行動できる人間であることが求められます。なぜなら、社会がどうあるべきか、そしてどう進むべきかを決めるのは、主権者である社会のメンバーであり、それによって意思決定は公正かつ正統なものとなりえるからです（もちろん、実際にそうなっていない例の方が多いのかもしれませんが）。

しかし、民主主義的な意思決定は、社会全体や国家というレベルだけで行《おこ》なわれるわけではありません。地域や家族といったより小さな集団の中でも、あるいは国同士の関係や、国籍《こくせき》の違《ちが》う人々の間でも意思決定が公正になされることは必要です。

その時に、権力や権威《けんい》によって他者を従属させる、あるいは他者に従属することは簡単です。しかしそれは、少数の人間によって社会全体の行く末が決定される社会であり、民主的な社会ではありません。

ほとんどの民主主義国家で※1間接民主制が採用され、国家としての意思決定は主権者の代表者によって行なわれています。しかしそれでもなお、民主主義の理念は、各個人が自分で考え、自分の意見をまとめ、それを表明し、それに従い行動することを前提としており、それによって実現されるのです。

「自分で考え、意見表明し、行動できる」人、そのような人を、民主主義社会を支える人、つまり「市民」と呼びましょう。

※2哲学《てつがく》教育の目的は、まさに「市民」を育てることです。哲学はさまざまな問題について、批判的に考える力を育てます。批判的というのは、与《あた》えられた情報を鵜呑《うの》みにしないで、それとは異なったり対立したりする情報も等しく扱《あつか》い、吟味《ぎんみ》する姿勢を持っているということです。

民主主義社会では、人々はさまざまな意見を表明します。それらの意見のうち何が正しく、何が間違っているのか、そしてどうすれば合意や妥協《だきょう》に達することができるのかを考えるためには、批判的な態度が絶対に必要です。

そうした人になるためには、何が必要でしょうか。一般《いっぱん》的には、それは「教養」だと考えられます。しかし、教養とは何であるか、についてはさまざまな考え方があります。それは知識でしょうか。知識であるならば、どのような種類の知識なのでしょうか。よく引き合いに出されるのが、哲学や文学、美術といった分野の知識です。

主に読書を通じてそうした知識を獲得《かくとく》することによって、人格を高めることが重要であるという主張は、大正時代に教養を重んじた人々の言説（大正教養主義）に見られます。かつて存在した大学の「教養課程」は、まさに専門知識とは直接の関係をあまり持たないそうした知識を学ぶことを目的としていました。専門知識を学ぶ前に、まず教養が必要であるという考え方がその基礎《きそ》にありました。

同時に、こうした知識はすぐには「役に立たない」ものでもあります。日常生活や仕事の中で、哲学や文学、美術の知識が直接的に「役に立つ」

場面というのは、なかなか考えにくいものです。「外国人と話す時に教養は必要です」と言われても、そんな機会がないのであれば、「じゃあ自分には関係ない」となってしまうでしょう。だから、教養が不要であるという主張も正しいように思えます。

しかし、本当にそうでしょうか。確かに、普段《ふだん》使われることのない知識を持っていることが「役に立つ」というのは、なかなか想像しにくいものです。また、役に立たないからこそ役に立つという「無用の用」という考え方は、教養が有効であると考える人には説得力を持つでしょうが、教養が役に立たないと考える人には※3机上《きじょう》の空論に聞こえるでしょう。

ですから、考え方を変える必要があるのです。教養とは知識のことを指すだけではなく、知識を獲得するための方法でもあるとすればどうでしょうか。そうすると、「教養がある」とは、知識の量の※4多寡《たか》を指すだけでなく、新たな知識を手に入れるための方法を持っているかどうか、そして知識を手に入れる方法を複数持っているか、ということも意味することになります。かつての大学の教養課程は、さまざまな知の分野に触《ふ》れることで、世界についての知を獲得するための多様な方法に触れる機会でもあったのでしょう（もちろん、それは大学や教員の方針によって大きく変わることでもありましたが）。

では、知を生み出す多様な方法を知ることには、どのような効果があるのでしょうか。それはまず、知の対象である自己、他者、世界に対する「差異の認識《にんしき》」を与えてくれるものです。自分と他者がどのように異なっているのか、そして世界そのものや世界の中の事物や組織はどのような原理に従ってできており、どのような点で似通っており、どのような点で対立するのか、そうしたことを知るために、どのような方法があり、それはどのように使用されているのかを認識することです。そこには、文系や理系といった区分を問わず、他者や世界に対する多様な知が含《ふく》まれます。

差異の認識の上に、「差異への寛容《かんよう》さ」は成り立ちます。あるいは逆に、差異に寛容であるからこそ、他者や世界を知りたいと思うのかもしれません。わたしたちは、これまでに遭遇《そうぐう》したことのないモノやコトに出会った時に、それがあまりにもそれまでの経験や常識と異なっているために、それについて知ることを拒否《きょひ》したり、それについて考えることをやめたりすることがあります。しかし、差異の存在を受け入れ、それについて知り、議論する時に、人は偏見《へんけん》から離《はな》れることができます。もちろん、偏見から完全に解き放たれることはできないにしても、差異が存在するだけで目を閉《と》ざすことはなくなるでしょう。

「批判的思考」は、こうした差異に対する態度の前提でもあり結果でもあります。批判的にものごとを考えることによって、わたしたちは、自分の知識や与えられた知識が正しいのか、そして十分であるかを疑います。そして自分の知識やその前提を一旦棚上《いったんたなあ》げした上で、自己、他者、世界に向き合うことができるのです。

（坂本尚志《さかもとたかし》『バカロレアの哲学「思考の型」で自ら考え、書く』より 一部改変）

※1　間接民主制……国民は代表者を選出し、選ばれた代表者が国民に代わって政治を行うこと。

※2　哲学教育……世界や人生の根本原理を追究する哲学を教えること。

※3　机上の空論……頭の中で考えただけで、実際の役に立たない考え。

※4　多寡……多いことと少ないこと。

【資料Ⅱ】

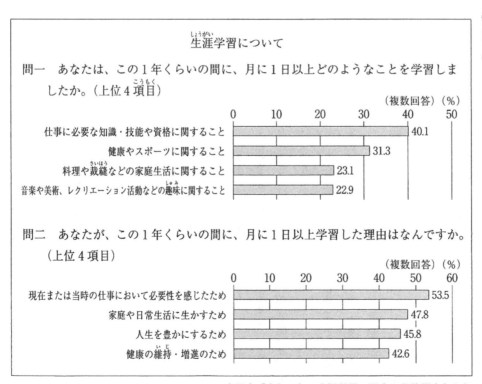

生涯《しょうがい》学習について

問一　あなたは、この１年くらいの間に、月に１日以上どのようなことを学習しましたか。（上位４項目《こうもく》）

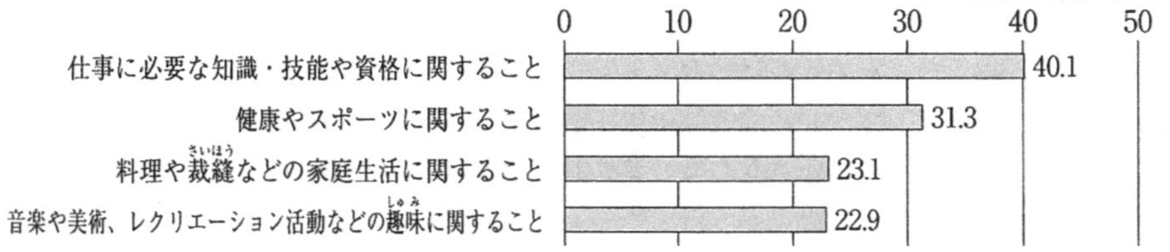

問二　あなたが、この１年くらいの間に、月に１日以上学習した理由はなんですか。（上位４項目）

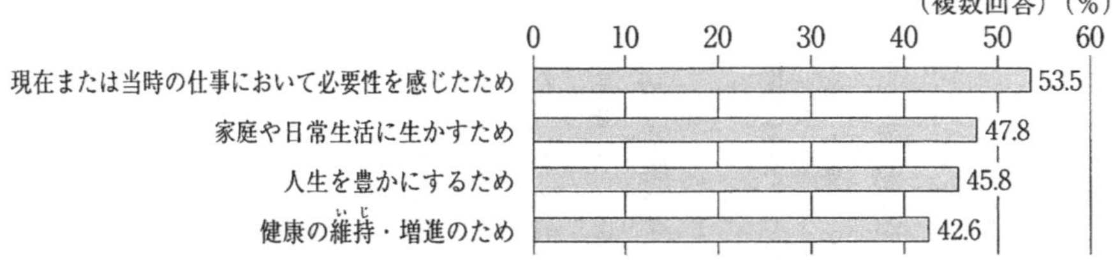

内閣府「令和４年　生涯学習に関する世論調査」より

【意見文】

次は、【資料Ⅰ】・【資料Ⅱ】をもとに、中学一年生のコウタさんが書いた意見文である。

医者を目指している大学生の兄は、一般的な教養を学ぶ授業を受けるよりも、自分の専門分野に関する授業を受ける方が有意義だと言っていた。教養よりも専門知識の方が、将来生かしやすいからだと言う。はたして、この意見は正しいのか。

ア

だから「教養がある」ということは、それを複数持っているかということも意味する。そしてこの「教養がある」ことは、身の回りにある差異に気づくことや、差異を受け入れることにつながるので、豊かな人間関係を築くために大切であると言える。

教養について考えるときは、仕事に役立つかどうかだけを基準にするのではなく、まず教養というもののとらえ方を変えることが大切だと思う。

問 ア について、ここで、コウタさんはどのように意見文を書いたと考えられるか。次の①～③を満たすように書きなさい。

① 二文構成で、七十字以上八十字以内で書くこと（句読点をふくむ）。なお、文は「だ・である」体にすること。

② 一文目は「確かに」という書き出しで、【資料Ⅱ】から読み取れる生涯学習の現状を示すこと。

③ 二文目は「しかし」という書き出しで、【資料Ⅰ】をもとに、教養とは何かという観点から記すこと。

2024年度C

算　数

（全7ページ）

(60分)

注意事項

1．受験番号，氏名および解答はすべて解答用紙に記入しなさい。

2．問題用紙に解答を書きこんでも採点されません。

3．解答はていねいに読みやすい字で書くこと。

4．答えは約分などをして，できるだけ簡単にして解答用紙に記入しなさい。

5．必要な問題では，円周率を3.14とします。

6．図は参考のための略図です。長さや比率や角度は実際と異なる場合があります。

2024(R6) 立命館慶祥中
K 教英出版

Ⅰ．次の□にあてはまる数を答えなさい。

〔1〕$1.4 \times 3.6 + 8.4 \div 3.5 =$ □

〔2〕$\left(\dfrac{4}{3} - 0.75\right) \div 3.75 \times \dfrac{3}{14} =$ □

〔3〕□ $\times 324 - 19 \times 216 = 432$

〔4〕約数が2個だけある整数のうち，小さいほうから数えて10番目の数は□です。

〔5〕ある工場で1月から3月に生産した製品の個数の合計は504個でした。1月に生産した個数と2月に生産した個数の比は6：5で，3月は2月より16％多く生産しました。この工場で1月に生産した製品の個数は□個です。

〔6〕野球場の入場口にできた行列が，1分あたり30人ずつ増えています。1500人の行列ができた状態から1つの入場口を開けて入場を始めたところ，12分後に行列は1200人に減っていました。ここから同じ人数が入場できる入場口をもう1つ増やして入場を続けると，初めて行列がなくなるのは，入場口を2つにしてから□分後です。

Ⅱ．次の問いに答えなさい。

〔1〕下の図で，四角形 ABCD はひし形，三角形 BCE は正三角形です。角㋐の大きさは何度か求めなさい。

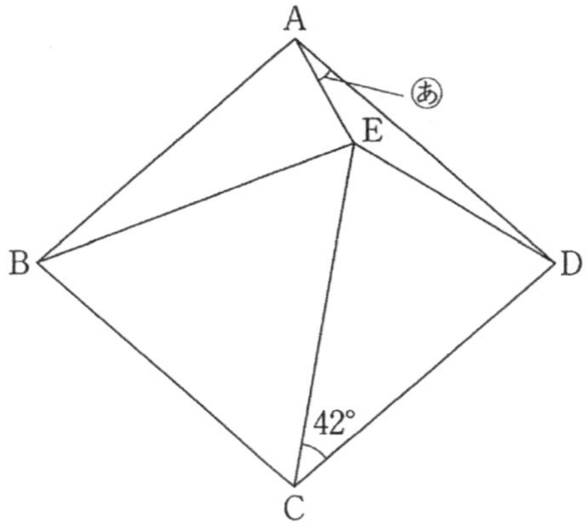

〔2〕1目もりが1cmの方眼上におくと図1のようになる三角形があります。この三角形を AB を通る直線で折り返しました。

図1

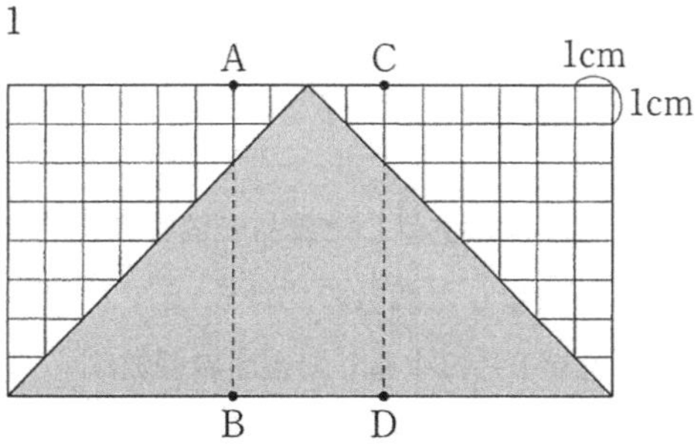

（1）AB を通る直線で折り返したときに，2枚重ならなかった部分の面積は何 cm^2 ですか。

（2）さらに CD を通る直線で折り返すと図2のようになりました。図2で3枚重なっている部分の面積は何 cm^2 ですか。

図2

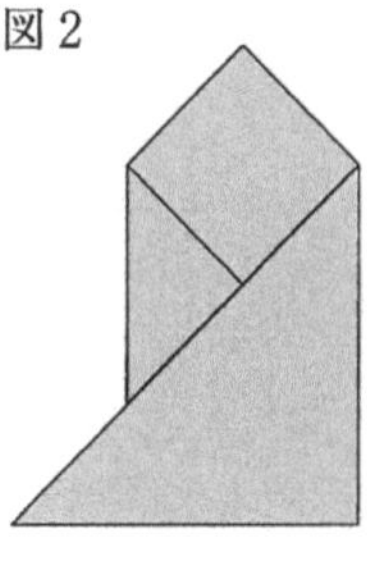

〔3〕次の図１のような，短いほうの辺が５cm の長方形アと，１辺が８cm の正方形から斜線《しゃせん》部分を切り取った円イ，長方形から斜線部分を切り取ったおうぎ形ウを組み合わせて図２のような立体を作りました。

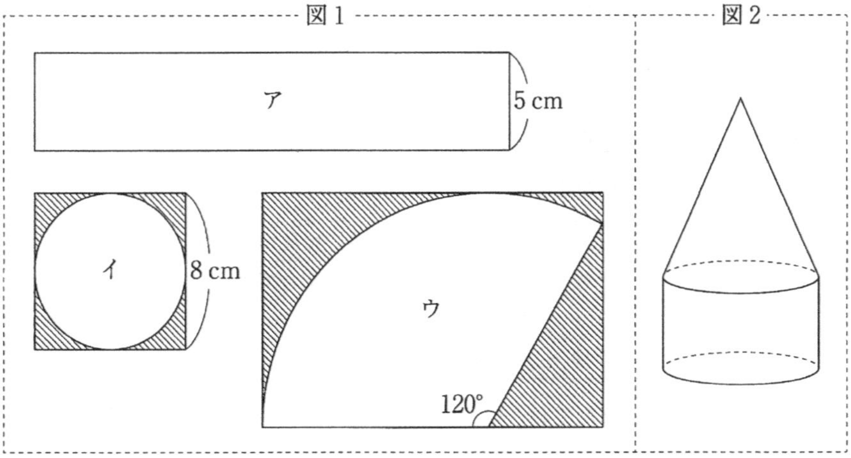

（１）長方形アの面積は何 cm^2 ですか。

（２）おうぎ形ウを切り取った長方形の短いほうの辺の長さは何 cm ですか。

Ⅲ．右の図は，タツオさんとケイコさんが利用している電車の路線図の一部です。◎の駅は普《ふ》通《つう》電車も特急電車も停まりますが，○の駅は普通電車しか停まりません。駅から駅までの道のりを知りたいと思った2人は，電車の速さがどのように変化したかを調べました。次の会話文を読んで，後の問いに答えなさい。

路線図

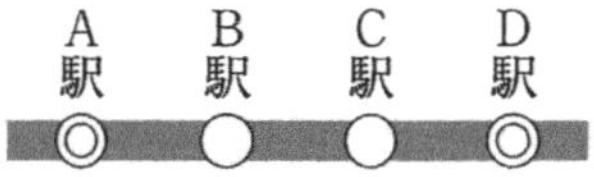

タツオ：普通電車がA駅を出発してからB駅に着くまでに，速さは次のように変化したよ。

出発してからの時間	速さの変化のようす
0秒 ～　30秒	一定の割合で増えた
30秒 ～ 160秒	秒速20 mで進み続けた
160秒 ～ 200秒	一定の割合で減った

ケイコ：速さをたて軸《じく》，時間を横軸にしたグラフで表すと次のようになるね。

A駅とB駅の間で速さが変化したようす

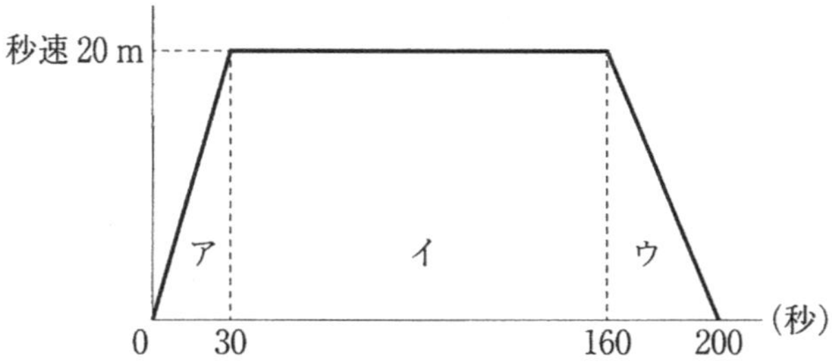

タツオ：出発してから30秒～160秒の間に進んだ道のりは□mだけど，これはイの長方形の面積として求められるのか。

ケイコ：一定の割合で速さが変化している間に進んだ道のりも，グラフと横軸にはさまれたアやウの面積として考えれば求めることができるね。

〔1〕文中の□にあてはまる数を答えなさい。

〔2〕A駅とB駅の間の道のりは何mですか。

タツオ：特急電車がA駅を出発してからD駅に着くまでのようすも調べたよ。

出発してからの時間	速さの変化のようす
0分 ～　1分	一定の割合で増えた
1分 ～　6分	分速1.8 kmで進み続けた
6分 ～ 7分20秒	一定の割合で減った

ケイコ：特急電車についても速さと時間の関係をグラフに表してみよう。

A駅とD駅の間で速さが変化したようす

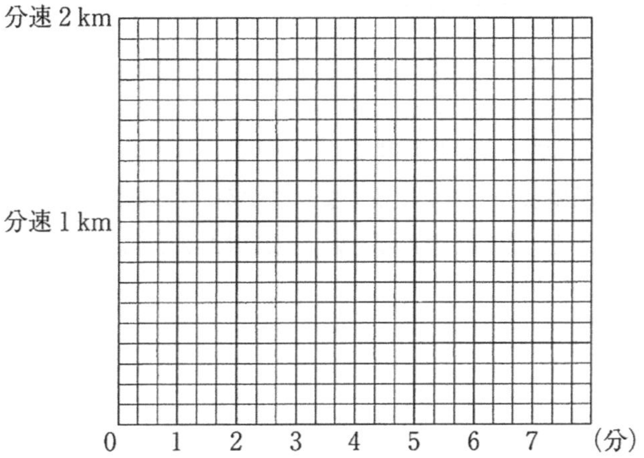

タツオ：長さや時間の単位が普通電車のときと変わっているから気をつけないとね。

〔3〕「A駅とD駅の間で速さが変化したようす」を表すグラフを完成させなさい。また，A駅からD駅までの道のりは何kmですか。

〔4〕A駅を出発してD駅に向かった特急電車が，20秒前にA駅を出発してB駅に向かっている普通電車を追いこすのは，特急電車がA駅を出発した何分何秒後ですか。

Ⅳ. ある学校の入学試験では，A 方式と B 方式の 2 つの受験方法があり，受験生はどちらかを選んで受験しました。A 方式は国語・算数・理科の 3 教科，B 方式は国語・算数の 2 教科の合計得点で合格者が選ばれます。各教科はそれぞれ 100 点満点です。A 方式は受験者数 160 人のうち合格者数は 64 人，B 方式の合格者数は 54 人でした。受験者数は A 方式のほうが B 方式より多く，倍率（合格者数に対する受験者数の割合）は A 方式より B 方式のほうが高くなりました。

〔1〕B 方式の受験者数は何人以上ですか。

〔2〕B 方式の受験者を，5 つの教室に等しい人数にわけようとすると 2 つの教室が残りの 3 つの教室より 1 人ずつ多くなりますが，4 つの教室だと等しい人数にわけることができました。B 方式の受験者数は何人ですか。

右の柱状グラフは，A 方式の合格者 64 人の算数の得点のようすを表したものです。

合格者の算数の得点（A方式）

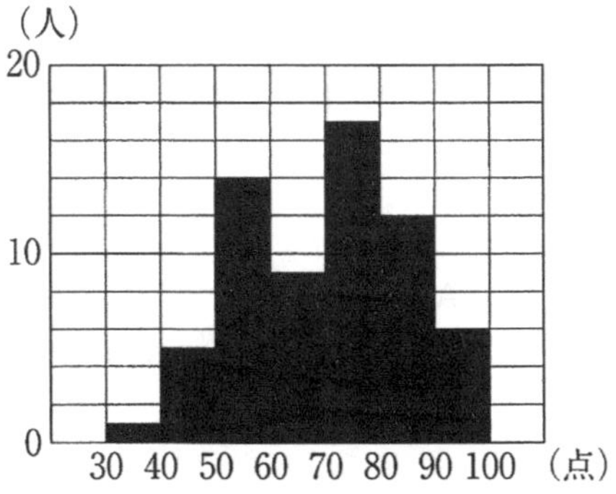

〔3〕A 方式の合格者の算数の得点についてかかれた次のア～ウの文で，かならず正しいといえるものには○，そうでないものには×を答えなさい。

ア：合格者の 70％以上が 60 点以上である。

イ：上から 10 番目の得点と 50 番目の得点の差は 30 点以下である。

ウ：平均点は 65 点以上である。

〔4〕A 方式について，受験者全体の合計点の平均は 188 点で，合格者の合計点の平均と不合格者の合計点の平均の差は 47.5 点です。また，受験生全体で，国語の平均は算数の平均より 8.5 点高く理科の平均より 3 点低くなっています。

（1）合格者の合計点の平均は何点ですか。

（2）不合格者の算数の平均は何点以下ですか。

2024(R6) 立命館慶祥中
K 教英出版

作文問題

立命館慶祥の歴代校長は、「あなたは誰《だれ》のために学び、誰のために生きるのでしょうか？」と在校生に問いかけてきました。あなたは現在、誰のために学んでいるのでしょうか？

「誰のため」を明らかにして、その理由や将来の夢などをまじえながら教えてください。

2024年度C

理　科

（全12ページ）

（40分）

注意事項

1．受験番号，氏名および解答はすべて解答用紙に記入しなさい。

2．問題用紙に解答を書きこんでも採点されません。

3．解答は，ていねいに書きなさい。

Ⅰ．次の〔1〕～〔4〕の問いに答えなさい。

〔1〕こん虫について，次の各問いに答えなさい。

（1）たまごの姿で冬をこすこん虫として適当なものを，次のア～カからすべて選び，記号で答えなさい。

ア．カブトムシ　　　イ．モンシロチョウ

ウ．オオカマキリ　　エ．ナナホシテントウ

オ．コオロギ　　　　カ．アリ

（2）バッタの成虫のからだのつくりとして最も適当なものを，次のア～エから1つ選び，記号で答えなさい。

ア．
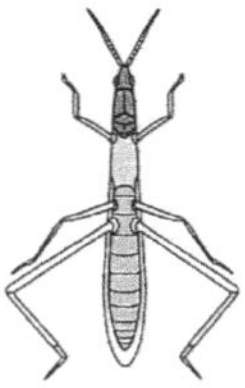

イ．
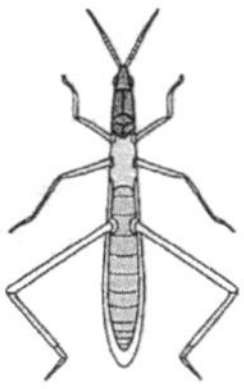

ウ．
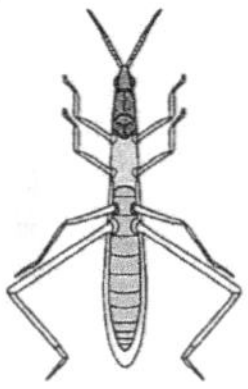

エ．
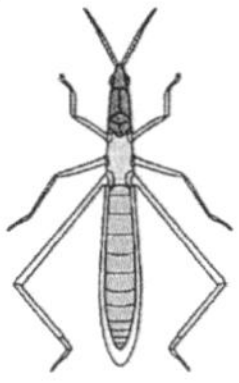

〔2〕図1のように，同じ大きさの3枚の鏡に光を当てて，はね返った光を重ねてかべに当てました。次の各問いに答えなさい。

（1）図1のうち，最も明るかったのはどの部分ですか。図1のA～Fから1つ選び，記号で答えなさい。

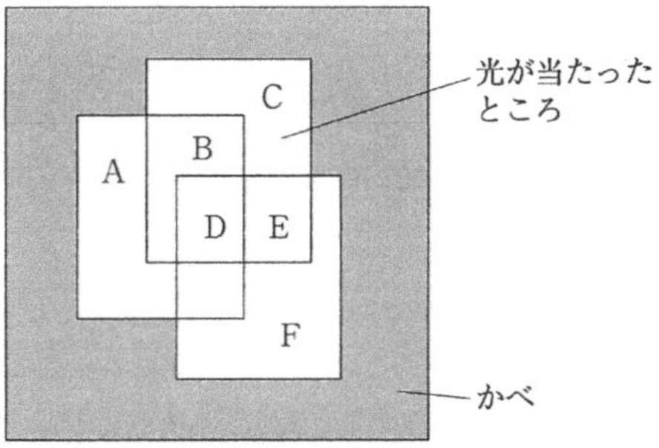

図1

（2）図1のA～Fの部分の温度をはかったときの結果について説明した文として最も適当なものを，次のア～エから1つ選び，記号で答えなさい。

ア．Bの部分よりCの部分のほうが，温度が高かった。

イ．Bの部分よりEの部分のほうが，温度が高かった。

ウ．Aの部分とBの部分は同じ温度だった。

エ．Aの部分とCの部分は同じ温度だった。

〔3〕図２のように，入れる水の量をＡ～Ｃのように変えたフラスコを用意し，ガラス管を取りつけ，ガラス管の中に色のついた水を入れました。フラスコを60℃の湯の中に入れ，ガラス管の中の色のついた水が動くようすを観察しました。次の各問いに答えなさい。

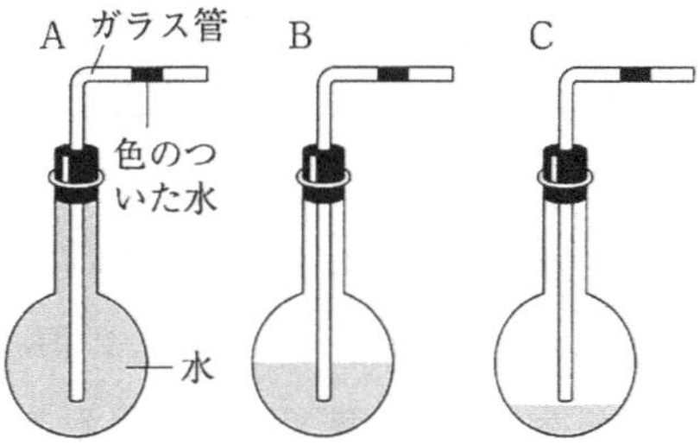

図２

（１）ガラス管の中の色のついた水がいちばん大きく動くのはどれですか。最も適当なものを，図２のＡ～Ｃから１つ選び，記号で答えなさい。

（２）次の文の①，②に当てはまる言葉として最も適当なものをア，イから１つずつ選び，記号で答えなさい。

（１）のようになるのは，①〔　ア．空気より水　　イ．水より空気　〕のほうが，あたためたときの②〔　ア．重さ　　イ．体積　〕の増え方が大きいからである。

〔4〕表は，午後１時の雲を３日間観察して，雲のようすや，空全体を10としたときの雲の量をまとめたものです。次の各問いに答えなさい。ただし，３日間とも，観察したときに雨は降っていませんでした。

表

	１日目	２日目	３日目
雲のようす	黒っぽい雲が，空の低いところに全体的に広がっていた。	白く，小さな丸いかたまりの雲が集まっていた。	白く，大きい雲のかたまりが連なっていた。
雲の量	9	8	2

（１）表から，１日目の雲の名前として最も適当なものを，次のア～エから１つ選び，記号で答えなさい。

ア．積乱雲　　イ．積雲　　ウ．乱層雲　　エ．巻雲

（２）表から，３日間の天気の組み合わせとして最も適当なものを，次のア～エから１つ選び，記号で答えなさい。

ア．１日目：くもり，２日目：晴れ，３日目：晴れ
イ．１日目：くもり，２日目：晴れ，３日目：くもり
ウ．１日目：くもり，２日目：くもり，３日目：晴れ
エ．１日目：くもり，２日目：くもり，３日目：くもり

Ⅱ．葵《あおい》さんは，スチール缶《かん》について興味をもち，先生と一緒《いっしょ》に実験を行いました。あとの〔1〕～〔8〕の問いに答えなさい。

先　生：集めたスチールの空き缶とアルミの空き缶を，ゴミ捨て場まで運びましょう。
葵さん：そういえば，スチール缶って鉄でできているのですよね。
先　生：はい。鉄でできているスチール缶やアルミニウムでできているアルミ缶は，燃やすのではなく，資源ゴミとして回収して，リサイクルするんですよ。
葵さん：鉄を燃やすことはできないのでしょうか。
先　生：スチール缶などは，低い温度では燃やすことはできません。スチールウールのように鉄を細い糸状にしたものであれば，実験室で燃やすことができますよ。
葵さん：スチールウールを燃やして，いろいろ調べてみたいです。

【実験1】図のように，スチールウールをガスバーナーで加熱して火をつけ，石灰水《せっかいすい》を入れた集気びんの中に入れてふたをした。スチールウールの火が消えたら，燃焼さじごとスチールウールをとり出し，ふたをして集気びんをよくふった。スチールウールを燃やしたあとにできた物質をさわると，手ざわりが変化し，鉄とは別の物質になったことがわかった。

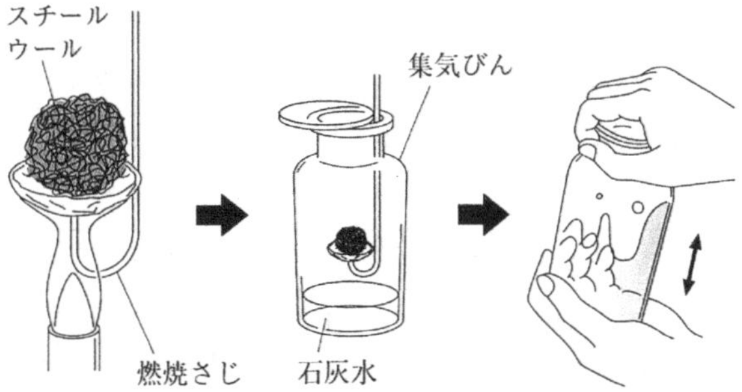

図

〔1〕実験1で，集気びんをよくふったあとの石灰水はどのようになりましたか。最も適当なものを，次のア～エから1つ選び，記号で答えなさい。

ア．石灰水が赤色になる。

イ．石灰水が青色になる。

ウ．石灰水が白くにごる。

エ．石灰水は変化しない。

〔2〕実験1で，スチールウールを燃やしたあとにできた物質が鉄とは別の物質になったことは，それぞれの物質に塩酸を加えることで確かめることができます。スチールウールとスチールウールを燃やしたあとにできた物質にそれぞれ塩酸を加えたときのようすのちがいを，簡単に書きなさい。

【実験2】0.84 g，1.68 g，2.00 g，2.10 g の重さのスチールウールを用意し，それぞれ十分に空気がある状態で，ガスバーナーで加熱した。加熱後にできた物質の重さをはかり，表1にまとめた。ただし，2.00 g のスチールウールは，加熱している途《と》中《ちゅう》で火が消えてしまったため，一部が燃えずに残ってしまった。

表1

スチールウールの重さ〔g〕	0.84	1.68	2.00	2.10
加熱後にできた物質の重さ〔g〕	1.16	2.32	2.72	2.90

〔3〕1.00 g の重さのスチールウールを用意して，実験2と同様にガスバーナーで加熱すると，加熱後にできた物質の重さは何 g になりますか。小数第3位を四捨五入して，小数第2位まで求めなさい。

〔4〕実験2で，一部が燃えずに残った 2.00 g の重さのスチールウールでは，2.00 g のうち何％のスチールウールが燃えずに残りましたか。

葵さん：スチールウールの実験，おもしろかったです。そういえば，スチール缶とアルミ缶のゴミ袋《ぶくろ》にはどちらも同じ数の缶が入っていたのに，スチールの空き缶が入ったゴミ袋より，アルミの空き缶が入ったゴミ袋のほうがずいぶん軽かったです。

先　生：ものの種類がちがうと，同じ体積でも重さがちがいますからね。1 cm^3 あたりのものの重さを密度といいます。密度は，

$$\text{密度〔g/cm}^3\text{〕} = \frac{\text{ものの重さ〔g〕}}{\text{ものの体積〔cm}^3\text{〕}}$$

の式で求めることができます。

葵さん：金属のような固体だけでなく，水や油のような液体でも，ものの種類がちがうと，密度はちがうのでしょうか。

先　生：液体でも，ものの種類がちがうと密度はちがいます。表2は，いろいろな液体の密度をまとめたものです。ただし，水は4℃のとき，エタノールと菜《な》種《たね》油《あぶら》は20℃のときです。また，食塩水は水にとかす食塩の量で密度が変わります。

表2

液体	密度〔g/cm^3〕
水（4℃）	1.00
エタノール	0.79
菜種油	0.91
食塩水	1.20

葵さん：おもしろいです。水の密度は1.00 g/cm^3 なんですね。

先　生：そうです。でも，液体の水をこおらせて氷にすると，密度は0.92 g/cm^3 になるんですよ。

葵さん：氷になると軽くなるってことですか。だから，氷は水にうくのかな。

先　生：その通りです。もののうきしずみは密度の大きさによって決まります。ある液体に，その液体より密度が大きい物体を入れると物体は液体にしずみますが，密度が小さい物体を入れると物体は液体にうきます。

葵さん：じゃあ，氷をエタノールに入れると氷は［ ① ］ということですか。

先　生：はい。また，混ざり合わない液体どうしを静かにビーカーに入れると，密度が小さい液体が上に，密度が大きい液体が下になるように分かれるんですよ。

葵さん：密度とものうきしずみについても，実験で調べてみたいです。

【実験3】表2の水，エタノール，菜種油，食塩水がそれぞれ100 cm^3 入ったビーカーを用意して，それぞれのビーカーに体積が5 cm^3 で重さが5.2 gのプラスチックでできた物体を入れて，うきしずみを調べた。

【実験4】表2の菜種油と食塩水をそれぞれ100 cm^3 ずつ1つのビーカーに静かにそそぎ入れたところ，混じり合わず2つの層に分かれた。このビーカーに密度が1.1 g/cm^3 の物体Xを入れて，うきしずみを調べた。

〔5〕会話文中の［ ① ］に当てはまる内容として最も適当なものを，次のア～ウから1つ選び，記号で答えなさい。

ア．エタノールにうく

イ．エタノールにしずむ

ウ．エタノールの液体中で静止する

〔6〕実験3で，それぞれのビーカーに入れた，体積が5 cm^3 で重さが5.2 gのプラスチックでできた物体の密度は何 g/cm^3 ですか。

〔7〕実験3で，プラスチックでできた物体のうきしずみとして最も適当なものを，次のア～エから1つ選び，記号で答えなさい。

ア．水，エタノール，菜種油，食塩水のいずれにもうく。

イ．水，エタノール，菜種油，食塩水のいずれにもしずむ。

ウ．エタノール，菜種油にはしずみ，水，食塩水にはうく。

エ．水，エタノール，菜種油にはしずみ，食塩水にはうく。

〔8〕実験4で，菜種油，食塩水，物体Xのようすを模式的に表した図として最も適当なものを，次のア～クから1つ選び，記号で答えなさい。

ア．

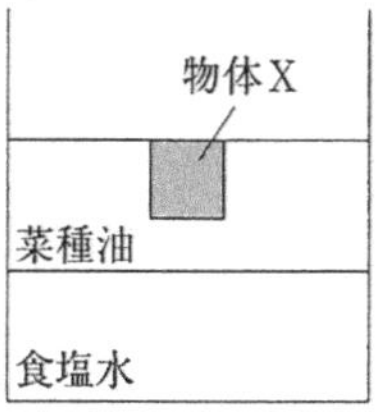

イ．

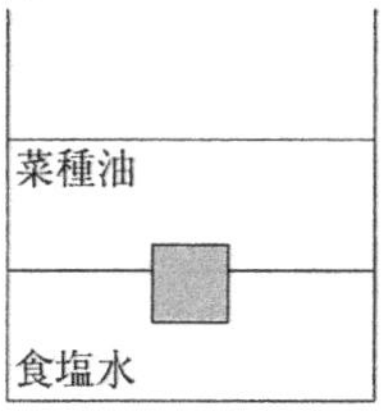

ウ．

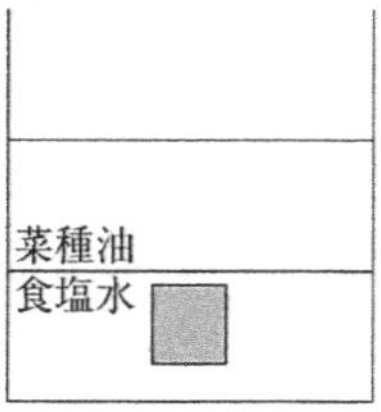

エ．

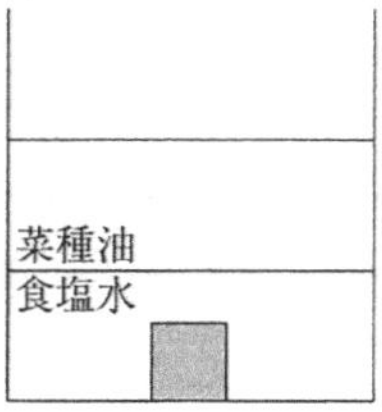

オ．

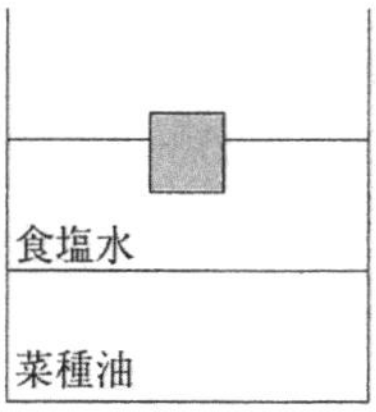

カ．

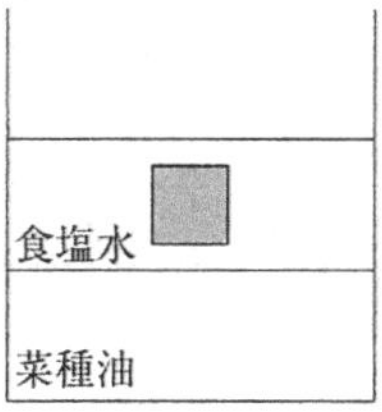

キ．

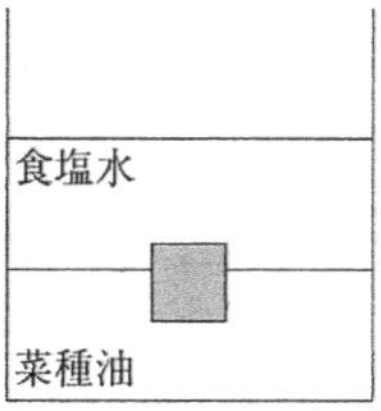

ク．

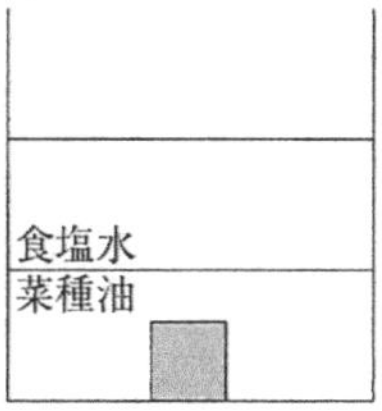

Ⅲ．電熱線から発生する熱について調べるために，次の実験を行いました。これについて，あとの〔1〕～〔7〕の問いに答えなさい。ただし，電熱線から発生する熱は水だけをあたためるものとします。

【実験】20.0 ℃の水 150 g が入ったビーカーを4つ用意し，太さ（断面積）や長さの異なる電熱線A～Dをそれぞれのビーカーに入れ，図のように，かん電池2個をつないで電流を流し，1分ごとに水温の変化を調べた。

電熱線A…太さ 0.4 mm^2，長さ 10 cm

電熱線B…太さ 0.2 mm^2，長さ 10 cm

電熱線C…太さ 0.2 mm^2，長さ 20 cm

電熱線D…太さ 0.2 mm^2，長さ 5 cm

表は，結果をまとめたものである。

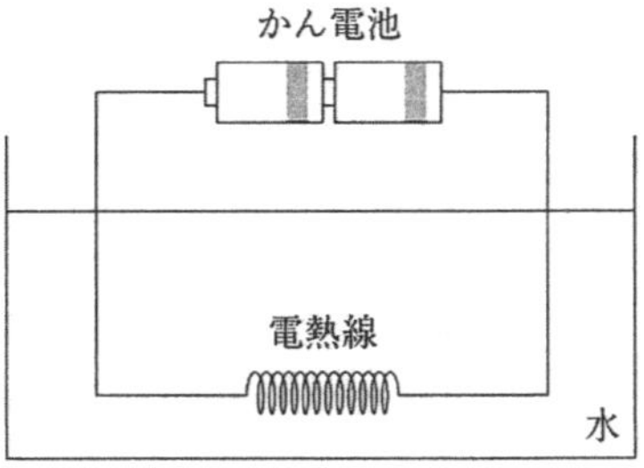

図

表

時間〔分〕		0	1	2	3	4	5
水温〔℃〕	電熱線A	20.0	20.8	21.6	22.4	23.2	24.0
	電熱線B	20.0	20.4	20.8	21.2	21.6	22.0
	電熱線C	20.0	20.2	20.4	20.6	20.8	21.0
	電熱線D	20.0	20.8	21.6	22.4	23.2	24.0

〔1〕図のようなかん電池のつなぎ方を何つなぎといいますか。

〔2〕実験で，電熱線Aと電熱線Bの結果を比べると，電熱線から発生する熱についてどのようなことがわかりますか。最も適当なものを，次のア～エから1つ選び，記号で答えなさい。

ア．電熱線の太さが太いほど，電熱線から多く熱が発生するため，水温が上昇《じょうしょう》する。

イ．電熱線の太さが太いほど，電熱線から熱が発生しにくくなるため，水温が上昇しない。

ウ．電熱線の長さが長いほど，電熱線から多く熱が発生するため，水温が上昇する。

エ．電熱線の長さが長いほど，電熱線から熱が発生しにくくなるため，水温が上昇しない。

〔3〕太さ 0.4 mm^2，長さ 20 cm の電熱線Eを使ってこの実験を行い，5分間電流を流したときの，時間と上昇した水温との関係を表すグラフはどのようになると考えられますか。解答用紙にかき入れなさい。

〔4〕実験の結果から，水温を早く上昇させるためには，水にどのような電熱線を入れるとよいですか。簡単に書きなさい。

水1 gの温度を1 ℃上げるのに必要な熱量を1 cal（カロリー）といいます。

〔5〕実験で，電熱線Bを使って8分間電流を流すと，電熱線によってビーカーの中の水が得た熱量は何 calになりますか。

〔6〕実験で，電熱線Dに5分間電流を流したあとのビーカーに，20.0 ℃の水を100 g加えてよく混ぜました。ビーカーの中の水の温度は何℃になりますか。

〔7〕かん電池の数を2倍にして図と同じようにつなぐと，電熱線による水の温度の上昇は4倍になることがわかっています。かん電池を4個にして図と同じようにつなぎ，電熱線Xに実験と同じように5分間電流を流すと，ビーカーの中の水の温度が24.0 ℃になりました。このとき，ビーカーに入れた電熱線Xの太さと長さとして最も適当なものを，次のア～エから1つ選び，記号で答えなさい。

ア．太さ0.2 mm^2，長さ20 cm
イ．太さ0.2 mm^2，長さ30 cm
ウ．太さ0.4 mm^2，長さ10 cm
エ．太さ0.4 mm^2，長さ20 cm

Ⅳ．次の文章を読んで，あとの〔１〕～〔６〕の問いに答えなさい。

石油や石炭，天然ガスなどの化石燃料を燃やすと，ヒトなどの動物や植物が①呼吸によって排出《はいしゅつ》する気体と同じ二酸化炭素が排出されます。図１のように，1900 年ごろから，化石燃料によって排出される二酸化炭素の量が増えています。

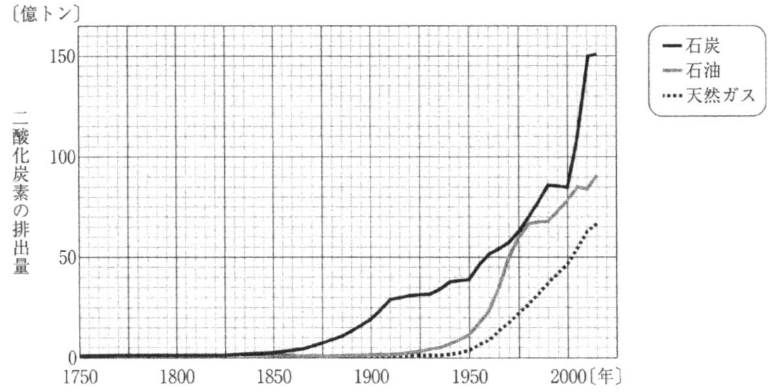

図１　化石燃料による二酸化炭素の排出量の変化

さらに，開発によって森林の樹木を伐採《ばっさい》したり，燃やしたりすることで，森林が世界的に減少しています。これらの人間の活動が原因となり，図２のように，大気中の二酸化炭素の濃度《のうど》が高くなっています。二酸化炭素やメタンなどの気体には，地球をあたためる効果（温室効果）があるため，二酸化炭素が増加することで，②地球の平均気温が上昇《じょうしょう》する現象が起こっていると考えられています。

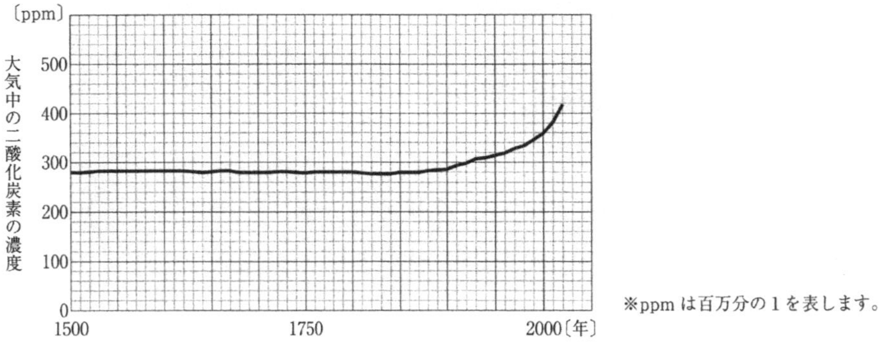

図２　二酸化炭素の濃度の変化

地球の平均気温が上昇する現象が進むと，海水面の上昇や，異常気象が増えるといわれています。また，海の水温も上昇しており，日本近海では，海面の水温は100年で約1℃ほど高くなっていることがわかっています。1℃というと，小さい変化のように思いますが，日本近海で見られる魚類の種類が変化していることも報告されており，生態系にさまざまな影響《えいきょう》があると考えられます。

大気中の二酸化炭素の濃度が高くなることで，海の酸性化も問題になっています。海水にはいろいろな物質がとけており，弱いアルカリ性になっています。しかし，③大気中の二酸化炭素の濃度が高くなることで，海水が少しずつ中性に近づいているのです。この現象を海の酸性化といいます。海の酸性化によって環境《かんきょう》の変化に適応できない生物が減少してしまう可能性があります。特に，海の酸性化が進むと，貝やウニの殻《から》がつくられにくくなることが知られており，カキやホタテの養殖《ようしょく》に大きな影響があると考えられます。

大気中の二酸化炭素の濃度がこれ以上高くならないように，二酸化炭素の排出を少なくしたり，排出した二酸化炭素を減らしたりする取り組みが行われています。排出した二酸化炭素を減らす取り組みとして，植物が二酸化炭素と水からでんぷんをつくるはたらきを利用するのですが，最近では，陸上の植物によって取りこまれる炭素「グリーンカーボン」以上に，海藻《かいそう》や海草などのはたらきによって取りこまれる炭素「ブルーカーボン」が期待されています。

海藻や海草，湿地《しっち》・干潟，マングローブ林などの海の植物は，海水にとけている二酸化炭素を，でんぷんをつくるはたらきによって取りこみます。植物が枯《か》れても，海底に堆積《たいせき》することで，炭素をそのままたくわえることができるのです。

ブルーカーボンの取り組みの例として，④釧路港《くしろこう》の沖合の防波堤《ぼうはてい》では，海藻などが生息しやすい水深の浅い場所をつくることで，スジメやコンブのほか，植物プランクトンや魚類がみられるようになりました。この取り組みでは，水深の浅い場所を3600 m^2つくっており，1年間では1 m^2あたり約0.53 kgの二酸化炭素をたくわえるはたらきがあると試算されています。

〔１〕下線部①の呼吸について，答えなさい。図３は，ヒトの肺とその一部を表したものです。ヒトの肺には，肺ほうという小さなふくろのようなものが無数にあり，そのまわりを毛細血管という細い血管があみの目のようにとり囲んでいます。

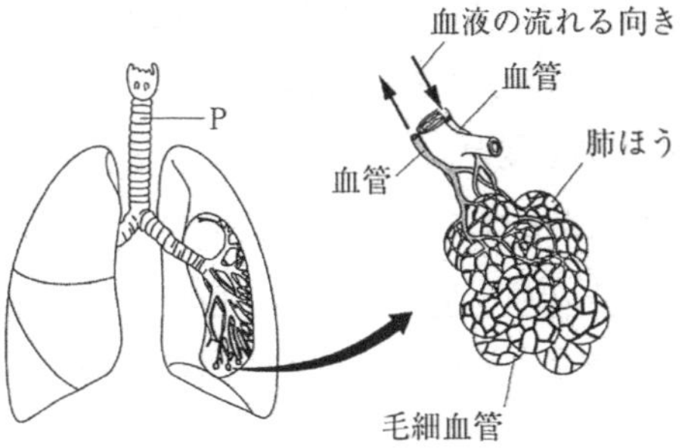

図３

（１）図３のＰの部分を何といいますか。名前を答えなさい。

（２）図３のように，肺に肺ほうが無数にあることで，気体の交換《こうかん》を効率よく行うことができます。その理由として最も適当なものを，次のア～エから１つ選び，記号で答えなさい。

ア．肺の体積が小さくなるから。　　イ．肺の体積が大きくなるから。
ウ．肺の表面積が小さくなるから。　エ．肺の表面積が大きくなるから。

（３）ヒトと同じように肺で呼吸する動物を，次のア～エからすべて選び，記号で答えなさい。

ア．ウナギ　　イ．イルカ　　ウ．クジラ　　エ．ペンギン

〔２〕図１，図２から読みとれることについて説明した文として適当なものを，次のア～エからすべて選び，記号で答えなさい。

ア．2015 年の石炭，石油，天然ガスによる二酸化炭素の排出量の合計は約 310 億 t である。

イ．2015 年の石炭による二酸化炭素の排出量は，石油による二酸化炭素の排出量の約 2.5 倍である。

ウ．1750 年から 2020 年までの間に，二酸化炭素の濃度は約 1.5 倍になっている。

エ．石炭，石油，天然ガスによる二酸化炭素の排出量の増加にともない，二酸化炭素の濃度が減少している。

〔３〕下線部②の地球の平均気温が上昇する現象を何といいますか。

〔4〕下線部③について，大気中の二酸化炭素の濃度が高くなると，海の酸性化が進むのはなぜですか。その理由を簡単に書きなさい。

〔5〕図4は，二酸化炭素が水にとける量と水温の関係を表したグラフです。海の酸性化が特に進んでいる場所はどこだと考えられますか。最も適当なものを，次のア～ウから1つ選び，記号で答えなさい。

ア．赤道付近の海

イ．日本付近の海

ウ．北極の海

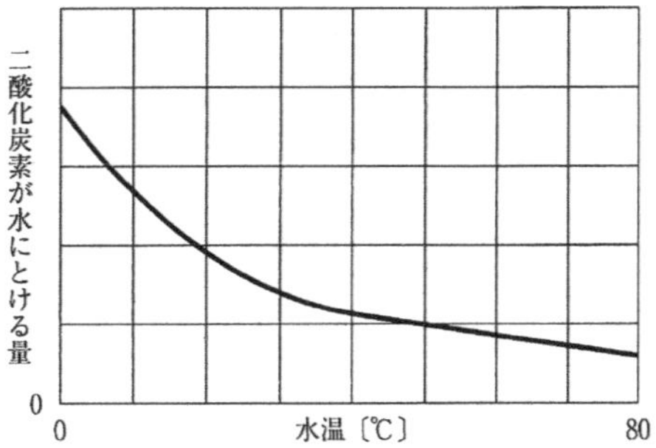

図4

〔6〕下線部④の取り組みについて，将来，釧路港では海藻などが生息しやすい水深の浅い場所を43200 m^2 整備する計画があります。完成すると，年間にたくわえることができる二酸化炭素は何 t と考えられますか。小数第2位を四捨五入して，小数第1位まで答えなさい。

2024(R6) 立命館慶祥中
K 教英出版

2024年度C

社　会

（全14ページ）

（40分）

注意事項

1．受験番号，氏名および解答はすべて解答用紙に記入しなさい。

2．問題用紙に解答を書きこんでも採点されません。

3．解答は，ていねいに書きなさい。

4．解答は，すべて定められたところに記入しなさい。

Ⅰ．次の地図を見て，あとの問いに答えなさい。

地図

〔１〕次の文章は，地図中に△で示した活火山について説明したものである。文章中の［　X　］～［　Z　］にあてはまる最も適切な語句を，それぞれ書きなさい。

> 日本列島は造山帯に位置しており，活火山が数多くある。九州地方には，阿蘇《あそ》山の火口にある日本最大の［　X　］や，噴火《ふんか》によって陸続きになった桜島《さくらじま》といった，火山がつくり出した地形が見られる。また，鹿児島県の大隅半島に広がる笠野原では，［　Y　］と呼ばれる火山灰が降り積もった台地が広がっている。火山活動は噴火や地震《じしん》による被害《ひがい》を引き起こす一方で，火山がつくり出す独特の地形が観光資源になったり，再生可能エネルギーである［　Z　］が発電に利用されたりといった活用もされている。

〔2〕次の表中のア～エは，地図中に▒で示した4都道府県のいずれかの農業産出額，上位5品目とその割合，都道府県庁所在地の年平均気温と年降水量を示している。都道府県を7地方に区分したとき，中部地方に属する都道府県を示しているものを，ア～エの中から1つ選び，記号で答えなさい。

	農業産出額		年平均気温（℃）	年降水量（㎜）
	合計（億円）	上位5品目（カッコ内は%）		
ア	1,213	鶏卵《けいらん》（23.1），米（18.3），豚《ぶた》（7.5），肉用牛（6.3），生乳《せいにゅう》（4.7）	16.5	1572.2
イ	663	米（22.8），鶏卵（9.5），ねぎ（6.0），生乳（5.6），茶（生葉）（5.4）	16.2	1522.9
ウ	2,084	鶏卵（11.2），みかん（11.0），米（7.8），茶（生葉）（7.1），荒茶《あらちゃ》（5.8）	16.9	2327.3
エ	2,651	ブロイラー（23.4），米（17.4），豚（12.0），肉用牛（10.6），生乳（8.8）	10.6	1279.9

（農業産出額と上位5品目の統計年次は2021年，2023年版『理科年表』および農林水産省令和3年生産農業所得統計より作成）

表

〔3〕次の資料1は先住民の伝統的な織物であるアットゥシ織，図1は地図中のP・Qのいずれかの都道府県の産業別就業者割合を示している。資料1がつくられてきた都道府県の位置とその都道府県の産業別就業者割合の組み合わせとして正しいものを，あとのア～エの中から1つ選び，記号で答えなさい。

資料1　アットゥシ織

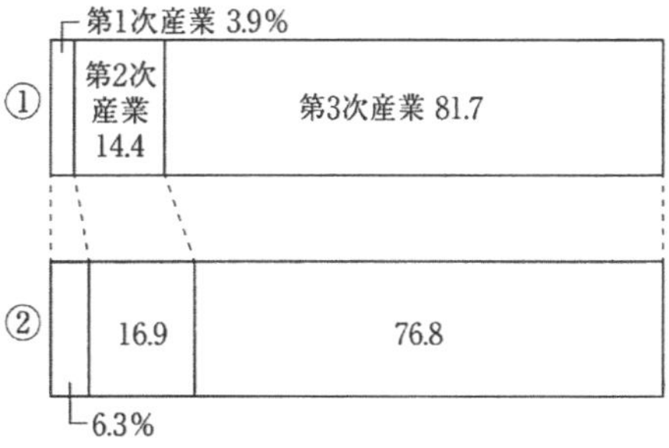

（統計年次は2020年，2023/24年版『日本国勢図会』より作成）

図1

ア　位置－P　割合－①　　イ　位置－P　割合－②

ウ　位置－Q　割合－①　　エ　位置－Q　割合－②

〔4〕地図中の岡山県の説明として正しいものを，次のア～エの中から一つ選び，記号で答えなさい。

ア　本州の兵庫県とは，瀬戸大橋で結ばれている。

イ　石見銀山が世界文化遺産として登録されている。

ウ　海水が入り交じった宍道湖でのしじみ漁がさかんである。

エ　日本三名園の一つである後楽園が位置している。

〔5〕次の図2は，地図中の山梨県に見られる地形を図示したもの，資料2は図2の地形の利用について述べたものである。この地形を何というか，**漢字3字**で答えなさい。

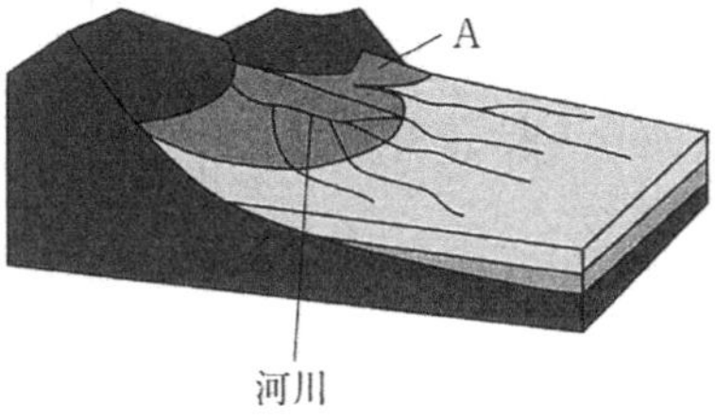

図2

資料2

図2のAは河川《かせん》によって形成された水はけがよい地形である。果樹の栽培《さいばい》に適しており，山梨県ではこの土地を生かしたぶどうやももなどの栽培がさかんである。

〔6〕地図中の★には，輸出入額上位4港のうちの1つが位置している。この港における輸出品第1位の品目をつくる工場の分布を示したものを，次のア～エの中から1つ選び，記号で答えなさい。なお，ア～エは製鉄所，自動車組み立て工場，半導体工場，製紙工場のいずれかの所在地を示している。

ア

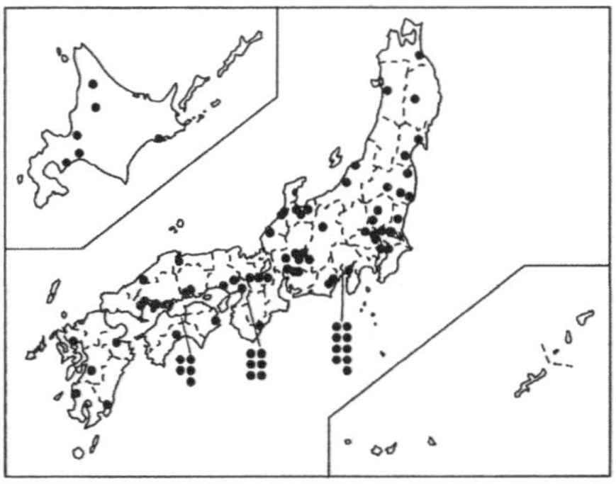

イ

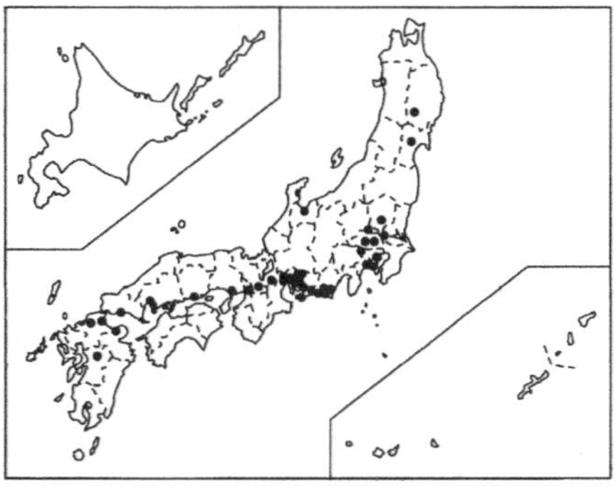

ウ

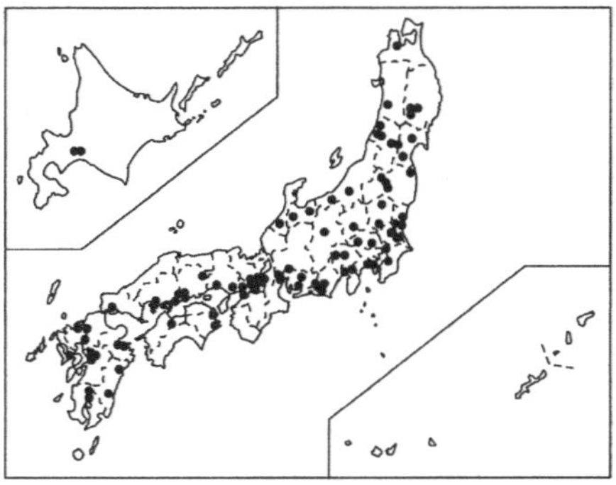

エ

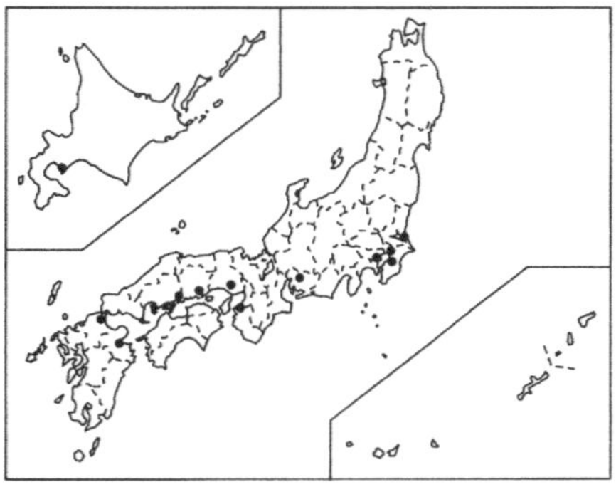

（統計年次はウは2021年，ほか2022年，2023年版『データでみる県勢』より作成）

〔7〕地図中のRの県において定められた，地域の特性を生かすための条例として正しいものを，次のア～エの中から一つ選び，記号で答えなさい。

ア　消費者の健康づくりに貢献《こうけん》するとともに，地域の特産品であるりんご関連産業を振興させることを目的に，「りんごまるかじり条例」を制定した。

イ　雪を積極的に受け入れ，雪を生かし，快適なまちづくりを進め，魅力《みりょく》のある雪国を創ることを目的に，「雪となかよく暮《く》らす条例」を制定した。

ウ　ニシンに育まれた地域の伝統的な食文化のなかでも，かずのこに関わる産業の振興などを目的に，「かずの子条例」を制定した。

エ　特産品の南高《なんこう》梅を使用したおにぎりを奨励《しょうれい》することで，梅の消費拡大や地域活性化などをねらって「梅干しでおにぎり条例」を制定した。

〔8〕次の図3は東京都23区の夜間人口（常住人口）と昼間人口を示したもの，図4は図3中のア～エの区の位置を示したもの，資料3は図3中のア～エの区のいずれかについて述べたものである。資料3にあてはまる区を，ア～エの中から1つ選び，記号で答えなさい。また，この区名を答えなさい。

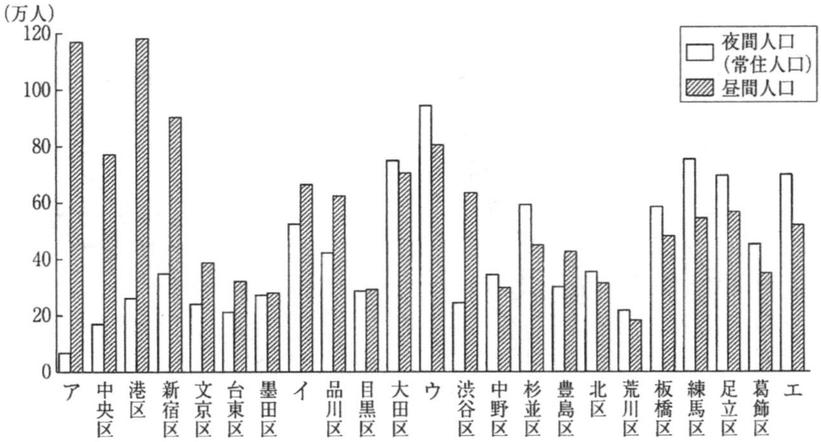

図3　東京都23区の昼間人口と常住人口

(令和2年国勢調査より作成)

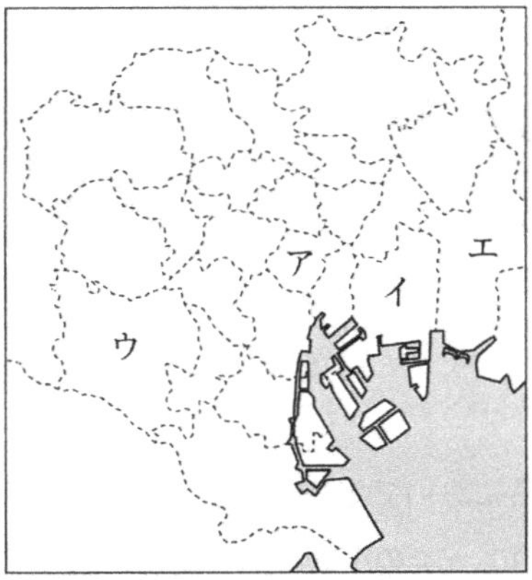

図4

資料3

この区には，国会議事堂や内閣総理大臣官邸，最高裁判所，各省庁といった国の政治の中枢《ちゅうすう》機能が集中しているほか，大企業《きぎょう》や金融機関が集まるビジネス街もあり，日本の経済の中心地ともなっている。

Ⅱ．次のＡ～Ｆの写真について，あとの問いに答えなさい。

A

B

C

D

E

F

〔1〕写真Ａは，倭《わ》の奴国王が中国の皇帝から授《さず》けられた金印である。このときの中国の王朝を何というか，答えなさい。

〔２〕写真Ｂは，長編小説である『源氏物語』を題材とした絵巻物の一部である。次の問いに答えなさい。

（１）次の文章は，写真Ｂについて説明したものである。文章中の□にあてはまる語句を，あとのア～エの中から１つ選び，記号で答えなさい。

> 写真Ｂの絵画からは，建築物の内部や衣装《いしょう》など当時の貴族の文化の一端を見ることができる。この時代，中国への使節が中断されたことから日本独自の文化が発展し，写真Ｂの絵画様式は中国風の絵に対して□と呼ばれる。

ア　濃絵　　イ　水墨画　　ウ　浮世絵　　エ　大和絵

（２）右の資料１は，この時代に用いられるようになった文字の成立過程を示したものである。『源氏物語』にも用いられたこの文字を何というか，４字で書きなさい。

資料１

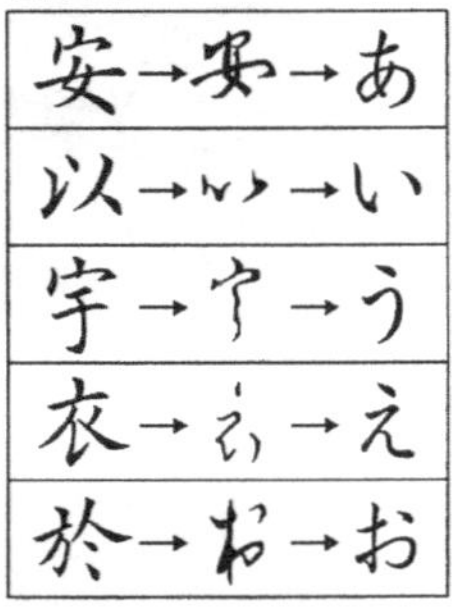

〔３〕写真Ｃは，鹿苑寺《ろくおんじ》金閣《きんかく》である。次の問いに答えなさい。

（１）写真Ｃの建築物が建てられた時代の文化について述べたものとして正しいものを，次のア～エの中から１つ選び，記号で答えなさい。

ア　新興大名や豪商《ごうしょう》の経済力を背景として，豪華で壮大《そうだい》な文化が栄えた。

イ　政治の中心となった武士の気風を反映した，力強い文化が栄えた。

ウ　シルクロードの終着点として，国際色豊かな仏教文化が栄えた。

エ　武家社会の文化と，伝統的な公家文化が融合した文化が栄えた。

（２）写真Ｃが建てられたころから全国に広まった二毛作とはどのような農業か，「同じ」という語句を用いて，簡単に説明しなさい。

二〇二四年度C　入学試験　国語解答用紙

受験番号	
氏名	

※受験番号は算用数字で記入すること。

一

問一
① デンゲン
② モウフ
③ ツげる
④ 明朗
⑤ 貯蔵

問二
①
②
③
④
⑤

問三
①
②
③
④
⑤

問四
①
②
③
④
⑤

二

問一

問二

問三

問四

55

採点欄

〔3〕	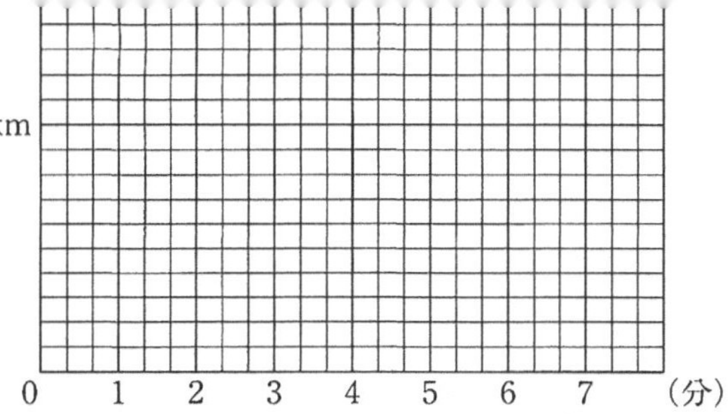
〔4〕	分　　秒後

Ⅳ

〔1〕	人以上	〔2〕	人		
〔3〕	ア		イ		ウ
〔4〕	(1)　点	(2)　点以下			

合計	※120点満点 (配点非公表)

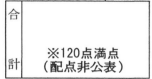

〔4〕			
〔5〕	cal	〔6〕	℃
〔7〕			

〔3〕

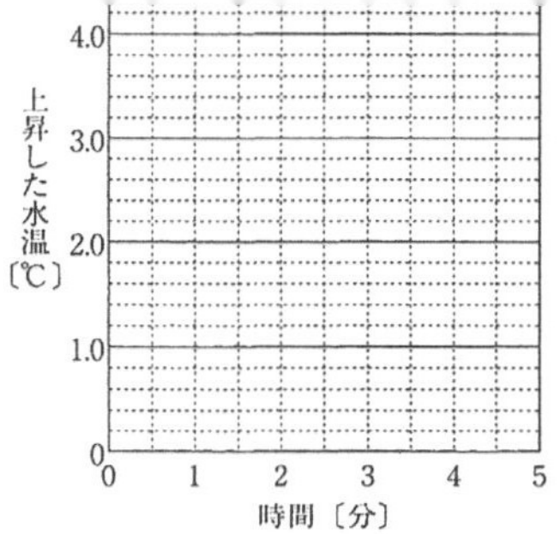

Ⅳ

〔1〕	（1）		（2）		（3）
〔2〕		〔3〕			
〔4〕					
〔5〕		〔6〕	t		

合計	※80点満点 （配点非公表）

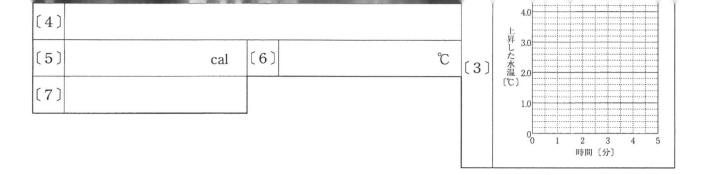

〔3〕(1) (2) (3) 〔4〕(1)

〔4〕(2)

〔5〕

◆の印から横書きで書き，途中で改行せず続けて書きなさい。(、や「 」などの記号は一字と数えます。)

Ⅳ ◆

100

200

合計

※80点満点
(配点非公表)

受験番号

氏名

※受験番号は算用数字で記入すること。

学校使用欄

100

（評価基準非公表）

800 700 600

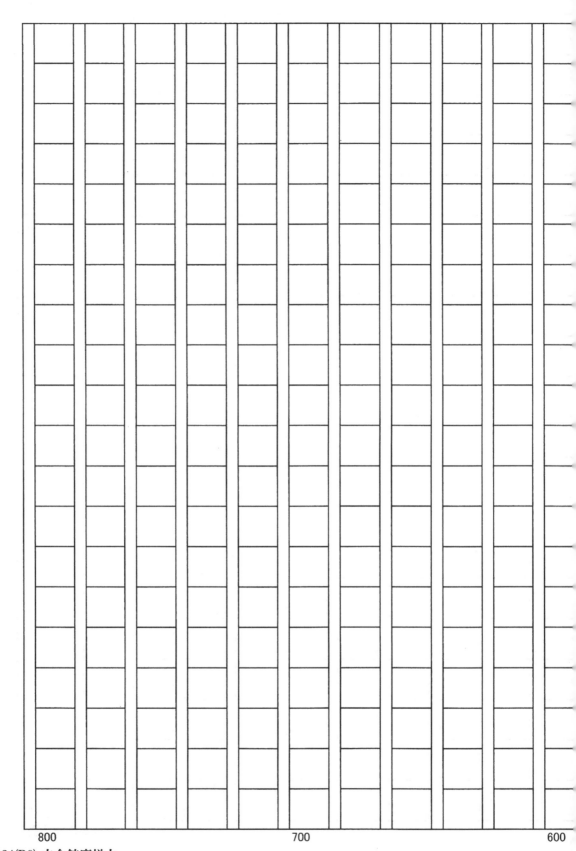

裏面

500

400　　300　　20

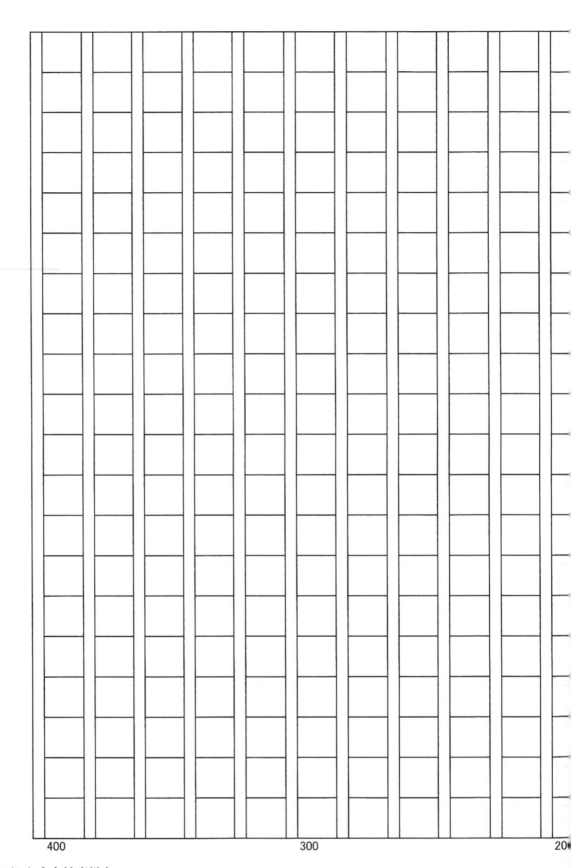

２０２４年度Ｃ　入 学 試 験　社会解答用紙

受	験	番	号	氏	名

※受験番号は算用数字で記入すること。

採点欄

Ⅰ

〔１〕	X	Y	Z	〔２〕		〔３〕				
〔４〕		〔５〕				〔６〕		〔７〕		
〔８〕	記号	区名　　　区								

Ⅱ

〔１〕		〔２〕	(1)	(2)		〔３〕	(1)	
〔３〕	(2)							
〔４〕	(1)	(2)	〔５〕	(1)		(2)		
〔６〕		〔７〕	記号	政治				

Ⅲ

〔１〕	
〔２〕	

【解答用

２０２４年度Ｃ　入学試験　理科解答用紙

受験番号				氏名

※受験番号は算用数字で記入すること。

採点欄

Ⅰ

〔1〕	(1)		(2)		
〔2〕	(1)		(2)		
〔3〕	(1)		(2)	①	②
〔4〕	(1)		(2)		

Ⅱ

〔1〕					
〔2〕					
〔3〕	g	〔4〕	%	〔5〕	
〔6〕	g/cm^3	〔7〕		〔8〕	

【解答用

２０２４年度C　入 学 試 験　算数解答用紙

受　験　番　号				氏　名

※受験番号は算用数字で記入すること。

採点欄

Ⅰ

〔1〕		〔2〕		〔3〕	
〔4〕		〔5〕		〔6〕	

Ⅱ

〔1〕	度	〔2〕(1)	cm^2	(2)	cm^2
〔3〕(1)	cm^2	(2)	cm		

Ⅲ

〔1〕	m	〔2〕	m
	A駅とD駅の間で速さが変化したようす 分速2km	道のり	km

【解答

三

四

問六

三

問一

問二

60

問三

50

問四

40

問五

四

◆の印から縦書きで書きなさい。途中《とちゅう》で改行せず、続けて書きなさい。

◆

70

80

※120点満点
（配点非公表）

合　計

二〇二四年度C

作文試験

（全1ページ）

（30分）

注意事項

一　受験番号・氏名および作文は、すべて作文用紙に記入しなさい。
二　問題用紙に文章を書きこんでも採点されません。
三　縦書きで書くこと。
四　書き出しと段落の最初は、一マス空けること。
五　句読点や「　」（　）なども原則として一マス使うこと。ただし、行の先頭にきてしまう場合は、前の行の最後のマスに付け加えること。
六　文字数の指定はありません。ただし、配布された作文用紙の中におさまるように記入しなさい。（裏面も使ってよいです）

〔4〕写真Dの左側の人物は，『奥の細道』の作者を描いたものである。次の問いに答えなさい。

（1）写真Dについて述べた次の文章中の［あ］・［い］にあてはまる語句の組み合わせとして正しいものを，あとのア～エの中から1つ選び，記号で答えなさい。

> 写真Dの左側の人物は，井原西鶴《いはらさいかく》や近松門左衛門《ちかまつもんざえもん》などと同時期の［あ］文化で活躍《かつやく》した人物で，［い］を芸術の域にまで高めた。『奥の細道』はこの人物の作品を交えた紀行文である。

ア　［あ］－元禄《げんろく》　［い］－狂歌《きょうか》
イ　［あ］－元禄　［い］－俳諧《はいかい》
ウ　［あ］－化政《かせい》　［い］－狂歌
エ　［あ］－化政　［い］－俳諧

（2）右の資料2は，写真Dの人物が『奥の細道』で訪れたルートを示したものである。写真Dの人物が訪れた場所と，その場所について述べた文として**誤っているもの**を，次のア～エの中から1つ選び，記号で答えなさい。

資料2

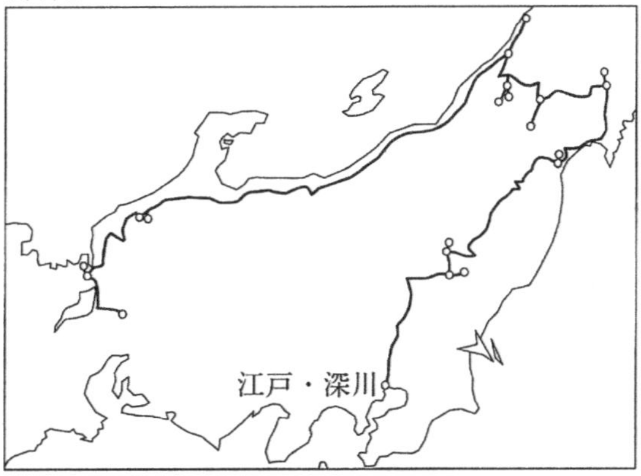

（奥の細道むすびの地記念館ホームページより作成）

ア　平泉《ひらいずみ》，この地を本拠地《ほんきょち》とした奥州藤原氏が浄土信仰《じょうどしんこう》から建立《こんりゅう》した中尊《ちゅうそん》寺金色堂《じこんじきどう》がある。
イ　酒田《さかた》，この時代の物流の拠点の一つで，酒田から東廻《まわ》り航路・西廻り航路で都市に物資が送られた。
ウ　多賀城《たがじょう》，古代に朝廷が東北地方の蝦夷《えみし》を支配するため政治や軍事の拠点を築いた。
エ　箱根《はこね》，関所が置かれて，この時代には「入り鉄砲に出女」といわれる鉄砲と女性の出入りが特に調べられた。

〔５〕写真Ｅは，官営模範工場である富岡製糸場を描いたものである。次の問いに答えなさい。

（１）次の文は，写真Ｅの工場がつくられたころの政策について述べたものである。この政策を何というか，**漢字４字**で答えなさい。

政府は，日本の国力を向上させるため，官営模範工場をつくるなどして国が手本を示し，工業の近代化を図った。

（２）日本の製糸業や生糸の歴史について述べた文として**誤っているもの**を，次のア～エの中から１つ選び，記号で答えなさい。

ア　中国産の生糸は南蛮貿易の際の主な輸入品の一つであった。

イ　開国後の貿易で主要な輸出品となり，主に横浜港から輸出された。

ウ　明治時代の製糸工場では，若い男子労働者が長時間労働を行っていた。

エ　アメリカ向け輸出で発展し，日露《にちろ》戦争後に世界最大の輸出国となった。

〔６〕写真Ｆは，富山県の漁村の主婦による行動から全国に展開した米騒動《こめそうどう》を描いたものである。写真Ｆよりあとに起こったできごととして正しいものを，次のア～エの中から１つ選び，記号で答えなさい。

ア　税などの国民の負担が増える中，ポーツマス条約において賠償金《ばいしょうきん》が得られなかったことを不服として日比谷《ひびや》焼き打ち事件が起こった。

イ　原敬《はらたかし》が内閣総理大臣となり，衆議院第一党の立憲政友会党員を中心とする本格的な政党内閣を組閣した。

ウ　下関条約で獲得《かくとく》した遼東《りょうとう》半島を，ロシア・ドイツ・フランスの三国干渉によって清《しん》に返還することとなった。

エ　韓国の外交権をうばって保護国にしたのち，併合して朝鮮《ちょうせん》に改称し，朝鮮総《そう》督府《とくふ》を置いた。

〔７〕右の資料３は，ある時代に活躍した一族の家系図の一部である。この一族が活躍した時代を，Ａ～Ｆの中から１つ選び，記号で答えなさい。また，資料３で示したころに最盛期を迎えた政治を何というか，**漢字４字**で答えなさい。

資料３

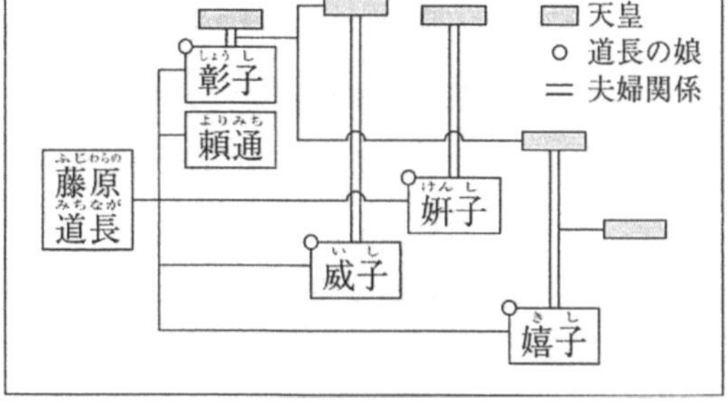

Ⅲ．Ｇ７広島サミットに関する次の文章を読んで，あとの問いに答えなさい。

ロシアによるウクライナ侵略《しんりゃく》が国際秩序《ちつじょ》の根幹を揺るがしている現在，国際社会は，歴史的分岐点にある。

現在，世界が気候危機，パンデミック，地政学的危機といった複合的な危機に直面している中，私は，Ｇ７の各首脳と結束し，こうした複合的危機に立ち向かう決意である。Ｇ７広島サミットでは，次の２つの視点に基づき議論を深めたいと考えている。

第１に，法の支配に基づく，自由で開かれた国際秩序を堅持《けんじ》するＧ７の強い意志を示すことである。脆弱《ぜいじゃく》な国にこそ「①法の支配」が必要であり，主権や領土の一体性の尊重，紛争の平和的な解決，武力の不行使など，国連憲章上の原則が守られていることが，国際社会で「自由」が享受される重要な前提と言えるということである。力による一方的な現状変更の試みや，ロシアが行っているような核兵器による威嚇《いかく》，ましてや，その使用はあってはならないものとして断固として拒否する必要がある。

第２に，②いわゆる「グローバル・サウス」と呼ばれる新興国・途上国に対するＧ７の関与を強化することである。ロシアの侵略は，途上国をはじめとする世界の人々の生活に，大きな打撃を与えた。これらの国々との信頼関係を築くため，彼らの懸念に耳を傾け，それに対処することに一層努めなくてはならない。そして，国際社会の諸課題は，こうした国々との協力なくして解決することはできない。こうした観点からも，私は，Ｇ７広島サミットに③「グローバル・サウス」と呼ばれる国々を中心とする８か国の首脳と７つの国際機関の長を招き，アウトリーチ会合を開催する。（中略）

私がＧ７サミットを広島で開催することにしたのは，平和への決意を表明するのにこれ以上相応《ふさわ》しい場所はないと考えたからである。広島と長崎に原爆が投下されてから77年経《た》つが，この不使用の記録をないがしろにすることは決して許されないとのメッセージを，力強く世界に発信したい。④「核兵器のない世界」という理想を実現するためには，現実的かつ実践的な取組を粘り強く進め，国際的な機運を醸成する必要がある。（中略）

国際社会が複合的な危機に直面する今，Ｇ７広島サミットは，Ｇ７首脳が，法の支配に基づく自由で開かれた国際秩序を守り抜く強い決意を示すとともに，「グローバル・サウス」と呼ばれる国々を始めとするパートナーと協力して，すべての人にとってより良い未来を確保するための解決策を提示する機会となる。私は，⑤Ｇ７広島サミットの議長として，そのためのリーダーシップの発揮を惜しまないつもりだ。

（首相官邸ホームページ「岸田総理によるＪＡＰＡＮ　Ｆｏｒｗａｒｄへの寄稿文」より作成）

〔１〕下線部①について，「法の支配」の適用を受け，日本国憲法第99条に規定されているものとして**誤っているもの**はどれか。最も適切なものを，次のア～エの中から１つ選び，記号で答えなさい。

ア　国民　　イ　裁判官　　ウ　国会議員　　エ　天皇

〔2〕下線部②について，新興国や途上国をグローバル・サウスと表現するのは，先進国を指すグローバル・ノースとの対比である。新興国や途上国をグローバル・サウス，先進国をグローバル・ノースと表現するのはなぜか，また，グローバル・サウスとグローバル・ノースと呼ばれる国々の間にはどのような課題があると考えられるか，次の図を参考に，簡単に説明しなさい。

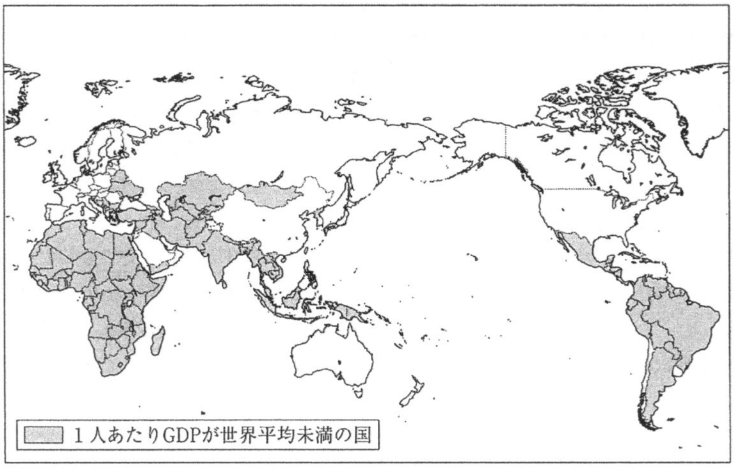

図

（国際連合ホームページより作成）

〔3〕下線部③について，次の問いに答えなさい。

（1）次の資料1は，アウトリーチ会合に招かれた8か国の説明である。資料1の あ ～ う にあてはまる国の組み合わせとして正しいものを，次のページのア～カの中から1つ選び，記号で答えなさい。

資料1　アウトリーチ会合招待国

国	特徴
あ	2023年に人口が世界最多となったとされている国
い	東南アジアの島国
う	東経135度線が通る日本の南に位置する国
韓国	日本と定期船便が運行している国
クック諸島	日付変更線のすぐ東にある国
コモロ	イスラム教の信者が多いアフリカの島国
ブラジル	中南米最大の経済大国
ベトナム	経済成長が著しいアジアの社会主義国

（NHK NEWS WEBなどより作成）

ア [あ]-インド [い]-インドネシア [う]-オーストラリア
イ [あ]-インド [い]-オーストラリア [う]-インドネシア
ウ [あ]-インドネシア [い]-インド [う]-オーストラリア
エ [あ]-インドネシア [い]-オーストラリア [う]-インド
オ [あ]-オーストラリア [い]-インド [う]-インドネシア
カ [あ]-オーストラリア [い]-インドネシア [う]-インド

（2）次の資料2は，アウトリーチ会合に招かれた7つの国際機関のうち，IMF，OECD，WHO，WTOのいずれかについて，説明したものである。この国際機関を，あとのア～エの中から1つ選び，記号で答えなさい。

資料2

・「すべての人々が可能な最高の健康水準に到達すること」を目的に掲げている。
・新型コロナウイルスの感染拡大を受けて，2020年1月，「国際的に懸念される公衆衛生上の緊急事態」を宣言した。

ア IMF　イ OECD　ウ WHO　エ WTO

（3）国際連合について述べた文として**誤っているもの**を，次のア～オの中から**すべて**選び，記号で答えなさい。

ア 2023年現在，国際連合には200以上の国が参加している。
イ 総会は，加盟国すべてが一票の投票権を持つ。
ウ 安全保障理事会の常任理事国は5か国で，アジアの国は含まれない。
エ 安全保障理事会の常任理事国と非常任理事国には，拒否権がある。
オ 国際司法裁判所で裁判の当事者となるのは，国家だけである。

〔4〕下線部④について，次の問いに答えなさい。

（1）日本は唯一の被爆国として，核兵器を「持たず，つくらず，持ち込ませず」の原則を採っている。この原則を何というか，答えなさい。

（2）国連は2017年，核兵器禁止条約を採択したが，日本政府は批《ひ》准《じゅん》しない方針を示している。日本政府が核兵器禁止条約を批准しない理由として考えられることを，次の資料３，４を参考にして，簡単に説明しなさい。

資料３　核兵器禁止条約が禁止すること

・核兵器の開発，実験，生産，製造，取得，保有又は貯蔵
・核兵器又はその管理の直接的・間接的な移転・受領
・核兵器の使用又は使用の威嚇
・条約が禁止する活動への援助，奨励又は勧誘，援助の求め又は受け入れ
・自国や管理下にある場所への核兵器の配備，設置又は展開の容認等

資料４　日米安全保障条約にもとづく日米防衛協力のための指針（一部）

日米両政府は，日米同盟を継続的に強化する。（中略）日本は，「国家安全保障戦略」及び「防衛計画の大綱」に基づき防衛力を保持する。米国は，引き続き，その核戦力を含むあらゆる種類の能力を通じ，日本に対して拡大抑止を提供する※。

（防衛省ホームページより作成）

※日本に対して拡大抑止を提供する…日本が攻撃を受けた場合にもアメリカが反撃する意図を示すことで，他国に日本への攻撃を思いとどまらせる効果を提供するという意味。

〔５〕下線部⑤について，日本が初めて議長国となった1979年の日本の様子の説明として最も適切なものを，次のア～エの中から１つ選び，記号で答えなさい。

ア　非自民の連立政権である細川護熙内閣が発足して政権交代が起き，55年体制が崩壊した。

イ　産油国であるイランで革命が起き石油生産が減少し，世界的な原油不足と価格上昇にみまわれる第二次石油危機が起きた。

ウ　社会保障や税などの分野で，行政の効率化や国民の利便性の向上などの実現をめざす共通番号制度（通称「マイナンバー」）の運用が始まった。

エ　労働者の採用や昇進，定年などについて，性別を理由とする差別を禁止した男女雇用機会均等法が施行された。

Ⅳ. 近年，日本ではダイナミックプライシングと呼ばれる価格の設定方法の導入が広まっている。次の資料１～４を参考にして，ダイナミックプライシングを導入することについて，企業側から見た長所（メリット）と短所（デメリット）を**１つずつ**，また，消費者側から見たメリットとデメリットを**１つずつ**考え，100字以上で説明しなさい。**解答するにあたり，以下の用語を必ず使用し，使用した部分に下線を引きなさい。**（同じ用語を何度使用しても構いません。）

〔用語：　不信感　高額　安価　収益　〕

資料１　ダイナミックプライシングのしくみ

ダイナミックプライシングは，商品やサービスを，在庫がどれだけあるか（供給《きょうきゅう》）と，消費者がどれだけ求めているか（需要《じゅよう》）の関係で価格を変動させるしくみである。

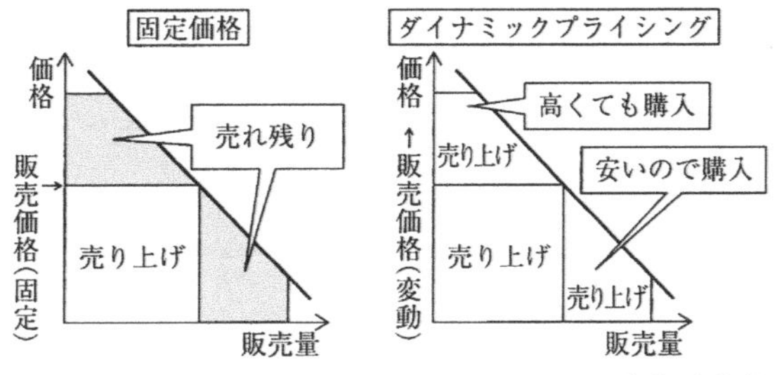

（ダイナミックプラス資料より作成）

資料２　ダイナミックプライシングの認知度

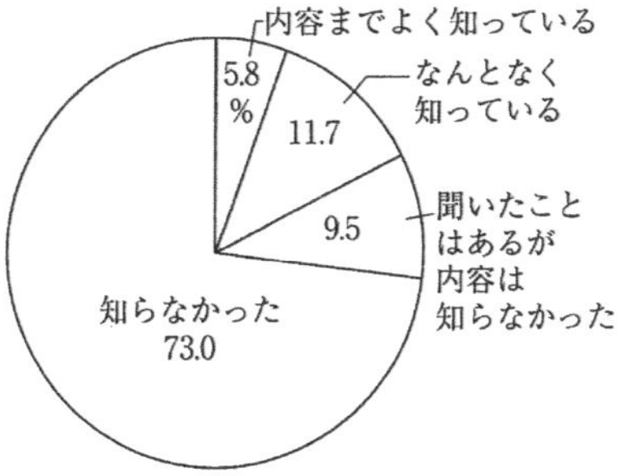

（統計年次は2022年，Freeasy資料より作成）

資料３　プロ野球の観戦チケットでの例

席位置	平日	祝休日
バックネット裏	7,000円～	7,500円～
内野	3,800円～	4,400円～
外野	1,700円～	2,000円～

※価格は目安で，実際の価格とは異なる。

（楽天ゴールデンイーグルスホームページより作成）

資料４　ダイナミックプライシングに関するできごと

2022年，人気プロスケーターの公演に合わせ，会場周辺のホテルの宿泊料金が高騰《こうとう》した。SNS上で，「ホテルが一方的にキャンセルし，高い価格で売り直した」という書き込みがあった。名指しされたホテルは，「ホテル側からの一方的なキャンセルの事実はない。宿泊価格の高騰は事実で，ダイナミックプライシングにより，そのように販売した事実はある。」と説明した。

2024(R6) 立命館慶祥中
K 教英出版

二〇二三年度C

立命館慶祥中学校

国語

（全17ページ）

（60分）

注意事項

一　受験番号・氏名および解答は、すべて定められたところに記入しなさい。

二　問題用紙に解答を書きこんでも採点されません。

三　、や「　」などの記号は、特別の指示のない限り一字と数えます。

例　しかし、である。

2023(R5) 立命館慶祥中
教英出版

一、次の各問いに答えなさい。

問一　次の――線部の、カタカナは漢字に直し、漢字はその読みをひらがなで答えなさい。

① フルートをエンソウする。
② 部屋に私物がサンランしている。
③ 川に釣《つ》り糸をタらす。
④ 綿密な計画を立てる。
⑤ 神社に参拝する。

問二　次の各組の熟語の中で、組み立ての異なるものを、ア～オの中から一つずつ選び、記号で答えなさい。

① ア 熱意　イ 花束　ウ 寒空　エ 受賞　オ 年収
② ア 進退　イ 価値　ウ 保養　エ 収納　オ 停止
③ ア 営業　イ 直角　ウ 延期　エ 観劇　オ 閉幕
④ ア 未満　イ 無数　ウ 非情　エ 不覚　オ 可否
⑤ ア 官製　イ 歯痛　ウ 予知　エ 日照　オ 私立

問三　次の□に身体の一部を表す漢字一字を入れて、下の意味を持つ慣用句を完成させなさい。

① □をそばだてる…熱心に注意をして聞くこと。
② □に衣《きぬ》着せぬ…率直《そっちょく》に言うこと。
③ □をこまねく…何もせず、そばで見ていること。
④ □車に乗る…相手に言いくるめられて、だまされること。
⑤ □を巻く…感心したりおどろいたりすること。

問四　次の□に漢字一字を入れて、四字熟語を完成させなさい。

① 空前□後
② 意味□長
③ 針小□大
④ 一刀□断
⑤ 以心□心

二、次の文章を読んで、後の問いに答えなさい。

二〇二一年八月九日、東京オリンピック閉会式の翌日に、国連の[※1]気候変動に関する政府間パネル（Intergovernmental Panel on Climate Change、ＩＰＣＣと略される）の第一作業部会が「気候変動－自然科学的根拠《こんきょ》」と題する①第六次報告書（ＡＲ６）を発表した。前回の報告書から八年ぶりだ。これは、これまでに世界中の研究者たちが実施《じっし》してきた研究、書いてきた論文を総合した報告書である。

この報告書では、地球が温暖化していることについては確実で、それが人間の活動のせいであることは「疑う余地がない」と明記されている。このように、すでに生じている気候変動について、そしてこれから予期される気候変動について、これまでよりも踏《ふ》み込《こ》んだ報告となっている。ちなみにＩＰＣＣの報告書は過去に五回発行されている。初期の報告書は人間活動の影響《えいきょう》による気候変動の可能性について淡々《たんたん》と説明するだけだったけれど、二〇〇一年に発行された第三次報告書ではじめて、「温暖化の主な原因が人間活動である『可能性が高い』」との発表を行った。その後、二〇〇七年の第四次報告書ではその可能性は「非常に高い」、二〇一三年の第五次報告書では「極《きわ》めて高い」という表現に変わっていき、人間のせいで温暖化が起こっていることについての確信の度合いを強めていった。そしてついに、第六次報告書では「疑う余地がない」となった。地球の気温を変化させる要因としては、太陽活動の変化や火山の噴火《ふんか》など自然の要因がいろいろあるけれど、人間の影響なしですでに生じている温暖化を説明することはできないということだ。これで僕《ぼく》らは、「ほんとうに温暖化は起こっているのか？」、「温暖化はほんとうに人間のせいか？」という議論から、「将来どれだけ温暖化するだろう？」、「温暖化を抑制《よくせい》するために何をすればよいだろう？」という議論に本格的に移るべきときが来た。

さて、温暖化を止めるためにどんな対策が行われているだろうか。地球温暖化の抑制を目指して二〇一五年に締結《ていけつ》されたパリ協定で、温暖化による気温上昇《じょうしょう》を二℃以内、できれば一・五℃以内にとどめようと各国は合意した。後述するが、気温上昇をこの範囲《はんい》内にとどめることで、人間社会や自然環境《かんきょう》に対する温暖化の影響をギリギリ最小限のレベルに抑《おさ》えられると考えられるからだ。しかし、現状は、パリ協定の達成がとても怪《あや》しい状況《じょうきょう》となっている。図１は、②今世紀中の気温の変化を予測したものである。

[※2]図２は一八五〇―一九〇〇年、つまり一九世紀後半の気温を地球温暖化前と設定し、その期間の平均気温との比較《ひかく》で温暖化の強さを考えている。未来を予測する部分で、線が五本に枝分かれしていることに気づくだろう。これは、ＳＳＰによる予測結果の違《ちが》いを表している。ＳＳＰというのは、[※3]共通社会経済経路（Shared Socioeconomic Pathways）のこと。これからの世界の社会や経済がどうなるかによって、未来の温暖化は大きく異なるのだ。ＳＳＰ１は、世界の人びとが力を合わせて[※4]化石燃料からの[※5]脱却《だっきゃく》を図《はか》るという理想的なシナリオだ。この図では、下の二本がＳＳＰ１に属している（二本のラインが微妙《びみょう》に違うのは、このシナリ

【図１】今世紀中の気温の変化予測（℃）

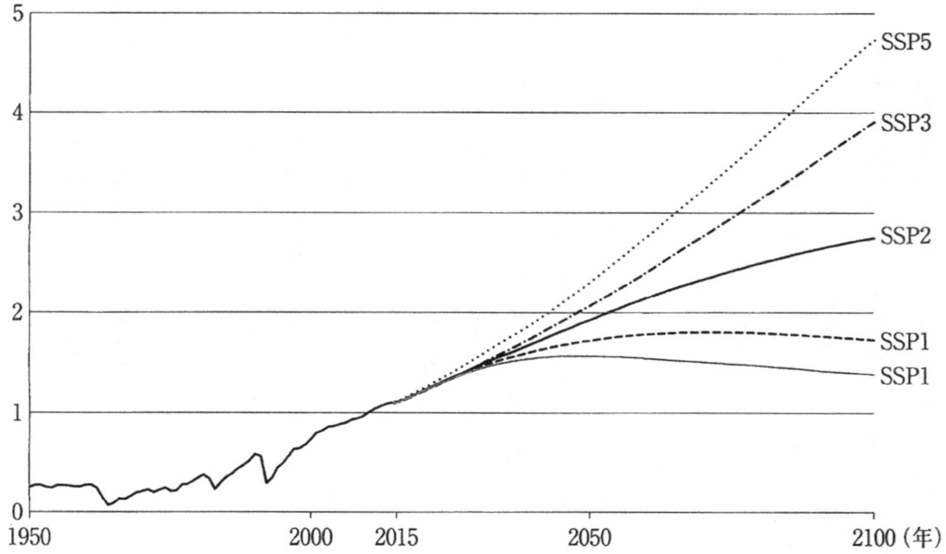

1850～1900年を基準とした世界平均気温の変化。今世紀末の温暖化は、最小では1.5℃程度、最大では5℃程度と予想されている。（出典：ＩＰＣＣ　ＡＲ６　政策決定者向け要約をもとに作成）

【図２】年間の二酸化炭素排出《はいしゅつ》量（$GtCO_2/yr$）

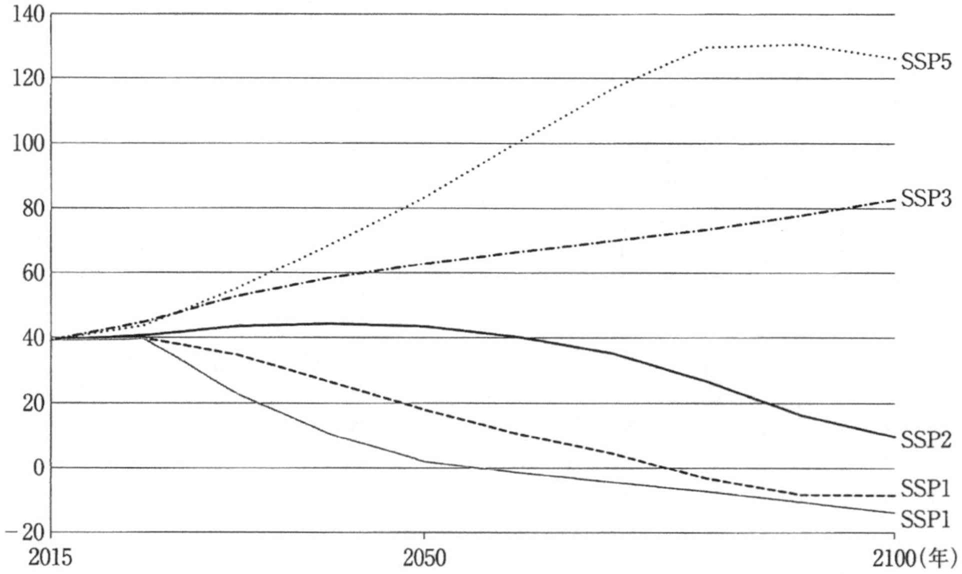

【図１】のＳＳＰに対応する世界の二酸化炭素排出量。（出典：ＩＰＣＣ　ＡＲ６　政策決定者向け要約をもとに作成）

オ内でのさらに細かな違いによる)。これからの世界がＳＳＰ１で描《えが》かれるような世の中になれば、地球温暖化は二℃以内、さらに理想的には一・五℃以内にとどめられ、気温上昇の悪影響は、ゼロではないものの最小限にとどめられると期待できる。

[Ａ]、そのほかのシナリオは、大変悲観的である。たとえば、ＳＳＰ３やＳＳＰ５は世界の格差が広がるシナリオで、発展途上《とじょう》国は貧しく教育水準も低く、人口は増加し続ける。このような社会情勢では世界全体での温暖化対策は効果を発揮するのが難しいのだ。ある程度豊かじゃないと、環境のためにお金を使うことはできない。発展途上国が貧しいままだと、二酸化炭素排出量が特に多くなる石炭などを主要なエネルギー源にせざるを得ず、温暖化が加速してしまう。このように、未来の世の中がどうなるかによって、温暖化の深刻さは大きく異なってくるのである。

この本では、※6環境科学は「※7学際的」な学問であることを学んでいる。温暖化の未来予想には、学際的な視野が必要とされている。ひたすら「石炭石油を使うな、使ったら高い税金をかける、罰則《ばっそく》をきびしくする」と言うだけで温暖化は止まるものではないのだ。世界にはいろんな国があり、それぞれ事情が違う。日本のような先進国では有効なことでも、その手法が発展途上国でも使えるとは限らない。「発展途上国」という言葉があらわすように、これらの国は、なんとか先進国に追いつこうとしている。③そんな国々に「石炭石油を使うな、森林伐採《ばっさい》をするな」と命令したところで、まともな効果は生まれない。「日本やアメリカは、これまでさんざん石炭や石油を燃やして森林を伐採しまくった結果先進国になったのではないか。我《わ》が国がおなじことをするのを禁じるのは不平等だ」と言われてしまうのである。そう、発展途上国には発展する権利があり、その可能性をうばってはならない。無理やりその権利を奪《うば》おうとしても、それはできない。想像してみてほしい。読者のみなさんがいままさに飢《う》えや病気に苦しんでいる状況だとして、果たして世界の環境を守るために※8逆境を甘《あま》んじて受け入れることはできるだろうか。もし僕がそのような状況に置かれたら、がまんするのは難しいと思う。温暖化で世界の環境を破壊《はかい》している罪深い先進国の人びとが快適で気楽に暮らしているのに、まずしい自分ががまんを強《し》いられるなんてまっぴらごめんだ。暖を取るため、食べものを炊事《すいじ》するためにそのへんの木を切って燃やすだろう。石炭が手に入るなら喜んで燃やすだろう。絶滅危惧《ぜつめつきぐ》種の動物だって殺して食べてしまうだろう。

このように、先進国と発展途上国が分断され対立していると、発展途上国の経済はいつまでたっても中途半端《はんぱ》なままで、だらだらと二酸化炭素を排出し続ける。これがＳＳＰ３やＳＳＰ５の示唆《しさ》するものなのだ。温暖化の被害《ひがい》を最小限で食い止めるためには、発展途上国を発展させてあげることが重要なのである。最近の日本人は、「自己責任」とか「※9自助努力」という言葉をよく使う。気安く他人に頼《たよ》るな、自分のことは自分でせよ、貧しいのは努力が足りないからだ、という風潮になっている気がする。僕はこのような考え方に干渉《かんしょう》するつもりはない。ある意味当然な考え方だとも思う。しかし地球温暖化を考える際、共有地である大気に壁《かべ》をつくることはできない。発展途上国の二酸化炭素排出が日本に悪影響を及《およ》ぼすことになるのだから、僕ら日本人は発展途上国に支援《しえん》をすることで、自分たちの身を守る必要があるのだ。

【中略】

④温暖化で、具体的にどのようなことが起こるのか。世界の平均気温が上昇することに加えて、異常気象などの※10極端《きょくたん》現象の回数が増えることが予期されている。世界が本格的な※11産業革命に突入《とつにゅう》する前の一九世紀後半の五〇年間に発生した最も気温の高い日を、「五〇年に一度の異常気象」と定義してみよう。そうすると、地球の気温がそれから二℃上昇した場合、そのような異常気象が発生する頻度《ひんど》は五〇年に約一四回に上昇してしまう。以前は「五〇年に一度の異常気象」とされたことが、温暖化後は三、四年に一回のペースで生じてしまうのだ。［B］温暖化が激しくなって気温上昇が四℃となった場合は、五〇年に一度の異常気象が生じる回数は五〇年間で約三九回。ほぼ毎年のペースで異常気象が発生することになる。そうなるともはやそれは異常気象と呼ばれることもなくなるだろう。まさに地球は、これまでと違う※12モードの気候に入ってしまうことになるのだ。そして、このような気候の変化は、熱中症《しょう》や伝染《でんせん》病の拡大など、これまで経験しなかった問題を人類に課すことにもつながる。

（伊勢《いせ》武史《たけし》『2050年の地球を予測する――科学でわかる環境の未来』ちくまプリマー新書より　一部改変）

※1　気候変動に関する政府間パネル……気候変動に関する専門家集団からなる主要機関。

※2　図2……図2は、図1のSSPが1～5の各指標を示す場合、それぞれ世界でどれだけの二酸化炭素が排出されたことになるかを表す。

※3　共通社会経済経路……社会経済の発展を仮定したシナリオ。「シナリオ」はここでは筋書き、物事の成り行きのこと。

※4　化石燃料……石油、石炭、天然ガスなどのこと。

※5　脱却……悪い状態から抜《ぬ》け出すこと。

※6　環境科学……人間を取り巻く環境について研究し、物理、生物、情報科学などの分野を組み合わせて、環境問題を解決しようとする学問。

※7　学際的……研究が、複数の異なる分野の学問にまたがること。

※8　逆境……思うようにならない、不運な状況。

※9　自助努力……他を頼らず、自分で困難を乗り越《こ》えようとする努力。

※10　極端現象……大雨や猛暑《もうしょ》日など、極めてまれな気象現象。

※11　産業革命……一八世紀半ばのイギリスから始まった、産業やエネルギーの大きな変化や、経済発展のこと。

※12　モード……様式。方式。

問一　――線部①「第六次報告書」とあるが、この報告書の内容と、それについての筆者の意見として最も適切なものを、次のア～オの中から一つ選び、記号で答えなさい。

ア　地球は確かに温暖化しているものの、その原因が人間であるとは断定できないことを指摘《してき》する内容だが、筆者は地球温暖化が人間の影響によることは確実だと主張している。

イ　人間の活動のせいで地球温暖化が起こっていることに確信を持って説明した内容で、筆者は温暖化防止のために個人が自分の暮らしを見直すきっかけになると思っている。

ウ　人間が気候変動に影響を与《あた》えている可能性について説明している内容ではあるが、筆者は地球温暖化の問題に本格的に対処する契機《けいき》にはなり得ないと感じている。

エ　地球温暖化は確実に進んでおり、その唯一《ゆいいつ》の原因は人間の活動であることについて言及《げんきゅう》する内容で、筆者はこれまでの報告書よりも踏み込んだ報告内容だと評価している。

オ　地球温暖化が人間の活動の影響で生じていることは確実だと述べる内容で、筆者は将来の温暖化の予測やその対策について本格的に議論されるべきときが来たと考えている。

問二　――線部②「今世紀中の気温の変化を予測したものである」とあるが、本文および図１・２から読み取れる内容として正しいものを、次のア～オの中から二つ選び、記号で答えなさい。

ア　ＳＳＰ１は世界が協力して化石燃料からの脱却に成功した場合のシナリオで、二一〇〇年には、世界の年間の二酸化炭素排出量を二〇一五年の半分に減らすことになる。

イ　現在、パリ協定の達成はとても怪しい状況になっており、図１・２から地球環境はＳＳＰ５の悲観的なシナリオをたどり始めていることが読み取れる。

ウ　理想的なシナリオをたどっても、二一〇〇年には一九世紀後半の気温より一℃以上上昇すると図１で予想されているが、実現すればパリ協定はおおむね達成できることになる。

エ　ＳＳＰ３は世界の格差が広がるシナリオだが、図２から読み取れるように、二酸化炭素の排出量の増加の仕方は緩《ゆる》やかなので、パリ協定を達成できる可能性はある。

オ　二〇一五年の年間排出量と同程度の二酸化炭素を二〇五〇年まで排出し続けた場合、二一〇〇年の平均気温は一九世紀後半より二～三℃上昇し、パリ協定の達成は難しくなる。

問三 [A]・[B]に入ることばの組み合わせとして最も適切なものを、次のア〜オの中から一つ選び、記号で答えなさい。

ア　A　しかし　　B　さらに
イ　A　そのため　B　けれども
ウ　A　つまり　　B　加えて
エ　A　しかも　　B　例えば
オ　A　ただし　　B　なぜなら

問四 ――線部③「そんな国々に『石炭石油を使うな、森林伐採をするな』と命令したところで、まともな効果は生まれない」とあるが、筆者がこのように述べるのはなぜか。そのことを説明した次の文の[　　]にあてはまることばを、「そんな」の指す内容を明らかにして五十字以内で答えなさい。

化石燃料の使用や森林伐採は、[　　　　]から。

問五 ――線部④「温暖化で、具体的にどのようなことが起こるのか」とあるが、筆者は世界の平均気温の上昇のほかに何が起こると考えているか。本文中のことばを使って五十字以内で答えなさい。

問六 本文を通して筆者が述べていることとして最も適切なものを、次のア〜オの中から一つ選び、記号で答えなさい。

ア　地球全体で二酸化炭素の排出量を減らすにあたって、まず先進国が化石燃料からの完全脱却をすることで、発展途上国は無理のない範囲で排出量の削減《さくげん》に取り組むことができる。
イ　世界が協力して化石燃料からの脱却を図り、パリ協定を達成できれば、地球温暖化による悪影響は全てなくなり、環境を守ることができるが、現状では達成が怪しくなっている。
ウ　現代の日本にはびこる自国を優先させる風潮は理解できるが、温暖化が進んだ後の気候の変化に適応していくためには、先進国と発展途上国が足並《あしな》みをそろえる姿勢が必要である。
エ　二酸化炭素排出量を減らし地球温暖化を防止するには、同じ地球を共有する者同士として先進国が発展途上国に歩み寄り、経済状況の改善のために支援することが重要である。
オ　このまま先進国と発展途上国が分断され続けると、発展途上国だけでなく先進国の二酸化炭素排出量の削減にも支障を来《きた》すので、各国の対立を緩和《かんわ》することが最大の課題である。

三、次の文章を読んで、後の問いに答えなさい。

> イタリアのローマで生まれ育った圭人《けいと》は、古い町並《まちな》みをスケッチするのが好きな中学生である。家庭の事情で日本に帰国した圭人は、住みなれた土地を離《はな》れて引っ越《こ》してきた東京でも、スケッチしながら歩きまわる日々。そんなある日、忍者《にんじゃ》のような姿の人が、スプレー缶《かん》を持ちダイナミックに落書きしているのを見つける。悪いことだと思いながらも、迷いなく描《えが》かれるスプレーアートに圧倒《あっとう》されていたところ、その人物に自転車を盗《ぬす》まれてしまう。この日、圭人は早朝から落書き犯をさがして町へとやってきた。

あの落書き犯、いや、自転車泥棒《どろぼう》は、たぶん早朝に落書きをするだろうという気がしている。夜は警戒《けいかい》がきびしくなったようだし、日中は人が多すぎる。今回はまだパトロールのおじさんたちも寝《ね》ているような早朝をねらうのではないか。

ホット缶コーヒーを飲みながら、圭人は今、工場現場から少しはなれた自販機《じはんき》のかげにかくれて見張っている。犯人が来ても、こっちは見えないはずだ。

しかし、敵はなかなか現れない。六時前にここに着いて、もう四十分過ぎてしまった。さすがにつかれてきたし、腹も減ってきた。

当てが外れたかもしれない。七時を過ぎると、このあたりもだんだん人が多くなってくるだろう。いくらなんでも、通勤で人が行きかう時間に落書きをするわけがない。

飲みほした缶をゴミ箱に入れて立ち去ろうとしたそのとき、聞きおぼえのあるブレーキ音が聞こえた。ていねいに手入れしても取れなかったあのブレーキ音だ。

あわててまた自販機の後ろにかくれて、かげから顔を出した。いた。あいつだ！

ちゃっかり人の自転車に乗ってきて、それを仮囲い[※1]に立てかけて、あっという間にスプレー缶をにぎりしめた。

圭人は足音を立てずに近づいていく。

自転車にたどりつくには落書き現場を通りこさないといけない。シューシューふきつけるのに夢中になっている相手の背後を、そっと歩く。

しかし背後を通りすぎるとき、立ちどまって絵を見たくなってしまった。

X｛前回同様、落書き犯はものすごいスピードでいいかげんにふきつけているように見えるが、実は計算しつくしているのかもしれない。まったくミスがない。すばらしく腕《うで》がいい。｝つい、見とれてしまう。

自転車泥棒がちらっとふりむいて、圭人に気づいた。相手はあわてて半がけにしていたバックパック[※2]にスプレー缶を放りこみ、立てかけてあった自転車のほうに行こうとした。

圭人はあわてて走りより、その黒いバックパックに手をのばした。

「待てよ！　泥棒！」

半開きだったバックパックのファスナーがガバッと開き、スプレー缶がひとつ落ちてカラカラと音を立てながらアスファルトを転がっていく。

「ちっ」

と、そいつが言った。やけに高い声でおどろいた。やはり子どもらしい。

自転車泥棒は自転車を残してダッシュで逃《に》げていった。

圭人は、反射的にアスファルトを転がっていくスプレー缶を追いかけ、拾って自分の[※3]メッセンジャーバッグに入れると、自転車にまたがり後を追った。

いくら相手が先に走りだしても、どんなに足が速くても、自転車にかなうわけがない。余裕《よゆう》で追いつけるだろうと思った。

ところが、角を曲がって大通りに出ると、やつが歩道橋を上っているのが見えた。

今ここで自分の自転車を置いて徒歩で追いかけると、だれかにまた自転車をとられるかもしれない。鍵《かぎ》はこわれているし、チェーンはまだ買っていないから、放置するわけにはいかない。

しかたがないから歩道橋を通りこして、横断歩道をめざす。

信号を待って道路を渡《わた》り、さっきの歩道橋のあたりまで自転車を走らせたが、もう自転車泥棒の姿はどこにも見えなかった。

「メルダ！」

うっかりイタリア語の汚《きたな》い言葉が出て、すぐに首をすくめた。

あぶないあぶない。こういうのが学校で出ないように気をつけなきゃ。

よく考えたら、ここでメルダ（クソ）なんて怒《おこ》るのも変だよな。ぼくの目的は、自転車を取りもどすことだ。あいつが落書きをしようがなにをしようが、知ったこっちゃない。

第一、つかまえてどうする？

子どもを町内会のおじさんか交番につきだすのか？

そう考えると、圭人はバカバカしくなってきた。

自転車泥棒をさがすのをやめて、家に帰ることにした。空腹で目がまわっていた。

自転車に乗って家に帰ると、小さな庭で祖父母がならんで朝のラジオ体操をしていた。

祖父は背がひょろひょろ高くてヤセ気味。祖母は小さくてころころ太っている。二人はいつもいっしょだ。

「あら、圭人ちゃんおかえり」

「お、見つけたのか！」

自転車をさがしにいくとは報告しておいたが、防犯登録をしていないからもう見つからないだろうと言われていた。

「うん。犯人が行きそうなところで待ちぶせして、取り返したよ」

「よし、えらいぞ」

「あーら、おじいちゃんたら！　なにもなかったからいいようなものの、あぶないわよ。圭人ちゃん、今度からそういうことは、やめなさい」

圭人は二人を順番に見ながら、うなずいた。

「うん、でも相手は子どもだったから。あ、あとこの自転車、防犯登録をしたほうがいいかも。これ、今となってはすてきな[※4]レトロ自転車だから、とられやすいと思うよ」

「そうだな、わかった。そうしよう。でも、その自転車はおまえにあげるからな。年よりには、もうそんな重い自転車は無理だ。さあ、朝飯にしようか」

圭人はうなずいて、家の中に入った。

キッチンにはいいにおいが立ちこめていた。ローマでは、ブリオッシュ（菓子《かし》パン）とカプチーノ、ヨーグルト、オレンジのしぼりジュースというイタリア的な朝食だった。

今は祖父母に合わせて、ご飯と納豆《なっとう》と漬物《つけもの》、味つけのり、焼き魚、大根おろし、ほうれん草のおひたし、そして具だくさんのみそ汁《しる》という、ぜいたくなザ・和朝食だ。

※5マッテオやジョルジュが見たら「朝から夕食か！」とあきれるだろうなと想像したら、自然と圭人の口元がほころんだ。

部屋で古いスケッチブックを整理していると、祖父が部屋に入ってきた。ご先祖にお線香《せんこう》をあげる時間だ。

「おや、圭人が描《か》いたのかい？　すごいじゃないか」

すぐに祖母も来た。

「あらまぁ上手だこと。さすが芸術の国で生まれ育っただけあるわねぇ。それともおとうさんの血筋かしら」

二人がおおげさに反応するのがおかしくて、圭人は笑った。

「この程度描ける人はたくさんいるよ。もっとうまい中学生だっているし」

圭人の頭の中にはスプレー落書き犯人の絵がうかんでいた。

あの子はぼくより年下だろう。小学生かもしれない。

もし、あの子にスプレー缶じゃなくてエンピツやペンをにぎらせたら、いったいどれだけすごい絵を描くんだろう。

「そうかねえ？　あたしゃ、こんなにうまい絵を描く子見たことないよ」

祖母が圭人の手からスケッチブックを取って、一枚一枚を念入りに見はじめた。一枚めくるたびに[A]の声が出る。「ほお！」とか「へえ！」とか。

母も部屋に入ってきた。ローマでよくしていた赤いエプロンをしている。ほんの一瞬《いっしゅん》、ローマにいるのかと錯覚《さっかく》した。

「でしょ？　前から言っているのよ。この子絵の才能があるわよね。義《よし》雄《お》さんも……」

父の名を口にしてすぐに、母は言葉をにごした。たがいに、なるべく※6父の話はしないように努力している。まだ、早い。

「ぼくは、ただ、趣味《しゅみ》で描きたいだけだよ」

期待されると重い。

好きなことが、好きでなくなるような気がする。

「そう？　もし本気で絵をやりたいなら、がんばって応援《おうえん》するわよ」

母が圭人をじっと見た。

「ん、オレたちも応援するぞ。たったひとりの孫だしな」

「そうそう。ほんとほんと」

①二人まで……。

「ありがとう。将来のことはゆっくり考えるけど、ずっと趣味で描きたいだけ。ときどき建物や風景をちょっとスケッチしたいだけだよ。それ以上じゃないんだ」

「もったいない」

「もったいないわねぇ」

「ほんと、もったいない」

なんだよ三人して。

圭人は、急にイライラしてきた。

「もったいなくなんかないよ！」

つい、声をはりあげてしまった。

三人がびっくりした顔で圭人を見た。

「ごめん。けど、うまいのと、すごいのはちがうよ。それに、ただ好きでスケッチしたいってだけなのに、変に期待されるのはいやなんだ。②ぼくのは、アートとかじゃなくて、なんていうか……」

圭人はうまい言葉が見つからないまま、スケッチブックを取り返し、ぱたんと閉じた。

ひとりになってから、圭人はもう一度スケッチブックを手にし、パラパラとめくりながら想《おも》いをはせた。

スケッチをするのは好きだが、絵を描きたいのとはちがう。

ただ、すごいと思うものを写真に撮《と》るみたいに、紙の上に写したいだけなのだ。スマホで撮ってもいいが、なぜかスケッチしたくなる。

なぜスケッチをするのか。

手を動かしていると、よけいなことを考えなくていいから、というのもある。

幸い、ローマでは無料で美術館に入れたおかげで、圭人はなんども、何十回も、過去の偉大《いだい》なアーティストの絵や彫刻《ちょうこく》を見ることができた。

【中略】

偉大な芸術家たちは、何百年も何千年も前に生きて、後世に作品を残した。

あれほど完成された彫刻や絵画が数世紀も前に描かれているのに、自分がなにをまだ描くことがあるんだろうと、圭人はいつも思う。

芸術の世界で頭角を現す人は、小さいころから秘《ひ》めているものがちがうはずだと確信している。

なにか自分の心の中のものを表現したくて、ウズウズしているんだろう。

あの落書き犯の子みたいに。

ぼくは、ただ、目の前の風景や建物を「切りとって」紙に収めているだけだ。

ただ圧倒され、スケッチをせずにはいられないっていうだけ。

そんな「作業」をしたいだけだ。アーティストとは、たぶん根本がちがう。

圭人と両親は、美をめぐる旅と称《しょう》して、車でイタリア中をまわった。

美術好きの両親だったのは、本当によかったと圭人はつくづく思う。

イタリアに住んでいなければ一生かかっても見きれないほどの古代遺跡《いせき》

や美術、建築物を見ることができた。
　普段《ふだん》は外食もせず質素な暮らしをしていたが、父の観光関係の仕事が減るローシーズンになると、よく小さな旅をした。
　父の車の中で一泊《いっぱく》したこともあるし、安いB&B（朝食つきの宿泊施《し》設《せつ》）を利用して、あちこちへ行った。
　父はもともと美術分野の人だったし、観光ガイドをやっていたこともあって、遺跡や美術品にとてもくわしく、ていねいに説明してくれた。
【中略】
　国外を旅するときも、毎回美術館や遺跡を中心にまわった。ロンドンの美術館や博物館は基本無料だが、入り口で寄付をつのっているところもある。素通《すどお》りできないほど［B］的なところもある。こっちが日本人だからか？　と、主人はムッとしたことすらあるが、そういうとき、いつもはケチなはずの父が、気前よくお札を投げこんでいた。美術館や博物館に敬意を表していたのだ。
　父のおかげで傑作《けっさく》を見過ぎたせいか、自分がアーティストになろう、なれる、なりたいなどと考えたことは一度もない。
　ただ、見ていたい。それだけだ。

（佐藤《さとう》まどか『スネークダンス』より　一部中略）

※1　仮囲い……工事の間、周りに設置する囲い。
※2　バックパック……リュックサック。
※3　メッセンジャーバッグ……自転車で移動する人によく用いられる肩《かた》かけのかばん。
※4　レトロ……古い時代のよさを感じさせるもの。
※5　マッテオやジョルジュ……主人のイタリアでの友だち。
※6　父の話……主人の父は半年前に亡《な》くなっている。

問一　本文中のXで示した部分から、落書き犯のスプレーアートに魅了《みりょう》される主人の姿が読み取れる。高い技術に圧倒された主人は、落書き犯の子をどのような人物だと評価しているか。「表現」「頭角」という二つのことばを必ず用いて五十字以内で答えなさい。

問二　［A］・［B］に入ることばの組み合わせとして最も適切なものを、次のア～オの中から一つ選び、記号で答えなさい。
ア　A　感激　B　魅力
イ　A　感嘆《かんたん》　B　威圧《いあつ》
ウ　A　驚嘆《きょうたん》　B　普遍《ふへん》
エ　A　賞賛　B　客観
オ　A　困惑《こんわく》　B　高圧

問三　――線部①「二人まで……」とあるが、このときの主人の気持ちを、本文中のことばを使って六十字以内で答えなさい。

問四　——線部②「ぼくのは、アートとかじゃなくて、なんていうか……」とあるが、主人にとってスケッチとはどのようなものか。本文中のことばを使って四十字以内で答えなさい。

問五　この文章からは、イタリアでの生活が主人自身にどのような影響《えいきょう》を与《あた》えたことが読み取れるか。最も適切なものを、次のア～オの中から一つ選び、記号で答えなさい。

ア　ローマの美しい町並みに親しんだ主人にとってスプレーアートは許しがたく、犯人を交番につきだす使命感にかられた。

イ　精神的に豊かだったローマでの暮らしの思い出は鮮《あざ》やかで、主人が日本での暮らしになじめない原因になっている。

ウ　美をめぐる旅を通して、主人は偉大な芸術家の作品を観《み》る喜びやスケッチの楽しさを知り、将来の夢も方向づけられた。

エ　イタリア生活は主人に偉大なアーティストの傑作に触《ふ》れる喜びを与えたが、自身の才能への冷静で厳しい目も育てた。

オ　主人は日本になじむ努力をしているが、心の奥《おく》ではイタリアを懐《なつ》かしく思っているため、時々イタリア語が出てしまう。

四、次の資料や意見文を読んで、後の問いに答えなさい。

【資料Ⅰ】

食の※1エシカルのテーマの中で、環境《かんきょう》問題と並んですぐに連想されるのがフェアトレード。日本でも、フェアトレードのチョコレートやコーヒー製品をみかけることがあると思う。ただ、これを買うと生産者が助かるのだろうけど、どんな仕組みなのだろうかと疑問を持つ人もいるだろう。フェアトレードを「公正な貿易」と訳すとすると、その反対の不公正な貿易も存在するということになる。21世紀にもなり、これだけ情報が飛び交《か》う世界でまだそんな格差があるの？　と思うかもしれないが、残念ながら世界には不公正な貿易が蔓延《まんえん》している。たとえば取引《とりひき》相手が文化的な生活をできるギリギリの線の価格まで買い叩《たた》き、学校に行くべき児童も労働にかり出さねばならない状況《じょうきょう》に追い込《こ》むような取引だ。「そんな相手と取引せず、他の買い手を探せば？」と思うかもしれないが、たとえばカカオ豆の産地は山間部の森の奥《おく》の奥。生産者はマーケットと切り離《はな》されていて、他の客を探すことは現実的ではない。また、カカオの価格は国際的な市場の相場で決定されており、そこに「生産者が食べていけるか」という要素はほとんど考慮《こうりょ》されていない。結果、一家総出で働きながら、ギリギリの生活を続けていくしかないという生産者が多くなってしまうのだ。

現在、極度の貧困《ひんこん》にあえぐ人は8億人以上、奴隷《どれい》的な労働を課されている人は4000万人以上、義務教育を受ける権利を奪《うば》われる児童労働は1億5200万人（2016年）。そして、2020年9月時点で77ヵ国155品目が児童労働や強制労働によって作られているという調査がある。だから、フェアトレードが必要なのだ。

フェアトレードは、開発途上《とじょう》国の商品と生産者とその地域が発展できる価格で買う取り組みで、1940年代に欧米《おうべい》で生まれた。当初はさまざまな取り組みや団体があったが、30年ほど前に認証《にんしょう》（ラベル）の仕組みができ、現在ではフェアトレード・インターナショナルという組織が国際的なフェアトレードの仕組みを運営している。

国際フェアトレード基準のもっとも大きな特徴《とくちょう》は、産品ごとに「公正な価格」が設定されていること。たとえばアラビカ種のコーヒー豆であれば、最低価格が1ポンドあたり140セント。それが生産者にとって安定して暮らせる最低ラインで、国際的な市場価格がどんなに下がったとしても、これ以下にしてはいけない。この価格は、産地を入念に調査して決定された価格で、カカオやスパイスなどすべての品目のフェアトレード価格がインターネットで公開されているので、興味があればご覧いただければと思う。

国際フェアトレード基準のもう1つの特徴が、フェアトレード価格に加えて「プレミアム」というお金を支払《しはら》うことだ。プレミアムは商品代金とは別の扱《あつか》いで、その産地の組合などで合議し、地域の発展や品質向上などに使うためのもの。たとえば地域に学校を建てたり、橋を造ったり、機械を買うなど、生産者たちが生活を向上させるために使えるのだ。フェアトレード価格で個々人の生活を営む十分な価格を保証した上で、プレミアム分で産地全体の文化や生活水準を向上させる投資をするという仕組みである。
　こうしたフェアトレードの認証製品は現在１３０ヵ国以上で流通している。でも、コーヒーやカカオを買う側のメーカーや販売《はんばい》業者は、ほんとうに生産者にフェアトレード価格を支払っているの？　そうした疑問に応《こた》えるための仕組みが認証システム。第三者の認証機関が取引をきちんと監視《かんし》し、生産者にきちんと支払われているか、生産者がプレミアムを正しく使っているかなどを確認している。国際フェアトレード認証ラベルがついているものは、この認証を取得したものと考えてけっこうだ。
　ラベルはないけど、フェアトレードと書いてある商品は信じていいの？　フェアトレード・インターナショナル以外にもいくつかの信頼《しんらい》するに足る国際組織がある。一方でフェアトレードを謳《うた》いつつ、一般《いっぱん》的な価格しか支払っていないインチキや、イメージをよくするためにフェアトレードとウソをつく業者もいるかもしれない。そのフェアトレードの中身をきちんと調べてみることも必要だ。
　現在、日本で手に取ることができるフェアトレード認証ラベルがついた製品はおよそ１２００点。コーヒーや紅茶、チョコレートにオリーブオイル、砂糖にスパイス、ゴマにバナナなどの食材のみならず、サッカーやバスケット競技に使うボール、タオルやシャツなどのコットン製品など、さまざまだ。[※2]オーガニックの産品だったり、美味《おい》しいことで有名なものもあったりするから、ぜひ買ってみてほしい。これを食べることで自分のエネルギーになり、また産地の人達の生活を支えることにもなる。お互《たが》いに支え合っているという実感を持てるかもしれない。
　ただ、全ての買い物をフェアトレードで買わないと、と思う必要はない。そんなことは長続きしないだろう。まずは、10回の買い物で1回程度手を伸《の》ばすという「ときどきエシカル」でも、産地にとってよい影響《えいきょう》があるはずだ。生活の中で、余裕《よゆう》があるときに産地のことを想《おも》いやり、フェアトレード製品を味わってみよう。それで十分、国際的な支え合いになるのだ。

（山本謙治《やまもとけんじ》『エシカルフード』ＫＡＤＯＫＡＷＡより　一部改変）

※1　エシカル……倫理《りんり》的な。
※2　オーガニック……化学物質を使用せずに作った農産物や、その加工品。

【資料Ⅱ】

フェアトレードの認知率の比較《ひかく》

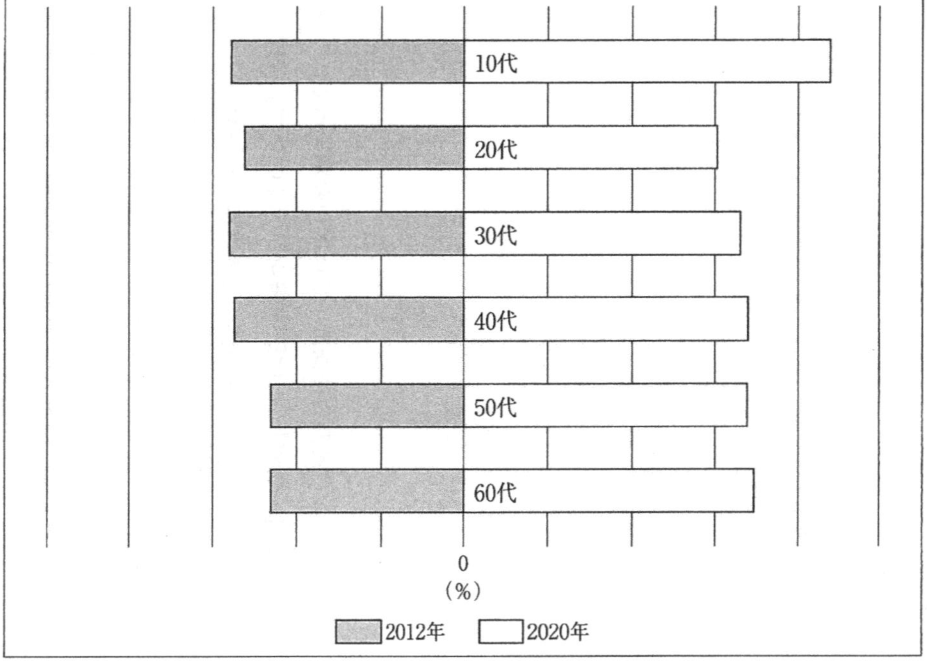

「フェアトレードと倫理的消費（Ⅱ）」より

【意見文】

次は、【資料Ⅰ】・【資料Ⅱ】をもとに、中学一年生のケイコさんが書いた意見文である。

最近、新聞やテレビ、インターネット上などで、フェアトレードという言葉をよく見聞きするようになった。また、スーパーやコンビニなどの食品売り場で、フェアトレード商品を目にすることも増えた。では、私たち消費者は、どのような姿勢でフェアトレード商品と向き合えばよいのだろうか。

ア

なぜなら、フェアトレードであると宣伝されている商品であっても、それが本当にフェアトレード商品であるとは限らないからである。消費者として正しく選ぶために、まずは、国際フェアトレード認証ラベルのマークを覚えておくと便利かもしれない。

問　［ア］について、ここで、ケイコさんはどのように意見文を書いたと考えられるか。次の①～③を満たすように書きなさい。

①　二文構成で、七十字以上八十字以内で書くこと（句読点をふくむ）。なお、文末は「だ・である」体にすること。

②　一文目は「確かに」という書き出しで、【資料Ⅱ】から読み取れるフェアトレードの認知率の現状を示すこと。

③　二文目は「しかし」という書き出しで、【資料Ⅰ】をもとに、消費者にとって重要なことという観点から記すこと。

2023年度C

算　数

（全7ページ）

(60分)

注意事項

1．受験番号，氏名および解答はすべて解答用紙に記入しなさい。

2．問題用紙に解答を書きこんでも採点されません。

3．解答はていねいに読みやすい字で書くこと。

4．答えは約分などをして，できるだけ簡単にして解答用紙に記入しなさい。

5．必要な問題では，円周率を3.14とします。

6．図は参考のための略図です。長さや比率や角度は実際と異なる場合があります。

2023(R5) 立命館慶祥中
K 教英出版

Ⅰ．次の□にあてはまる数を答えなさい。

〔１〕$1\frac{1}{2}-\frac{3}{4}\div\frac{6}{7}=$□

〔２〕$(2.3-$□$)\times 8+5.2=10$

〔３〕$589\times 76+321\times 76-740\times 91=$□

〔４〕7つの連続する奇《き》数《すう》の和が2023になるとき，もっとも小さい奇数は□です。

〔５〕ある精肉店で100 gあたり280円の牛肉と，100 gあたり120円の豚肉《ぶたにく》が売られています。豚肉を牛肉より150 g多く買うと，代金は合わせて1780円でした。買った豚肉の重さは□gです。

〔６〕35人の子どもにA，Bの2問の問題を出したところ，Aを正解した子どもは11人，Bを正解した子どもは12人で，どちらも不正解だった子どもは15人でした。どちらも正解だった子どもは□人です。

Ⅱ．次の問いに答えなさい。

〔1〕下の図で，AC と BC，CE と DE，CH と EH，FE と FG の長さがそれぞれ等しくなっています。角あ，角いの大きさは何度ですか。

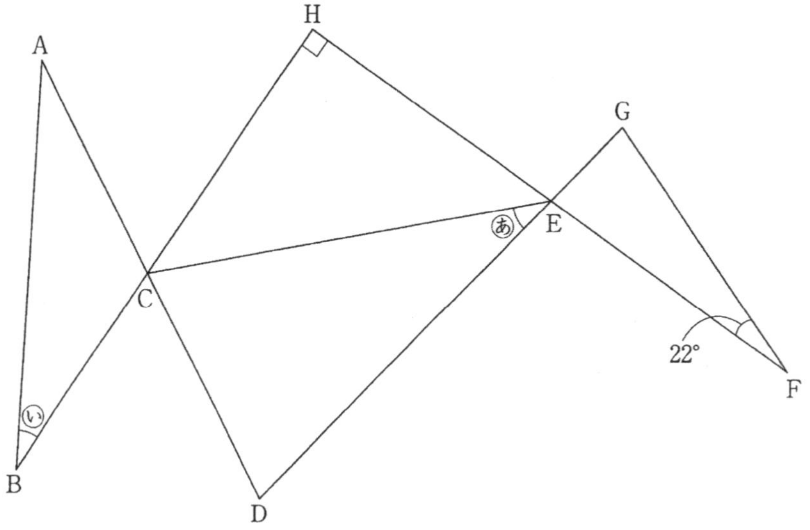

〔2〕下の図は，一辺が 20 cm の正方形の内側に 3 本の直線をひいたものです。3 本の直線に囲まれた部分(色をつけた部分)の面積は何 cm^2 ですか。

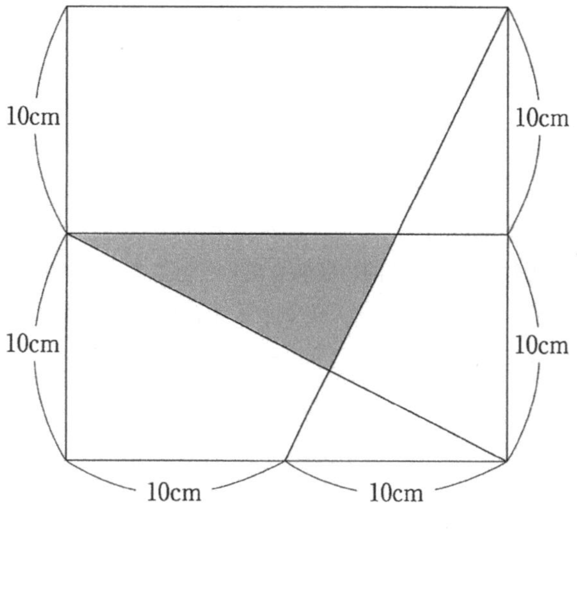

〔3〕下の図のように，たての長さが 20 cm で横の長さが 30 cm の長方形の紙の 4 すみから，正方形を 2 つと長方形を 2 つ切り取り，残った紙を折り曲げると直方体ができるようにします。

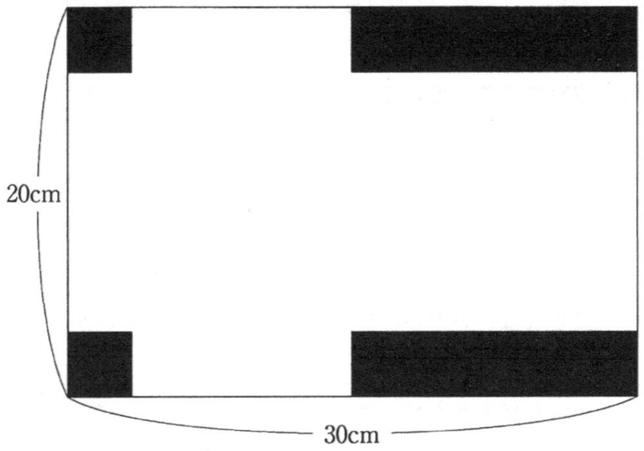

（1）切り取る長方形の長いほうの辺の長さは何 cm ですか。

（2）切り取る紙の面積の合計が 152cm^2 のとき，折り曲げてできる直方体の体積は何 cm^3 ですか。

Ⅲ．タツオさんとケイコさんは，自分たちの住んでいる町のゴミについて話し合っています。会話を読んで，あとの問いに答えなさい。

タツオ：資料によると，ぼくたちの町では１日に3.5トンのゴミが出ているんだね。１人あたりだと，どれくらいなんだろう。

ケイコ：資料のここに書いてあるよ。１日の１人あたりのゴミ排出量《はいしゅつりょう》は480gだね。町の取り組みによって，他の町に比べて少なくおさえられているみたいだよ。この取り組みを続けて10年後には，ゴミ排出量を400g以下にすることを目標にしているんだって。

タツオ：ということは，１人が１日あたりのゴミ排出量を80g減らすことを目標にすればいいのか。どんなゴミが減らしやすいかな。

ケイコ：家庭ゴミを，資源ゴミ・生ゴミ・その他の３種類に分けると，資源ゴミがいちばん多くて，生ゴミは資源ゴミの$\frac{2}{3}$，残りがその他だよ。

タツオ：１日の１人あたりだと，いちばん少ないその他が120gだね。その他は，金属やガラスの製品などで減らすのは難しいかな。生ゴミは食べ物から出るゴミだから，食べ残しをなくしたり食材を余らせずに使い切るようにしたりすれば，ぼくたちにもゴミを減らす協力ができそうだね。

ケイコ：生ゴミの80%は水分だから，ゴミを出す前に水分をしっかりと切ってかわかすことでも重さを減らすことができるよ。

〔１〕この町の人口は何人ですか。四捨五入して，上から２けたの概数《がいすう》で答えなさい。

〔２〕下線部について，この町で排出される家庭ゴミを３種類に分けたときの割合を表す円グラフを完成させなさい。ただし，割合の大きい種類から順に時計回りにかき，ゴミの種類の名前を円グラフ内にかくこととします。

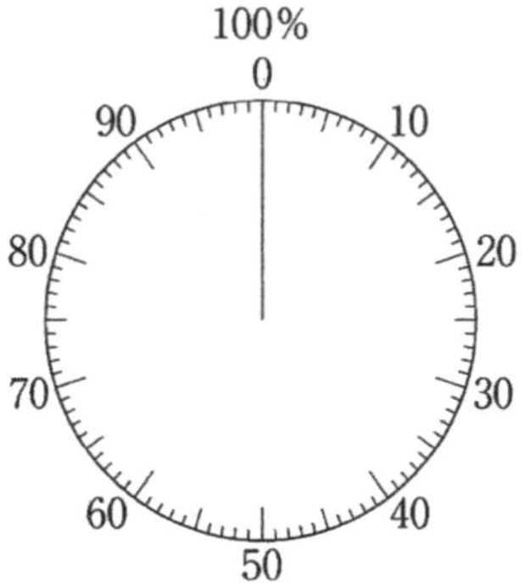

〔3〕この町全体の生ゴミに含《ふく》まれる水分80％のうち，水分を10％減らすことで，この町の何人分のゴミを減らすことができると考えられますか。

〔4〕タツオさんのクラスは25人です。資源ゴミのペットボトルを集めたところ，1人平均7.2本，10本以上持ってきた人は4人，15本以上持ってきた人はいませんでした。このとき，10本以上持ってきた人が持ってくる可能性がある最大のペットボトルの総数と，5本以上10本未満持ってきた人が最低でも何人いるか，それぞれ答えなさい。

Ⅳ. Aさんと B さんの家をつなぐ 2.6km の道の途《と》中《ちゅう》に公園と店があります。ある日，2人は公園で待ち合わせをしてそれぞれの家を出発しました。A さんは歩いて公園に向かい，B さんより早く公園に着きましたが，そのまま通り過ぎて公園の 300m 先にある店で 5 分間買い物をしてから公園にもどり，B さんと出会うまで公園で 10 分間待ちました。B さんは A さんより遅《おく》れて出発し自転車に乗って毎分 200m の速さで公園に向かいましたが，店にいる A さんに気がつかず公園に着き，3 分間待った後 A さんの家に行きました。B さんは A さんが家にいないことを確認して 1 分後に公園に引き返しました。下の 2 つのグラフは，それぞれが出発してからの時間とそれぞれの家から進んだ様子を，2 人が出会うまでについて表したものです。このとき，あとの問いに答えなさい。ただし，2 人の速さはそれぞれ常に一定であるものとします。

Aさんが進んだ様子

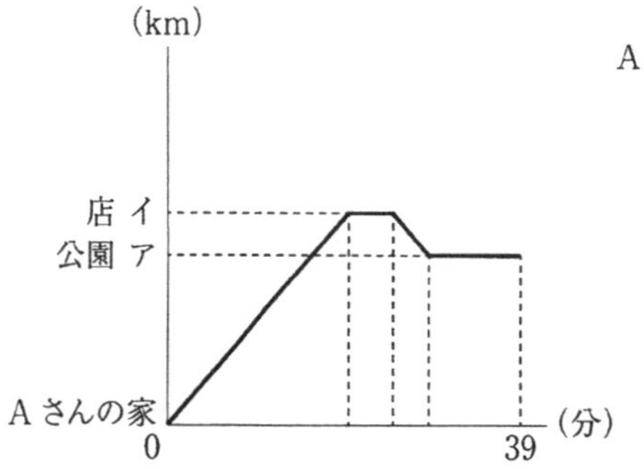

Bさんが進んだ様子

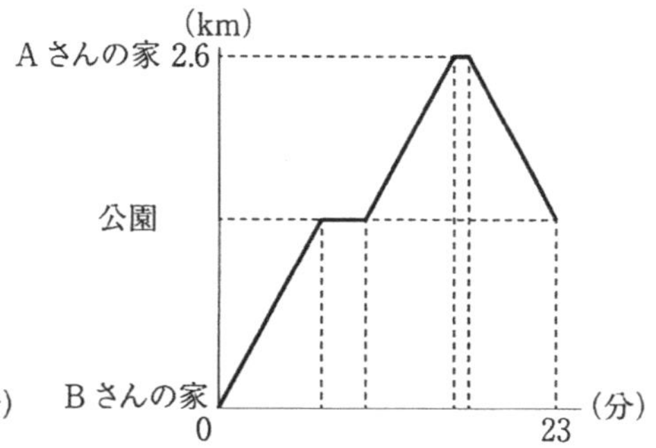

なお，次のグラフは問題を考える際に利用してよいものとします。

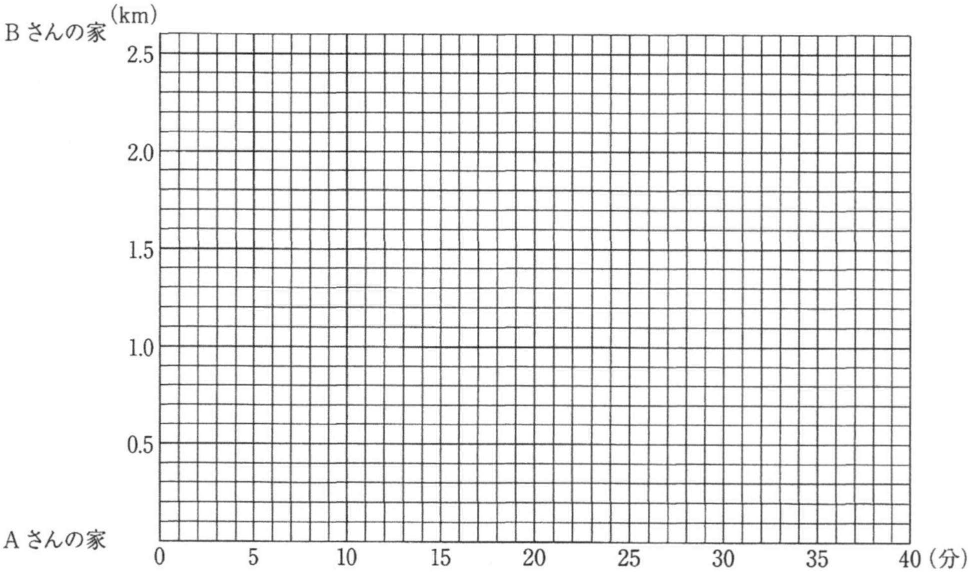

〔1〕2人が出会うまでにBさんが進んだ道のりは何mですか。

〔2〕グラフのア，イにあてはまる数を答えなさい。

〔3〕Aさんの歩く速さは毎分何mですか。

〔4〕Aさんが店に着いたとき，Bさんは店まで何mの地点にいますか。求め方も答えなさい。

〔5〕AさんとBさんの間の道のりが2回目に500mになったのは，Aさんが家を出発してから何分後ですか。

教英出版

2023年度C

理　科

（全14ページ）

（40分）

注意事項

1．受験番号，氏名および解答はすべて解答用紙に記入しなさい。

2．問題用紙に解答を書きこんでも採点されません。

3．解答は，ていねいに書きなさい。

Ⅰ．次の〔1〕～〔5〕の問いに答えなさい。

〔1〕電流計を使って，電流の大きさをはかります。次の各問いに答えなさい。

（1）回路にどのくらいの大きさの電流が流れるかわからないとき，電流計の－端子《たんし》はどれを選んでつなぎますか。最も適当なものを，次のア～エから１つ選び，記号で答えなさい。

ア．５A端子

イ．500mA 端子

ウ．50mA 端子

エ．どれを選んでもよい。

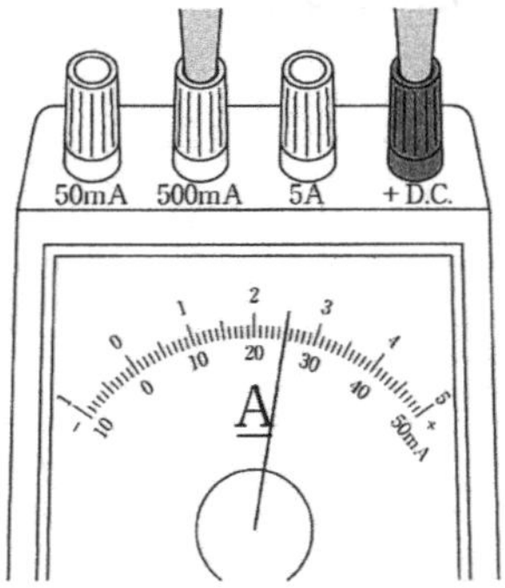

図１

（2）図１は，電流の大きさをはかったときの，電流計の目もりのようすです。このとき，流れている電流の大きさは何 mA ですか。

〔2〕図２のようなメスシリンダーで，液体の体積を 60mL はかりとります。次の各問いに答えなさい。

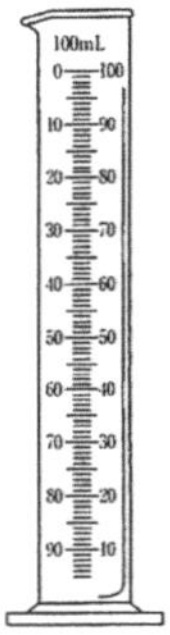

図２

（1）60ｍＬの液体をはかりとる方法として最も適当なものを，次のア～エから１つ選び，記号で答えなさい。

ア．目もりの「60」より少し上のところまで液を入れたあと，スポイトで少しずつ液を入れて，液面を「60」の目もりに合わせる。

イ．目もりの「60」より少し上のところまで液を入れたあと，スポイトで少しずつ液をすいとり，液面を「60」の目もりに合わせる。

ウ．目もりの「60」より少し下のところまで液を入れたあと，スポイトで少しずつ液を入れて，液面を「60」の目もりに合わせる。

エ．目もりの「60」より少し下のところまで液を入れたあと，スポイトで少しずつ液をすいとり，液面を「60」の目もりに合わせる。

（2）図３は，100mL のメスシリンダーに水そうの水を満たし，気体を集めたときの液面のようすを表しています。集めることができた気体の体積は何 mL ですか。

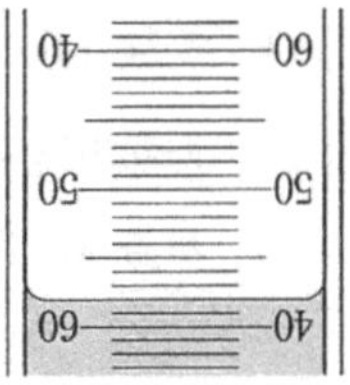
図３

〔３〕図４は，実験用てこの左側の６の位置に，10 g のおもりを１個つるし，うでが左にかたむいたようすです。右側につるすおもりの位置と重さをかえて，てこが水平につり合うかどうかを調べ，表１にまとめました。あとの各問いに答えなさい。

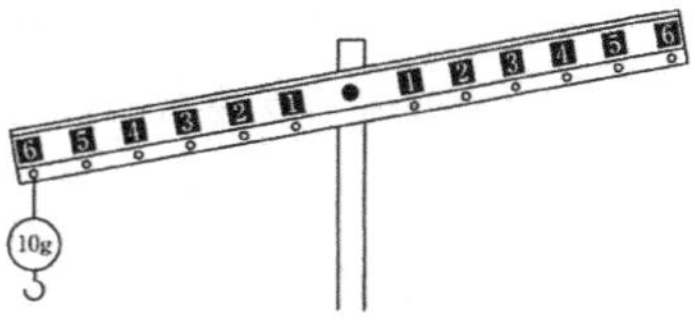

図４

表１

右側のおもりの位置	1	2	3	4
おもりの重さ	40 g	30 g	② g	10 g
つり合うかどうか	①	○	○	×

○：つり合った　×：つり合わなかった

（１）表１の ① ， ② に当てはまる記号や数字を書きなさい。

（２）図５のようなはさみは，てこを利用した道具です。次の文は，はさみの力点や作用点，支点について述べたものです。①，②に当てはまる言葉として適当なものをア，イから１つずつ選び，記号で答えなさい。

図５

支点が①〔　ア．力点と作用点の間　　イ．道具のはし　〕にあり，支点から作用点までのきょりが②〔　ア．長い　　イ．短い　〕ほど，小さな力で作業ができる。

〔４〕図６は，地球のまわりをまわる月のようすを表しています。次の各問いに答えなさい。

（１）図６のＧに月があるときの名《めい》称《しょう》を何といいますか。

（２）日本のある地点で，午後６時ごろに東の空に見える月の位置として最も適当なものを，図６のＡ～Ｈから１つ選び，記号で答えなさい。

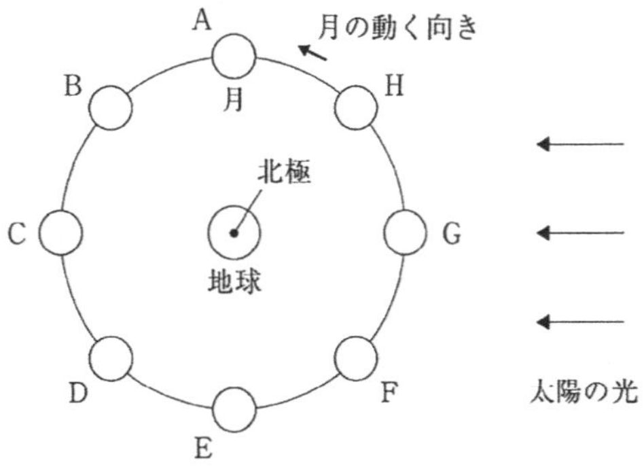

図６

〔5〕ガソリンを燃料とする自動車から出る排気《はいき》ガスには「二酸化窒素《にさんかちっそ》」や「二酸化硫黄《にさんかいおう》」，「浮遊粒子状物質《ふゆうりゅうしじょうぶっしつ》」などがふくまれおり，大気のよごれの原因となっています。マツの葉の表面にある気孔《きこう》（水蒸気や気体が出入りするあな）は，空気中のよごれが付着しやすいため，マツの葉の気孔のよごれを観察することで，空気のよごれぐあいを調べることができます。地点P～Sで地面から高さ約1.5 mにあるマツの葉を採集し，図7のように，顕《けん》微鏡《びきょう》で気孔の数と，よごれている気孔の数を数えました。また，地点P～Sの1時間あたりに通った自動車の台数を調べ，表2にまとめました。あとの各問いに答えなさい。

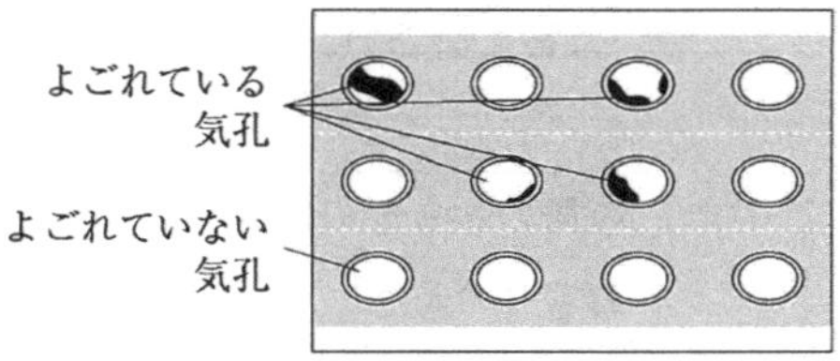

図7

表2

地点	観察した気孔の数	よごれている気孔の数	1時間あたりに通った自動車の台数
P	144個	54個	174台
Q	120個	22個	89台
R	154個	21個	55台
S	181個	24個	54台

（1）地点Pで観察した気孔の数のうち，よごれている気孔の数の割合は何％ですか。

（2）地点P～Sの空気のよごれを調べた結果の説明として最も適当なものを，次のア～エから1つ選び，記号で答えなさい。

ア．1時間あたりに通った自動車の台数が多いほど，よごれている気孔の数が多く観察できた。

イ．地点Qと地点Rは，よごれている気孔の数が同じくらいなので，空気のよごれぐあいも同じくらいだといえる。

ウ．1時間あたりに通った自動車の台数は，よごれている気孔の数の割合には影響《えいきょう》をあたえない。

エ．よごれている気孔の数の割合が高いほど，1時間あたりに通った自動車の台数が多い。

問題は，次のページに続きます。

Ⅱ．次の文章を読んで，あとの〔1〕～〔8〕の問いに答えなさい。

勇さんと恵さんは，メダカのたまごの産卵《さんらん》について調べるために，先生と一緒に実験を行いました。

勇さん：北海道ではメダカは５月から９月ごろまでたまごをうむけど，どうして冬にはたまごをうまないのかな？

恵さん：メダカがたまごをうむ条件があると思うよ。

勇さん：冬にはたまごをうまないのだから，温度が関係しているんじゃない？

先　生：そうですね。温度とメダカがたまごをうむかどうかが関係しているか，実験で調べてみましょう。温度のほかには，調べてみたい条件はありませんか？

恵さん：冬になると，寒くなるだけではなくて，昼の時間も短くなりますよね。明るい時間の条件についても調べてはどうでしょうか。

先　生：なるほど。では，温度と明るくする時間について，実験をしてみましょう。メダカのおすとめすを５匹ずつ入れた水そう４つを用意してください。

勇さん：メダカのおすとめすってどうやって見分けるのだったかな？

恵さん：たしか，①ひれの形で見分けるのよ。

先　生：その通りです。おすとめすが両方入っていないと，たまごをうんでくれませんよ。また，水温と明るくする時間以外は，②メダカがすごしやすい環境《かんきょう》にしておきましょう。

【実験１】メダカのおすとめすを５匹ずつ入れた水そうA～Dを用意した。水温と明るくする時間の条件をかえて，メダカがたまごをうむかどうか調べたところ，表１のようになった。

表１

水そう	A	B	C	D
水温	15℃	15℃	25℃	25℃
明るくする時間	10時間	15時間	10時間	15時間
たまごをうんだかどうか	×	×	×	○

○：メダカはたまごをうんだ　×：メダカはたまごをうまなかった

勇さん：Dの水そうのメダカだけがたまごをうみました。実験の結果から，メダカがたまごをうむかどうかに，[　あ　]が関係していることがわかりました。

先　生：そうです。結果からよく考えられましたね。

〔1〕図1は，メダカをスケッチしたものです。下線部①について，どのひれの形を見ると，おすとめすを見分けることができますか。図1のP～Tから2つ選び，記号で答えなさい。

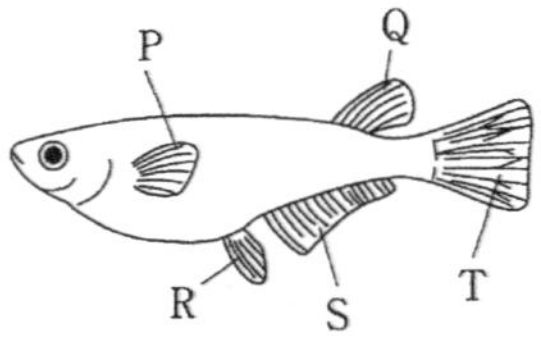

図1

〔2〕下線部②について，メダカの飼い方として最も適当なものを，次のア～エから1つ選び，記号で答えなさい。

ア．くみ置きの水を入れ，水草を植える。

イ．直射日光の当たる明るいところに水そうを置く。

ウ．えさは食べ残しが出るくらいの十分な量を，毎日１～２回あたえる。

エ．川原からとってきた小石やすなは，洗わずにそのまま水そうの底にしく。

〔3〕メダカは，水の中のプランクトンなどを食べています。緑色をしているプランクトンとして適当なものを，次のア～オからすべて選び，記号で答えなさい。

ア．ミジンコ　　　イ．ゾウリムシ

ウ．アオミドロ　　エ．ボルボックス　　オ．ワムシ

〔4〕次の文は，メダカのたまごのうみ方について述べたものです。①，②に当てはまる言葉として適当なものをア，イから１つずつ選び，記号で答えなさい。

> 産卵後のメダカのめすには，図１の①〔　ア．ＲとＳ　　イ．ＳとＴ　〕のひれの間にたまごがついている。めすは，②〔　ア．水草　　イ．水そうのかべ　〕にうんだたまごをつける。

〔5〕会話文中の　あ　に当てはまる内容を，15字以内で簡単に書きなさい。

勇さんと恵さんは，水そうのそうじをするときに気がついたことについて話し合いました。

勇さん：水そうのそうじをするときに，下にしいていたマットがへこんでいたよ。メダカの親を飼っている大きな水そうはマットが大きくへこんでいたのだけれど，たまごを入れる小さな水そうは，へこみが小さかったんだ。

恵さん：大きな水そうは水がたくさん入るし重いよね。マットのへこみには重さが関係しているのかな？

先　生：よいところに気がつきましたね。へこみと重さの関係を，次のような実験で調べてみましょう。ただし，ペットボトルや板の重さは考えなくてよいくらい軽いものを使っています。また，スポンジは加わる力に比例してへこむものとして考えましょう。

【実験２】図２のように，１辺の長さが2.0cmの正方形の板と水を入れたペットボトルをスポンジの上に置き，スポンジのへこみの大きさを調べた。ペットボトルの容器に入れる水の重さを変えて，それぞれのスポンジのへこみの大きさを調べたところ，表２のようになった。さらに，ペットボトルの容器に入れる水の重さを一定にして，板の１辺の長さを変えて，それぞれのスポンジのへこみの大きさを調べたところ，表３のようになった。

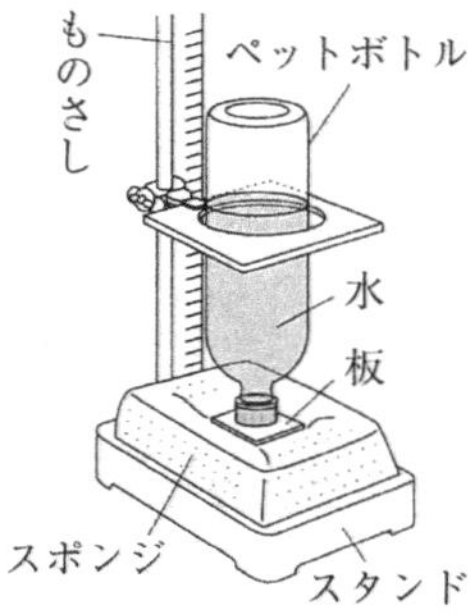

図２

表２

水の重さ〔g〕	200	400	600
へこみ〔cm〕	0.4	0.8	1.2

表３

板の１辺の長さ〔cm〕	2.0	4.0	8.0
へこみ〔cm〕	3.2	0.8	0.2

勇さん：ペットボトルの容器に入れる水の重さが大きくなると，スポンジのへこみも大きくなりました。やはり，へこみには重さが関係しているのですね。

恵さん：でも，表３の実験では，水の重さが一定なのに，へこみが変わっています。へこみに関係しているのは，水の重さだけではないということでしょうか？

先　生：実験の結果をよく読み取れましたね。実は，へこみには「圧力」が関係しています。圧力とは，一定の面積をおす力の大きさのことです。実験２では，力の大きさは水の重さと考えることができます。(圧力〔g/cm^2〕) ＝ (水の重さ〔g〕) ÷ (面積〔cm^2〕) の式で求めることができます。

勇さん：なるほど。では，１辺の長さが2.0cmの板と200 gの水を入れたペットボトルで実験を行ったときの圧力を求めてみます。……[い]g/cm^2 です。

先　生：はい。よく計算できましたね。

恵さん：表２では，面積が一定なので，水の重さが大きくなると，圧力も大きくなるので，スポンジのへこみも大きくなっているのですね。

勇さん：表３では，板の１辺の長さが２倍になると，板の面積は[う]倍になるので，圧力は[え]倍になるということですね。

先　生：その通りです。

〔６〕会話文中の[い]～[え]に当てはまる数を答えなさい。

〔７〕１辺の長さが2.0cmの板と800 gの水を入れたペットボトルで実験を行うと，スポンジのへこみは何cmになりますか。

〔８〕表３の実験で，ペットボトルに入れた水の重さは何gですか。

Ⅲ．温室効果ガスを排出《はいしゅつ》しないことから，水素を燃料として走る水素自動車が注目されています。水素自動車は，水素タンクにためておいた水素と空気中の酸素が結びつくときに生じる電気エネルギーによって，モーターをまわして車を走らせます。水素について調べるために，次の【実験１】，【実験２】を行いました。あとの〔１〕～〔７〕の問いに答えなさい。

【実験１】三角フラスコに0.5 gの亜鉛《あえん》を入れ，うすい塩酸を10cm^{3}加えて，発生した気体の体積をメスシリンダーで調べた。うすい塩酸の体積を，20cm^3，30cm^3，40cm^3，50cm^3，60cm^{3}にして，発生した気体の体積を調べ，表１にまとめた。

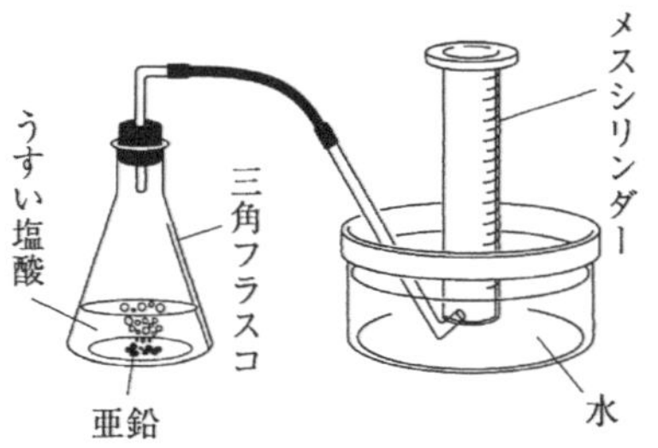

図１

表１

うすい塩酸の体積〔cm^3〕	10	20	30	40	50	60
発生した気体の体積〔cm^3〕	45	90	135	180	180	180

〔１〕水素の性質として最も適当なものを，次のア～エから１つ選び，記号で答えなさい。

ア．石灰水を白くにごらせる。

イ．水にぬらした赤色のリトマス紙を青色に変える。

ウ．マッチの火を近づけると音を立てて気体が燃える。

エ．火のついた線香を気体に入れると，線香が炎《ほのお》を上げて燃える。

〔２〕【実験１】の結果から，うすい塩酸の体積と発生した気体の体積の関係を表すグラフを図２にかき入れなさい。ただし，グラフは解答用紙に記入すること。

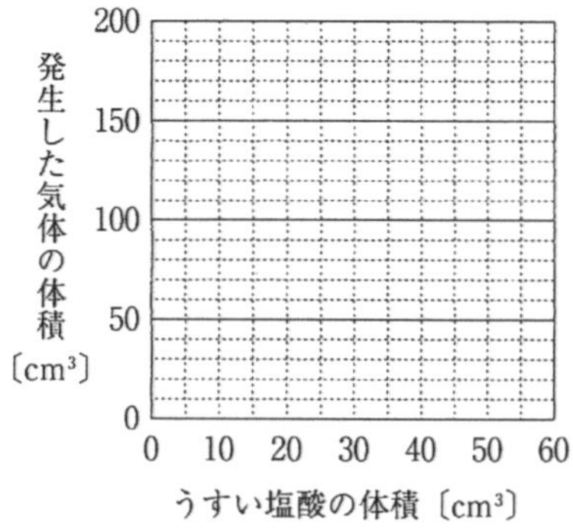

図２

〔３〕【実験１】で，亜鉛0.6 gにうすい塩酸を50cm^{3}加えたとき，発生する気体の体積は何cm^{3}になりますか。

酸素と水素の混合気体に点火すると，水ができます。また，酸素と水素が結びつくときの体積の割合は決まっています。

【実験２】図３のような装置で，酸素と水素の混合気体をプラスチックの筒《つつ》に入れて，点火装置を用いて点火した。Ａのとき，プラスチックの筒の中には気体が残らなかったが，Ｂ～Ｆのときは，プラスチックの筒の中に気体が残った。表２は，酸素と水素の体積の割合を変えた混合気体をプラスチックの筒に入れて点火したときの，筒の中に残った気体の体積をまとめたものである。

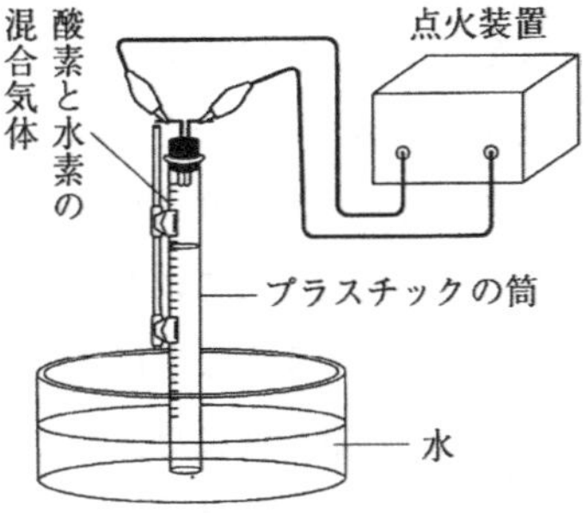

図３

表２

実験	A	B	C	D	E	F
酸素の体積〔cm^3〕	1	1	2	2	4	4
水素の体積〔cm^3〕	2	4	2	6	2	6
残った気体の体積〔cm^3〕	0	2	1	2	X	Y

〔４〕【実験２】で，Ｂ～Ｄのプラスチックの筒の中に残った気体は何ですか。適当なものを，次のア～ウからそれぞれ１つ選び，記号で答えなさい。

ア．酸素　　　イ．水素　　　ウ．酸素と水素の混合気体

〔５〕表２のＸ，Ｙに当てはまる数値をそれぞれ答えなさい。

〔６〕水素８cm^3と反応して，プラスチックの筒の中に酸素も水素も残らないようにするには，空気は何cm^3必要ですか。ただし，酸素は空気の体積の20％で，空気中には水素はふくまれておらず，空気中の酸素以外の気体は水素とは反応しないものとします。

〔７〕酸素と水素が結びついてできた水の質量は，結びついた酸素と水素の質量の合計と等しくなります。実験２のＡでできた水の質量は何ｇですか。答えは小数第５位まで求めなさい。ただし，酸素100cm^3の質量は0.13 g，水素100 cm^3の質量は0.008 gであるものとします。

Ⅳ．異常気象に関する次の文章を読んで，あとの〔1〕～〔7〕の問いに答えなさい。

近年，毎年のように異常気象が続き，集中豪《ごう》雨や台風などによって，日本各地に大きな被害《ひがい》をもたらしています。

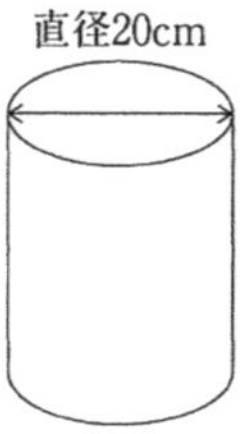

気象庁のホームページでは，集中豪雨について，「同じような場所で数時間にわたり強く降り，100mm から数百 mm の①雨量をもたらす雨」であることが説明されています。雨量とは雨の量のことです。雨量をはかる雨量計は，図のような直径 20cm の円柱のような形をしています。雨量は，1時間に雨量計の底にたまった水の量の深さで測定します。1 mm の雨量とは，1時間で雨量計に雨が1 mm たまるときの雨の量のことです。集中豪雨のときに 100mm の雨量であれば，1時間に図の雨量計に 10cm の雨がたまることになり，こう水や土砂くずれなど，さまざまな災害が起こることがあります。また，集中豪雨や局地的な大雨の原因の1つに，線状降水帯があります。線状降水帯は，次々に発生する②雨雲が列をなして，同じ場所に数時間とどまったり，通過したりすることでできる大雨が降る地域のことです。線状降水帯は，長さは 50 ～ 300km，幅《はば》は 20 ～ 50km くらいになります。

台風は，日本の南の海上で発生します。表は，東シナ海付近の 2021 年の月ごとの海水面のおよその温度と，台風が発生した数である発生数，台風が日本へ上陸した数である上陸数をまとめたものです。南の海上で，③海水が太陽の熱であたためられて蒸発し，水蒸気に変わります。南の海上は気温が高いため，大気中に多くの水蒸気をふくむことができます。水蒸気は，うずをまきながら上昇《じょうしょう》し，上昇した水蒸気は上空の冷たい空気で水《すい》滴《てき》になり，大きな雲をつくるのです。

表

	海水面の温度	台風の発生数	台風の上陸数
1月	25℃	0個	0個
2月	24℃	1個	0個
3月	26℃	0個	0個
4月	28℃	1個	0個
5月	29℃	1個	0個
6月	30℃	2個	0個
7月	30℃	3個	1個
8月	31℃	4個	1個
9月	31℃	4個	1個
10月	30℃	4個	0個
11月	27℃	1個	0個
12月	25℃	1個	0個

台風は上空十数 km もの高さに達する雲が集まったもので，この台風の雲はうずをまいていて，強い風がふいています。テレビやインターネットなどで④気象情報を調べて，備えることが大切です。

近年増えてきた異常気象は，地球温暖化が原因の1つであるといわれています。これは，気温の上昇によって，大雨の原因となる大気中の水蒸気量が増えるからです。

〔1〕下線部①の雨量について，図の直径 20cm の雨量計のかわりに，直径 10cm の円柱型の容器を用意して，雨量をはかりました。この容器に 1 時間で雨水が深さ 4 mm たまったときの雨量として最も適当なものを，次のア～エから 1 つ選び，記号で答えなさい。

ア．1 mm　　イ．2 mm　　ウ．4 mm　　エ．8 mm

〔2〕下線部②の雨雲について，線状降水帯や台風などをつくる雨雲として最も適当なものを，次のア～エから 1 つ選び，記号で答えなさい。

ア．けん雲　　イ．高積雲　　ウ．乱層雲《らんそううん》　　エ．積乱雲

〔3〕表の海水面の温度と台風の発生数や上陸数について説明した文として最も適当なものを，次のア～エから 1 つ選び，記号で答えなさい。

ア．台風の発生数が多いほど，台風の上陸数も多くなる。

イ．太陽の高度が最も高くなるときに，海水面の温度も最も高くなる。

ウ．台風が上陸する可能性が高くなるのは，東シナ海の海水面の温度が 30℃以上のときである。

エ．東シナ海の海水面の温度が 25℃以下になると，台風は発生しなくなる。

〔4〕下線部③について，海水は太陽の熱のエネルギーによって蒸発し，水蒸気になります。上昇した水蒸気が上空で水滴に変わるときには，反対にエネルギーを放出します。このエネルギーが台風のエネルギーになります。エネルギーは「kJ（キロジュール）」の単位を用いて表すことができ，25℃の水1Lを蒸発させるのに必要なエネルギーは2442kJです。

（1）水が固体，液体，気体と状態を変えることを状態変化といいます。水の状態変化と体積について説明した文として最も適当なものを，次のア～エから1つ選び，記号で答えなさい。

ア．固体→液体→気体と変化するほど，1gあたりの体積が大きくなる。

イ．固体→液体→気体と変化するほど，1gあたりの体積が小さくなる。

ウ．1gあたりの体積は固体が最も小さく，気体が最も大きい。

エ．1gあたりの体積は液体が最も小さく，気体が最も大きい。

（2）水1gの温度を1℃上昇させるために必要なエネルギーは4.2Jです。例えば，水10gを5℃上昇させるために必要なエネルギーは210Jとなります。では，25℃の水の温度を100℃まで上昇させるときに，25℃の水1Lを蒸発させるのに必要なエネルギーと同じ量のエネルギーを使うとすると，何gの水の温度を上昇させることができますか。四捨五入して，整数で答えなさい。ただし，1kJ = 1000Jとします。

〔5〕台風の中心が上陸すると，台風の勢力は急におとろえます。これはなぜですか。「水蒸気」という言葉を使って，理由を簡単に説明しなさい。

〔6〕下線部④について，日本全国に約1300か所ある観測所で自動的に観測を行い，降水量，風向・風速，気温などの気象データを集める気象庁の観測システムを何といいますか。

〔7〕台風の被害の一つに，海水面が高くなる高潮《たかしお》があります。高潮は，台風が近づくことで気圧が低くなったり，強い風が沿岸《えんがん》に向かってふいたりすることで，海水面の高さが高くなります。気圧は「hPa（ヘクトパスカル）」の単位を用いて表すことができます。ある台風が沿岸に接近しているとき，接近の3時間前の気圧は980hPaで，最も接近したときの気圧は940hPa，海水面は980hPaのときよりも150cm高くなりました。このとき，強い風が沿岸に向かってふくことによって，海水面は何cm高くなっていますか。ただし，気圧が1hPa下がると海水面が1cm上昇することがわかっており，海水面の高さは台風が近づいたことによってのみ変化したものとします。

2023年度C

社　会

（全13ページ）

（40分）

注意事項

1．受験番号，氏名および解答はすべて解答用紙に記入しなさい。

2．問題用紙に解答を書きこんでも採点されません。

3．解答は，ていねいに書きなさい。

4．解答は，すべて定められたところに記入しなさい。

Ⅰ．次の問いに答えなさい。

地図

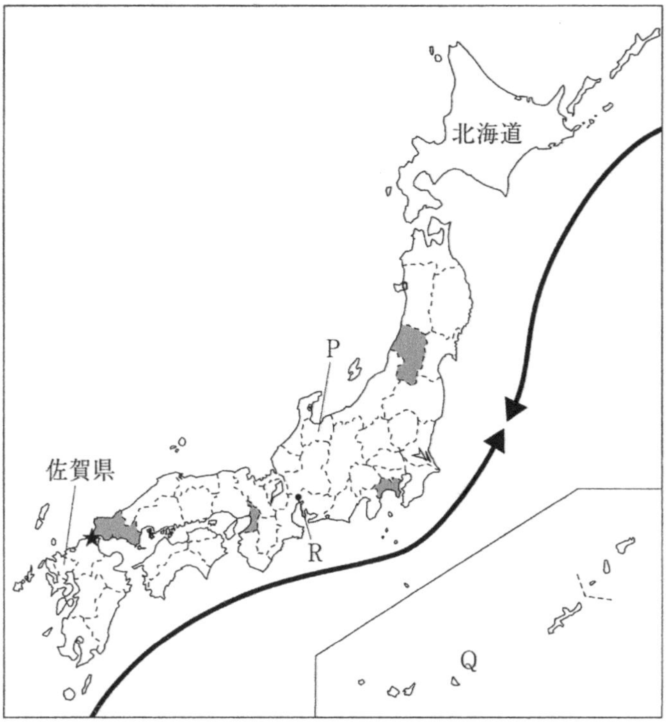

〔1〕次の文章は，地図中に━━▶で示した海流について説明したものである。文章中の［　X　］～［　Z　］にあてはまる語句を，それぞれ**漢字２字**で答えなさい。

> 岩手県から宮城県に連なる三陸《さんりく》海岸の沖合では，寒流の［　X　］海流と暖流の［　Y　］海流がぶつかる［　Z　］となっている。［　Z　］は，寒流と暖流それぞれにすむ魚が集まり，また，えさとなるプランクトンも多いため魚が繁殖《はんしょく》しやすく，好漁場となっている。

〔2〕次の表1中のア～エは，地図中に　　で示した4都道府県のいずれかを示している。瀬戸内《せとうち》工業地域に位置する都道府県を示しているものを，ア～エの中から1つ選び，記号で答えなさい。

	工業出荷額（億円）				
	合計	せんい	化学工業	電子部品・デバイス・電子回路	輸送用機械器具
ア	178722	431	19683	3840	37500
イ	65735	565	19791	673	11825
ウ	28679	489	2680	5008	1267
エ	172701	3037	16635	3936	15699

（統計年次は2019年，2022年版『データでみる県勢』より作成）

表1

〔3〕次の資料1は屋敷林《やしきりん》で囲まれた家，図1は地図中のP・Qのいずれかの県の農業産出額割合を示している。資料1が見られる県の位置とその県の農業産出額割合の組み合わせとして正しいものを，あとのア～エの中から1つ選び，記号で答えなさい。

資料1　屋敷林で囲まれた家

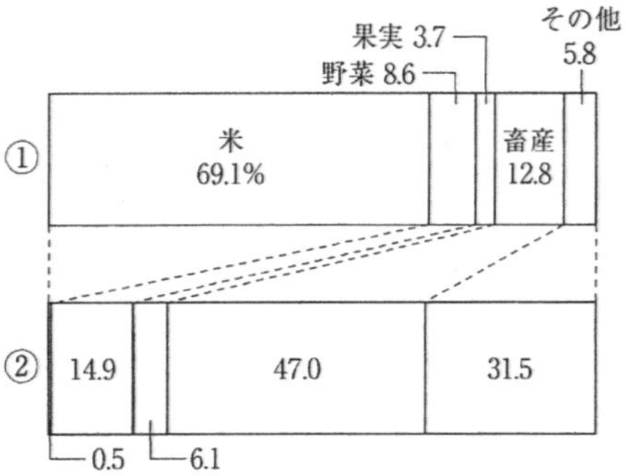

（統計年次は2019年，2022年版『データでみる県勢』より作成）

図1

ア　位置－P　割合－①　　イ　位置－P　割合－②

ウ　位置－Q　割合－①　　エ　位置－Q　割合－②

〔4〕地図中の佐賀県は，日本有数のアスパラガスの産地である。次の図2はアスパラガスの東京都中央卸売市場への月別出荷量，図3は地図中の佐賀県（佐賀市），メキシコの都市（プエルトペニャスコ）の気温と降水量を示したものである。メキシコからの輸入時期の特色を，気候にふれて，簡単に説明しなさい。

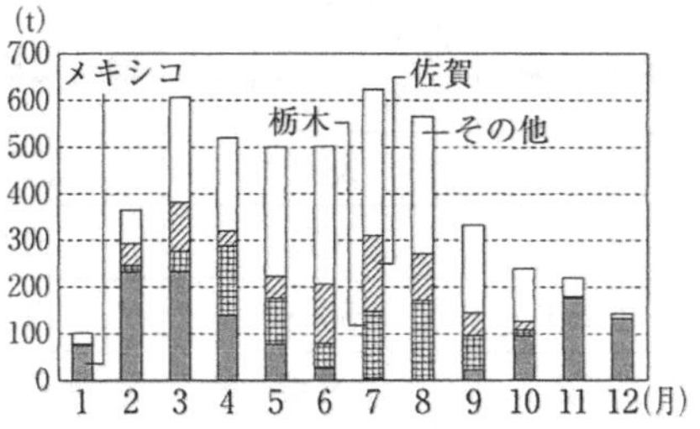

（統計年次は2021年。東京都中央卸売市場資料より作成）

図2

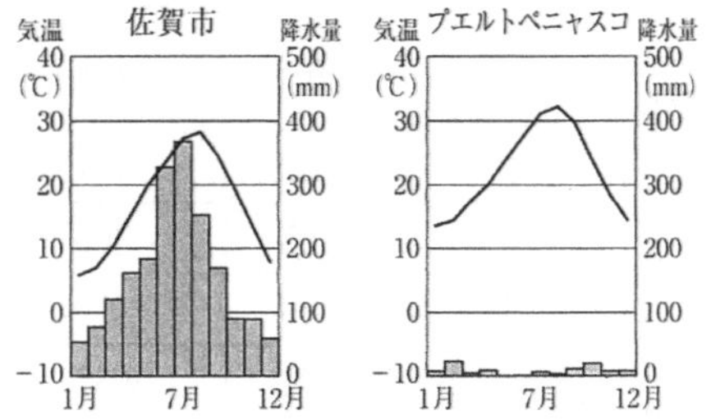

（『理科年表2022』などより作成）

図3

〔5〕次の図4は，地図中の北海道で行われている農作物の栽培《さいばい》方法を説明したものである。このような栽培方法を何というか，答えなさい。

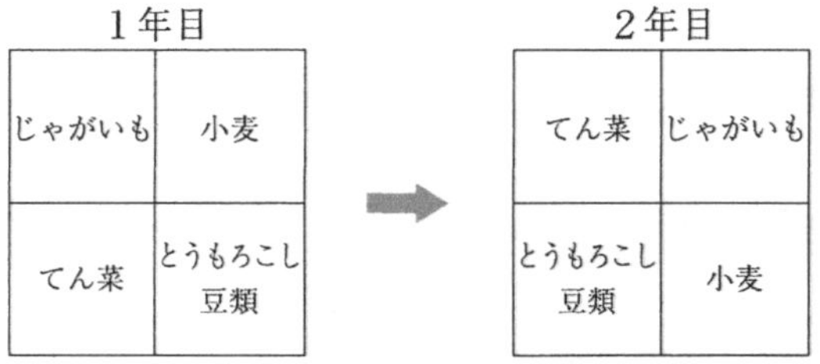

図4

〔6〕地図中の★には，2015年に登録された世界遺産の構成資産の1つが位置しています。この構成資産でつくられているものを，1960年と2020年の日本の輸出品割合を示した次の図5中のア～エから1つ選び，記号で答えなさい。

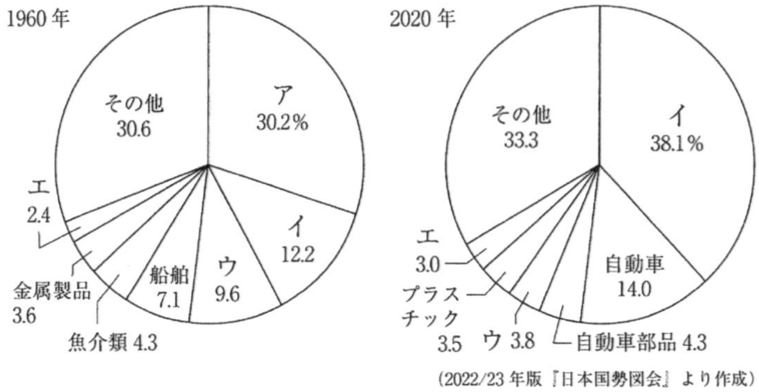

（2022/23年版『日本国勢図会』より作成）

図5

〔7〕地図中のRの都市において，発生しやすい自然災害への対策としてどのような家づくりが行われているか，あてはまるものを，次のア～エの中から１つ選び，記号で答えなさい。

ア　屋根のかたむきを急にしたり，屋根を温めることができるようにしている。

イ　家のまわりを石垣や樹木で囲ったり，コンクリートづくりの家にしたりしている。

ウ　町のまわりを堤防で囲い，石垣の上の高いところに家を建てている。

エ　玄関や窓を二重にして，水道管は地中の深いところを通るようにしている。

〔8〕次の図６は日本の７地方についての面積と人口に占める割合を示したもの，資料２は図６中のア～エの地方のいずれかについて述べたものである。資料２があてはまる地方を，ア～エの中から１つ選び，記号で答えなさい。また，この地方名を答えなさい。

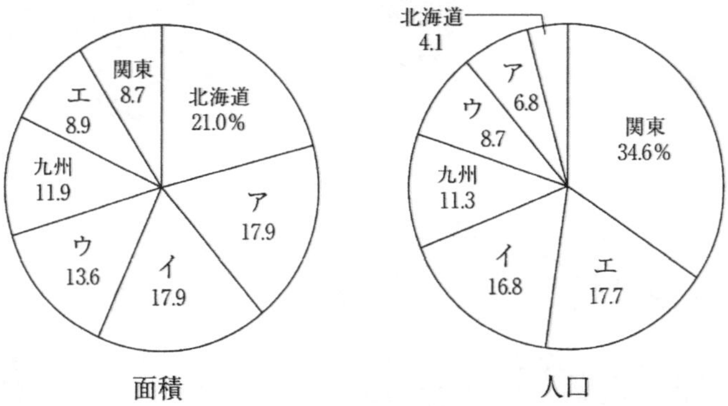

（統計年次は 2020 年。2022/23 年版『日本国勢図会』より作成）

図６

資料２

> この地方は，政治や文化の中心であった時代が長く，歴史的な都市が数多くある。また古い歴史を持つ港は国際的な貿易港にも成長し，異国情緒《じょうちょ》あふれる街並みが形成された。多くの人が集まる都市向けに野菜の栽培もさかんで，「九条《くじょう》ねぎ」「大和《やまと》いも」などの在来種が現在では地域おこしにも利用されている。

Ⅱ．次のA～Fの写真について，あとの問いに答えなさい。

A

B

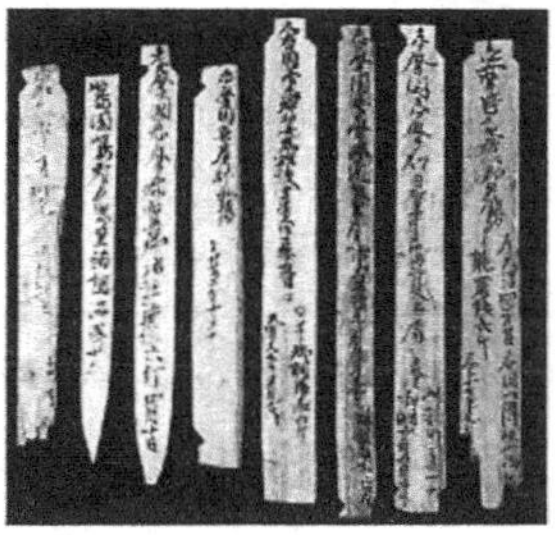

C

D

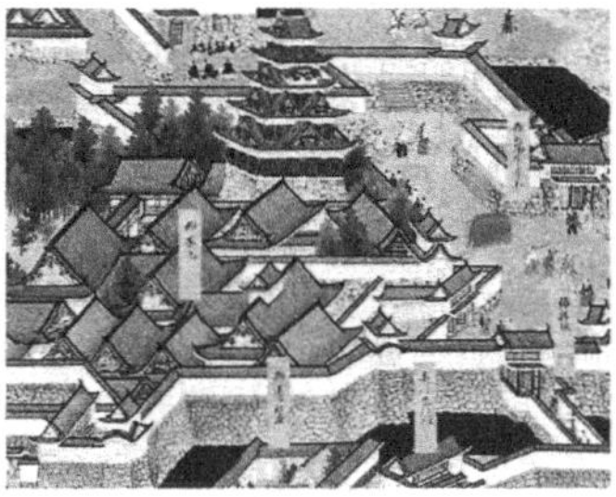

E

F

聯盟よさらば！遂に協力の方途盡

總會，勸告書を採擇し
我が代表堂々退場す
四十二對一票，棄權一

支那側勸告受諾
第六項の權利強調

けふ閣議で正式に
脫退方針を決定
聯盟離脫の最終手續

〔1〕写真Aは，野尻湖《のじりこ》で発見されたナウマンゾウの牙《きば》などの化石である。写真Aについて述べた次の文章中の[あ]・[い]にあてはまる語句の組み合わせとして正しいものを，あとのア～エの中から1つ選び，記号で答えなさい。

> [あ]大陸で生まれた人類は，やがて食料であるナウマンゾウなどを追って日本列島にやってきたと考えられている。当時は地球が[い]だったため海面が低く，大陸とつながっており，歩いて移動できた。

ア　[あ]－ユーラシア　[い]－寒冷
イ　[あ]－ユーラシア　[い]－温暖
ウ　[あ]－アフリカ　[い]－寒冷
エ　[あ]－アフリカ　[い]－温暖

〔2〕写真Bは，平城京《へいじょうきょう》跡で出土した木簡《もっかん》である。次の問いに答えなさい。

（1）次の文章は，写真Bの木簡に書かれている文字と内容について説明したものである。文章中の□に共通してあてはまる語句を，あとのア～エの中から1つ選び，記号で答えなさい。

> 写真Bの木簡は，このころの成年男子に課せられていた税の一種である□につけられた荷札である。同じような木簡に，例えば，「志摩国《しまのくに》志摩郡道後里《どうごのり》 戸主証直猪手《あかしなおいて》 戸口同身麻呂《みまろ》 御□海松《うみまつ》六斤《きん》」と書かれているものがある。これは，志摩国志摩郡道後里に住む証直猪手という人物を戸主とする証直身麻呂が，□として海松（海藻《かいそう》の一種）を6斤納入したという記録である。

ア　雑徭　　イ　調　　ウ　租　　エ　防人

（2）右の資料1は，写真Bの時代の筑前《ちくぜん》国嶋《しま》郡（現在の福岡県）の戸籍《こせき》の一部を，わかりやすく書きかえたものである。資料1の戸籍において，口分田を支給された人数を，**算用数字**で答えなさい。

資料1

筑前国嶋郡戸籍川辺里

	名前	年齢
戸主	卜部乃母曽	年四十九歳
母	葛野部伊志売	年七十四歳
妻	卜部甫西豆売	年四十七歳
男	卜部久漏麻呂	年十九歳
男	卜部和哥志	年六歳

〔3〕写真Cは，元《げん》軍が九州北部に襲来《しゅうらい》したときのようすを描《えが》いたものである。元軍の襲来による影響《えいきょう》について述べた文として正しいものを，次のア～エの中から1つ選び，記号で答えなさい。

ア　恩賞《おんしょう》が十分にあたえられなかった御家人が，幕府への不満を強めた。

イ　朝鮮《ちょうせん》半島から来た陶工《とうこう》によって，焼きものづくりの技術が伝わった。

ウ　下剋上《げこくじょう》の風潮《ふうちょう》が高まり，全国で戦国大名《だいみょう》が台頭した。

エ　将軍《しょうぐん》と御家人《ごけにん》の間に，御恩《ごおん》と奉公《ほうこう》の関係が築かれた。

〔4〕写真Dは，江戸《えど》城を描いたもので，右の資料2は江戸城の歴史の一部をまとめたものである。次の問いに答えなさい。

資料2　江戸城の歴史

年代	できごと
1590	徳川家康《とくがわいえやす》が入城する
1638	天守閣《てんしゅかく》が完成する
1657	明暦《めいれき》の大火で天守閣などが焼失する
	↕ X
1868	江戸城を無血開城する

（1）資料2中の下線部の後，江戸では，民衆からの意見をもとに，民間の消防隊として，町火消《まちびけし》がつくられた。江戸幕府《ばくふ》はどのようにして民衆の意見を幕政に取り入れたのか，簡単に説明しなさい。

（2）資料2中のXの時期に起こったできごととして**誤っているもの**を，次のア～エの中から1つ選び，記号で答えなさい。

ア　武力による統治から，礼儀《れいぎ》や儀式によって社会を安定させようという政治に変換《へんかん》していく中，生類憐《しょうるいあわれ》みの令が出された。

イ　政治の実権を天皇に返す大政奉還《たいせいほうかん》が行われたことを受けて，王政復古《おうせいふっこ》の大号令《だいごうれい》が出された。

ウ　幕府の財政を立て直すため，大名の参勤交代《さんきんこうたい》を緩《ゆる》める代わりに米を献《けん》上《じょう》させる上米《あげまい》の制が行われた。

エ　貿易や宗教を統制するために，日本人の出国と帰国を禁止し，出島《でじま》を築いてオランダ商館を移設した。

〔5〕写真Eは，明治《めいじ》時代初めの銀座《ぎんざ》を描いたものである。次の問いに答えなさい。

（1）写真Eについて述べた次の文章の下線部の政策を何というか，**ひらがな7字**で答えなさい。

> 銀座の街並みの変化は，鹿鳴館の建設と並び，井上馨《いのうえかおる》が中心となって進めた政策を代表するものである。この政策は条約改正を目標としていた。

（2）写真Eのころの社会のようすとして最も適切なものを，次のア～エの中から1つ選び，記号で答えなさい。

ア　前島密《まえじまひそか》が郵便制度の創設に尽力し，全国に郵便網が広まった。

イ　ラジオ放送が始まり，新聞と並ぶ情報メディアに成長した。

ウ　庶民《しょみん》の間で，御伽草子《おとぎぞうし》とよばれる絵入りの物語がさかんに読まれた。

エ　女性がタイピストや車掌《しゃしょう》といった職業に就き，女性の社会進出が進んだ。

作文問題

立命館大学の総長であった末川《すえかわ》博《ひろし》先生は「未来を信じ　未来に生きる」という言葉を学生たちに残しました。そこで「あなたの考える、より良い未来」とはどのようなものでしょうか。具体的な例をあげて、くわしく書いてください。

二〇二三年度C　入学試験　国語解答用紙

受験番号

氏名

※受験番号は算用数字で記入すること。

一

問一
① エンソウ
② サンラン
③ タらす
④ 綿密
⑤ 参拝

問二
①
②
③
④
⑤

問三
①
②
③
④
⑤

問四
①
②
③
④
⑤

二

問一

問二

問三

問四

50

問五

50

採点欄

〔4〕	の総数	本
	5本以上10本未満 持ってきた人	人

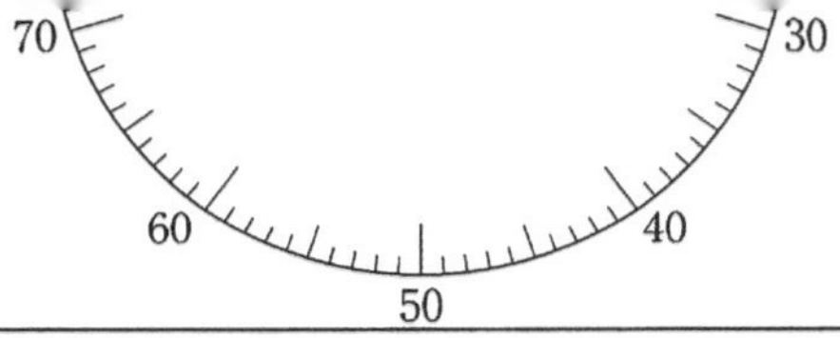

Ⅳ

〔1〕	m	〔2〕	ア		イ	
〔3〕	毎分　　　m					
〔4〕	答え　　　m					
	求め方					
〔5〕	分後					

合計	※120点満点 （配点非公表）

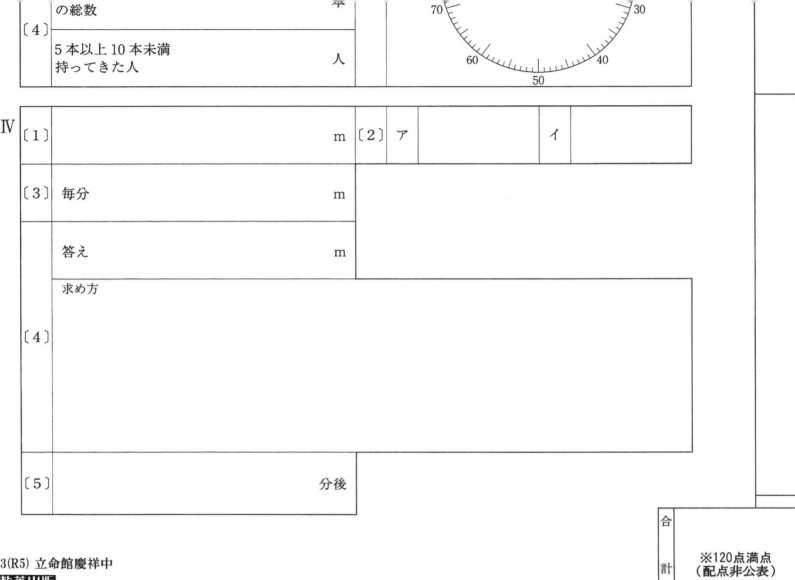

〔7〕	cm	〔8〕	g

Ⅲ

〔1〕		〔3〕	cm³				
〔2〕	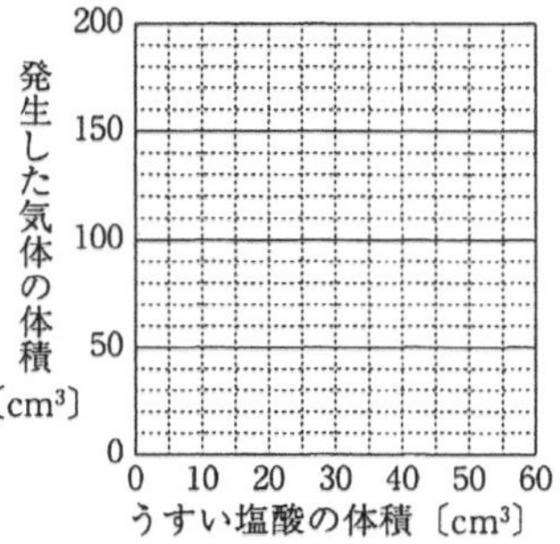	〔4〕	B		C		
			D				
		〔5〕	X		Y		
		〔6〕	cm³		〔7〕	g	

Ⅳ

〔1〕		〔2〕		〔3〕	
〔4〕	（1）		（2）	g	
〔5〕					
〔6〕		〔7〕	cm		

合計	※80点満点 （配点非公表）

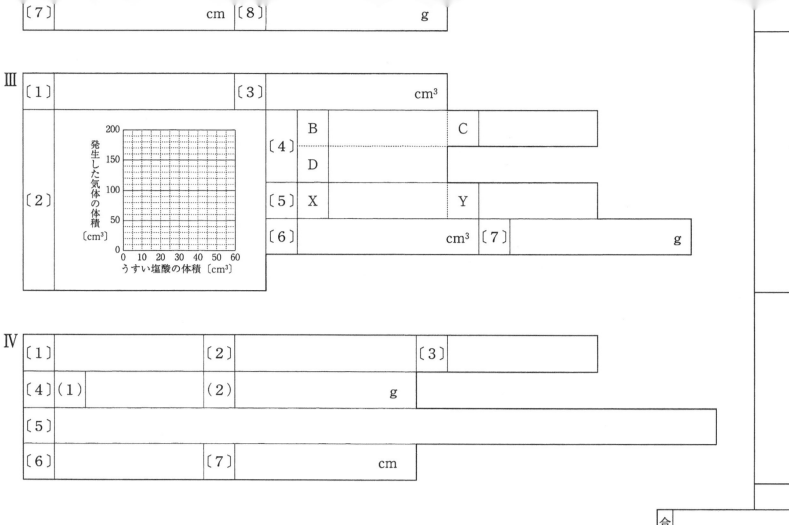

〔4〕				〔5〕	時	〔6〕	
〔7〕							

◆の印から横書きで書き，途中で改行せず続けて書きなさい。（、や「 」などの記号は一字と数えます。）

Ⅳ ◆

100

200

合計	※80点満点 （配点非公表）

2023(R5) 立命館慶祥中

受験番号

氏名

※受験番号は算用数字で記入すること。

学校使用欄

100

（評価基準非公表）

800 700 600

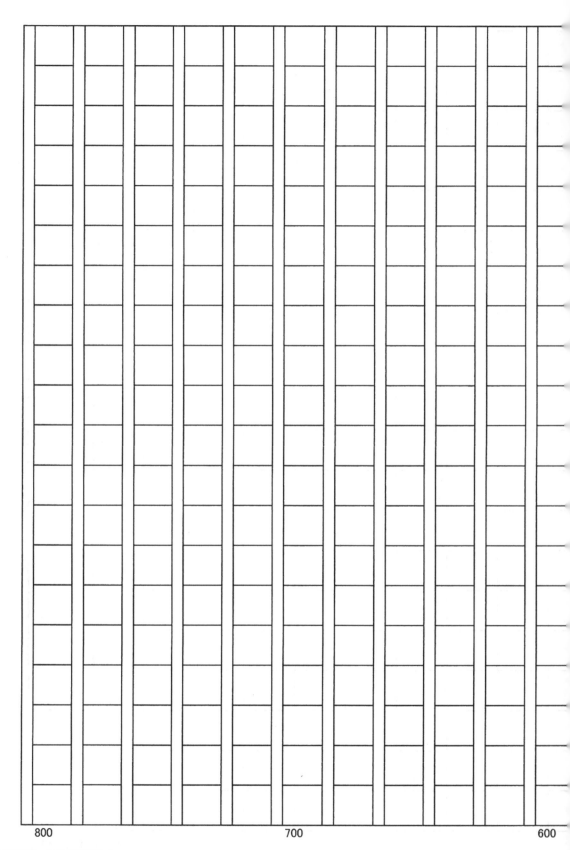

裏面

500

400

300

200

2023年度C　入学試験　社会解答用紙

受験番号				氏名

※受験番号は算用数字で記入すること。

採点欄

Ⅰ

〔1〕	X			Y			Z			〔2〕		〔3〕	
〔4〕													
〔5〕		〔6〕		〔7〕									
〔8〕	記号		地方名	地方									

Ⅱ

〔1〕		〔2〕	(1)		(2)	人	〔3〕									
〔4〕	(1)		(2)													
〔5〕	(1)								(2)		〔6〕	(1)			(2)	
〔7〕	記号		人物名													

Ⅲ

〔1〕	

【解答

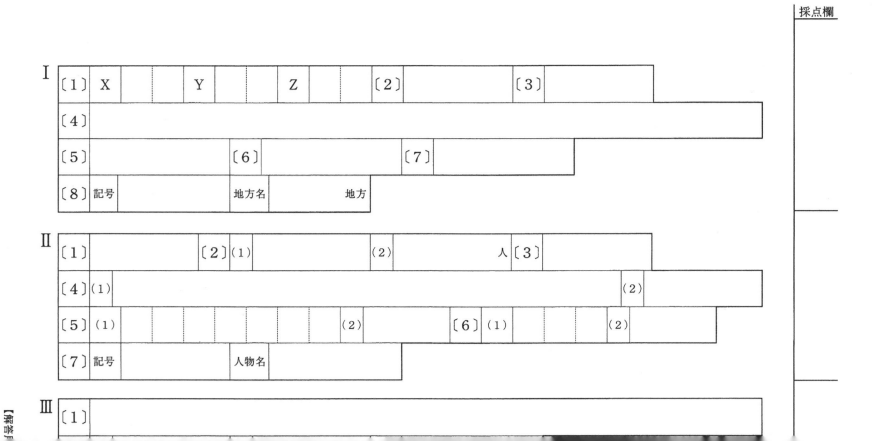

２０２３年度Ｃ　入 学 試 験　理科解答用紙

受験番号				氏名

※受験番号は算用数字で記入すること。

採点欄

Ⅰ

〔1〕	(1)			(2)	mA
〔2〕	(1)			(2)	mL
〔3〕	(1)	①		②	
	(2)	①		②	
〔4〕	(1)			(2)	
〔5〕	(1)		%	(2)	

Ⅱ

〔1〕	と	〔2〕		〔3〕	
〔4〕	①		②		
〔5〕					

２０２３年度C　入 学 試 験　算数解答用紙

受　験　番　号				氏　名

※受験番号は算用数字で記入すること。

採点欄

Ⅰ〔1〕		〔2〕		〔3〕	
〔4〕		〔5〕		〔6〕	

Ⅱ〔1〕	㋐	度	㋑	度	〔2〕	cm^2	
〔3〕	(1)	cm	(2)	cm^3			

Ⅲ〔1〕	約　　人	
〔3〕	人分	

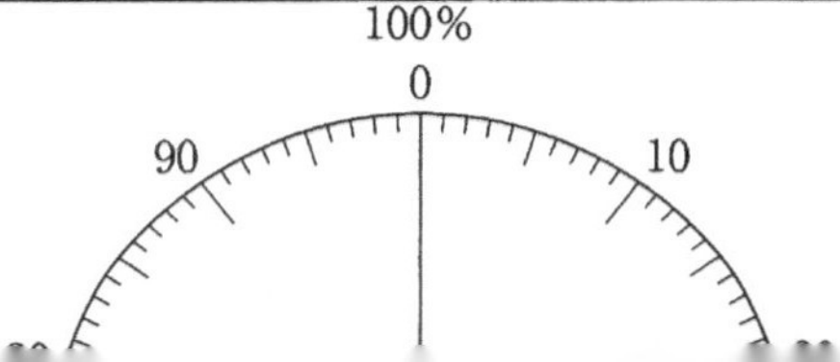

【解答

三

問一

50

問二

問三

60

問四

40

問五

四

◆の印から縦書きで書きなさい。途中《とちゅう》で改行せず、続けて書きなさい。

◆

70

80

※120点満点
（配点非公表）

合　計

二〇二三年度

作文試験

（全１ページ）

（30分）

注意事項

一　受験番号・氏名および作文は、すべて作文用紙に記入しなさい。
二　問題用紙に文章を書きこんでも採点されません。
三　縦書きで書くこと。
四　書き出しと段落の最初は、一マス空けること。
五　句読点や「　」（　）なども原則として一マス使うこと。ただし、行の先頭にきてしまう場合は、前の行の最後のマスに付け加えること。
六　文字数の指定はありません。ただし、配布された作文用紙の中におさまるように記入しなさい。（裏面も使ってよいです）

〔6〕写真Fは，日本が国際連盟を脱退することを報じた新聞の一部である。次の問いに答えなさい。

（1）右の資料3は，日本が国際連盟を脱退したことと関わりが深い調査団の調査の様子である。資料3の調査団が，調査の結果，建国を認めなかった国の国名を，**漢字3字**で答えなさい。

資料3

（2）写真Fよりあとに起こったできごととして正しいものを，次のア～エの中から1つ選び，記号で答えなさい。

ア　加藤高明《かとうたかあき》内閣によって，25歳以上の男子に選挙権を与える普通《ふつう》選挙法が成立した。

イ　近衛文麿《このえふみまろ》内閣のもとで，すべての政党が解散され，大政翼賛会《たいせいよくさんかい》にまとめられた。

ウ　海軍青年将校らによって内閣総理大臣である犬養毅《いぬかいつよし》が暗殺される五・一五事件が起こった。

エ　与謝野晶子《よさのあきこ》が出征《しゅっせい》した弟の身を案じて，「君死にたまふ《(う)》ことなかれ」を発表した。

〔7〕次の資料4は，ある時代に描かれた樺太《からふと》の地図である。2つの地図を比較《ひかく》すると，樺太に関する大きな変化が見られる。樺太が変化後の形であると確認された時代の写真を，A～Fの中から1つ選び，記号で答えなさい。また，樺太の形を確認した人物名を，答えなさい。

資料4

変化前　　変化後

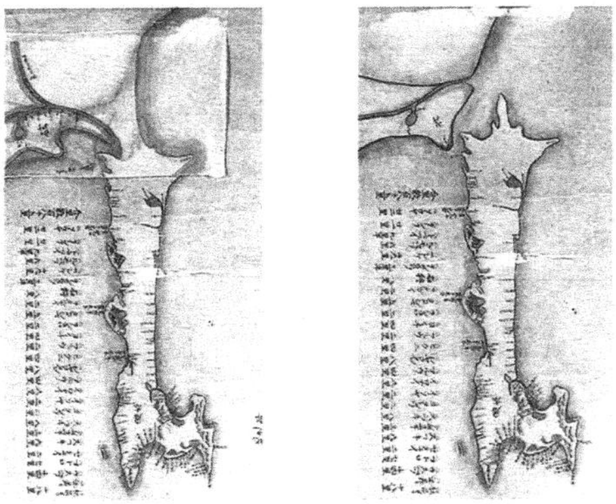

Ⅲ．地域の再生に関する次の文章を読んで，あとの問いに答えなさい。

日本再生と地方創生

事業創生を主題とした会議に出ることが多い。よく出てくる言葉に「日本再生」と「地方創生」がある。日本は労働生産性が上がらず，デジタルによる社会と①産業構造の改革が進まず，②労働人口は減少している。その中で，「国内総生産（GDP）が中国に抜《ぬ》かれたが，我々はまだ世界第3位の経済大国だ，日本を再興しよう」という大国意識も残っている。社会学者ヴォーゲルの著書ジャパン・アズ・ナンバーワン（1979）が述べた日本経済の黄金期は幻想《げんそう》に過ぎなかった。我々の今持つ国力を超えた幻想を見たが故《ゆえ》に製造業モデルからの転換《てんかん》，世界で生きていくという行動規範《きはん》の醸成《じょうせい》が遅《おく》れた。そのような状況で，米国・中国の③巨大IT（情報技術）プラットフォーマーとどう向き合えば良いですか？　という国力を超えた議論には個人的に参加できていない。

日本の地域産業と世界企業との関わり

先月，理事を務める社会システムデザインセンターで“日本美”指向による社会システムデザインというパネル討議をイタリア，スウェーデンからのパネリストも得て行った。主旨はGDPでもなく労働生産性でもなく，④ウェルビーイング（善《よ》いあり方，誰《だれ》かにとって本質的に価値のある状態）に関するものであった。

パネリストの一人である，公立はこだて未来大学，田柳恵美子《たやなぎえみこ》教授は以下を述べた。

経済のグローバル化に伴い，世界的な産業の特化が広く深く進んだ結果，世界経済の富は⑤ロンドン，ニューヨーク，東京などの限られた一部の先進地域と北西ヨーロッパに集中している。しかし一方で，この20年の間に，都市，地域，コミュニティの階層は大きく変化した。グローバルな競争と地域間の協力という選択肢《せんたくし》が，それぞれの生き残りをかけて生み出されている。以下の実例が挙げられた。

「MIYABI」という包丁《ほうちょう》はご存知だろうか。世界のプロの料理人向けの高級品として知られている。ドイツの刃物製造の90%は1990年代には関《せき》や燕三条《つばめさんじょう》などの日本の刃物産地に移転された。その上でゾーリンゲンのトップ企業《きぎょう》が，日本の伝統的和包丁の技術を学ぶために，地元の関市の職人と新しい会社を立ち上げ，研究開発に取り組んだ結果だ。

もう一つの例は，北海道函館《はこだて》とフランスのブルゴーニュ地方とのワイナリー産業のコラボだ。フランスの職人たちは，函館に定住して自社のブドウ畑を耕し，2020年からすでに北海道産のブドウだけを使ったヴィンテージを発表している。函館ではここ数年，自然派志向のワイナリーの参入を契機《けいき》に新規参入者が急増しており，⑥全国から畑の収穫《しゅうかく》を手伝いにワインマニアも集《つど》うと聞く。ほんの10年ほど前までは，函館ではそんなことが起こるとは誰も思っていなかったそうだ。

地域産業の再生

グローバルなコラボ以外では，小さな地域の再生が進む気配がみえる。代表的な例は徳島県神《かみ》山《やま》町で，人口は4700人だが，ITベンチャーのサテライトオフィスを開設するなどして人口が増加している。2023年には独自の高専を新設する予定だ。

今後，地域産業の経営人材不足が待ったなしの事業承継《しょうけい》問題として顕在《けんざい》化する。我々は既存《きそん》の社会構造の外側にあるものにもっと目を向ける必要がある。地域で高級刃物を作る，ワインを作る，学校を作る。地域でもグローバルに商売相手と人材を探すことはできる。それには⑦首長と地域産業のリーダーシップが重要だ。応援《おうえん》したい。

（NTTドコモ「コラム：イノベーション創発への挑戦」『ウェルビーイングな地域のあり方』より作成，一部改変）

〔1〕下線部①について，次の図1は第一次世界大戦前後の日本の産業構造，図2は同時期の日本の貿易の変化を示したものである。第一次世界大戦中に日本の産業構造はどのように変化したか，変化した理由とともに説明しなさい。なお，説明には次の用語を必ず用いること。

〔用語： 欧米諸国《おうべいしょこく》　工業製品 〕

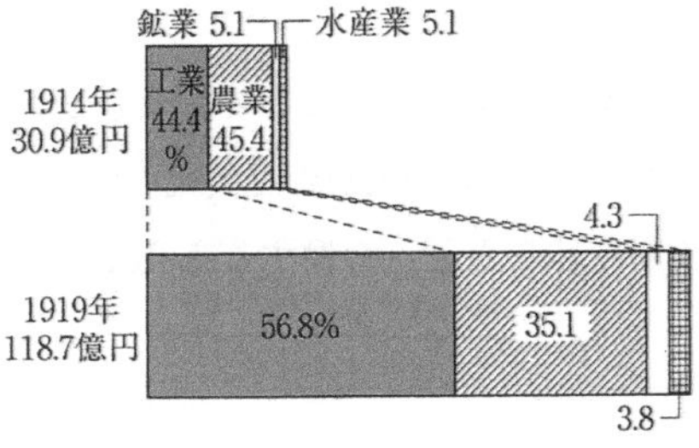

（『日本資本主義発達史年表』より作成）

図1

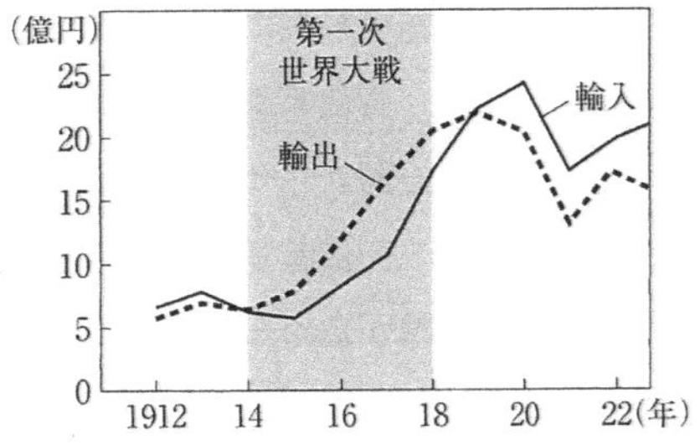

（『明治以降本邦主要経済統計』より作成）

図2

〔2〕下線部②について，次の問いに答えなさい。

（1）日本国憲法では，国民は勤労《きんろう》の権利を有していると規定されている。基本的人権のうち，勤労の権利と同じく社会権によって保障されていることがらとして正しいものを，次のア～エの中から1つ選び，記号で答えなさい。

ア　だれでも，自分がなりたい職業を選ぶことができる。

イ　生活が困窮《こんきゅう》したときでも，最低限度の生活をおくることができる。

ウ　満18歳以上の男女は，選挙で投票することができる。

エ　裁判の際，自分が言いたくないことは言わなくてもよい。

（2）現代の労働について述べた文として**誤っているもの**を，次のア～エの中から1つ選び，記号で答えなさい。

ア　日本では，少子高齢化で働く人の数が減っており，対策として会社を定年した人の再雇用《さいこよう》や，外国人労働者の受け入れなどが行われている。

イ　国際連合の専門機関であるユネスコは，活動の一環《いっかん》として児童労働問題の解決に取り組んでいる。

ウ　労働時間を短縮し，休暇《きゅうか》制度を充実《じゅうじつ》させることで，仕事と個人の生活を両立させるワーク・ライフ・バランスの実現が重要視されている。

エ　労働基準法では，労働時間や休日など，労働するうえでの最低限の基準が定められている。

〔3〕下線部③について述べた次の文章中の［　あ　］・［　い　］にあてはまる語句の組み合わせとして正しいものを，あとのア～エの中から1つ選び，記号で答えなさい。

> プラットフォーマーとは，インターネットなどを利用して事業を行うときに，事業の基盤《きばん》となる情報システムや通信システムを提供している企業のことである。現在では，こうした基盤を提供しながら膨大《ぼうだい》な情報を収集してビジネスを展開している巨大IT企業を指すことが多くなっている。私たちが日常的に使用する検索《けんさく》サービスやＳＮＳサービス，インターネット・ショッピングサービスなどを通じ，プラットフォーマーは膨大な個人情報を収集しており，それがいつ，どう使われるかを利用者が把握《はあく》するのはほぼ不可能である。また，インターネット上では，一度拡散された情報を消去することはほとんど不可能であり，情報が半永久的に残り続けることから「デジタルタトゥー」ともよばれる。
>
> このような中で，個人の要求によってデータを消去することができる「忘れられる権利」が提唱されている。一方で，「忘れられる権利」は，従来から求められてきた，情報を受け取る側の［　あ　］や情報を発信する側の［　い　］の自由などと対立することとなるため，どう両立するかという課題がある。

ア　［　あ　］－自己決定権　［　い　］－表現

イ　［　あ　］－自己決定権　［　い　］－思想

ウ　［　あ　］－知る権利　［　い　］－表現

エ　［　あ　］－知る権利　［　い　］－思想

〔4〕下線部④について，ウェルビーイングという言葉は，1948年に設立された世界保健機関が掲げる憲章の中にも出てくるものである。この世界保健機関の略称を，**アルファベット3字**で答えなさい。

〔5〕下線部⑤の都市に暮らす，Aさん，Bさん，Cさんがオンラインで電話をしようとしている。次の図3は3都市の位置，資料4は3人の予定を示したものである。1時間電話をする場合，Bさんが電話をかけ始める時間として最も適切な時間を，日本時間で，午前・午後を明らかにして答えなさい。（サマータイムは考えないものとします。）

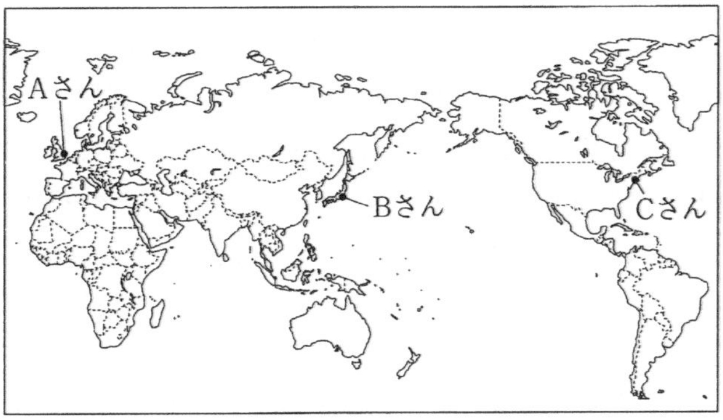

図3　3都市の位置

資料4　3人の予定

Aさん：午前10時から午後6時まで空いているよ。
Bさん：午後10時までに電話が終われば，大丈夫だよ。
Cさん：ロンドンとの時差は5時間だね。午前7時から正午まで空いているよ。

〔6〕下線部⑥について，農作物の収穫体験などをはじめとして，農村や漁村地域において自然，文化，人々との交流を楽しむ滞在型の観光を何というか，答えなさい。

〔7〕下線部⑦について，内閣の首長は内閣総理大臣，都道府県の首長は都道府県知事である。内閣総理大臣と都道府県知事の選出方法のちがいについて，簡単に説明しなさい。

Ⅳ．近年，「メタバース」とよばれるインターネット上の仮想空間が注目されている。資料１～４を参考にして，メタバースを利用することの長所（メリット）を**２つ**，また，それに対する課題を**２つ**考え，100字以上で説明しなさい。**解答するにあたり，以下の用語を必ず使用し，使用した部分に下線を引きなさい。**（同じ用語を何度使用しても構いません。）

〔用語：　市場　雇用《こよう》　所有権　法整備　〕

資料１　メタバースについて

メタバースは，パソコンやスマートフォン，ゲーム機などさまざまな機器を使って利用することができる。メタバース上には，現実とは異なる仮想空間がつくられ，あるゲームでは，メタバース上の土地が数十万円で取引されていた。2030年にはメタバースの市場規模《きぼ》が10兆ドルになるという予測もある。一方で，メタバースは，現実世界とは異なる自分にとって都合がよい快適な世界を形成できるとの認識もあり，メタバースを長時間利用しすぎて，現実世界との区別がつかなくなるとの指摘もある。

資料２　メタバースの利用割合

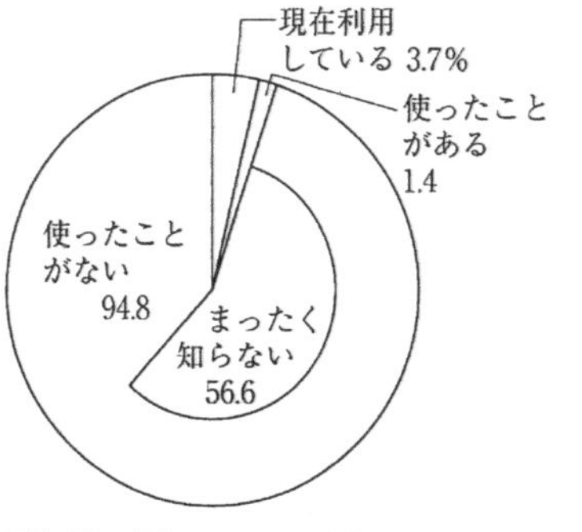

※四捨五入の都合で100%にならない。
（統計年次は2022年，MMD研究所資料より作成）

資料３　アバターでの活動例

ある企業では，障《しょう》がいなどで外出が困難な人がアバター（自分自身の分身のキャラクター）を操作《そうさ》し，仮想空間サービスでの接客業務を行っている。

（NTT資料より作成）

資料４　日本の法律について

日本の法律である民法では，所有権は「物」を対象としているため，デジタルデータに対する所有権は確立されていない。

2023(R5) 立命館慶祥中
K 教英出版

二〇二二年度C

立命館慶祥中学校

国語

（全16ページ）

（60分）

注意事項

一　受験番号・氏名および解答は、すべて定められたところに記入しなさい。

二　問題用紙に解答を書きこんでも採点されません。

三　、や「　」などの記号は、特別の指示のない限り一字と数えます。

例

し	か	し	、	で	あ	る	。

一、次の各問いに答えなさい。

問一　次の――線部の、カタカナは漢字に直し、漢字はその読みをひらがなで答えなさい。

①　営業日は年末年始をノゾく。

②　スポーツ大会でホケツになる。

③　お店のカンバンをつけかえる。

④　子供たちの清純な心。

⑤　様々な産業で鉄鋼を利用している。

問二　次の各組の熟語の中で、組み立ての異なるものを、ア～オの中から一つずつ選び、記号で答えなさい。

①　ア　暗示　イ　否決　ウ　不在　エ　非行　オ　無限

②　ア　自己　イ　倉庫　ウ　禁止　エ　増減　オ　価値

③　ア　負傷　イ　求人　ウ　未定　エ　在宅　オ　洗顔

④　ア　民営　イ　年長　ウ　人造　エ　国有　オ　常任

⑤　ア　善意　イ　就職　ウ　故人　エ　白紙　オ　休日

問三　次の□に身体の一部を表す漢字一字を入れて、下の意味を持つ慣用句を完成させなさい。

①　□をそろえる…お金を全額準備すること。

②　□を広げる…これまでと違《ちが》った仕事に範囲《はんい》を広げること。

③　□がすべる…うっかり秘密を話すこと。

④　□がきく…相手によく知られていて、特別な扱《あつか》いが受けられること。

⑤　□をひっぱる…他の人の仕事のじゃまをすること。

問四　次の□に漢字一字を入れて、四字熟語を完成させなさい。

①　一日□秋

②　大同□異

③　他力□願

④　一部□終

⑤　質疑□答

二、次の文章を読んで、後の問いに答えなさい。

『ALWAYS　三丁目の夕日』という映画をご覧になった方は多いでしょう。舞台《ぶたい》は昭和《しょうわ》三十三（一九五八）年、東京オリンピックの直前で、東京タワーが次第《しだい》に出来上がっていく姿が背景に現れます。登場人物の一人、星野六子《ほしのむつこ》は青森から集団就職で上京し、車の修理を行う主人公一家に住み込《こ》みます。当時は農家の次男以下や女子が、中学や高校を終えた後、「集団就職列車」と呼ばれた臨時列車で大挙して東京にやって来たのです。

その背景には、農村での人余りと都市での人手不足という二つの課題があり、それらを一石二鳥で解決したのが集団就職でした。農村から都市へと労働人口が移動するのは、近代物質文明のもとで、特に農業の生産性向上によってどこの国でも生じる現象ですが、我《わ》が国はそれを大規模に、かつ徹底《てってい》して行って、※1高度経済成長を支えたのです。

昭和二十五（一九五〇）年には日本の総人口は八四〇〇万人でしたが、二十五年後の昭和五十（一九七五）年には一億一二〇〇万人となり、二八〇〇万人、三三％の増加となりました。ところが、この時期に、たとえば秋田県は一三一万人から一二三万人へと減少しています。本来、全国平均並みの自然増なら三三％で四〇万人ほど増えるはずのところが、逆に八万人減っているのです。すなわち人口流出が五〇万人近い規模で起きたわけです。この時期に、東京は地方からの人口流入を受けて、六二八万人強から一一六七万人と、ほぼ倍増しました。高度成長とともに、凄《すさ》まじい勢いで都市への人口集中が進んだのです。（日本統計年鑑《ねんかん》、国勢調査）

近代物質文明のもとで発達した製造業、商業、サービス業などでは、規模の経済、密度の経済が働きます。製造業では大量の人員を集めた大規模工場での大量生産で生産性が飛躍的《ひやくてき》に高まります。商業やサービス業でも、人口密集地域で大量販売《はんばい》することで収益性を上げられます。

一方、就業者・消費者のほうも、都会に出れば働き口があり、娯楽《ごらく》やサービスも※2享受《きょうじゅ》できます。こうして狭《せま》い国土に多くの人口を抱《かか》えた我が国で、さらに人口の都市集中が進んだ結果、①近代物質文明のお手本のような巨大《きょだい》過密都市を抱えた経済大国が出来上がっていったわけです。

[A]、人口集中が進みすぎると、オフィスや住宅のコストが上昇《じょうしょう》し、通勤のための※3インフラ投資、時間の浪費《ろうひ》が増大していきます。同時に大規模都市では※4地域共同体が維持《いじ》しにくいという問題が生じます。大きなアパートやマンションでは、隣《となり》の人ともほとんど言葉を交《か》わさない、という光景が一般的《いっぱんてき》です。家族の中でも子供は父親の職場には行ったことがなく、父親はまた子供が学校でどんな勉強をしているかもわからなくなります。都市化によって家族や地域の絆《きずな》が弱くなり、やがては生きがいや希望の喪失《そうしつ》につながってしまうのです。

都市化の面で、我が国は世界の悪《あ》しき最先進国であり、今後は②この行き過ぎた都市化を※5是正《ぜせい》していくことで、国民の幸福度を上げていけると考えます。

都市化と幸福度の関係を見ておきましょう。都道府県別の幸福度ランキングという調査データがあります。「あなたは幸せですか」という質問に対して、「とても幸せ」一〇〇点、「少し幸せ」七五点、「どちらでもない」五〇点、「あまり幸せではない」二五点、「まったく幸せではない」〇点として、全回答の平均値をとって幸福度としたものですが、一位 宮崎県、二位 熊本県、三位 福井県と、地方がトップを占《し》めています。これに対して、都市圏《としけん》は、東京都 四五位、神奈川県 四一位、大阪府 三一位と冴《さ》えません。ただし、秋田県 四七位、岩手県 四六位、福島県、青森県が同率四三位と東北各県が下位に集まっています。（ブランド総合研究所「地域版ＳＤＧｓ調査二〇一九」幸福度ランキング〈都道府県〉）

これらの幸福度低位の県は過疎《かそ》化が進み、人口減少率が高い地方です。人口減少率で秋田県 一位、岩手県 五位、福島県 十一位、青森県 二位となっています。

一方、幸福度上位の県は、人口減少率が宮崎県 十六位、熊本県 二四位、福井県 二〇位と中位に位置しています。（国勢調査、都道府県別人口減少ランキング、二〇一五年十月一日の国勢調査人口から二〇一九年十月一日の推計人口までの人口減少率）

人口が流出してとり残された人々の幸福度が低くなるのと、幸福度が低いから人口が流出してしまうのと、卵と鶏《にわとり》の関係かと思いますが、いずれにせよ地方への人口分散を進めることで幸福度を上げ、幸福度の上昇によって地方への人口回帰※6が進む、という善循環《じゅんかん》をもたらしそうです。

③幸福度の高い地方暮らしがどのようなものか、福井県を例にして、東京と比較《ひかく》してみましょう。（「地方における生活について」内閣官房《かんぼう》まち・ひと・しごと創生本部事務局、二〇一七年二月十七日）

【図１】

◆東京都と福井県の比較

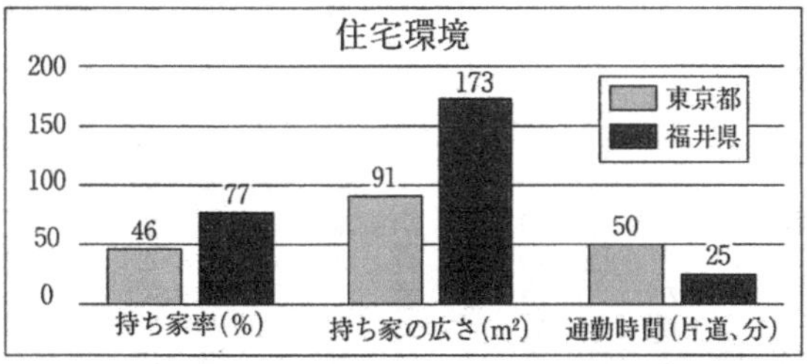

生活費の収支

	収入	支出	収支
東京都	3億5150万円	3億3500万円	1650万円
福井県	3億3450万円	2億9890万円	3560万円

本文記載《きさい》の条件で、両者とも同じ仕事をし、23歳《さい》から60歳まで働いた場合

家庭状況《じょうきょう》と子供たちの学力、体力（全国47都道府県での順位）

	小学生の学力（2019年）	小学生の体力（2015年）	三世代同居率（2015年）	女性就業率（25〜44歳 2015年）
東京都	7位	23位	47位	28位
福井県	3位	1位	2位	1位

住宅環境、生活費の収支「地方における生活について」内閣官房まち・ひと・しごと創生本部事務局
2017年2月17日より作成

家庭状況と子供たちの学力、体力
平成31年度文部科学省「全国学力・学習状況調査」
平成27年度スポーツ庁「全国体力・運動能力、運動習慣等調査」
平成27年度総務省「国勢調査」

まず経済面ですが、福井県の持ち家率は七七%と全国四位、持ち家の広さは一七三平米と全国二位です。これに対して、東京は持ち家率四六%（全国四七位）であり、広さも九一平米（全国四七位）と福井県の半分程度です。平均通勤時間は福井県が車で片道二五分、対して東京は電車やバスが中心で片道五〇分。朝夕ラッシュ時はすし詰《づ》め状態です。

生活費は子供二人が大学まで進むとして、住居は、福井県の場合は敷《しき》地《ち》面積二〇〇平米、住宅延べ面積一七〇平米の新築一戸建てをローンで建てたと仮定します。このケースで世帯主が二三歳から六〇歳までの支出合計で二億九八九〇万円。一方、東京では子供の数は同じですが、敷地面積一〇〇平米、住宅延べ面積百平米の家を六三〇〇万円で建てたとして、支出三億三五〇〇万円。東京のほうが面積が六割ほどしかない狭い家ですが、支出は三六一〇万円も多いことになります。

収入は、同じ仕事をして、福井県 三億三四五〇万円に対して、東京都は三億五一五〇万円と、若干《じゃっかん》高くなります。［B］、収支差を見ると、福井県 三五六〇万円、東京都 一六五〇万円と大きく差が開きます。定年後の生活に二〇〇〇万円が必要と言われる時代に、福井なら悠々《ゆうゆう》、東京都では不足、ということになります。

福井県の幸福度の高さは、経済面だけでなく、家庭生活の豊かさにも表れています。まず④福井では子供が元気です。勉強でも体力でも、全国でトップクラスの成績を収めています。小学生の学力は全国三位、体力は一位です。塾《じゅく》に通っている子供の率では東京のほうが高いのに、なぜ学力で福井に負けるのか、と東京の塾関係者が悔《くや》しがったそうです。

なぜ福井県が学力も体力も高いのか、小学生の生活ぶりを調べた調査では、「居間で家事をする親や祖父母の側《そば》で毎日三〇分以上宿題をし、その後、外で遊ぶ」という生活スタイルが平均的だとのことです。（太《おお》田《た》あや『ネコの目で見守る子育て―学力・体力テスト日本一！福井県の教育のヒミツ』小学館）

このデータに、福井では三世代同居率も女性就業率も高いことを考え合わせると、母親は外で仕事を持ち、同居・近居する祖父母に育児や家事を助けてもらっている、という家族像が浮《う》かび上《あ》がります。専業主婦というのは高度成長期の核《かく》家族を前提とした一時的なライフスタイルで、伝統的な日本文明では主婦も家事や育児を祖父母に助けてもらいながら、農作業を行ったりしていました。女性就業率が高いことは、女性の人生の幅《はば》を広げるという意味で良いことなのです。子供も四六時中、母親だけに見てもらっているよりも、おじいさんやおばあさんと接することで、多面的な人間関係を学ぶことができます。

また、この太田あや氏の著書では、お盆《ぼん》に載《の》せられた学校給食の写真が掲載《けいさい》されており、こんなキャプション※7がつけられています。「地元産業の越前漆器《えちぜんしっき》を食器として使い、地域で育てられた野菜が献立《こんだて》にたくさん並ぶ。学校給食にも子どもの心を育むヒミツがありました」

お椀《わん》やお盆は黒く艶々《つやつや》と輝《かがや》く越前漆器です。地元の漆器の組合から、使ってもらいたいと提案があったのがきっかけでした。職人さんたちは、学校給食に使えるよう熱風消毒可能な漆器を開発し、値段も導入可能な価格に抑《おさ》えました。子供たちも職人の気持ちの籠《こ》もった漆器を大切に扱《あつか》っています。「和食に合って、いつもよりごはんがおいしく感じる」「越前漆器で食べると味が違《ちが》うような気がする」と好評とのことです。

　また、地元の農家の人々が「サルビア会」という会を作って、地場の採れたての野菜を給食用に供給しています。「孫においしいものを食べさせたいというおばあちゃん心で、作るのに熱が入りますね」とは、近《きん》隣《りん》農家の女性の声です。

　さらに給食を担当している栄養教諭《きょうゆ》の先生は、こう語っています。

「この野菜は、子どもたちが登下校で通る畑で作られているんです。自分が住む地域で、どんなものが作られているのかを給食を通して知ることができます。また、野菜の旬《しゅん》はいつなのかがわかり、旬のものはおいしいということも実感できますよね」

　給食の途中《とちゅう》には「今日のエンドウ豆はサルビア会の上田さんが作ってくれました」というような放送が入ります。子供たちは下校の途中で、今日いただいたエンドウ豆はこの畑で作られたのか、と観察できます。こうして子供たちは、自然の中で生かされていることを体験的に感じとれます。

　子供たちは家族や地域の人々に大切にされていると感じ、自然の中で生かされているという感謝を抱《いだ》く。周囲の人々は子供たちのために尽《つ》くしていると生きがいを味わう。

　かつての日本文明の暮らしでは、家族や地域の共同体の中で助け合って生きていくことが、幸せであり希望でした。近代物質文明が達成した豊かさを生かしながらも、過密都市の※8弊害《へいがい》を克服《こくふく》し、地域共同体の和と自然との和に包まれ、幸せと希望を回復していくこと、それが新日本文明の目指すところなのです。

（伊勢雅臣《いせまさおみ》『この国の希望のかたち　～新日本文明の可能性～』より　一部改変）

※1　高度経済成長……急激な経済的成長。「高度成長」も同じ。一九五五年から七三年の日本経済を指すことが多い。

※2　享受……受け取って自分のものにすること。

※3　インフラ投資……「インフラ」は、道路やダム、学校など社会生活や産業を支える施設《しせつ》。ここでは利益を得るために「インフラ」に資金を投入すること。

※4　地域共同体……同じ地域に暮らし、政治・経済などで深く結びついた地域社会や、そこで暮らす人々の集団。

※5　是正……悪い点を改め、正すこと。

※6　回帰……元へ帰ること。

※7　キャプション……写真にそえられた説明文。

※8　弊害……害となる悪いこと。

問一　――線部①「近代物質文明のお手本のような巨大過密都市を抱えた経済大国が出来上がっていったわけです」とあるが、日本でこのようなことが起こったのはなぜか。最も適切なものを、次のア～オの中から一つ選び、記号で答えなさい。

ア　そもそも国土が狭く人口が多いうえに、大規模生産や人口密集地域における大量販売によって生産性、収益性を高めて成長してきたことで、都市への人口集中が進んだから。

イ　高度経済成長をうながし、農村での人余りとオリンピックのための都市における人手不足を解決するために、国が強制的に集団就職を大規模かつ徹底的に推進してきたため。

ウ　近代物質文明のもとでは、農業の生産性向上につれ、農村から都市へと労働人口が移動し、都市に人口が集中するのは当然のことであり、どこの国でも生じた現象だから。

エ　近代物質文明のもとで発達した製造業、商業、サービス業において規模の経済、密度の経済が働いたことに加えて、日本の農村では急速に農業の生産性が向上したから。

オ　狭い国土に対して人口が多いうえに、人口の都市集中が進んで地方都市も好景気を迎《むか》えたり、地域の共同体にも豊かさが分配されたりしたことで経済が一層活性化したから。

問二　[A]・[B]に入ることばの組み合わせとして最も適切なものを、次のア～オの中から一つ選び、記号で答えなさい。

ア　A　ところが　　B　または
イ　A　なぜなら　　B　しかも
ウ　A　たとえば　　B　けれども
エ　A　したがって　B　つまり
オ　A　ただし　　　B　しかし

問三　――線部②「この行き過ぎた都市化」とあるが、筆者はそれによって具体的にどのようなことが起こっていくと考えているか。そのことを説明した次の文の[　]にあてはまることばを、本文中のことばを使って四十字以上五十字以内で答えなさい。

オフィスや住宅のコスト増、通勤のためのインフラ投資や時間の浪費に加えて、[　]ということ。

問四　――線部③「幸福度の高い地方暮らしがどのようなものか、福井県を例にして、東京と比較してみましょう」とあるが、本文および図1から読み取れる内容として正しいものを、次のア～オの中から二つ選び、記号で答えなさい。

ア　福井県と東京での暮らしを経済面で比べると、同じ仕事をした場合の収入の差では東京のほうが一七〇〇万円ほど高くなるので、経済面では東京の方が幸福度が高い。

イ　住宅環境については、持ち家率では福井県は全国四位であるが東京は最下位で、持ち家の広さも福井県のほうが倍近くあり、通勤時間も福井県は半分であり恵《めぐ》まれている。

ウ　住居について福井県と東京で比較すると、福井県の持ち家の広さは、敷地面積の平均と住宅延べ面積の平均がともに東京の一・七倍ほどあり、快適な住環境だと言える。

エ　福井県と東京の生活費について、子供二人が大学に進み、新築一戸建てを建てたケースを仮定して試算した場合、家が狭い東京のほうが支出がかなり大きい結果となった。

オ　子供たちの学力、体力を比較すると、福井県は学力が全国七位で体力は一位であり、塾に通う子供が多い東京は学力は三位で福井県に負けていないが、体力は二十三位である。

問五　――線部④「福井では子供が元気です」とあるが、筆者はその根本的な理由を、子供たちがどのような生活を送っているからだと考えているか。本文中のことばを使って五十字以上六十字以内で答えなさい。

問六　本文を通して筆者が述べていることとして最も適切なものを、次のア～オの中から一つ選び、記号で答えなさい。

ア　近代物質文明のもとで都市化が進んだ結果、地域共同体が維持しにくくなっている現在の日本では、人々から生きがいや希望が失われ、全国的に幸福度が下がる傾向《けいこう》にある。

イ　福井県の幸福度が東京都に比べて高いのは、持ち家率の高さや生活費の違い、定年後の生活に経済的不安が少ないことなどに表れるように、経済面の豊かさが理由である。

ウ　地方への人口分散と人々の幸福度の上昇が結びついているであろうことをふまえ、幸せと希望の回復のために、過密都市化によって生じた問題を解決することが重要である。

エ　本来、人間は周りと助け合って生きることが当然なので、都市において地域共同体が全く存在しない現代では、地域の人々と自然に囲まれた地方の暮らしが理想とされている。

オ　これからの日本では、近代物質文明がもたらした豊かさを捨て去ることで、過密都市化によって失われた国民の幸福度を回復していくことが新しい文明の実現につながる。

三、次の文章を読んで、後の問いに答えなさい。

北海道の中高一貫《いっかん》校築山《つきやま》学園に通う奥沢《おくさわ》叶《かなえ》と宮田《みやた》佳乃《よしの》は常に学年で一位・二位を争っていた。今日は合唱コンクールの本番で、二年一組では、奥沢が指揮、宮田が伴奏《ばんそう》を務めて「落葉松《からまつ》」という曲を演奏する。

お詫び
著作権上の都合により、文章は掲載しておりません。
ご不便をおかけし、誠に申し訳ございません。
教英出版

お詫び

著作権上の都合により、文章は掲載しておりません。
ご不便をおかけし、誠に申し訳ございません。

教英出版

お詫び

著作権上の都合により、文章は掲載しておりません。
ご不便をおかけし、誠に申し訳ございません。

教英出版

お詫び
著作権上の都合により、文章は掲載しておりません。
ご不便をおかけし、誠に申し訳ございません。
教英出版

お詫び
著作権上の都合により、文章は掲載しておりません。
ご不便をおかけし、誠に申し訳ございません。
教英出版

（安《あ》壇《だん》美《み》緒《お》『金木犀とメテオラ』より　一部改変）

※1　リハ室……リハーサル室。予行演習をする部屋。
※2　佐田……音楽教師。
※3　舞台袖……舞台の左右の端《はし》の部分のこと。「袖」も同じ。
※4　戸越……奥沢の母親の勤め先の社長。
※5　喝采……拍手や歓声《かんせい》でほめそやすこと。
※6　逆撫で……相手をいら立たせるような行動をわざとすること。

※7　宮田さんのお母さん……宮田の母は以前に亡《な》くなっており、ここではそのことを教えてくれた級友の言葉を奥沢が思い出している。

※8　杉本さん……築山学園の寮の寮母。奥沢は杉本さんが「落葉松」の曲のイメージについて語るのを聞いたことがあった。

※9　刹那……瞬間。極めて短い時間。

※10〜12　ソプラノ・メゾ・アルト……合唱をする際、声の高さによって分けた各パートの名称《めいしょう》。

問一　[A]・[B]に入ることばの組み合わせとして最も適切なものを、次のア〜オの中から一つ選び、記号で答えなさい。

ア　A　不安　　B　恥《は》じらい
イ　A　緊張　　B　苛立《いらだ》ち
ウ　A　孤独　　B　安堵《あんど》
エ　A　恐怖《きょうふ》　　B　戸惑《とまど》い
オ　A　興奮　　B　不安

問二　――線部①「奥沢はそっと目を瞑《つむ》る」とあるが、このときの奥沢の様子を説明した次の文の[Ⅰ]・[Ⅱ]にあてはまることばを、本文中からそれぞれ六字以上十字以内でぬき出しなさい。

すぐそばのステージの光は特別で、[Ⅰ]というのに、舞台裏はこの上なく[Ⅱ]だと感じて、息もできないような気持ちになっている。

問三　――線部②「奥沢は異変に気がついた」とあるが、どのようなことに気がついたのか。「異変」の前と後の違《ちが》いがわかるように、本文中のことばを使って五十字以内で答えなさい。

問四　――線部③「自分ひとりの持ち物ではない」とあるが、どういうことか。これより前の内容をもとにして、五十字以内で答えなさい。

問五 ——線部④「宮田の耳には変化があった」とあるが、この文章における宮田の変化として最も適切なものを、次のア〜オの中から一つ選び、記号で答えなさい。

ア 宮田は奥沢の意外な態度に面食らったことで緊張がほぐれ、歌声にまどわされずに自分のピアノに集中することができた。

イ 宮田は奥沢の言葉や態度から手の震えが止まり、奥沢の指揮に合わせて、歌声を聴《き》きながら伴奏することができた。

ウ 宮田は奥沢の単刀直入な励《はげ》ましにより指の震えが止まり、ステージ上でも全く緊張を感じず、みんなの歌声に集中できた。

エ 宮田は奥沢の唐突《とうとつ》な冗談《じょうだん》のおかげで、冷静な自分を取りもどし、クラスメイトの高らかな合唱を感じとることができた。

オ 宮田は奥沢の感極まった涙に共感し、自分の演奏の出来ばえよりもクラスのために最後の行事に集中しようと思った。

四、次の資料や意見文を読んで、後の問いに答えなさい。

【資料Ⅰ】

近年、※1ＡＩによる意外な間違《まちが》いの事例がいくつも報告されています。それらの中には、私たち人間から見れば非常に理解しがたい事例が数多く含《ふく》まれています。読者の皆《みな》さんの中にも、道路標識にステッカーを貼《は》る程度の変化を加えるだけで自動運転車が標識を正しく認識《にんしき》しなくなるとか、鹿の画像の中の一点を他の色に置き換《か》えるだけでＡＩがそれを「飛行機」だと誤認識するようになるといった話を聞いたことのある方がいらっしゃるでしょう。つい最近では、画像に写っている物体を高い精度で分類できるＡＩが、必ずしも物体そのものではなく「背景」に依《い》存《そん》した分類をしていることが指摘《してき》されました。

こういった例は、高い性能を誇《ほこ》るＡＩが、必ずしも私たちが想定しているような判断の仕方をしているとは限らないということを※2示唆《しさ》しています。

※3機械学習を利用して開発されるＡＩは、どのように動作するかを完全に予測することができません。つまり、ありとあらゆる入力に対して、つねに１００％正しく動くと保証することができないのです。このことは、ＡＩ全般《ぜんぱん》の品質保証の問題にもつながります。たとえ商品として出荷する前のテストでは十分な精度が出ていたとしても、お客さんの手元でお客さんが与《あた》える入力に対して同じような精度が出るとは限りません。機械学習で開発されたＡＩが社会一般に浸透《しんとう》するには、このような事実が広く認識される必要があるでしょう。

ＡＩについてよく尋《たず》ねられる質問に、「ＡＩには○○ができますか？」というものがあります。「ＡＩは言葉を理解できますか？」「ＡＩは感情を持つことができますか？」「ＡＩには人間のような思考ができますか？」「ＡＩに哲学《てつがく》はできますか？」……などなど、挙げていけばきりがありません。しかし、こういったことについて考える前に、まずはっきりさせておかなくてはならないことがあります。それは、「その○○は、どんな仕事として※4定義できるのか？」ということです。

すでに見てきたように、ＡＩの中身は「数（の並び）を入力したら、数（の並び）を出力する関数」です。よって、ＡＩを開発するときには、先に「何を入力として、何を出力するか」、また「入力と出力をどんな数の並びとして表すか」を決めなくてはなりません。つまり、「ＡＩにさせる課題（タスク）を定義しなくてはならない」ということです。※5深層学習はとても強力な方法なので、入力と出力をきちんと定義することができ、学習に使える良質のデータが大量にそろえば、さまざまな課題を高い精度で行える可能性があります。しかし、ただ「こんなことができるようになってほしいなあ」と思うだけではＡＩは作れません。つまり「言葉を理解できるＡＩ」「感情を持つＡＩ」のような漠然《ばくぜん》としたイメージを、漠然としたまま実現することはできないわけです。

今すでに世間では「人の言葉が分かるＡＩ」とか「人の心が分かるＡＩ」などといったことを謳《うた》っているシステムもありますが、それらの実体は「雑談をするＡＩ」だったり、「質問文を入力として受け付け、答えとなる単語を出力するＡＩ」だったり、「文章を入力として、『喜び』『怒《いか》り』『悲しみ』などといった感情の種類を出力するＡＩ」であったりします。漠然とした宣伝文句に踊《おど》らされないようにするためには、「そのＡＩがする具体的な仕事は、いったいどのように定義されているのか」を見極《みきわ》める必要があるでしょう。

　また注意しなくてはならないのは、たとえ人間にとっては似たような仕事であっても、ＡＩにさせる場合は「まったくの別もの」である可能性があるということです。人間の場合は、難しい文章を外国語に翻訳《ほんやく》できる人が、文章の要約や日常会話、ましてや言葉の聞き取りもできることなどはほぼ当たり前で、不思議でも何でもありません。よって、機械に対しても、「こんなに高度な翻訳ができるんだから、文章の要約ぐらい簡単だろう」とか、「言葉の聞き取りが人間並みにできるんだったら、当然日常会話はできるだろう」と思いがちです。しかし機械にとっては原則として、翻訳と要約、対話、音声の認識はどれも異なる仕事です。

　また、「機械学習によって作られたＡＩは、人間がすべてプログラムして作ったＡＩより融通《ゆうずう》が利《き》くはず」という意見を見たこともありますが、機械学習の「融通」は、あくまで「機械学習がうまくいっている場合は、本来の使われ方（＝それが本来するべき仕事）の範囲《はんい》内で、開発時に使われるデータには存在しないデータに対しても、高い確率で正解を出せる」ということです。これは、必ずしも「本来想定していない使われ方をされても大丈夫《だいじょうぶ》」ということを意味しません。こういった点にも注意が必要です。

（川添愛《かわぞえあい》『ヒトの言葉　機械の言葉　「人工知能と話す」以前の言語学』
KADOKAWAより　一部改変）

※1　ＡＩ……人工知能。
※2　示唆……ほのめかし、それとなく伝えること。
※3　機械学習……コンピュータにデータから学習させる方法の一種。
※4　定義……物事の意味・内容を他と区別できるように、ことばで明確に限定すること。
※5　深層学習……機械学習の一種。

【資料Ⅱ】 消費者庁「令和二年 第1回消費者意識調査結果（ＡＩに対するイメージについて）」より

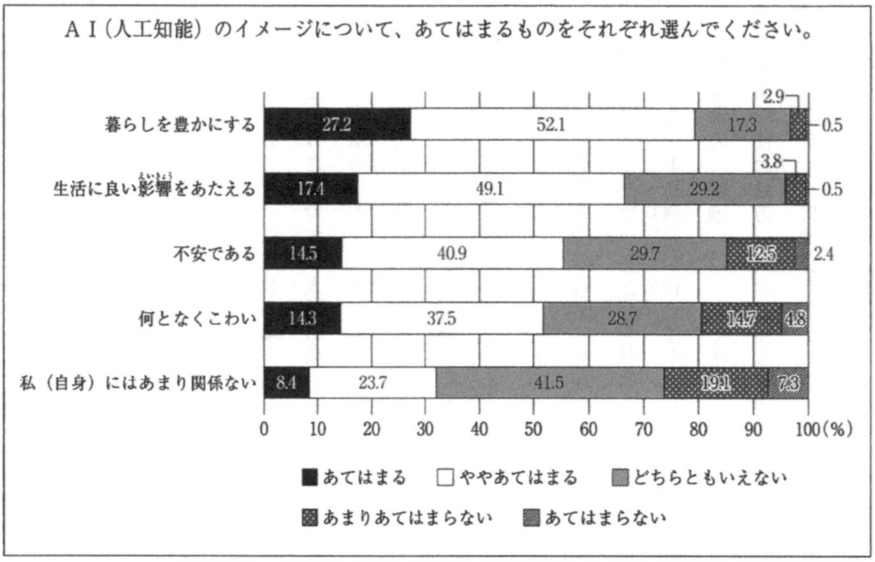

【意見文】

次は、【資料Ⅰ】・【資料Ⅱ】をもとに、中学一年生のケイコさんが書いた意見文である。

近年、技術の進展によって、さまざまな分野でＡＩ技術に対する期待が高まっている。

たとえば、囲碁《いご》や将棋《しょうぎ》の棋士にＡＩが勝利したり、車の自動運転の実用化が目指されていたり、といった話題にふれると、夢や期待はふくらむものである。ただ、私たちはＡＩは何でもできるものだと漠然とした期待をしていってよいのだろうか。

ア

つまり、ＡＩ技術が将来の豊かさに結びつくかは、作る側、使う側の人間が、どれだけ意識的にＡＩ技術と向き合うかにかかっている。ＡＩは勝手に機能を拡張するものではなく、正しく働くように人間の手で形作っていく必要のあるものなのである。

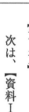

問　[ア]について、ここで、ケイコさんはどのように意見文を書いたと考えられるか。次の①～③を満たすように書きなさい。

①　二文構成で、七十字以上八十字以内で書くこと(句読点をふくむ)。なお、文は会話体ではなく「だ・である」体にすること。

②　一文目は「確かに」という書き出しで、【資料Ⅱ】から読み取れる消費者のＡＩに対する意識の現状を示すこと。

③　二文目は「しかし」という書き出しで、【資料Ⅰ】をもとに、ＡＩ技術の開発に必要となることを示すこと。

2022年度C

算　数

（全6ページ）

(60分)

注意事項

1．受験番号，氏名および解答はすべて解答用紙に記入しなさい。

2．問題用紙に解答を書きこんでも採点されません。

3．解答はていねいに読みやすい字で書くこと。

4．答えは約分などをして，できるだけ簡単にして解答用紙に記入しなさい。

5．必要な問題では，円周率を3.14とします。

6．図は参考のための略図です。長さや比率や角度は実際と異なる場合があります。

2022(R4) 立命館慶祥中
K 教英出版

Ⅰ．次の□にあてはまる数を答えなさい。

〔1〕$\frac{5}{7} \div 3\frac{3}{4} + \frac{9}{14} = \square$

〔2〕$432 - (\square + 38) \times 3 = 234$

〔3〕$4.59 \times 6.4 + 45.9 \times 0.16 - 5.9 \times 0.8 = \square$

〔4〕19 でわると 3 あまる 2 けたの整数をすべてたすと□になります。

〔5〕A，B，C 3 つの容器にそれぞれ水が入っています。はじめに A に入っている水の半分を B に移し，次に B に入っている水の半分を C に移し，最後に C に入っている水の半分を A に移すと A には 3.9 L，B には 1.9 L，C には 2.6 L の水が入っていました。はじめに容器 B に入っていた水の量は□L です。

〔6〕ある店で原価が 500 円の品物を 20 個仕入れました。原価に 6 割の利益を見こんだ定価をつけて売るといくつか売れ残ったので，残りはすべて定価の 3 割引きで売ると売り切れ，利益が 4320 円になりました。定価で売れた品物は□個です。

Ⅱ．次の問いに答えなさい。

〔1〕次の図の三角形で，辺 AB と辺 CB が重なるように折り曲げてできた折り目が BD，辺 AC と辺 BC が重なるように折り曲げてできた折り目が CE です。角㋐の大きさは何度か求めなさい。

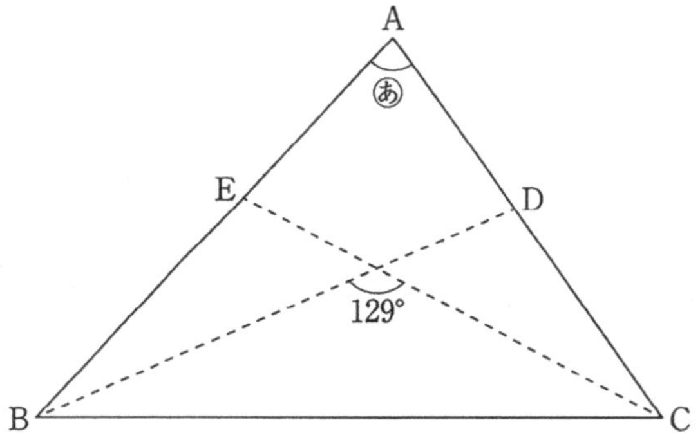

〔2〕次の図は，長方形の中に，長方形の 3 つの頂点を中心とする大きさの異なる円の一部をかいたものです。色をつけた部分の面積は何 cm^2 か求めなさい。ただし，円周率は 3.14 とします。

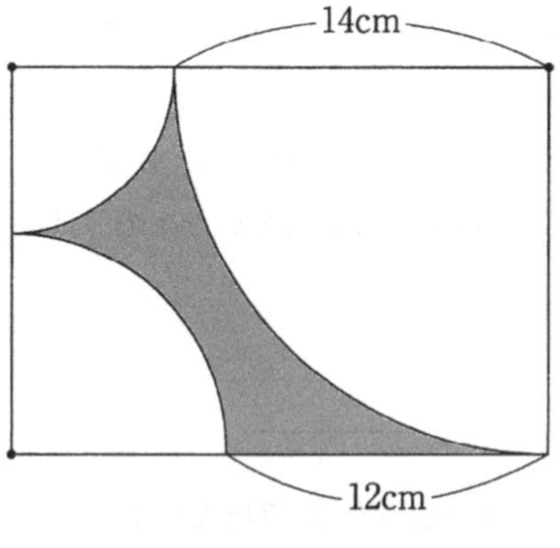

〔3〕図1の直方体をいくつか使って立体を作ります。できた立体は水平な床の上に置かれており，積み重ねられた直方体どうしの面は垂直に交わっていて，ずれなどはないものとします。

図1

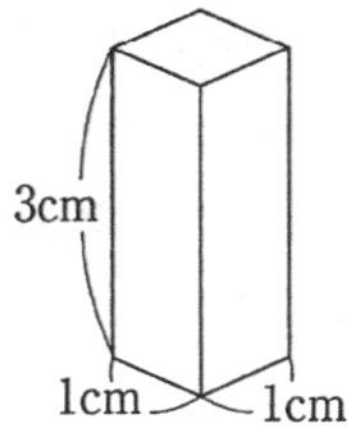

（1）図2のように，図1の直方体を4つ使って立体を作りました。図1の直方体の表面積の4倍と，図2の立体の表面積の差は何 cm^2 か求めなさい。

図2

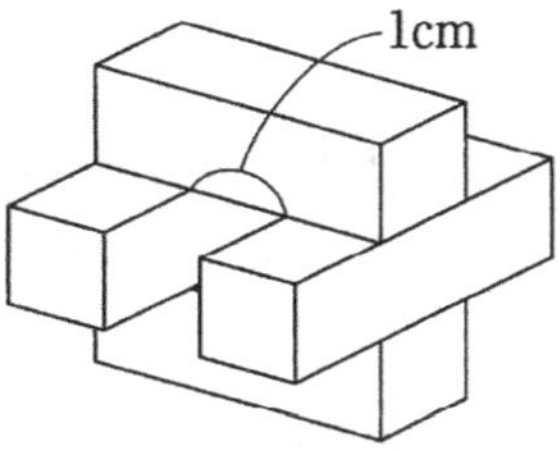

（2）図3のように，図1の直方体を7つ使って立体を作りました。この立体の表面積は何 cm^2 か求めなさい。

図3

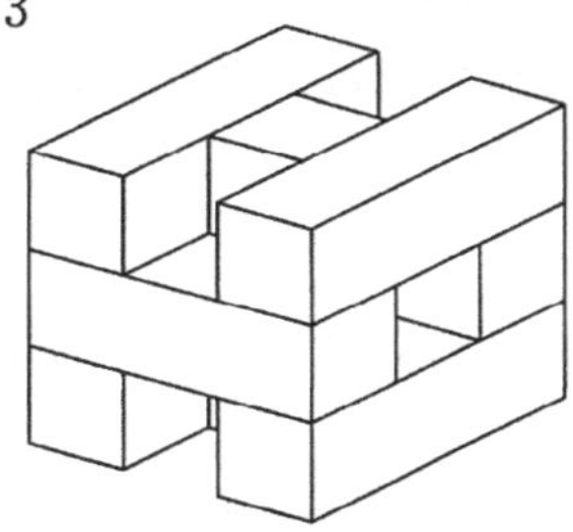

Ⅲ．図のように，表に１から15までの整数が１つずつ書かれていて裏には何も書かれていないカードが１枚《まい》ずつあります。

1　2　3　4　5　6　7　8　9　10　11　12　13　14　15

タツオさんとケイコさんは，シャッフルして裏向きにされた15枚のカードの中から１人が３枚をひき，もう１人が質問をして相手がどのカードをひいたかを当てるゲームをします。会話を読んで，あとの問いに答えなさい。

タツオ：まずは，ぼくが３枚のカードをひいたから，いくつか質問をしてぼくがどのカードをひいたかを当ててみて。

ケイコ：オーケー。①3枚のカードに書かれた数をすべてたすといくつになりますか？

タツオ：28です。
ただ，②この質問と答えだけでは，まだ１から15のどのカードも３枚の中に含《ふく》まれる可能性が残っているよ。

ケイコ：どういうこと？

タツオ：たとえば，３つの数をたして12だと，10以上のカードが含まれることはありえないよね。和が28だと，そういった含まれることがありえない数がないんだよ。

ケイコ：そういうことか。じゃあ，次の質問をするよ。３つの数のうち，□はいくつありますか？

タツオ：１つです。
これで３つの数の組み合わせが少しは減ったけれど，まだここまでの条件を満たす組み合わせはたくさん残っているよ。

ケイコ：３つの数のうち，いちばん小さい数といちばん大きい数の差はいくつですか？

タツオ：６です。
これで答えとなる３つの数の組み合わせが１組にしぼられたね。

〔１〕下線部①について，この質問だけでどのカードをひいたかが３枚ともわかるのは，この質問の答えがいくつになったときですか。考えられる数をすべて答えなさい。

〔２〕下線部②について，１から15のどのカードも含まれている可能性がある答えでもっとも大きい数は，最小の１と最大の15の和に２番目に大きい14を加えた30です。１から15のどのカードも含まれる可能性がある答えでもっとも小さい数はいくつか，同じように説明しなさい。

〔3〕文中の□には，「奇数《きすう》」か「偶数《ぐうすう》」のどちらかのことばが入ります。□にあてはまるのは，奇数か偶数のどちらですか。また，タツオさんがひいたカードに書かれた数を3つとも答えなさい。

タツオさんがひいたカードを元にもどし，次にケイコさんが3枚のカードをひきました。

タツオ：さっそく1つ目の質問をするよ。3つの数の最小公倍数はいくつですか？

ケイコ：84です。

タツオ：まず，③3つの数に含まれない数がいくつか分かったよ。じゃあ，2つ目の質問をするよ。

3つの数のうち，奇数は何番目に大きい数ですか？

ケイコ：2番目の数だけです。

タツオ：なるほど，これで3つの数のうち，2つが分かったよ。最後の質問，いちばん小さい数の約数は何個ありますか？

ケイコ：2個です。これで3つとも分かるね。

〔4〕下線部③について，カードに書かれた数のうち，タツオさんの1つ目の質問に対するケイコさんの答えで3つの数に含まれないことがわかる数をすべて答えなさい。

〔5〕ケイコさんがひいたカードに書かれた数を3つとも答えなさい。

Ⅳ．図1のような1辺の長さが12 cmの正六角形ABCDEFがあります。この辺上を，点Pと点Qが頂点Aを同時に出発し，点Pは左回りに，点Qは右回りに，それぞれ一定の速さで進みます。出発してから点Pは24秒ごと，点Qは36秒ごとに頂点Aを通過します。このとき，次の問いに答えなさい。

図1

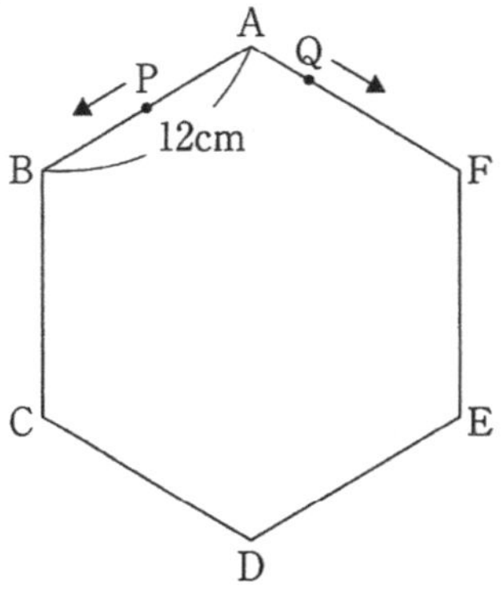

〔1〕点Pと点Qの速さは，それぞれ毎秒何cmですか。また，点Pと点Qは何秒ごとに出会いますか。

〔2〕出発してからの時間が次の（1），（2）のとき，点Pと点Qを結んだ直線によって分けられた2つの図形のうち，点Aを含む方の面積はそれぞれ正六角形の面積の何倍ですか。

（1） 4秒後　　　　　　（2） 8秒後

〔3〕図2は点Pと点Qを結んだ直線が，正六角形の面積を初めて二等分するときの様子を表したものです。点Pと点Qを結んだ直線が正六角形の面積を2回目に二等分するときの点Pと点Qを直線で結んだ様子を，図2のように頂点から何cmの位置か分かるように，解答欄《らん》の図にかき入れなさい。また，正六角形の面積を10回目に二等分するのは，出発してから何秒後ですか。

図2

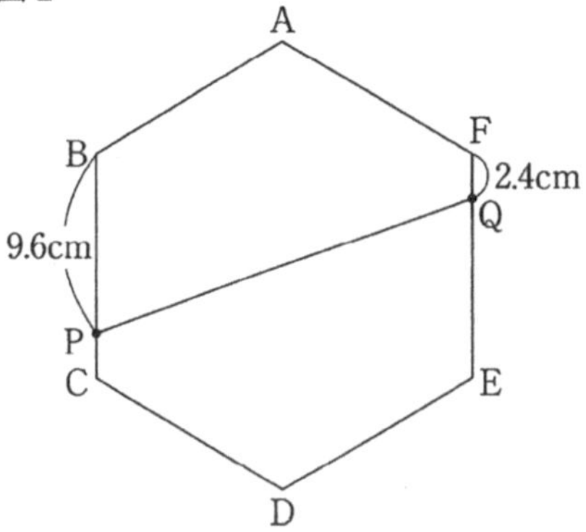

2022 年度 C

理　科

（全 10 ページ）

（40分）

注意事項

1．受験番号，氏名および解答はすべて解答用紙に記入しなさい。

2．問題用紙に解答を書きこんでも採点されません。

3．解答は，ていねいに書きなさい。

Ⅰ．次の〔1〕～〔4〕の問いに答えなさい。

〔1〕ホウセンカのたねを植えました。次の各問いに答えなさい。

（1）下の図のア～エは，アサガオ，ヒマワリ，ホウセンカ，マリーゴールドのたねのいずれかをかいたものです。ホウセンカのたねとして最も適当なものを，次のア～エから１つ選び，記号で答えなさい。

ア．　　イ．　　ウ．　　エ．

（2）ホウセンカのたねのまき方と発芽のようすを説明した文として最も適当なものを，次のア～エから１つ選び，記号で答えなさい。

ア．指で2cmくらいの深さのあなを開けてたねを入れ，土をかけて水をやると，しばらくして子葉が１枚出てくる。

イ．指で2cmくらいの深さのあなを開けてたねを入れ，土をかけて水をやると，しばらくして子葉が２枚出てくる。

ウ．土の上に直せつたねをまいて，土をうすくかけて水をやると，しばらくして子葉が１枚出てくる。

エ．土の上に直せつたねをまいて，土をうすくかけて水をやると，しばらくして子葉が２枚出てくる。

〔2〕右の図１のガスバーナーを使う実験を行いました。次の各問いに答えなさい。

（1）次のア～エのそうさをガスバーナーに点火するときの正しい手順になるように並べかえて記号で答えなさい。

ア．マッチに火をつける。

イ．コックを開く。

ウ．Bのねじをゆるめる。

エ．点火する。

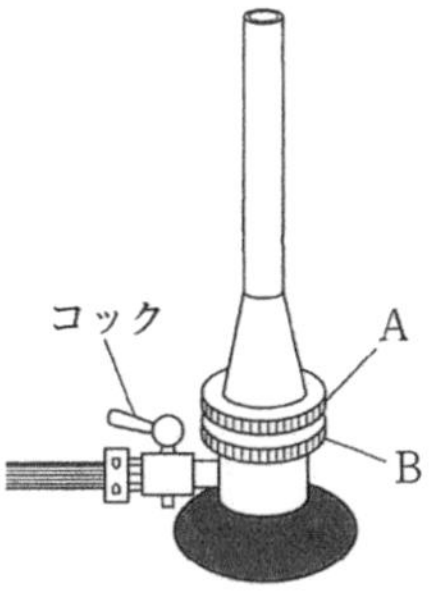

図1

（2）ガスバーナーに点火した直後は，ほのおの色がだいだい色でしたが，Bのねじをおさえながら，Aのねじをゆるめると，ほのおの色が青色になりました。点火した直後にほのおの色がだいだい色であった理由を簡単に説明しなさい。

〔3〕ばねにいろいろな重さのおもりをつるしたときの，ばねの長さを調べました。表はばねX，Yにつるしたおもりの重さとばねの長さをまとめたものです。次の各問いに答えなさい。

表

おもりの重さ〔g〕	10	20	30	40
ばねXの長さ〔cm〕	20	30	40	50
ばねYの長さ〔cm〕	40	42	44	46

（1）ばねXののびとおもりの重さの関係を表すグラフを図2に書き入れなさい。なお，グラフは解答用紙に記入すること。

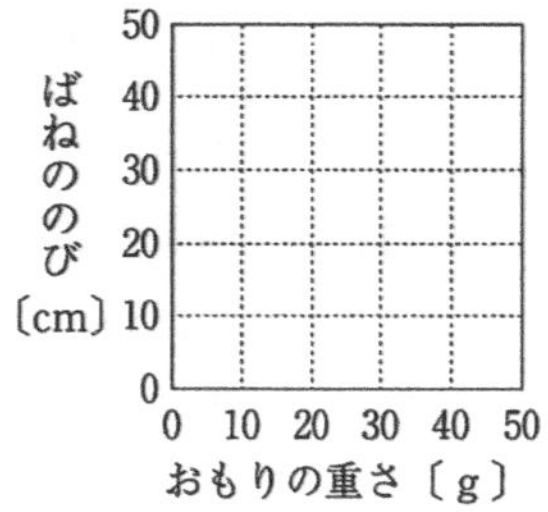

図2

（2）ばねXとばねYに同じ重さのおもりをつるすとばねの長さが等しくなりました。つるしたおもりの重さは何gですか。

〔4〕晴れた春分《しゅんぶん》の日に図3のように水平な台に棒を立て，校庭で棒のかげの変化を調べました。図4は午前9時に台と棒を真上から見たようすを表しています。次の各問いに答えなさい。

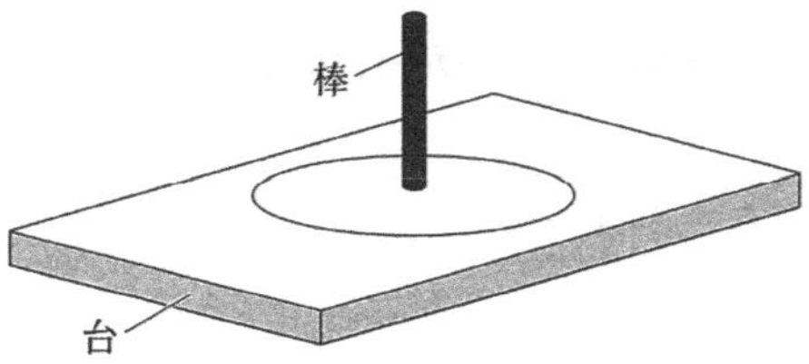

図3

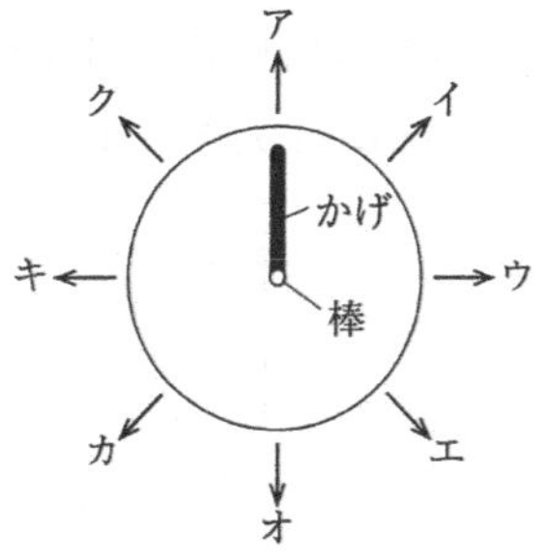

図4

（1）図4のア～クのうち，東の方角を示しているのはどれですか。最も適当なものを1つ選び，記号で答えなさい。

（2）図4の2時間後の棒のかげを点線で表したものとして，最も適当なものを，次のア～エから1つ選び，記号で答えなさい。

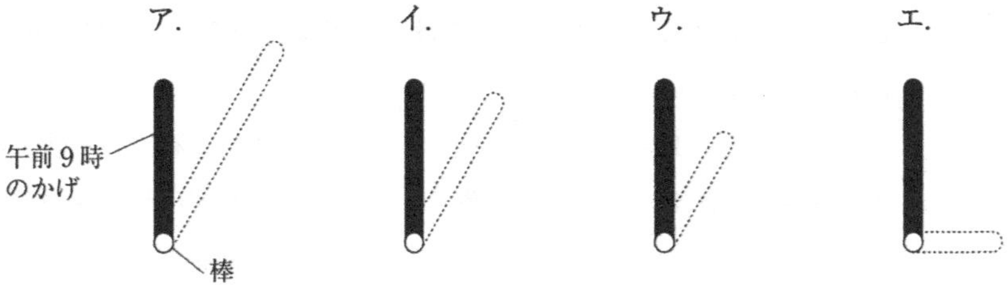

Ⅱ．奈緒《なお》さんと大輔《だいすけ》さんは，流水のはたらきについて調べる実験と，地層の観察を行いました。あとの〔1〕～〔6〕の問いに答えなさい。

奈緒さん：水のはたらきで砂や石がどのように運ばれるかを調べましょう。

大輔さん：とう明なプラスチックの箱に，同じ量の砂，どろ，小石をまぜた水を流し込《こ》んでみよう。

奈緒さん：図1のように，A，B，Cの層がたい積したわ。

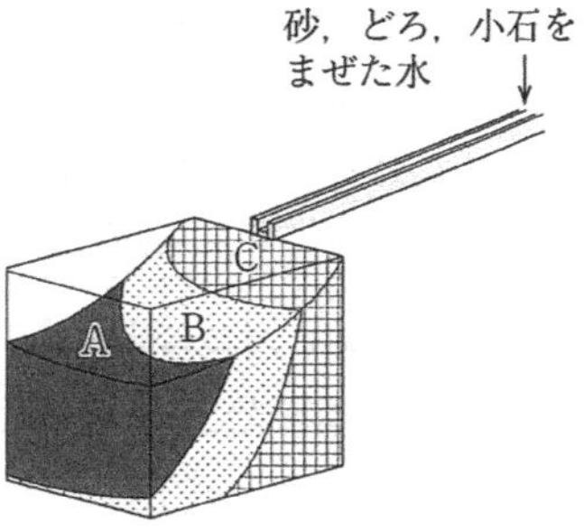

図1

大輔さん：まぜていた砂，どろ，小石がつぶの大きさの違《ちが》いによって分かれてたい積したね。

奈緒さん：つぶの大きさによって水の中にしずむ速さが違うからね。

大輔さん：直径が違うプラスチックのつぶを使って，つぶの大きさと水にしずむ速さの関係を調べてみよう。

奈緒さん：図2のような深さが100cmのとう明なつつに水を入れて，上から直径が違うプラスチックのつぶを落として，底にしずむまでの時間を調べましょう。

大輔さん：底までしずむのにかかった時間とつぶの大きさの関係は図3のようだったよ。

奈緒さん：つぶが大きいほどしずむのが早いことがわかったね。

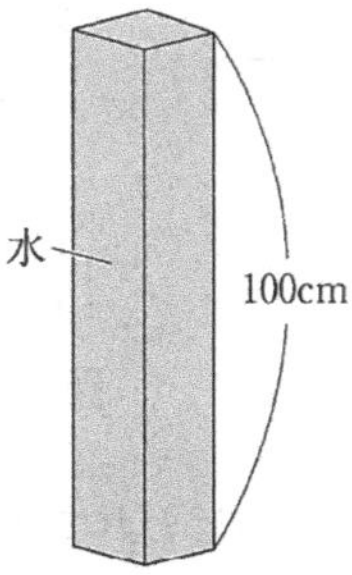

図2

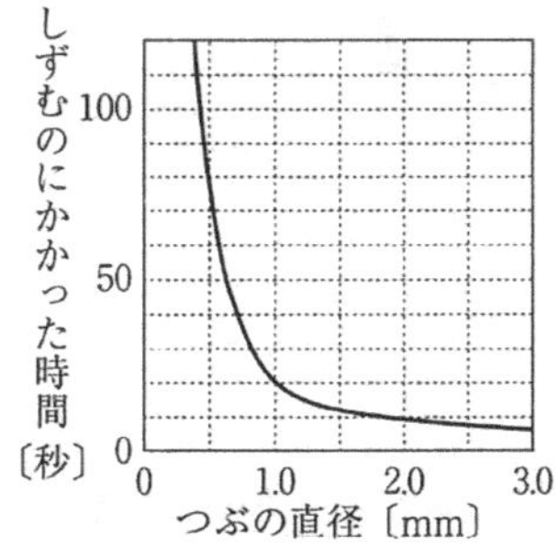

図3

〔1〕会話文中の下線部について，川の上流でけずりとられた土砂を下流へと運ぶ水のはたらきを何といいますか。

〔2〕図1のA～Cの組み合わせとして最も適当なものを，次のア～カから1つ選び，記号で答えなさい。

ア．A＝小石，B＝どろ，C＝砂　　イ．A＝小石，B＝砂，C＝どろ
ウ．A＝どろ，B＝小石，C＝砂　　エ．A＝どろ，B＝砂，C＝小石
オ．A＝砂，B＝小石，C＝どろ　　カ．A＝砂，B＝どろ，C＝小石

〔3〕図3より，直径1.0mmのつぶがしずむ速さは毎秒何cmですか。

奈緒さんと大輔さんは学校付近のがけで地層のようすを観察しました。図4は観察した地層のようすを表しています。この地域の地層は海の底でたい積したことがわかっています。

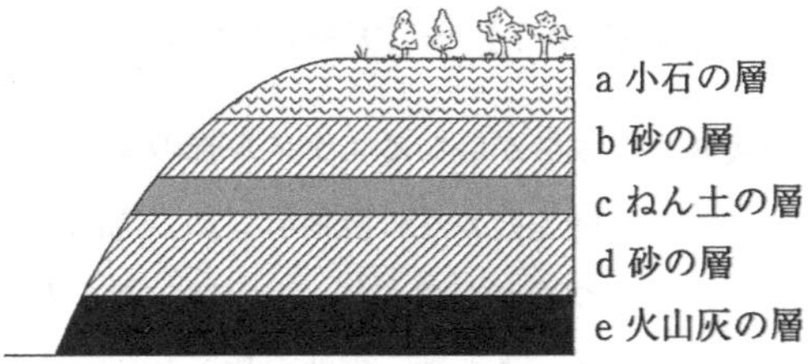

図4

〔4〕次の文は，a～cの地層がたい積したときの海の深さについて述べたものです。①，②に当てはまる言葉として適当なものをア，イから1つずつ選び，記号で答えなさい。

a～cの地層がたい積した順に，地層をつくるつぶがしだいに ①〔　ア．大きく　　イ．小さく　〕なっているので，海はしだいに ②〔　ア．深く　　イ．浅く　〕なっていったことがわかる。

〔5〕観察した前日に雨が降ったので，地層の表面から水がしみ出していました。a～eのどの層とどの層の間からしみ出していましたか。最も適当なものを，次のア～エから1つ選び，記号で答えなさい。

ア．aとbの間　　　イ．bとcの間

ウ．cとdの間　　　エ．dとeの間

〔6〕a～eの層をつくるつぶの形を顕《けん》微《び》鏡《きょう》で観察しました。つぶの形について述べたものとして，最も適当なものを，次のア～エから1つ選び，記号で答えなさい。

ア．a～eの層をつくるつぶはすべて角ばっている。

イ．a～dの層をつくるつぶは角ばっているが，eの層をつくるつぶは丸みを帯びている。

ウ．a～dの層をつくるつぶは丸みを帯びているが，eの層をつくるつぶは角ばっている。

エ．a～eの層をつくるつぶはすべて丸みを帯びている。

Ⅲ．次の【実験１】～【実験３】について，あとの〔１〕～〔６〕の問いに答えなさい。

【実験１】太さが異なるエナメル線の巻く回数を変えて，コイルA～Cをつくった。次に図１のように直列につなぐ電池の数をかえて，①～④の条件でクリップが何個つくかを調べた。表１は，図１の①～④の実験条件（コイル，エナメル線の太さ，巻き数，電池の数）と，ついたクリップの数を表している。

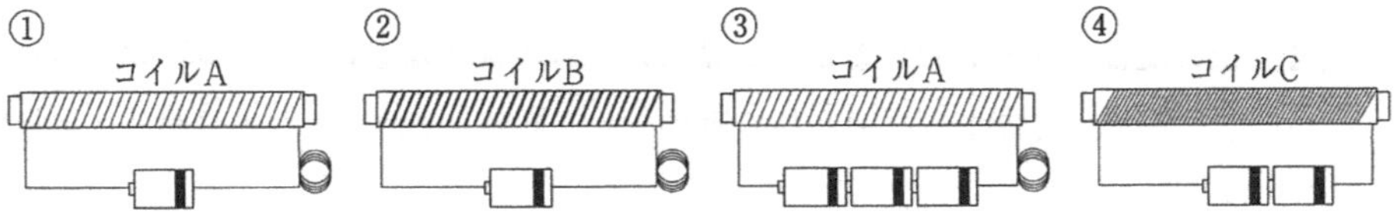

図１

表１

条件	①	②	③	④
コイル	A	B	A	C
エナメル線の太さ	細い	太い	細い	細い
エナメル線の巻き数〔回〕	150	150	150	300
電池の数〔個〕	1	1	3	2
クリップの数〔個〕	12	18	36	48

〔１〕【実験１】で，エナメル線の太さとクリップの数の関係を調べるには①～④の中のどの条件とどの条件の結果を比べればよいですか。①～④から２つ選び，記号で答えなさい。

【実験２】コイルAに電池を１個つなぎ，コイルAのまわりのａ～ｃの位置に方位磁針をおくと，ａの方位磁針のN極の指す向きが図２のようになった。

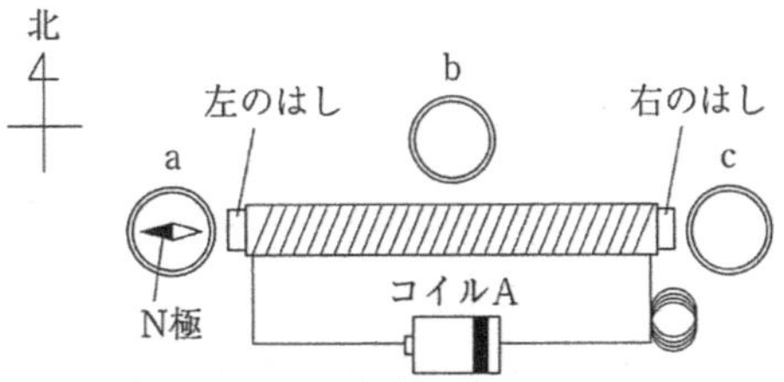

図２

〔２〕【実験２】で，コイルAの左と右のはしはそれぞれ何極になりましたか。次のア～エから１つ選び，記号で答えなさい。

ア．左はしはN極，右はしはS極になった。

イ．左はしはN極，右はしもN極になった。

ウ．左はしはS極，右はしはN極になった。

エ．左はしはS極，右はしもS極になった。

〔3〕【実験2】で，ｂ，ｃの方位磁針のＮ極の指す向きを表した図として最も適当なものを，次のア～エから１つずつ選び，記号で答えなさい。

ア.

イ.

ウ.

エ.

【実験１】，【実験２】で用いたエナメル線には銅が使われています。銅などの金属における熱の伝わり方について調べるために，次の【実験３】を行いました。

【実験３】銅，鉄，アルミニウムの３種類の金属でできた棒のそれぞれについて，Ｐ～Ｒの部分にろうをぬり，図３の・で示した部分をアルコールランプで熱し，ろうがすべてとけるまでの時間を調べた。表２は，結果をまとめたものである。

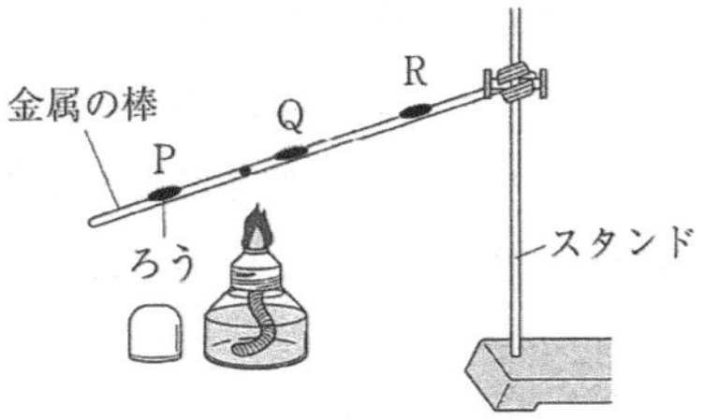

図３

表２

	銅	鉄	アルミニウム
ろうがすべてとけるまでの時間	22秒	46秒	34秒

〔4〕【実験３】で，Ｐ～Ｒの部分にぬったろうはどの順でとけますか。とける順にＰ～Ｒを並べかえて記号で答えなさい。ただし，ＰＱ間とＱＲ間は同じ長さです。

〔5〕〔4〕のような順にろうがとけるのは，金属がどのようにあたたまるからですか。25字以内で説明しなさい。

〔6〕表３は，銅，鉄，アルミニウムのいずれかでできた鍋《なべ》Ｘ～Ｚの製品の特徴《とくちょう》についてまとめたものです。鍋Ｘ～Ｚは銅，鉄，アルミニウムのどの金属でできていますか。答えなさい。

表３

	X	Y	Z
特徴	熱が早く伝わり，軽くてさびにくいが，酸やアルカリに弱い。	弱火でも鍋全体に熱が伝わりやすく，煮込《にこ》み料理に適している。	熱に強く，じょうぶだが，さびやすく，重い。

Ⅳ．生物が刺激《しげき》に対してどのような反応をするかに関する次の文章を読んで，あとの〔1〕～〔7〕の問いに答えなさい。

図1のゾウリムシは池や水たまりのような水中にすみ，長さがおよそ0.1mmの小さな生物です。ゾウリムシにはせん毛という小さな毛が体の表面にあり，このせん毛を動かすことで水中を移動します。ゾウリムシは小さな細菌などをえさにしていて，水中の①酸素をとり入れて呼吸をします。

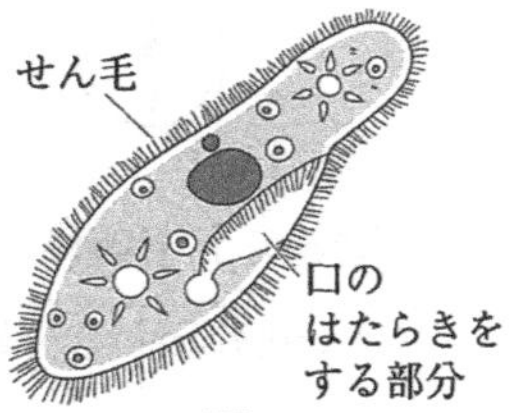

図1

健太さんは観察を行うために，採集したゾウリムシを水そうに入れました。しばらくしてから水そうを見ると，ほとんどのゾウリムシが水面近くに集まっていました。健太さんはこのゾウリムシの動きの理由を考えました。以前に水そうで金魚を育てていたとき，水中のポンプが止まっていたために，金魚が水面の近くに集まり，口をあけていたことを思い出し，Ⅰ「ゾウリムシが空気中の酸素をとり入れるために，空気に向かって移動している。」と考えました。また，夜になると明るい光に，ガやコガネムシなどの虫が集まっていることを思い出し，Ⅱ「ゾウリムシが光に向かって移動している。」と考えました。Ⅰ，Ⅱの考えを確かめるために健太さんは次の実験を行いました。

【実験1】長さ10cmのガラス管A，Bを用意し，それぞれにゾウリムシの入った水を入れ，ガラス管Aには空気を入れ，ガラス管Bには空気を入れないようにして，図2のようにガラス管A，Bにとう明なふたをした。ガラス管A，Bに光を当てたり，当てなかったり，光を当てる位置を変えたりして，ゾウリムシの動きを調べた。

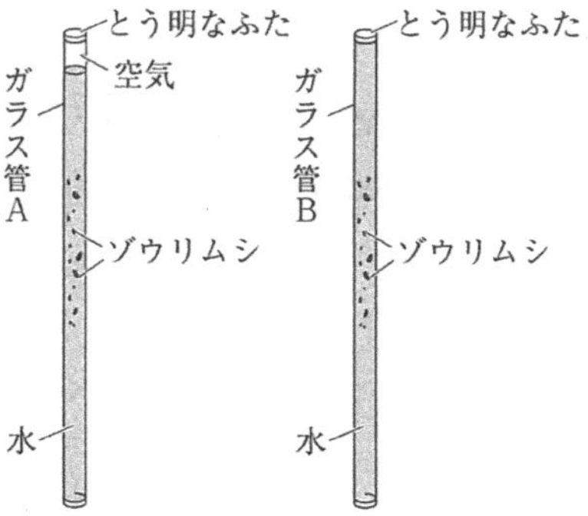

図2

【実験1】の結果について健太さんは次のように予想をしました。

＜健太さんの予想＞

◎　Ⅰの考えが正しい場合，ゾウリムシは図3のア～エの（　a　）のように集まる。

◎　Ⅱの考えが正しい場合，ゾウリムシは図3のア～エの（　b　）のように集まる。

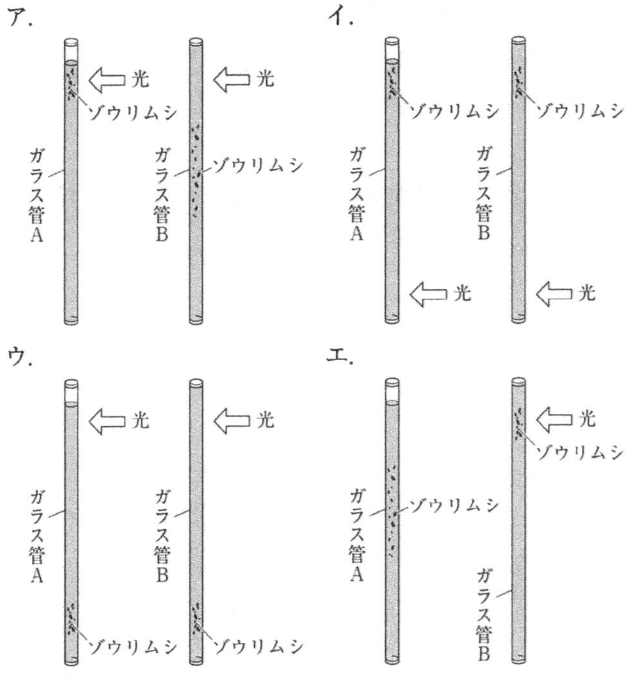

図3

健太さんが実験を行ったところ，【実験1】の結果は（　c　）のようになりました。

健太さんは，【実験1】の結果について先生に質問しました。

健太さん：先生，【実験1】の結果は僕《ぼく》の考えとは違《ちが》っていました。これはなぜですか。

先生　　：自由に動くことができる生物は，刺激《しげき》に反応して方向が決まった行動をすることがあります。これを「走性《そうせい》」といいます。「走性」には，ガなどが光に近づくように，刺激に近づくように行動するような「正の走性」と，ミミズなどが光をさけるように，刺激から遠ざかるように行動するような「負の走性」があります。しかし，ゾウリムシは空気や光に対する走性はありません。

健太さん：それではゾウリムシは，なぜ【実験1】の結果のように行動したのですか。

先生　　：地球には，地球上のものを引きつける②重力という力があります。手で持っていたものをはなすと，ものが真下に落ちるのは重力がはたらくからです。ゾウリムシは重力に対する走性をもっているのです。

健太さん：それではゾウリムシは重力に対して「負の走性」があるということですね。

先生　　：その通りです。

健太さん：植物にはこのような行動は，見られますか。

先生　　：植物は自由に動き回ることができませんが，光などの刺激に反応して曲がる性質があります。これを「屈性《くっせい》」といいます。刺激の方向に曲がる場合を「正の屈性」，刺激とは逆の方向に曲がる場合を「負の屈性」といいます。

健太さん：「屈性」について調べる実験をしたいです。

先生　　：トウモロコシの芽ばえは光に対して「正の屈性」があります。トウモロコシの芽ばえについて【実験２】を行いましょう。

【実験２】トウモロコシの芽ばえを使って図４のＰ～Ｔの処理を行った。

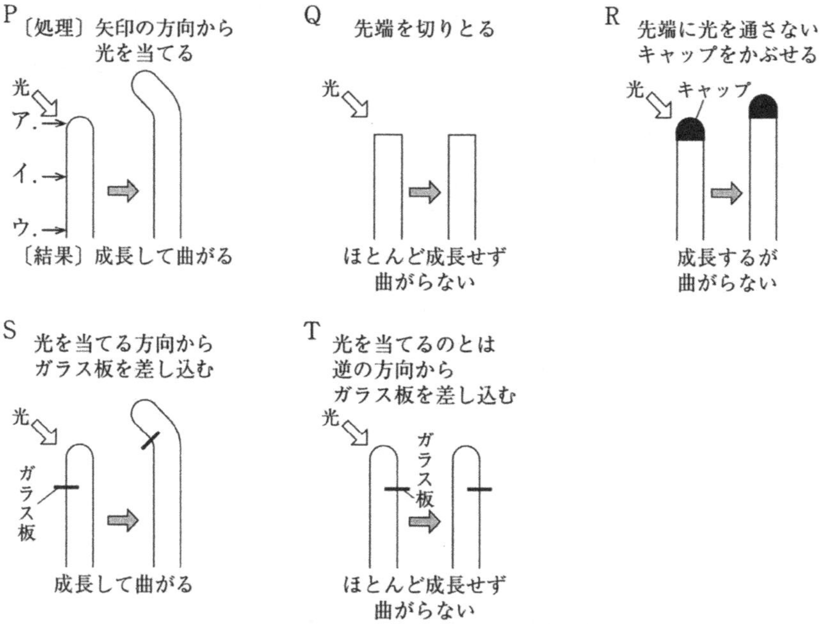

図４

〔１〕文中の下線部①の酸素は，図５のような装置で発生させ，試験管に集めることができます。

図５

（１）図５のように集めることができる気体には，共通してどのような性質がありますか。最も適当なものを，次のア～エから１つ選び，記号で答えなさい。

ア．空気より軽い。　　　　イ．空気より重い。

ウ．水にとけやすい。　　　エ．水にとけにくい。

（２）試験管に集めた気体が酸素であることを確かめる方法と結果を説明した文として，最も適当なものを，次のア～エから１つ選び，記号で答えなさい。

ア．試験管に石灰水を加えると，石灰水が白くにごる。

イ．試験管に火のついた線香《せんこう》を入れると，線香がはげしく燃える。

ウ．試験管の口にマッチの火を近づけると，気体が音を立てて燃える。

エ．水にぬらした赤色のリトマス紙を試験管の口に近づけると，リトマス紙の色が青色に変化する。

〔2〕【実験1】の<健太さんの予想>と結果について，文中の（ a ）～（ c ）に当てはまる記号を，図3のア～エから1つずつ選び，記号で答えなさい。

〔3〕図6は川の流れと，メダカの泳ぐ向きを矢印で表したものです。次の文はメダカがもつ「走性」について述べたものです。（1），（2）に当てはまる言葉として適当なものをア，イから1つずつ選び，記号で答えなさい。

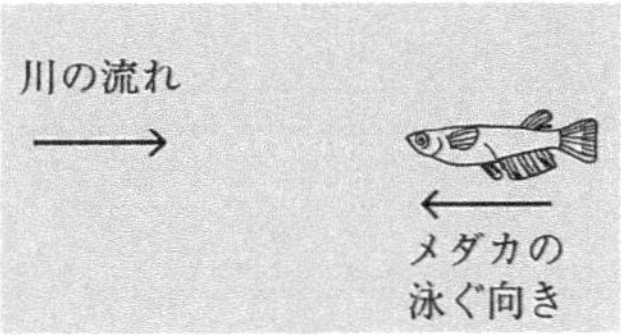

図6

メダカは（1）〔 ア．重力　　イ．水流 〕に対して（2）〔 ア．正　　イ．負 〕の走性がある。

〔4〕月面上では下線部②の重力が地球の約6分の1しかありません。地球上で120 gのおもりの重さを，月面上でばねばかりと上皿てんびんで調べた場合，どのようになりますか。最も適当なものを次のア～エから1つ選び，記号で答えなさい。

ア．ばねばかりは120 gを示し，上皿てんびんでは120 gの分銅とつり合う。
イ．ばねばかりは120 gを示し，上皿てんびんでは20 gの分銅とつり合う。
ウ．ばねばかりは20 gを示し，上皿てんびんでは120 gの分銅とつり合う。
エ．ばねばかりは20 gを示し，上皿てんびんでは20 gの分銅とつり合う。

〔5〕【実験2】の結果から，トウモロコシの芽ばえが光を感じる部分として最も適当なものを，図4の処理Pのア～ウから1つ選び，記号で答えなさい。

〔6〕【実験2】の処理Rで芽ばえが曲がらなかったとき，健太さんは，「キャップをしたために，先端《せんたん》が傷ついた」のだと考えましたが，実験方法を工夫して「キャップをしていても先端に光が当たれば芽ばえが曲がる」ことがわかりました。健太さんが行った実験方法を簡単に説明しなさい。

〔7〕次の文は【実験2】の結果から，芽ばえが曲がるしくみを説明したものです。（1）～（4）に当てはまる言葉として最も適当なものを（1）のア～ウ，（2）～（4）のア，イから1つずつ選び，記号で答えなさい。

トウモロコシの芽ばえが光の当たる方向に曲がるのは，図4の処理Pの（1）〔 ア　　イ　　ウ 〕の部分でつくられる物質に，芽の成長を（2）〔 ア．すすめる　　イ．おさえる 〕はたらきがあり，その物質が光の当たる方向と（3）〔 ア．同じ　　イ．逆の 〕方向へ移動し，さらに（4）〔 ア．上　　イ．下 〕に移動するからである。

2022年度C

社　会

（全13ページ）

（40分）

注意事項

1．受験番号，氏名および解答はすべて解答用紙に記入しなさい。

2．問題用紙に解答を書きこんでも採点されません。

3．解答は，ていねいに書きなさい。

4．解答は，すべて定められたところに記入しなさい。

Ⅰ．次の問いに答えなさい。

地図

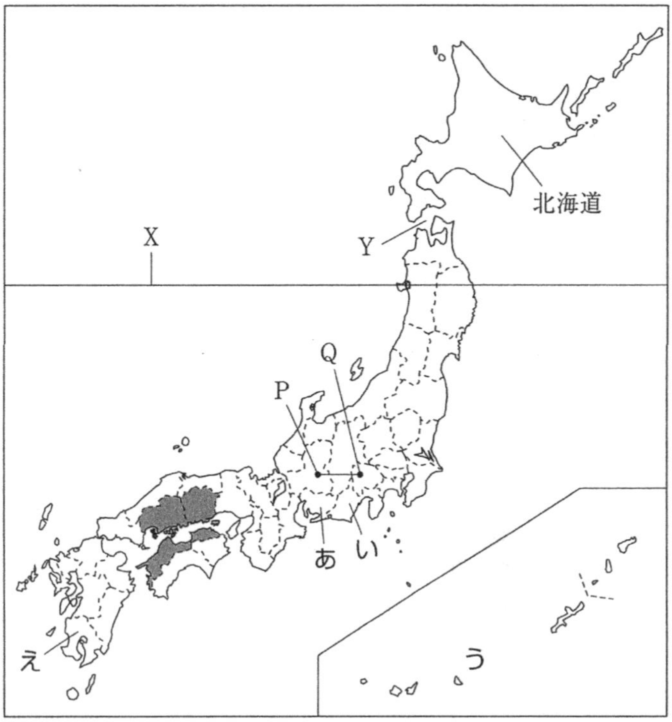

〔1〕次の文章は，地図中の北海道などで行われている漁業について説明したものである。文章中の□に共通してあてはまる語句を答えなさい。

> 魚類などの水産資源は，非常に多くの卵を産み，大量にふ化するが，成長するまで生き残れる個体は，その1％にも満たないといわれている。そこで，あるていどの大きさになるまで人の手で育ててから放流し，生存率を上げることで水産資源を確保する□が行われている。□と養殖業《ようしょくぎょう》は，合わせて育てる漁業（つくり育てる漁業）といわれている。

〔2〕 地図中のXの緯線《いせん》を正しく示している地図として正しいものを，次のア～エの中から１つ選び，記号で答えなさい。

ア
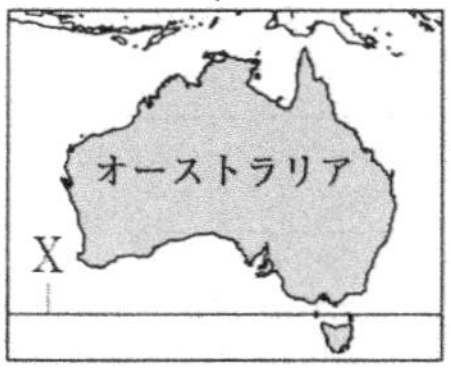

イ
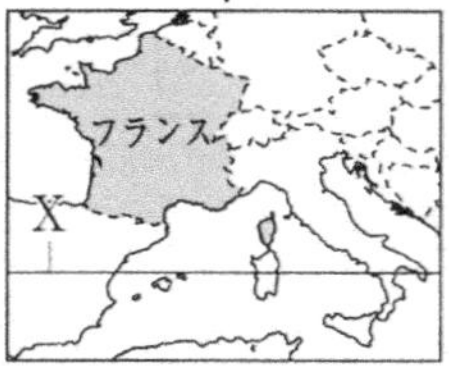

ウ
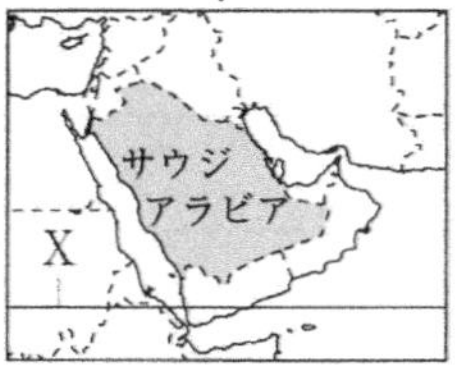

エ
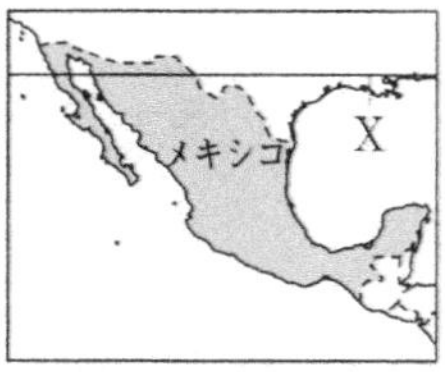

※地図の縮尺は同じではない。

〔3〕 地図中のYの海峡《かいきょう》は，2021 年に開業５周年をむかえた北海道新幹線が地下を通っている。この地下のルートを，解答欄《らん》の地図に線でかきなさい。線をかくのは海底の部分だけで，半島と半島を正しく結んであればよい。

〔4〕 次の図１は，地図中のＰ－Ｑの断面図である。図１中の※を流れている川を，あとのア～エの中から１つ選び，記号で答えなさい。

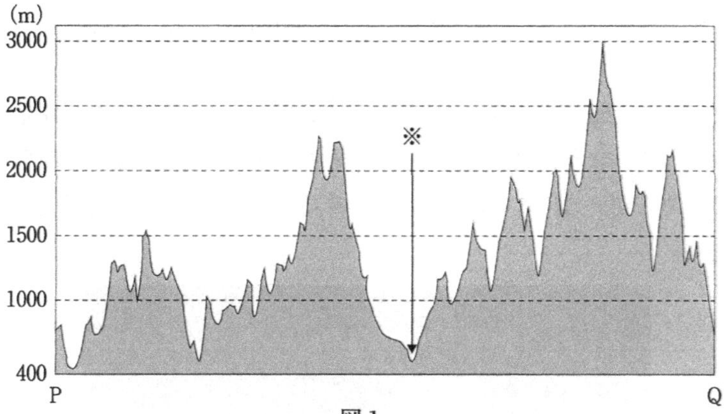

図１

(国土地理院「電子国土 web」にて作成)

ア　富士《ふじ》川　　イ　長良《ながら》川　　ウ　天竜《てんりゅう》川　　エ　木曽《きそ》川

〔５〕次の図２は，地図中のあの県といの県が上位をしめる工業製品の，都道府県別の出荷額を示したものである。この工業製品にあてはまるものを，あとのア～エの中から１つ選び，記号で答えなさい。

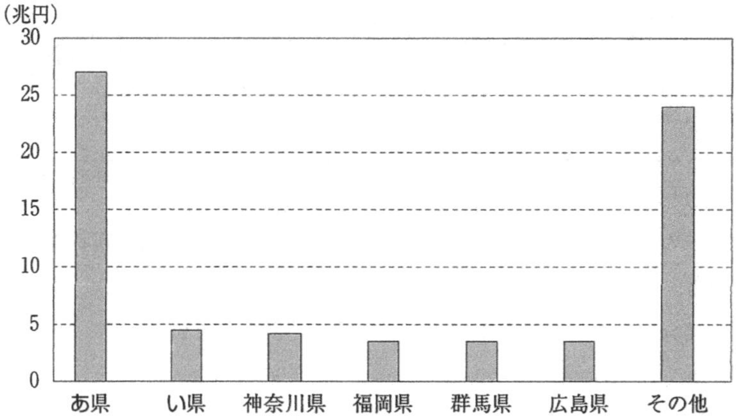

図２

（統計年次は2018年，2021/22年度版『日本国勢図会』より作成）

ア　輸送用機械　　イ　電子部品　　ウ　陶磁器《とうじき》　　エ　毛織物

〔６〕次の図３は，地図中のうの県で行われている，きくづくりの様子を示した写真である。写真のように電照栽培《さいばい》を行うことで，きくの開花と出荷の時期をずらすことができるが，このきくのように出荷時期をずらす栽培方法を何というか，答えなさい。

図３　きくづくりの様子

〔7〕次の表中のア～エは，地図中に▒で示した4県のいずれかを示している。瀬《せ》戸《と》大橋《おおはし》でつながっている2県を示しているものを，表中のア～エから**2つ**選び，記号で答えなさい。

	面積 (2020年) (km²)	人口 (2019年) (千人)	農業産出額 (2019年) (億円)	工業出荷額 (2018年) (億円)
ア	7114	1890	1417	83907
イ	8480	2804	1168	101053
ウ	1877	956	803	28003
エ	5676	1339	1207	42861

(2021/22年版『日本国勢図会』より作成)

表

〔8〕次の図4は，地図中のえの県の農業産出額の割合を示しており，図4中のⅠ～Ⅲには，米，野菜，畜産《ちくさん》のいずれかがあてはまる。図4から考えられるえの県の自然環境《かんきょう》の特色と，Ⅲの産出額の割合がⅠやⅡに比べて少ない理由を，簡単に説明しなさい。

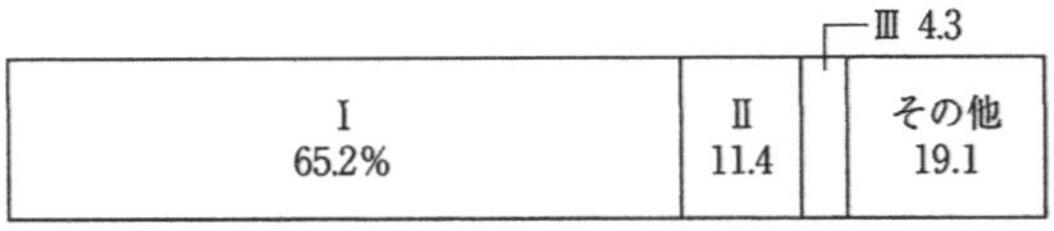

図4

(統計年次は2018年，2021年版『データでみる県勢』より作成)

Ⅱ．次のＡ～Ｈの写真について，あとの問いに答えなさい。

A

B

C

D

E

F

G

H

〔1〕右の図1は，写真Aの遺跡《いせき》で営まれた集落が，最盛期をむかえた時代の中国の様子を示している。この時代の日本の様子を，次のア～エの中から1つ選び，記号で答えなさい。

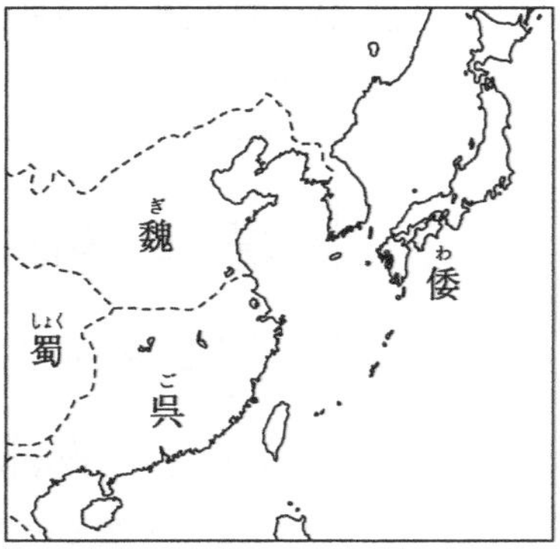

図1

ア　100あまりの国に分かれ，争っていた。
イ　倭の奴《な》国の王が中国の皇帝《こうてい》から金印を授けられた。
ウ　邪馬台国《やまたいこく》の女王卑弥呼《ひみこ》が30あまりの国を従えていた。
エ　倭の五王が中国の南朝に使いを送っていた。

〔2〕次の資料1は，写真Bがつくられたころに出された法令の一部である。この法令を何というか，答えなさい。

資料1

一に曰《いわ》く，和をもって貴《たっと》しとなし，さからうことなきを宗《むね》とせよ。
二に曰く，あつく三宝を敬《うやま》え，三宝とは仏《ぶつ》，法《ほう》，僧《そう》なり。
三に曰く，詔《みことのり》をうけたまわりては必ずつつしめ。

〔3〕写真Cの建物がつくられた時代について，次の問いに答えなさい。

（1）この時代の仏教に関するできごととして正しいものを，次のア～エから1つ選び，記号で答えなさい。
ア　聖武《しょうむ》天皇が国ごとに国分寺《こくぶんじ》，国分尼寺《こくぶんにじ》を建てた。
イ　仏教の受け入れをめぐって，豪族《ごうぞく》同士が対立した。
ウ　栄西《ようさい》《えいさい》や道元《どうげん》が開いた禅宗《ぜんしゅう》が，武士の間に広まった。
エ　天台宗《てんだいしゅう》を開いた最澄《さいちょう》が，比叡山《ひえいざん》に延暦寺《えんりゃくじ》を建てた。

（2）次の図2は，ある時期の天皇の系図である。この時期の様子として正しいものを，あとのア～エの中から1つ選び，記号で答えなさい。

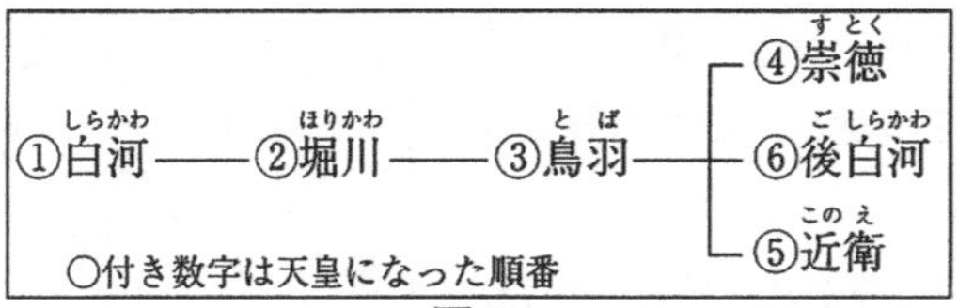

図2

ア　藤原《ふじわら》氏が摂政《せっしょう》や関白《かんぱく》として，政治をにぎっていた。

イ　天皇家や貴族の争いから，2度の戦乱がおこった。

ウ　坂上田村麻呂《さかのうえのたむらまろ》が，朝廷《ちょうてい》に従わない蝦夷《えみし》を平定した。

エ　力をつけてきた武士が関東地方で大きな反乱をおこした。

〔4〕写真Dの鶴岡八幡宮《つるがおかはちまんぐう》がある場所には，日本で最初の幕府が置かれた。右の図3は，この幕府のしくみを示している。図3中の（Ａ）と（Ｂ）について説明した文として正しいものを，次のア～エの中から1つ選び，記号で答えなさい。

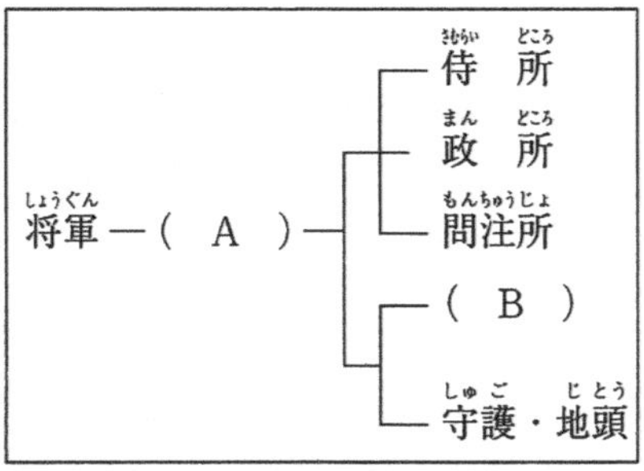

図3

ア　（Ａ）の管領《かんれい》には，北条《ほうじょう》氏の一族がついた。

イ　（Ｂ）の六波羅探題《ろくはらたんだい》は，承久《じょうきゅう》の乱後に設置された。

ウ　（Ａ）の執権《しっけん》には，各地の有力な守護大名が交代で任命された。

エ　（Ｂ）の鎌倉府《かまくらふ》は，関東地方の政治を行った。

作文問題

「立命館慶祥中学校・高等学校は、個性と多様性（ダイバーシティー）を大切にする学校です。人はみな、それぞれ素晴らしい個性を持っています。今日までの人生で、あなたが自分の個性や自分らしさを出すことができた時のことや場面について、くわしく書いてください。」

二〇二二年度C　入学試験　国語解答用紙

受験番号
氏名

一

問一
① ノゾ　く
② ホケツ
③ カンバン
④ 清純
⑤ 鉄鋼

問二
①
②
③
④
⑤

問三
①
②
③
④
⑤

問四
①
②
③
④
⑤

二

問一

問二

問三
50
40

問四

採点欄

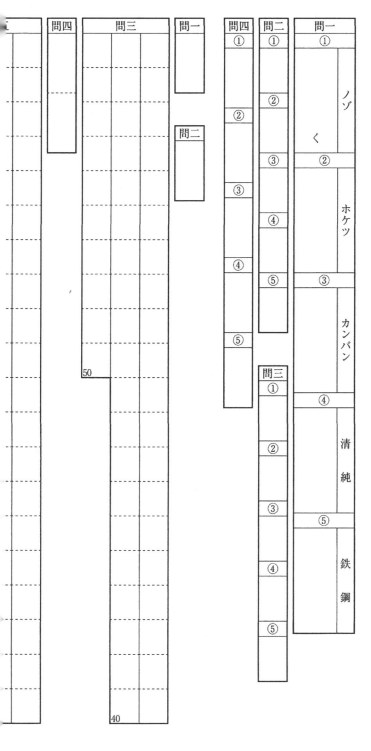

〔3〕	奇数か 偶数か	カードに 書かれた数	
〔4〕		〔5〕	

Ⅳ

〔1〕	点Ｐの速さ 毎秒　　cm	点Ｑの速さ 毎秒　　cm	時間 秒ごと

〔2〕	（1）	倍	（2）	倍
〔3〕	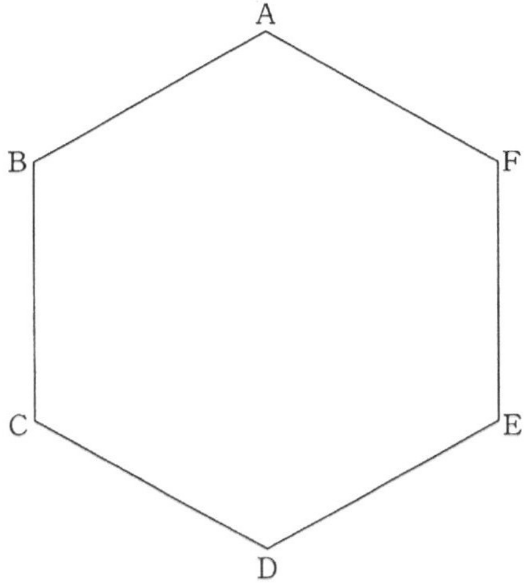		秒後	

合計	

※120点満点
（配点非公表）

Ⅲ

〔1〕			〔2〕		〔3〕	b		c	
〔4〕	→	→						
〔5〕	（10）	（20）						
〔6〕	X		Y		Z			

Ⅳ

〔1〕	(1)		(2)					
〔2〕	a		b		c			
〔3〕	(1)		(2)		〔4〕			
〔5〕			〔6〕					
〔7〕	(1)		(2)		(3)		(4)	

合計	

※80点満点
（配点非公表）

〔3〕

〔4〕	(1)	(2)	
〔5〕		〔6〕	
〔7〕			

◆の印から横書きで書き，途中で改行せず続けて書きなさい。（、や「 」などの記号は一字と数えます。）

Ⅳ ◆

100

200

合計

※80点満点
（配点非公表）

名前

学校使用欄

100

受験番号

（配点非公表）

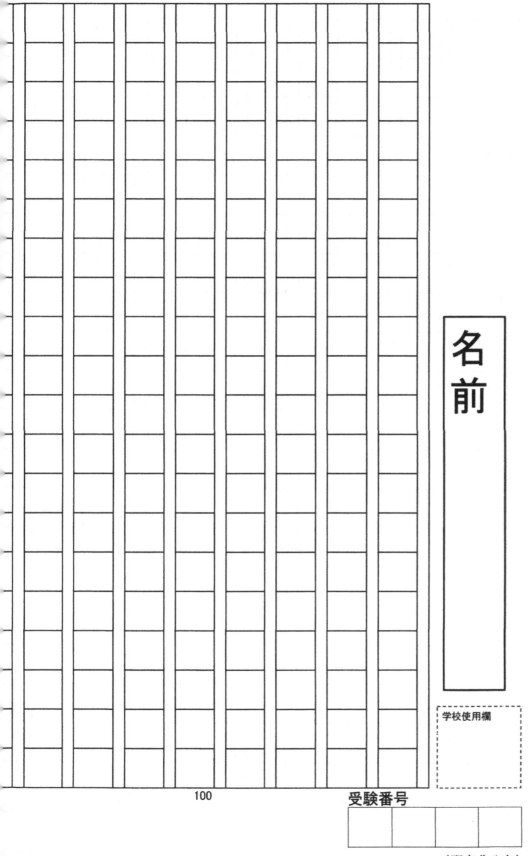

800 700 60

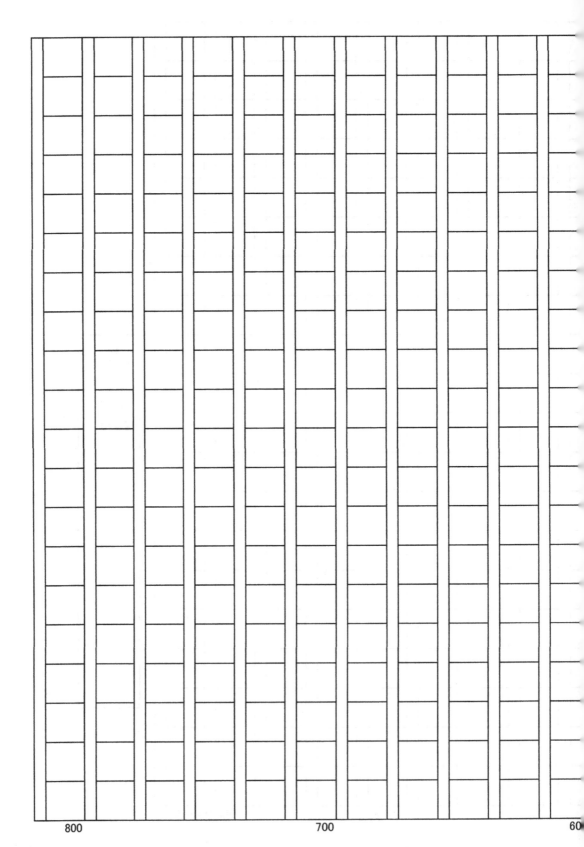

裏面

500

400

300

20

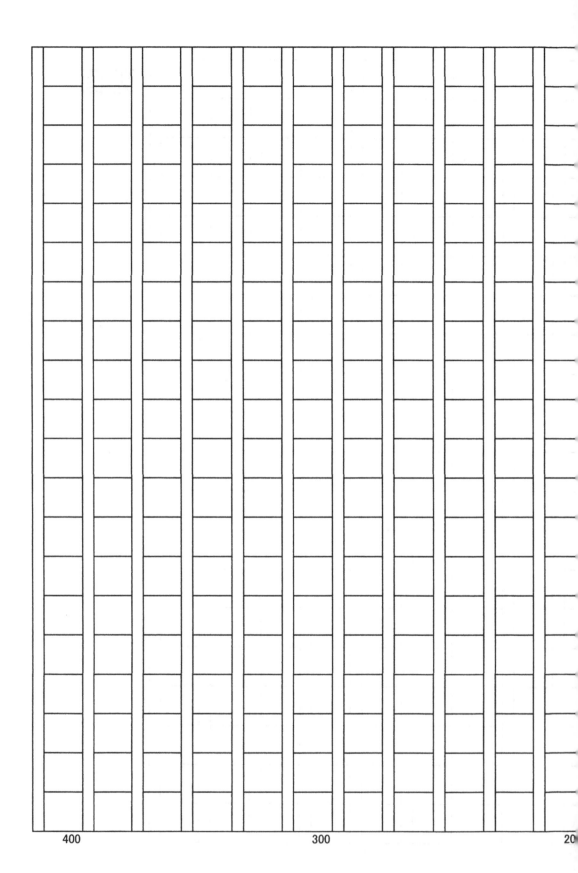

２０２２年度Ｃ　入学試験　社会解答用紙

受験番号	氏名

採点欄

Ⅰ

〔1〕		〔2〕		〔3〕	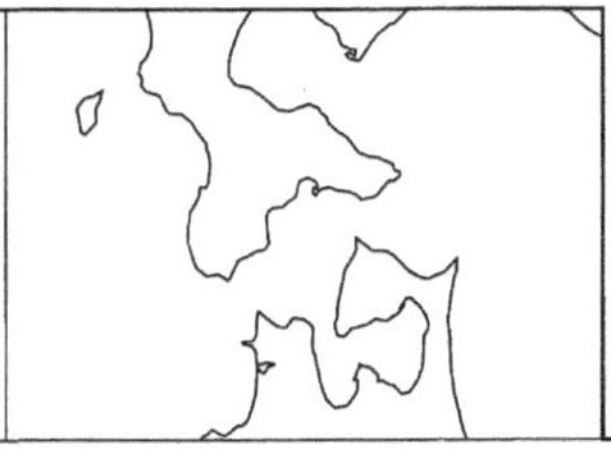
〔4〕		〔5〕			
〔6〕		〔7〕			
〔8〕					

Ⅱ

〔1〕		〔2〕		〔3〕	(1)	(2)
〔4〕		〔5〕		〔6〕	(1)	(2)
〔7〕	名称	理由				
〔8〕						

Ⅲ

〔1〕	

【解答

2022年度C　入学試験　理科解答用紙

受験番号	氏名

採点欄

I

〔1〕	(1)		〔2〕	(1)	→ → →
	(2)			(2)	
〔3〕	(1)		〔4〕	(1)	
				(2)	
	(2)	g			

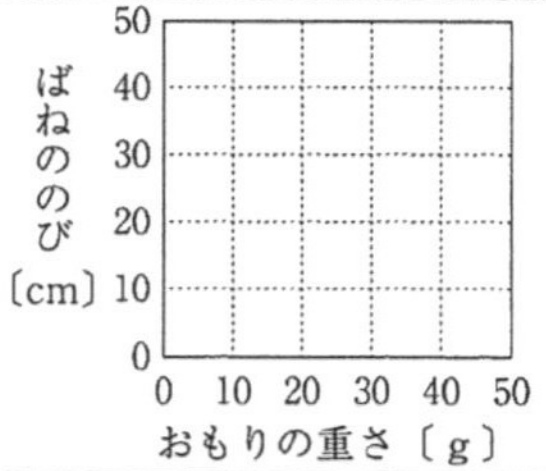

II

〔1〕		〔2〕		〔3〕	毎秒　cm
〔4〕	①		②		

【解答

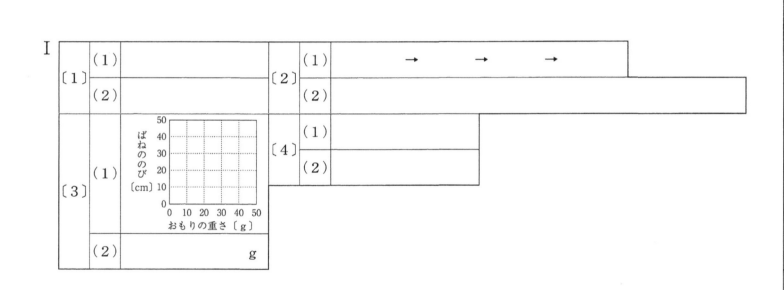

２０２２年度Ｃ　入 学 試 験　算数解答用紙

受 験 番 号	氏　　　　名

採点欄

Ⅰ

〔１〕		〔２〕		〔３〕	
〔４〕		〔５〕		〔６〕	

Ⅱ

〔１〕		度	〔２〕		cm^2
〔３〕	（１）	cm^2	（２）		cm^2

Ⅲ

〔１〕	

【解答

三

問六

問一

問二

Ⅰ	Ⅱ

問三

問四

問五

四

◆の印から縦書きで書きなさい。途中《とちゅう》で改行せず、続けて書きなさい。

◆

※120点満点
（配点非公表）

合計

問六	問一	問二	問三	問四	問五	四

二〇二二年度

【作文試験】

（全１ページ）

（30分）

注意事項

一　受験番号・氏名および作文は、すべて作文用紙に記入しなさい。
二　問題用紙に文章を書きこんでも採点されません。
三　縦書きで書くこと。
四　書き出しと段落の最初は、一マス空けること。
五　句読点や「　」（　）なども原則として一マス使うこと。ただし、行の先頭にきてしまう場合は、前の行の最後のマスに付け加えること。
六　文字数の指定はありません。ただし、配布された作文用紙の中におさまるように記入しなさい。（裏面も使ってよいです）

〔5〕写真Eの城に3層の天守閣《てんしゅかく》をつくったのは，1590年に全国を統一した人物である。この人物の名前を答えなさい。

〔6〕次の資料2は，写真Fがつくられた時代によまれた狂歌《きょうか》である。資料2について，あとの問いに答えなさい。

資料2

①白河《しらかわ》の　清きに魚の　すみかねて　もとのにごりの　②田沼恋《たぬまこい》しき

（1）下線部①が表している人物が行った政治改革の名称《めいしょう》を答えなさい。

（2）下線部②が表している人物が行った政策として正しいものを，次のア～エから1つ選び，記号で答えなさい。

ア　幕府の学問所で，朱子学《しゅしがく》以外の講義を禁止した。

イ　物価の上昇《じょうしょう》をおさえるため，株仲間《かぶなかま》を解散させた。

ウ　大商人の力をかりて，印旛沼《いんばぬま》の干拓《かんたく》を開始した。

エ　豊作，不作に関係なく，年貢《ねんぐ》の率を一定にした。

〔7〕写真Gは，現在の北九州市に，日清《にっしん》戦争の賠償金《ばいしょうきん》の一部を使ってつくられ，1901年から操業した製鉄所の現在の様子である。この製鉄所を何というか，その名称を答えなさい。また，この地に製鉄所がつくられた理由を，製鉄に必要な材料と産地を示して，簡単に説明しなさい。

〔8〕写真Hが位置している県を，次のア～エから1つ選び，記号で答えなさい。

ア　福岡県　　イ　広島県　　ウ　長崎県　　エ　東京都

Ⅲ．コオロギパウダーに関する次の文章を読んで，あとの問いに答えなさい。

世界的人口増加で食料争奪戦《そうだつせん》

国際連合広報センターによれば，①世界の人口は2019年の約77億人から2030年には85億人（10%増）ほどになるとされる。さらに2050年には97億人（26%増），2100年には109億人（42%増）へと予測されている。

人が増え，生活水準が上がり，肉や魚介類《ぎょかいるい》などに含《ふく》まれる動物性タンパク質の需要《じゅよう》も高まるのは必須《ひっす》で，これだけの人口の食料を賄《まかな》うには，豚《ぶた》や鳥など何億匹《ひき》もの家畜《かちく》が必要だ。だが，過剰《かじょう》な放牧は環境汚染《かんきょうおせん》や森林破壊《はかい》を引き起こし，魚介の大量捕獲《ほかく》は海洋資源の枯渇《こかつ》を招く。

医療《いりょう》の進歩や食料事情の向上によって摂取《せっしゅ》する栄養価の高まりは，世界的に高齢化《こうれいか》を加速する。世界人口の規模と構成の変化は，持続可能な開発目標（SDGs）の達成と，誰《だれ》一人取り残さない世界の実現に影《かげ》を落としかねない。

高栄養食のコオロギに着目

②群馬県高崎《たかさき》市の会社は，未来のタンパク源として食用昆虫《こんちゅう》のコオロギに注目し，未来へとつなげる食育の推進事業を展開する。ゲテモノ扱《あつか》いされがちな昆虫だが，コオロギを粉（コオロギパウダー）にして，食べやすく加工することで，初心者でも違和感《いわかん》なく食べられると注目を集めている。

2013年に国際連合食糧《しょくりょう》農業機関（FAO）が，世界の食糧危機の解決には栄養価が高い昆虫類の活用を推奨《すいしょう》する報告書を出したのをきっかけに，食品として昆虫の活用が世界的に注目を集めた。採集や飼育の産業化によって新たな雇用《こよう》や収入を生み，家畜より飼料が少なくて済《す》む。さらに温暖化ガスの排出量《はいしゅつりょう》を減らすこともできることも相まって昆虫食への関心が高まるばかりだ。

昆虫は，タンパク質などの栄養素を豊富に含むこと，養殖《ようしょく》に必要とされる土地や飼料が家畜などに比べ大幅《おおはば》に少なく③環境負荷が小さいことから，人間にとって重要な食物になる可能性がある。

タイの農家から供給

気になるのは原料となるコオロギの調達方法だが，タイのコンケン大学には，食用コオロギの養殖技術を確立させた研究者がいて，その養殖技術がスタンダードになりつつあるという。大学周辺の農家では，コオロギの養殖が営農形式で普及《ふきゅう》しタイ政府もバックアップしている。タイでは，世界的な昆虫由来タンパクの需要の高まりを受けて，標準的な生産方法を確立させ，必要とする地域に輸出し産業支援《しえん》にも積極的だ。

現地ではイエコオロギを姿のまま調理して食べているが，欧州《おうしゅう》や日本ではそのまま食べることが敬遠されることから現地でパウダーに加工して日本へ④空輸している。見た目は小麦粉と同じだが，真っ白ではなく少し褐色《かっしょく》がかった粉だ。

課題は価格

コオロギパウダーの市場小売《こうり》価格が100 gで約1,500～2,000円，小麦粉は1kgで約200円だが工業用の場合はさらに安い。残念ながら小麦粉と比較してもまだまだコオロギパウダーの割高感は否《いな》めない。また現状では扱う量も少ないことから，空輸による輸送コストもばかにならない。

価格を下げるには消費拡大を実現させ⑤船便による輸送となるよう事業を拡大していくしかない。

ならば，野生のコオロギを採取すればと単純に思うかもしれないが，何を食べているか分からない昆虫を食料とすることは衛生的な観点から受け入れられない。餌《えさ》の品質と飼育環境の管理は，食の安全の観点から極めて重要である。

では国内養殖はどうか。コオロギの養殖は暖かい夏には適するが，冬期に熱源設備を設置し維《い》持《じ》管理をすればコストが増える。熱帯モンスーン気候のタイは年間平均気温29℃前後，高温多湿《たしつ》で年中蒸し暑く，一年を通して日本の7，8月ごろの気候である。さらに，飼料自給率が高く，餌の調達リスクも低い。農家が作る野菜も餌に活用でき，コオロギの糞《ふん》は⑥農作物の肥料にも利用できるため，循環《じゅんかん》が可能だ。仮に日本の農家がコオロギの養殖をするとなれば，夏以外は育成温度を維持するための熱源と大規模な養殖施設《しせつ》が必要となる。

コオロギパウダーを使った商品を提案しても断られてきたが，食品を製造する会社と商品化にこぎ着けて販売《はんばい》すると珍《めずら》しさもあり話題になった。そしてコオロギパウダーを練《ね》り込《こ》んだゴーフレットやビスコッティ，チョコクランチなど次々と商品化した。

販売促進《そくしん》も兼《か》ねて様々なイベントにも出向き，これからというときの2019年12月に新商品を投入したが，⑦新型コロナウイルス感染症《かんせんしょう》拡大が想定外に立ちはだかった。商品を置かせてもらっていた博物館などが閉館し，併設《へいせつ》の売店も休業や時短営業で一気に暗雲が立ち込める。今は，オンライン販売や原料の調達等，ビジネスモデルを見直しコロナ収束後のチャンスを狙《ねら》う。

(国立研究開発法人 科学技術振興機構『コオロギパウダーで違和感なく摂取する良質なタンパク質』より作成，一部改変)

〔1〕下線部①について，次の資料1は，世界の国別人口上位10か国を示したものである。 あ ～ う にあてはまる国の組み合わせとして正しいものを，あとのア～カから1つ選び，記号で答えなさい。

資料1

順位	国名	順位	国名
1位	あ	6位	う
2位	い	7位	ナイジェリア
3位	アメリカ合衆国	8位	バングラデシュ
4位	インドネシア	9位	ロシア連邦《れんぽう》
5位	パキスタン	10位	メキシコ

(統計年次は2020年，2021/22年度版『世界国勢図会』より作成)

ア あ －中国　い －インド　う －ブラジル

イ あ －中国　い －インド　う －カナダ

ウ あ －中国　い －インド　う －オーストラリア

エ あ －インド　い －中国　う －ブラジル

オ あ －インド　い －中国　う －カナダ

カ あ －インド　い －中国　う －オーストラリア

〔2〕下線部②について，次は高崎市の様子を示しており，図1は1968年，図2は1998年発行の地形図である。図1・図2中の高崎線の周辺のエリアは，土地利用が大きく変化している。どのようなものに変化したか，変化した理由とともに説明しなさい。なお，説明には次の用語を必ず用いること。

〔用語：　輸送　〕

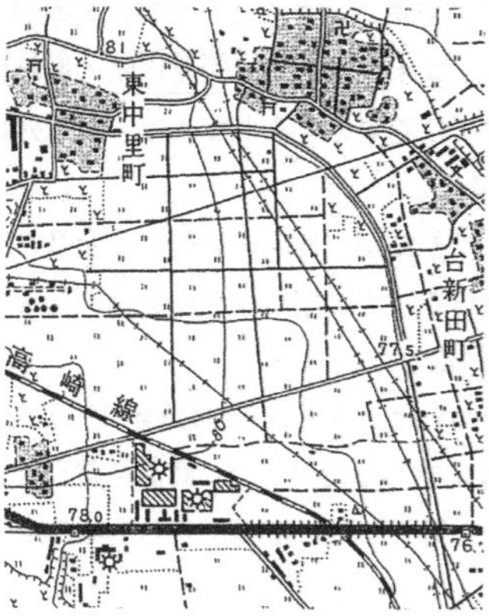

図1

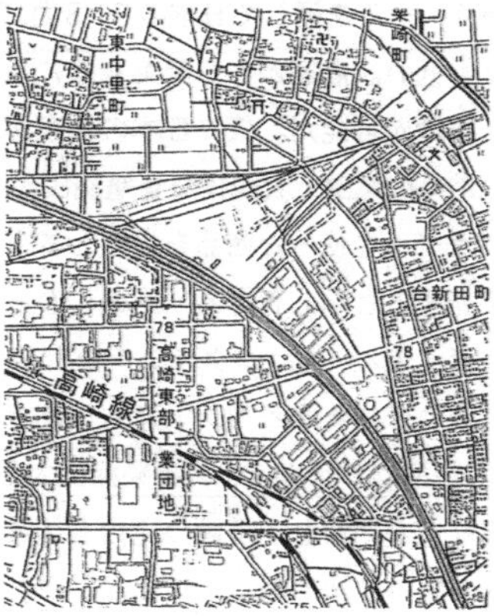

図2

（昭和43年，平成10年国土地理院発行2万5千分の1地形図「高崎」より作成）

〔3〕下線部③について，大きな工事を行うとき，環境への負荷を確認するために事前に工事による環境への影響《えいきょう》を調査することを定めた，環境□法が制定されている。□にあてはまる語句を，**カタカナ6字**で答えなさい。

〔4〕下線部④について，次の問いに答えなさい。

（1）　日本の輸入の際，輸送手段が空輸となる成田国際空港の品目別輸入額割合を示しているグラフを，次のア～エから1つ選び，記号で答えなさい。

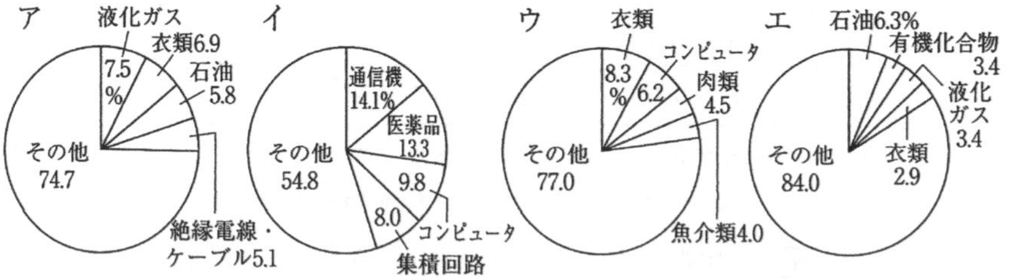

（統計年次は2020年，2021/22年版『日本国勢図会』より作成）

（2）　下線部④と比べた，下線部⑤の長所と短所を，簡単に説明しなさい。

〔5〕下線部⑥について，江戸《えど》時代の日本では，九十九里浜《くじゅうくりはま》（千葉県）などの漁で獲《と》れた海産物を干して加工し，農作物の肥料にしていた。このとき加工された海産物を，次のア～エから1つ選び，記号で答えなさい。

ア　なまこ　　イ　くじら　　ウ　いわし　　エ　こんぶ

〔6〕下線部⑦について，人類はこれまでに何度も，世界規模の感染症の流行を経験してきている。次の資料2はそのうちの1つについて説明したものである。資料2が説明する感染症が流行していた時期に，日本国内でおこったできごとを，あとのア～エから1つ選び，記号で答えなさい。

資料2

スペイン風邪《かぜ》は，1918年から1920年にかけて世界的に流行したインフルエンザウイルスによる感染症で，全世界では2000万～4000万人の死者が，日本国内では約40万人の死者が出たといわれており，20世紀に人類が経験した新型インフルエンザウイルスのうち，最悪の被害《ひがい》をもたらした。

ア　政府に反対する社会主義運動などを取りしまる法律が制定された。

イ　米の安売りなどを求めて米屋を襲《おそ》う騒動《そうどう》が全国各地でおこった。

ウ　関東地方で大地震《じしん》が発生し，10万人以上の死者，行方《ゆくえ》不明者が出た。

エ　立憲政治を守ろうとする運動が高まり，桂《かつら》内閣が退陣《たいじん》に追いこまれた。

〔7〕この「コオロギパウダー」に関する文章から読み取れる，現在私たちが直面している世界的な課題と，その解決策について，簡単に説明しなさい。なお，説明には次の用語を必ず使用すること。

〔用語：　食料　〕

Ⅳ．日本では，男性と女性が責任を分かち合い，対等な立場でその能力を生かすことができる男女共同参画社会を実現するための取り組みが続けられている。この取り組みをより進めつつ，少子高齢《こうれい》化の急速な進行を食い止めるにはどうしたらよいか。次の資料１～４を参考にして，少子高齢化が進んでいる原因を２つ，どのようなことを改善すればこの問題を食い止めることができるかの案を２つ考え，女性の社会進出の状《じょう》況《きょう》の変化に触れながら，100字以上200字以内で説明しなさい。**解答するにあたり，以下の用語を必ず使用し，使用した部分に下線を引きなさい。**（同じ用語を何度使用しても構いません。）

〔用語：　雇用《こよう》　育児休《きゅう》暇《か》　賃金　世帯　〕

資料１　専業主婦世帯と共働き世帯数の移り変わり

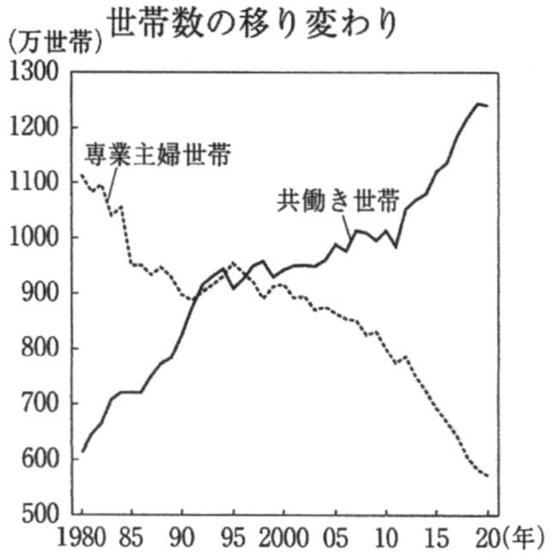

（総務省資料より作成）

資料２　男女別育児休暇取得率の移り変わり

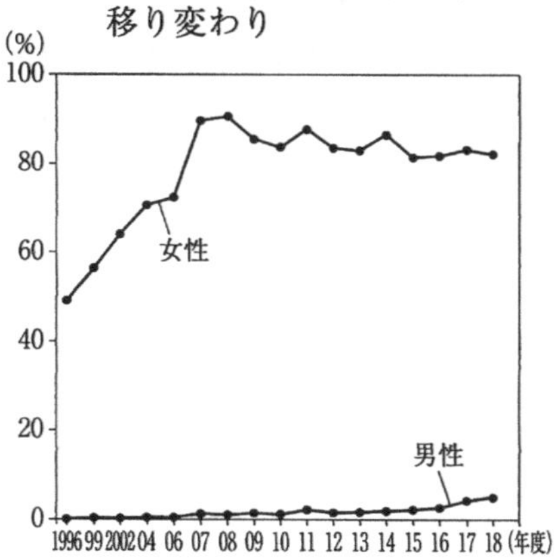

（内閣府資料より作成）

資料３　男女別，非正規雇用で働く人の割合の移り変わり

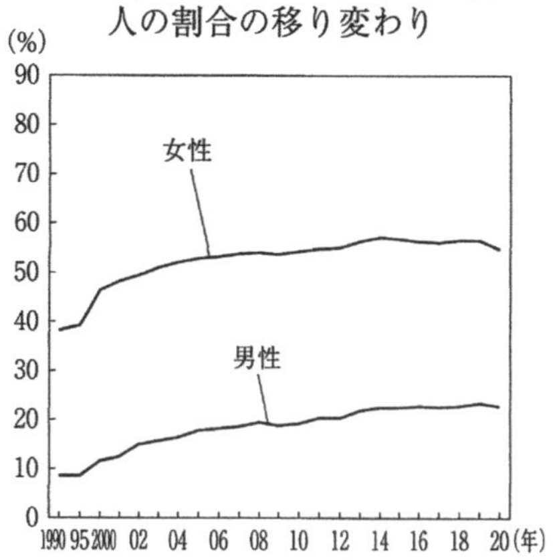

（総務省資料より作成）

資料４　年代別正規雇用・非正規雇用の賃金（1時間あたり）

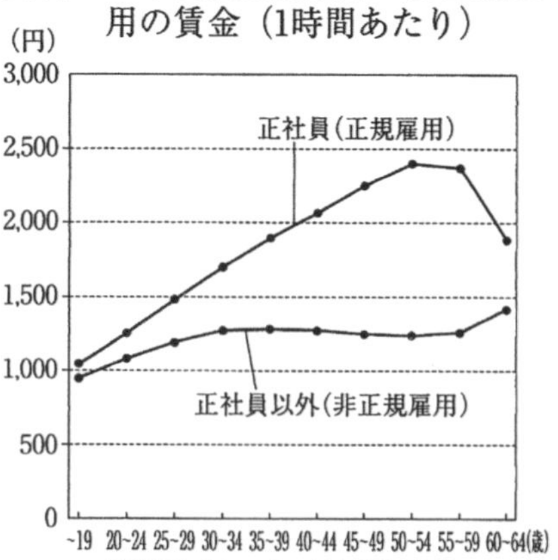

（統計年次は2017年，厚生労働省資料より作成）

二〇二一年度C

立命館慶祥中学校

国語

（全17ページ）

（60分）

注意事項

一　受験番号・氏名および解答は、すべて定められたところに記入しなさい。

二　問題用紙に解答を書きこんでも採点されません。

三　、や「　」などの記号は、特別の指示のない限り一字と数えます。

例　| し | か | し | 、 | で | あ | る | 。 |

一、次の各問いに答えなさい。

問一　次の――線部の、漢字はその読みをひらがなで書き、カタカナは漢字に直しなさい。

① 相手の胸中を察する。
② 友人の顔が紅潮する。
③ いくつものソウになった雲。
④ 校庭が夕日にソまる。
⑤ 列車を車庫にカクノウする。

問二　次の各組の熟語の中で、組み立ての異なるものを、ア～オの中から一つずつ選び、記号で答えなさい。

① ア 育児　イ 会合　ウ 健康　エ 指示　オ 永久
② ア 進退　イ 強弱　ウ 問答　エ 往復　オ 周囲
③ ア 市立　イ 私有　ウ 気絶　エ 頭痛　オ 国連
④ ア 延期　イ 運行　ウ 挙手　エ 読書　オ 開戦
⑤ ア 青空　イ 王座　ウ 乗車　エ 予告　オ 支店

問三　次の□に身体の一部を表す漢字一字を入れて、下の意味を持つ慣用句を完成させなさい。

① □がない…とても好きである。
② □がうく…軽薄《けいはく》な言動に不快な気持ちになる。
③ □をすっぱくする…くどくどと何度も同じことを言う。
④ □を長くする…期待して待つ。
⑤ □であしらう…冷たい対応をする。

問四　次の□に漢字一字を入れて、四字熟語を完成させなさい。

① 質□剛健
② 前後□覚
③ 天□地異
④ 言語道□
⑤ 十人十□

二、次の文章を読んで、後の問いに答えなさい。

著作権に関係する弊社の都合により
本文は省略いたします。

教英出版編集部

※1　Tesla……電気自動車メーカー。後述のイーロン・マスクが最高経営責任者を務める。
※2　トレンド……流行、流れ。
※3　ジリ貧……じりじりと貧しくなることの略で、次第《しだい》に状況《じょうきょう》が悪化していくこと。

著作権に関係する弊社の都合により
本文は省略いたします。

教英出版編集部

著作権に関係する弊社の都合により
本文は省略いたします。

教英出版編集部

著作権に関係する弊社の都合により
本文は省略いたします。

教英出版編集部

※4　オールドエコノミー……古くからのビジネス。
※5　レガシーコスト……負の遺産《いさん》。企業が退職者に払《はら》い続ける年金など。
※6　リスクマネー……回収できないリスクを負って投資された資金。
※7　マクロトレンド……大規模な流れ。
※8　スタートアップ……新設会社。新規事業。
※9　ＰＤＡ……携帯《けいたい》できる情報端末《たんまつ》。
※10　「実数」・「虚数」・「複素数平面」……それぞれ、「実際の数」・「理念的な数」・「実数を横軸、虚数を縦軸にした座標平面」のことで、比喩《ひゆ》的に用いられている。

著作権に関係する弊社の都合により
本文は省略いたします。

教英出版編集部

著作権に関係する弊社の都合により
本文は省略いたします。

教英出版編集部

※11 プラントエンジニア……生産設備の設計や管理を行う専門の技術者。

※12 手なり……ここでは、今の流れのまま進めるという意味。

※13 ポスドク……ポストドクターの略。博士号を取得したが、正規の役職についていない研究者。

※14 クラック……コンピュータにアクセスし、データを盗《ぬす》むこと。

著作権に関係する弊社の都合により
本文は省略いたします。

教英出版編集部

（安宅和人《あたかかずと》『シン・ニホン　AI×データ時代における日本の再生と人材育成』より　一部改変）

※15　クリックホイール……かつてiPodに使用されていた、スクロール用のタッチパッドと押《お》しボタンが合わさった装置。
※16　意匠……物の形状や模様、色彩《しきさい》で、美しさを感じさせるもの。
※17　クラウド……クラウドコンピューティングの略。インターネットなどのネットワークを経由して、ソフトウェアやシステムを遠隔《えんかく》から利用できるコンピュータの利用形態。

問一 ――線部①「企業価値ランキング」とあるが、企業価値ランキングについて、本文および図1から読み取れる内容として正しいものを、次のア～オの中から二つ選び、記号で答えなさい。

ア ２００７年にスマホが生まれたことにより企業価値ランキングはこの10年ですっかり入れ替わってしまい、Microsoft は世界で6位となってしまった。

イ 販売台数で劣《おと》る Tesla が、ＧＭの企業価値を追い抜いたことは、「未来を変えている感」が企業価値となったことを示す象徴《しょうちょう》的な出来事である。

ウ 日本のトヨタは、クルマ会社の中ではＧＭやＶＷとともに3大グループのひとつであり、企業価値ランキングでも上位10位以内にある。

エ ２０１９年度の企業価値ランキングでは、Microsoft や Amazon、Apple の三社が上位をしめ、データやＡＩを駆使《くし》している企業は価値が高い。

オ 過去にランキング上位であった銀行や石油の元売り、メーカーは、データとＡＩをうまく使うことで、現在も価値の高い企業として評価されている。

問二 ――線部②「ここ」という指示語が指しているのはどういうことか。最も適切なものを、次のア～オの中から一つ選び、記号で答えなさい。

ア 生産年齢人口の減少が進むと、大企業であってもその影響は免《まぬか》れず、スタートアップには影響が少ないといっても、事業の縮小といった再編が必要になるということ。

イ 生産年齢人口が減少していくことは、すでに成功を収めている大企業には影響がないが、スタートアップには深刻な影響を及《およ》ぼすということ。

ウ 人口調整局面における生産年齢人口の減少は、すでにシェアの大きな企業には悪い影響を生むが、スタートアップにはほとんど影響しないということ。

エ 人類が人口調整局面に突入したことがきっかけとなって、米国を中心に生産年齢人口の減少が社会問題となっているということ。

オ 人口調整局面を迎《むか》えたことがきっかけとなり、米国以外の主要国で生産年齢人口が減少し、国内生産が難しくなっていくということ。

問三　［A］・［B］に入ることばの組み合わせとして最も適切なものを、次のア〜オの中から一つ選び、記号で答えなさい。

ア　A　けれども　　B　ゆえに
イ　A　あるいは　　B　さて
ウ　A　つまり　　B　なぜなら
エ　A　しかし　　B　たとえば
オ　A　したがって　　B　そこで

問四　――線部③「逆は真ではない」とあるが、それはどういうことか。本文中のことばを使って四十字程度で説明しなさい。

問五　――線部④「習ったことをきっちりやる〝マシン〟的な人では新しい価値の生み出しようがない」とあるが、筆者は「新しい価値」とは具体的にどのようにしてつくられると考えているか。そのことを説明した次の文の［　］にあてはまることばを、本文中のことばを使って四十字程度で答えなさい。

［　］ことで、新しい価値がつくられると考えている。

問六　本文の内容に合致《がっち》しているものを、次のア〜オの中から一つ選び、記号で答えなさい。

ア　現在は変化のいちじるしい状況に対応して世の中を刷新する企業に価値が見出《みいだ》されるようになったが、以前はスケール重視で大きな利益を生む企業が価値を持っていた。
イ　国連の予測によると、アジアやアフリカ地域では人口調整局面に突入しても人口増大が止まる気配はなく、今後も人口は増え続けていくと考えられる。
ウ　新設会社には、大企業のような信頼《しんらい》はないが、才能あふれる人材を既存《きそん》の人事システムにとらわれずに集められるため、大企業よりもリスクマネーが多くなる。
エ　現代では、リアル空間でのスケールだけがものをいう時代は終了しており、持続可能なエネルギーの世界を目指す企業だけが企業価値を生み出すようになった。
オ　21世紀に音楽の聴き方だけでなく世界そのものを変えたiPhoneは、20世紀末に米国の大学で一部の学生がはやらせた行為が黙認されたおかげで生み出された。

三、次の文章を読んで、後の問いに答えなさい。

> 6年生の「ハル（大場晴夜《はるや》）」のクラスにパキスタン人の転校生アブドゥルラッザーク（アブダラくん）がやって来た。学校は、日本語に不慣れなアブダラくんのために「あんとまざー教室」という放課後の学習サポートクラスを設け、日本語支援員《しえんいん》の田屋《でんや》めぐみを迎《むか》え入れる。彼女《かのじょ》は「田屋ネコスケ」という名前でニットクリエイターとしても活躍《かつやく》していた。そんな中、ハルは担任の先生からアブダラくんのサポート係に命じられるが、やってもらうのが当たり前のようなアブダラくんの態度に不満を募《つの》らせていた。

アブダラくんとふたり、気まずくだまりこんだまま、あんとまざー教室にむかう。

アブダラくんは、いつもと変わらない無表情。どうせ、気まずいなんて思ってるのは、ぼくだけだろうけど。

いったんムカつきはじめると、例のモヤモヤが胸の中にたまっていって、イラついてしょうがない。

二階のうちのクラスから、四階の元用具室に行くだけの道のりなのに。うちの学校の廊下《ろうか》、こんなに長かったっけ？

あんとまざー教室のドアを開けると、いつものようにコーヒーの香りのする風がふいてきた。紫髪《むらさきがみ》を整髪料《せいはつりょう》でツンツンにしたネコスケ先生が、イスで行儀《ぎょうぎ》悪く足を組んで、ぼくらを待っている。

「お、きたな」

目じりにしわをよせて、にっと笑う。

立ち上がって、のびひとつして、授業スタート。

アブダラくんはいつも、前列の右の席にすわる。ぼくはうしろの左の席にすわる。

授業をしているときのネコスケ先生は、意外にもけっこうマトモだ。

『こどものにほんご1』という教科書と、教具のポスターをつかって、いろんな場面でつかう日本語のフレーズを勉強していく。今日の学習テーマは、「かいものごっこ」と「これをください」。

「文房具店《ぶんぼうぐてん》にきました。どんなペンがありますか？　その赤いペンはいくらですか？　ペンは百五十円、ノートは百円です。これをください……」

ネコスケ先生の授業は基本的に日本語で行われる。アブダラくんは、真剣《しんけん》に授業をきいて、ときどきウルドゥー語で質問をして、一心不乱にノートをとっている。

アブダラくんは左きき。

ノートには、ぎこちないひらがなと、みみずがダンスしてるような文字が交互《こうご》におどる。あれが、ウルドゥー語の字なのかな。

ぼくはといえば、ななめうしろの席で、ひたすらかぎ針編みをしている。

今日つかっているのは、お気に入りのサーモンピンクの並太毛糸だ。百均で買った五号のかぎ針で、花のモチーフを編んでいく。最初にこま編み。つぎにくさり編み。それから、ちょっとむずかしいパプコーン編み。

毛糸をかぎで引っかけて、くぐらせて、引きぬいて……。

ひと目ひと目、心をこめて編んでいるうちに、作品づくりに夢中になる。

このときだけは、家族のことも空手のことも忘れて、ぼくは毛糸と一対一。

いつも開けっぱなしの窓から、風がふきこんできて、ぼくの顔をそっとなでる。ふと現実にかえって、ちらりと、ななめ右前の席を見る。アブダラくんのつやつやした天パが、風にそよいでいる。

①——忘れていたムカムカがよみがえる。

なのに、アブダラくんを見てしまう。どれだけ腹が立っても、気になるのは、気になる。それがまた腹立つんだよな。

授業の小休憩《しょうきゅうけい》中、めずらしく思いつめたような顔をしたアブダラくんが、机の前に立ちはだかった。

くっきりとした発音で、ぼくの名前を呼ぶ。

「ハル。なにが」

「……なにがって……なんだよ」

ぼくは、あいまいにごまかした。

まず話しかけられたことにびっくりしたし、ありがとうっていってほしくてムカついてるなんて、さすがにはずかしくて口に出せない。

アブダラくんは、もどかしそうにまゆ根をよせる。

「いいます。これをください、ぜんぶ」

授業以外ではじめてきいた。アブダラくんの日本語。

——なんでもいってくださいってこと？

今日やってたフレーズ、さっそくつかってる。おどろいたけど、つい、いやみったらしくいってしまった。

「だって、いってもわかんないだろ。人にさんざん世話になっといて、ありがとうのひとつもいえないようなやつ」

いったとたん、自分の口を押《お》さえつけたい気分になった。

結局、いってんじゃん。

「ハル」

アブダラくんが、こまった顔でぼくを見てる。

……そんな顔もするのか。

ほっぺたが熱い。ぼくって、こんなにイヤなことを人にいうやつだったっけ。

前の机でスケジュール帳に目を通していたネコスケ先生が、めんどくさそうにぼくを見て、それからウルドゥー語でアブダラくんに話しかけた。

それをきいていたアブダラくんが、意外なことをきいたというように目をみはった。何度も口を開きかけてはやめる。しばらくしてから、観念したかのように、きれいな形の唇《くちびる》から、流れるようなウルドゥー語が飛びだした。

ネコスケ先生がさらりと通訳してくれる。

『ごめん。そんな気にしてると思わなかったんだ。ぼくは、ハルのためにできることはなんでもする。ほんとになんでもだ。だって、ハルがそうしてくれてるから。それが友だちだ。でも、ぼくは、ハルから「ありがとう」はききたくない。だって、当たり前のことだから。お礼なんて、友だちじゃないみたいだ』

ぼくはあんまりおどろいて、ポカンとしてしまった。

――そういう考え方もあるのかあ。

パキスタン流？　それともアブダラくん流？

小さなころから、なにかもらったり、してもらったりするたびに親に「ありがとうは？」といわれてきたぼくには、目からうろこだ。

要するに、友だちだと思ってるからこそ、お礼なんていらないってことだよね。口だけの「ありがとう」じゃなくて、なにもいわない、無言実行型の「ありがとう」なんだな。

ぼくは、ありがとうがあったほうがうれしいけど、とにかくアブダラくんはそう思ってるってこと。

（というか、ぼくらって友だちだったの？　いつから⁉）

あんなにこわい目つきで、何度もにらんできたくせにさ。

アブダラくんは、ぼくをびっくりさせる名人だ。

同時に、心の中にわだかまっていたイヤな気持ちが、じわりと溶《と》けていく。

ぼくって［A］……。

アブダラくんが考えてることがわかるだけで、こんなにホッとしてる。

思ってることを伝えてくれたいまは、なにをそんなに怒《おこ》ってたんだろうって不思議に思うくらいだ。

冷静に考えたら、みんなと同じ給食食べてないの、アブダラくんだけじゃなかった。アレルギーのある彩乃《あやの》だって、お弁当を持ってきてる。みんなはしないけど、小吉《しょうきち》は毎日おかわりする。

一人ひとりが、ちがうんだ。

ぼくは、アブダラくんは「ふつう」じゃないって、腹を立ててたけど……。

よく考えたら、どうして「ふつう」じゃないといけないんだろ。そんなこといいだしたら、ぼくだって、あんまり「ふつう」じゃない。だって「男のくせに」、こっそり編みものなんて、やってんだから。

（だからこそ、口に出して相手に伝えるって、だいじなのかも……）

そんなことを思っていると、アブダラくんが、真剣な顔つきで、ぼくにむかって手を差しだす。え、握手《あくしゅ》？

うわあ、映画かよ。なにやってんだアブダラくん！

はずかしすぎると思いながら、しばらくして、ぼくは手をにぎりかえした。

「シュクリア。ありがとう」

「……シュクリア」

アブダラくんの言葉をそのままくりかえしたぼくに、てれくさそうに小さく笑う。

［B］響《ひび》きのウルドゥー語。きっと、ありがとうって意味なんだろう。

たぶん、アブダラくんはこれから、ありがとうをいってくれる気がする。ぼくも、これからは、②いちいちお礼をいわれなくてもそんなに気にしないと思う。

……なんか、ばかみたいにてれくさい。

ぎこちないし、ノリも空気もくそもない。でもわりかし気分がいい。

アブダラくんと、もっといろんなことを話せたらいいのにな――。

ネコスケ先生は、机にヒジをついて、ニヤニヤしながらぼくたちをながめている。楽しそう。ぼくたちが、コーヒーのお供にでもなった気分だ。

すがすがしい気分で編みものにもどったぼくの手元を見ながら、ネコスケ先生がケチをつけた。

「しっかし、へったくそな花だなあ」

うう……。

ぼくは、うらめしげにネコスケ先生を見上げた。そりゃ、へたくそだけどさ。ネコスケ先生とくらべたら、だれだってどヘタだ。

「そういや、あたしの作品でとくに花模様が好きだっていってたね。あたしのニットは、伝統的なプルカリの刺繍紋様《ししゅうもんよう》を多く取りいれているんだよ」

「プルカリ?」

「いまのパキスタンの北西部からインドの北東部、パンジャーブ地方と呼ばれるあたりで、女性たちが代々刺《さ》してきた花刺繍だ。むかし、住んでいたパキスタンで、あたしは一枚の青い刺繍布に出会って、魅了《みりょう》された。それから、プルカリのとりこさ。ハル、あんたにも見せてやりたいなあ」

ネコスケ先生は笑って、ふと思いついたようにいう。

「――そうだ。いつか、アブドゥルラッザークについていって、③パキスタンのプルカリ工房《こうぼう》を案内してもらえよ。いいとこだぞ、パキスタン」

ぼくはちらっとアブダラくんを見た。

いまの会話をわかっているのか、いないのか、アブダラくんは静かにほほえんでいる。それから、ぼくのかぎ針を指さした。つづきは？って いってるみたいに。

ふたたび、ゆっくりとかぎ針を動かしながら、ぼくは想像する。

（パキスタンってどんなところだろう）

見たことも、ほとんどきいたこともない国のイメージが、頭のなかでふくらんでいく。

まるで、アブダラくんを通して、世界が広がっていくみたいだ。

ネコスケ先生が魅了されたっていう、花の刺繍、プルカリ。きっとすごく、きれいなんだろうな。

アブダラくんは、目をかがやかせてぼくのモチーフ編みを見つめている。

「ハル。上手。すごい」

……また、ちがう顔。

テキトーなやつだなあ。こんなのなんでもないよ。もっと上手にニットを編む人なんて、星の数ほどいるよ。ぼくのことなんて、ほとんど知らないくせに。ぼくも、アブダラくんのこと、少ししか知らないのに。

すごくハッピーな気分。

だって、アブダラくんは、ぼくの好きなことを笑わない。

ぼくはそれがうれしいんだ。

かぎ針を動かすぼくの手の動きを見つめては、ときどきスゴイとつぶやくきみ。

——④ぼくは、この時間が好きだ。

（黒川裕子《くろかわゆうこ》『となりのアブダラくん』より）

問一　——線部①「忘れていたムカムカがよみがえる」とあるが、ハルがアブダラくんにムカムカしていたのはなぜか。本文中のことばを使って五十字以内で説明しなさい。

問二　[A]・[B]に入ることばの組み合わせとして最も適切なものを、次のア～オの中から一つ選び、記号で答えなさい。

ア　A　短気　B　リズミカルな
イ　A　心配性《しんぱいしょう》　B　こわばった
ウ　A　あいまい　B　しめっぽい
エ　A　単純　B　くすぐったい
オ　A　頑固《がんこ》　B　にぎやかな

問三　——線部②「いちいちお礼をいわれなくてもそんなに気にしないと思う」とあるが、ハルがそう感じたのはなぜか。それを説明した次の文の[Ⅰ]・[Ⅱ]にあてはまることばを、本文中からそれぞれ十字以内でぬき出しなさい。

アブダラくんは、[Ⅰ]相手には、おたがいに何かしたりされたりしても、それは当たり前のことで[Ⅱ]と考えていたことがわかったから。

問四　——線部③「パキスタンのプルカリ工房を案内してもらえよ」とあるが、ネコスケ先生からこのように言われたハルは、パキスタンについてどのようなイメージをもち、どのように感じたか。本文中のことばを使って五十五字以内で説明しなさい。

問五　——線部④「ぼくは、この時間が好きだ」とあるが、それはなぜか。最も適切なものを、次のア～オの中から一つ選び、記号で答えなさい。

ア　アブダラくんのことを本当の友だちだと思えるようになった「ぼく」は、彼《かれ》とのわだかまりが解消されたことで、編みものが順調に進められると確信したから。

イ　アブダラくんのことを親友だと認めた「ぼく」は、彼こそが自分の趣味《しゅみ》の編みものを唯一《ゆいいつ》ほめてくれる存在であるということに気づくことができたから。

ウ　本心を知ったことでアブダラくんとの距離《きょり》が縮まり、編みものという趣味を笑うことなくほめてくれるアブダラくんに「ぼく」は友情を感じているから。

エ　アブダラくんが何を思っていたのかを知り、日本とパキスタンの文化のちがいを理解できたことで、アブダラくんのことを許すことができたから。

オ　思いもよらなかったアブダラくんの考えにふれたことで、自分の浅はかさを知ることになったが、そんな「ぼく」のことを認めてくれるアブダラくんに感謝しているから。

四、次の資料や意見文を読んで、後の問いに答えなさい。

【資料Ⅰ】

昭和、といっても昭和20年以降の戦後の時代のことだが、この時代はとにかく目の前の問題を片づけることに精一杯《せいいっぱい》で、後はそれから考える他ない。上から見ても下から見ても同じ気持ちで選択《せんたく》の余地はなかった。ようやく戦後の経済復興を遂《と》げ、先進国に追いつくことを目標に、とにかく経済発展を最優先して突《つ》っ走っていた。国民は一致《いっち》団結して豊かな生活、豊かな社会を目指し、日本株式会社として経済的には成功した。

だが、経済的発展はしたものの、このとき我々は価値観の方向付けを怠《おこた》っていたのではないかと、元自民党幹事長の古賀誠《こがまこと》（1940生）氏は指摘《してき》する。

その後、時代は平成へと移るが、バブル崩壊《ほうかい》による経済の低迷《ていめい》に対処するだけで汲々《きゅうきゅう》とし、新しい価値観を追求するには至らなかった。

古賀氏は、「政治とは国民一人ひとりの幸福を追求することだ」と言った。

一人ひとりが幸福であるためには、経済が発展しなければならない。経済が発展するためには、諸外国との間で友好的で円滑《えんかつ》な貿易が行われなければならない。諸外国との間で、友好的で円滑な貿易を行うには平和でなければいけない。

「だから、私は平和が大事、戦争をしてはいけないと言い続けるのです」

古賀氏の主張は明快である。

戦争でも、災害でも、経済問題でも、最も大きな被害《ひがい》を受けるのはいつも弱者だ。世の中のしわ寄せは弱者に向かう。政治には弱者を救うという視点が欠けていてはならない。

これからの30年の日本を考えるとき、この古賀氏の指摘は重い。

人口減少によって消滅《しょうめつ》の危機にある集落は少なくない。だが、人口減少社会への対策として挙げられている市町村合併《がっぺい》※1やコンパクトシティは、行政側が一方的に押《お》し付けた価値観で行われているように見える。

たしかに、市町村合併やコンパクトシティが有効な自治体もあろう。だが、一律に行政が日本中に網《あみ》をかけるようなやり方が適切とは思えない。もっと個人の生活に注目した政策が必要なのではないか。それは行政機関には難しいかもしれないが、政治は個々の幸福に注目すべきである。その視点で地方の人口減少対策を考えたとき、地域、集落によっては合併やコンパクトシティとは異なるスキーム※2が適切かもしれない。

それぞれの住民がそれぞれの事情に応じて知恵《ちえ》を出せば、新しい局面が開かれる可能性はあるはずだ。教育、通信、安全保障、医療《いりょう》サービスなど、欠くことのできない公的サービスは国が責任を持ち、それ以外は地域・集落に任せてよいのではないか。

ところが集落のリーダーである町村長は、15兆～16兆ある地方交付税交付金を少しでも多く引っ張ってくることで、優《すぐ》れたリーダーと見られていることも事実である。

国の交付金を当てにするということは、国があってその後に地方があるという考え方であり、地方に生活する住民にとっては、本来受け入れられる前提とはならないはずだ。

それでも、それが現実に幅《はば》を利《き》かせているのは、地方自治がいわゆる「お任せ民主主義」で進められてきたからということだろう。

これが、昭和の時代から続く地方自治体の価値観であれば、もういい加減に改められるべきだ。我々は、もう明治以来続くお上頼《かみだの》みの「お任せ民主主義」から卒業し、自ら立ち上がり責任を持って地域にかかわるという価値観に変わらなくては衰退《すいたい》の一路の道が見えはじめているのではないか。

「一身独立して一国独立す」と福沢《ふくざわ》諭吉《ゆきち》（１８３５～１９０１）が言ったとおり、国の自立は足元から積み上げていくものだ。同様に国の価値観とは、国民の価値観の総和によって決まる。

価値観は細かく見ていけば、一人ひとりで異なるものであるし、宗教によっても、歴史や文化によっても違《ちが》う。イスラム教の国にはイスラムの価値観があるし、それはキリスト教国の持つ価値観とは違ってくる。中国の価値観、韓国《かんこく》の価値観もそれぞれで違う。一国の中でも、地域によって価値観が異なることもある。

しかし、いかなる宗教、いかなる文化、いかなる国の価値観であっても、基本となるのは家族の幸福だ。家族の幸福という人類共通の価値観を基本として、自治や政治を考えることは世界を相手にしても通用することと思う。

古賀氏の「政治の目的は個人の幸福にある。個人の幸福は家族の幸福であり、家族の幸福のためには、生活が豊かでなければならない。生活が豊かであるためには経済がよくなければならない。経済がよくなるためには世界が平和でなければならない。」という政治信条は日本人のリベラルアーツ[※3]であり、世界に共通する価値観だ。

（丹《に》羽《わ》宇《う》一郎《いちろう》『令和日本の大問題　現実を見よ！危機感を持て！』より　一部改変）

※1　コンパクトシティ……都市的土地利用の郊外《こうがい》への拡大をおさえ、中心市街地の活性化を図った都市政策。

※2　スキーム……体系。計画。

※3　リベラルアーツ……教養教育。生きるための力を身につける手法。

【資料Ⅱ】

ＮＨＫ放送文化研究所「外国人との共生社会に関する世論調査」より

質問：外国人の増加で不安に思うこと（％）

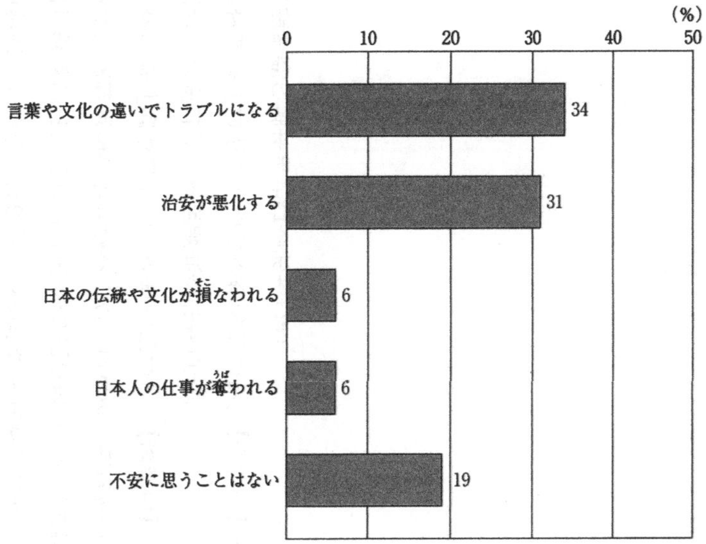

※小数点以下切り捨てにより、100%にはならない。

【意見文】

次は、【資料Ⅰ】・【資料Ⅱ】をもとに、中学一年生のケイコさんが書いた意見文である。

私は、戦後の経済復興の様子を社会科の授業で学び、戦争を経験した世代の人たちのおかげで、今の豊かな暮らしができていることに感謝している。【資料Ⅰ】にあるように、経済的発展を果たしたが、国民一人ひとりの幸福を追求することは、これからも続く課題であり、私たちが大人になったときには「お任せ民主主義」を卒業して自ら責任を持って地域にかかわることが必要である。そして、その価値観は、自分や自分が住む地域・集落のみに目を向けるのではなく、弱者を救うという視点のもと、世界にも目を向けなければいけない。

ア

そのような人類共通の価値観を大事にすることは世界平和の実現にも通じており、多文化共生社会の到来《とうらい》を加速させるだろう。

問　ア　について、ここで、ケイコさんはどのように意見文を書いたと考えられるか。次の①〜③を満たすように書きなさい。

① 二文構成で、六十字以上七十字以内で書くこと（句読点をふくむ）。なお、文は会話体ではなく「だ・である」体にすること。

② 一文目は「確かに」という書き出しで、【資料Ⅱ】をもとに外国人との共生について問題点を示すこと。

③ 二文目は「しかし」という書き出しで、【資料Ⅰ】をもとに人類の価値観の基本的性質を示すこと。

2021年度C

算　数

（全6ページ）

（60分）

注意事項

1．受験番号，氏名および解答はすべて解答用紙に記入しなさい。

2．問題用紙に解答を書きこんでも採点されません。

3．解答はていねいに読みやすい字で書くこと。

4．答えは約分などをして，できるだけ簡単にして解答用紙に記入しなさい。

5．必要な問題では，円周率を3.14とします。

6．図は参考のための略図です。長さや比率や角度は実際と異なる場合があります。

2021(R3) 立命館慶祥中
K 教英出版

Ⅰ．次の□にあてはまる数を答えなさい。

〔1〕$1\frac{1}{6}-\frac{3}{4}\times\frac{5}{9}=\square$

〔2〕$(111-\square\times6)\div3=29$

〔3〕$0.21\times800+6\times21-0.4\times210=\square$

〔4〕ある整数□に8をかけるところを，まちがえて80をかけてしまったので，正しい答えより864大きい答えになりました。

〔5〕タツオくんは3月1日から，1冊360ページの本を読むことにしました。はじめは毎日20ページずつ読んでいましたが，3月□日から毎日25ページずつに増やして読むと，3月15日にちょうど読み終えました。

〔6〕A，Bの2人が映画を見に行きました。Aが映画のチケット代を2人分，Bは交通費と食事代を2人分ずつはらい，最後にAとBが使った金額を等しくするために，BがAに300円わたしました。1人分の金額が，チケット代は交通費の5倍，食事代は交通費の3倍であったとき，1人分のチケット代は□円です。ただし，消費税は考えないものとします。

Ⅱ．次の問いに答えなさい。

〔1〕次の図の三角形 ABC は，AB＝AC の二等辺三角形です。同じ印をつけた角の大きさが等しいとき，角㋐の大きさは何度か求めなさい。

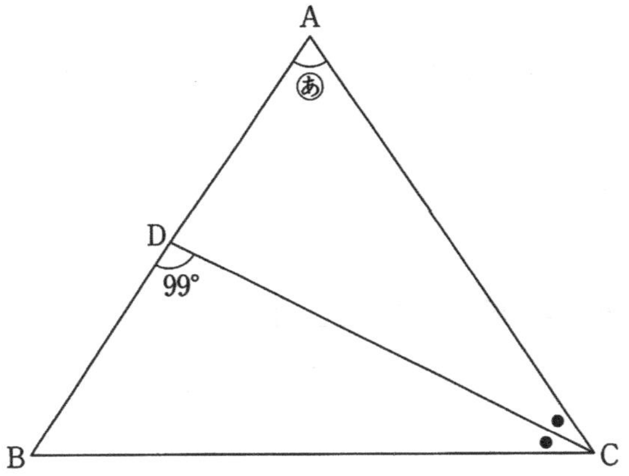

〔2〕次の図のように，長方形と半円２つを組み合わせた形をした土地のまわりに，幅《はば》が 10m の道を作りました。この道の面積を求めなさい。ただし，円周率は 3.14 とします。

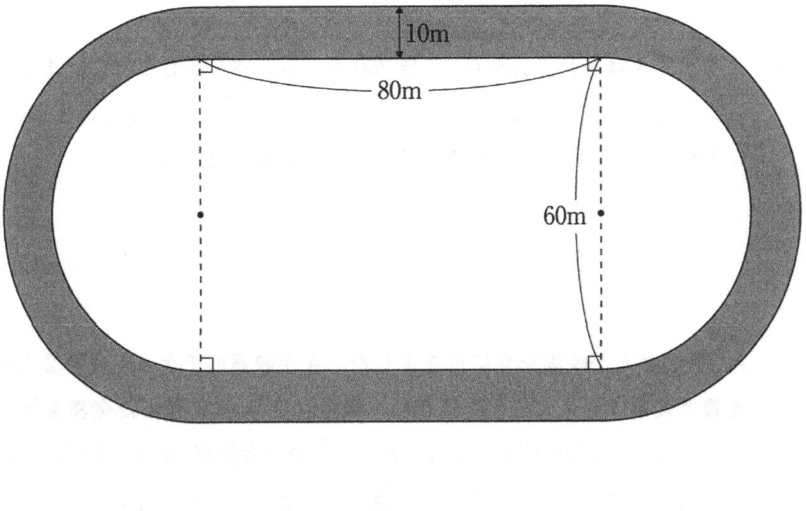

〔3〕図1の㋐と㋑の紙を切らずに折り曲げ，面が重ならないように組み合わせて，立体を作ります。

図1

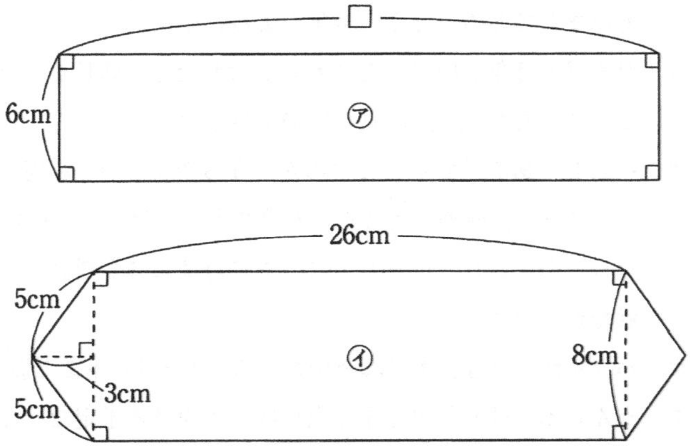

（1）㋐と㋑の紙を1枚ずつ組み合わせると，図2のような五角柱ができました。㋐の□の長さは何 cm か求めなさい。

図2

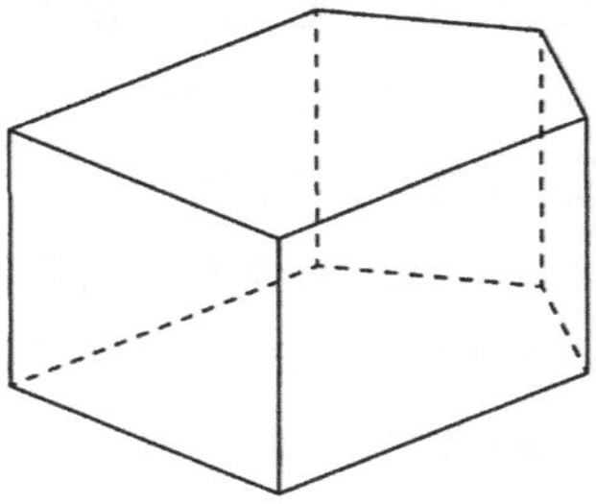

（2）㋑の紙を2枚組み合わせると，図3のような立体ができました。この立体の体積は何 cm^3 か求めなさい。

図3

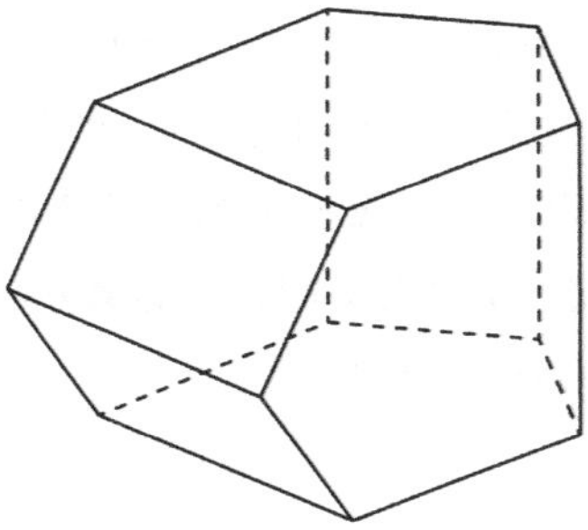

Ⅲ．1月1日の午前8時に，日本にいるタツオくんにケイコさんから電話がかかってきました。

タツオ：あけましておめでとう。今年もよろしく。

ケイコ：日本はもう年が明けてるよね。実はわたし，昨日からハワイに来ていて，こっちはまだ12月31日の午後1時なの。

タツオ：それじゃあ海外で年をこすのか，うらやましいな。国や地域によって時差があって，時刻が違《ちが》うのは社会で習ったけれど，不思議な感覚だね。

ケイコ：そうだね。わたしはまだ，こっちの時間に体が慣れていなくてお昼まで眠たかったよ。

タツオ：ハワイが朝でも日本は真夜中だから，2日目じゃまだ慣れないよね。

ケイコ：うん。本当はもう少し早く買い物に出かける予定だったけど，こんな時間になっちゃった。

タツオ：へえ，何を買いに行くの？

ケイコ：日本に帰ってからみんなに配るお土産《みやげ》を買いに行くの。タツオくんは何がいいかなと思って電話したんだ。

タツオ：ありがとう。何でもうれしいけど，せっかく電話をしてくれたから何か希望を言ったほうがいいよね。ぼくはチョコレートがいいな。

ケイコ：わかった。おいしそうなのを選んでおくわ。

タツオ：うん，楽しみにしてるよ。日本にはいつ帰ってくるの？

ケイコ：帰りのチケットは1月3日午後1時45分にハワイの空港を出発する飛行機で，予定では新千歳《しんちとせ》空港まで8時間25分かかるらしいわ。

タツオ：じゃあ，ゆっくり楽しんできてね。よいお年を。

〔1〕日本の時刻とハワイの時刻では，どちらがどれだけ早いですか。

〔2〕ケイコさんは3箱セットで25ドルのチョコレートを買い，そのうち1箱をタツオくんへのお土産にすることにしました。このセットは1箱に12個のチョコレートが入っていて，1箱ずつ買うときの値段は，1箱9ドルです。1箱ずつ買うときのチョコレート1個あたりの値段は，3箱セットで買うときのチョコレート1個あたりの値段より何％高いですか。式や文章を用いて求め方の過程も説明しなさい。ただし，消費税は考えないものとします。

〔3〕飛行機が予定通り飛んだとすると，ケイコさんが新千歳空港に到着するのは，日本の時刻で1月何日の何時何分ですか。時刻は午前か午後をつけた12時間制で答えなさい。

タツオくんは2000年以降の夏季オリンピックの開催《かいさい》都市について，日本の時刻との違いを調べました。下の表は，日本が1月1日午前8時のときの時刻をまとめたものです。

シドニー（オーストラリア）	アテネ（ギリシャ）	北京（中国）	ロンドン（イギリス）	リオデジャネイロ（ブラジル）	東京（日本）
1月1日	1月1日	1月1日	12月31日	12月31日	1月1日
午前9時	午前2時	午前7時	午後11時	午後8時	午前8時

〔4〕6つの都市のうちいちばん時刻の遅いリオデジャネイロを0，リオデジャネイロより12時間早い東京を12として数直線にかき表しました。残りの4つの都市の名前と数字を，解答欄の数直線上にかき加えなさい。

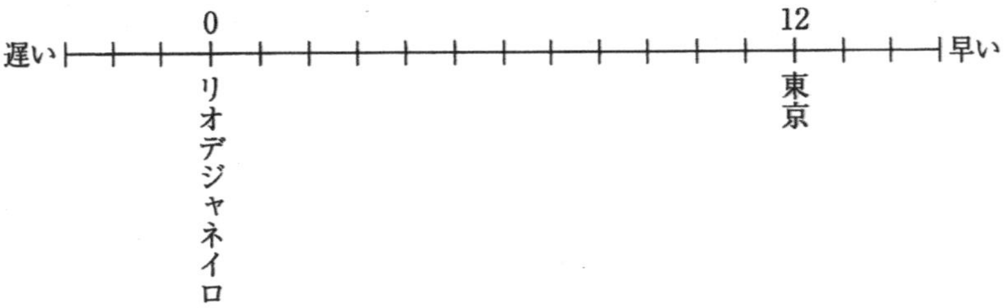

〔5〕A，B，C，D，E，Fは上の6つの都市のどれかを表しています。また，A～Fについて，次の①～③の3つのことがらがわかっています。6つの都市は，それぞれA～Fのどれですか，記号で答えなさい。

① AとEの時刻の差とCとEの時刻の差は等しい。

② AとCの時刻の差とAとDの時刻の差は等しい。

③ Fの時刻はBの時刻より早い。

Ⅳ．図１のような直方体の形をした空の容器があり，水平な台の上に置かれています。この容器の底面は，容器の側面に平行な長方形の仕切りア，イでＡ，Ｂ，Ｃの３つの部分に分けられており，Ａ，Ｂ，Ｃの上には水を入れる蛇口《じゃぐち》Ｐ，Ｑ，Ｒがあります。仕切りアは仕切りイより高さが低くなっています。図２は蛇口Ｐ，Ｑのうちどちらか１つを開き，一定の割合で満水になるまで水を入れたときの，水を入れ始めてからの時間と，最も高い水面の高さの関係をグラフに表したものです。このとき，次の問いに答えなさい。ただし，容器や仕切りの厚さは考えないものとします。

図１

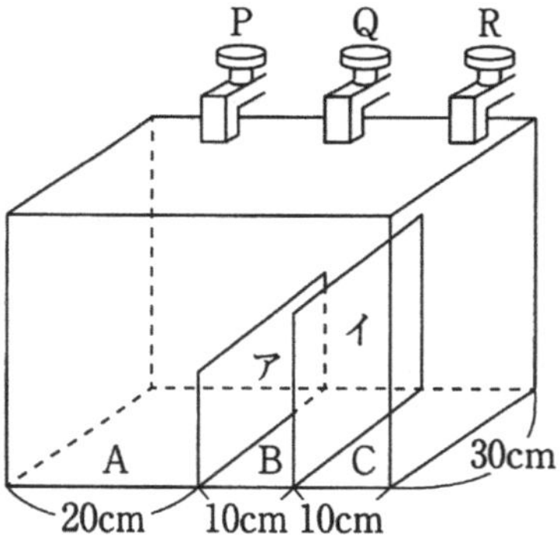

図２

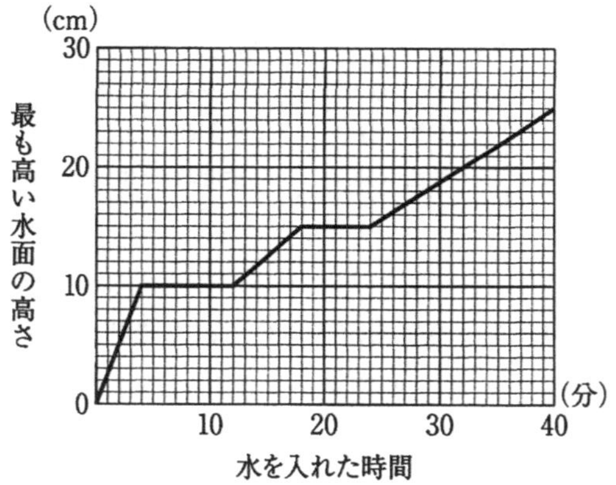

〔１〕仕切りア，イの高さはそれぞれ何 cm ですか。

〔２〕図２のとき，蛇口Ｐ，Ｑのうちどちらの蛇口を開きましたか。また，その蛇口から入れた水の量は毎分何 cm^3 ですか。

〔３〕図１の空の容器に蛇口Ｒだけを開いて〔２〕と同じ割合で満水になるまで水を入れたときの，水を入れ始めてからの時間と，最も高い水面の高さの関係を表すグラフを，定規を用いて解答欄にかきなさい。

〔４〕図１の空の容器に，蛇口Ｐを開いて毎分 $900cm^3$ の割合で水を入れ始めました。その１分後に蛇口Ｑも開き毎分 $600cm^3$ で，さらにその１分後に蛇口Ｒも開き毎分 $1200cm^3$ で水を入れていきました。このとき，ＡとＢの部分の水面の高さが初めて等しくなったときのＣの部分の水面の高さは何 cm ですか。

2021年度C

理　科

（全9ページ）

（40分）

注意事項

1．受験番号，氏名および解答はすべて解答用紙に記入しなさい。

2．問題用紙に解答を書きこんでも採点されません。

3．解答は，ていねいに書きなさい。

Ⅰ．次の〔1〕～〔4〕の問いに答えなさい。

〔1〕打ち上げ花火を見ていると，花火が開いてから花火の音が聞こえるまで少し時間がかかることがわかりました。そこで，花火が開いてから花火の音が聞こえるまでの時間をはかったところ，4.2 秒でした。ただし，音が空気中を伝わる速さは毎秒 340mとします。次の各問いに答えなさい。

（1）花火が開いてから花火の音が聞こえるまで少し時間がかかるのはなぜですか。理由を次のア～エの中から１つ選び，記号で答えなさい。

ア．音が空気中を伝わる速さは，光が空気中を伝わる速さより少し速いから。

イ．音が空気中を伝わる速さは，光が空気中を伝わる速さよりはるかに速いから。

ウ．音が空気中を伝わる速さは，光が空気中を伝わる速さより少しおそいから。

エ．音が空気中を伝わる速さは，光が空気中を伝わる速さよりはるかにおそいから。

（2）花火が開いたところから花火を見ていた場所までの距離は何ｍですか。

〔2〕燃えているろうそくをびんの中に入れると，びんの内側が白くくもりました。しばらくすると，くもりがなくなり，ろうそくの火が消えました。次の各問いに答えなさい。

（1）びんの内側がくもった理由を説明しなさい。

（2）図１は，ろうそくを燃やす前の空気が入った集気びんの中の気体の体積の割合を模式的に表したものです。ろうそくを燃やしたあとの集気びんの中の気体の体積の割合を表した図はどのようになりますか。次のア～エの中から１つ選び，記号で答えなさい。ただし，○，▲，■は全て別の気体を表し，■はろうそくが燃えたあとにできた気体を表しています。

図１

ア．

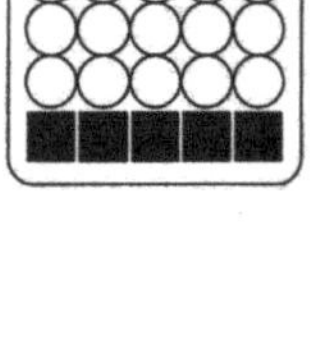

イ．

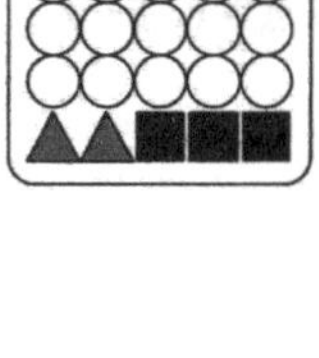

ウ．

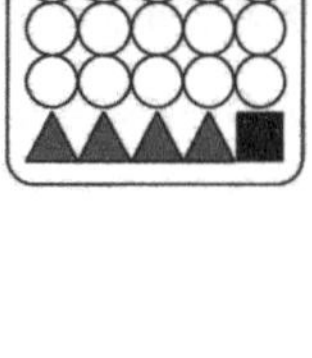

エ．

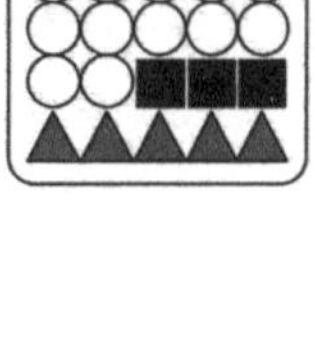

〔3〕学校で1年間に観察した昆虫を調べました。観察した昆虫にはモンシロチョウ，バッタ，テントウムシ，セミがありました。次の各問いに答えなさい。

（1）観察した4種の昆虫の育ち方を調べました。さなぎを経て成虫になるものはどれですか。全て正しく選んでいるものを，次のア～エの中から1つ選び，記号で答えなさい。

ア．モンシロチョウ，テントウムシ

イ．モンシロチョウ，セミ

ウ．モンシロチョウ，テントウムシ，セミ

エ．バッタ，テントウムシ，セミ

（2）冬になると，それぞれの昆虫のすがたが見えなくなりました。卵という形でのみ冬越しをするものはどれですか。次のア～エの中から1つ選び，記号で答えなさい。

ア．モンシロチョウ　　イ．バッタ　　ウ．テントウムシ　　エ．セミ

〔4〕昼と夜に風の吹く向きがかわる仕組みについて調べるために実験を行いました。白熱電球をつけたとう明な箱の中に，砂を入れた容器Aと水を入れた容器Bを入れ，容器AとBの間に図2のように火のついた線香を置きました。白熱電球をつけると，線香のけむりが容器Aの向きに流れました。次の各問いに答えなさい。

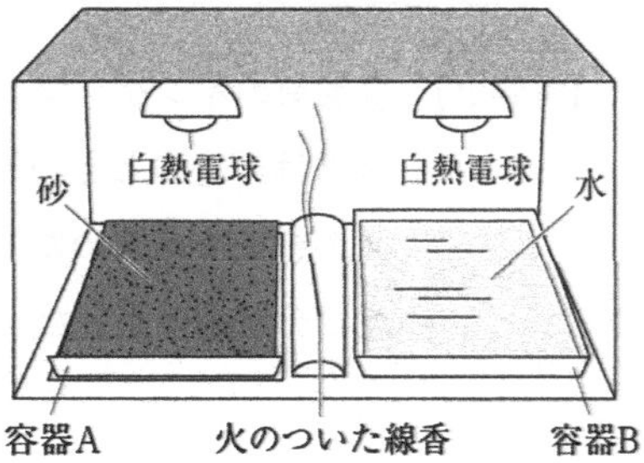

図2

（1）晴れた昼の海岸付近で，あたためられた空気の動く向きを──►で，海上の風の吹く向きを⇨で，それぞれ1本ずつ図3に書き加えなさい。

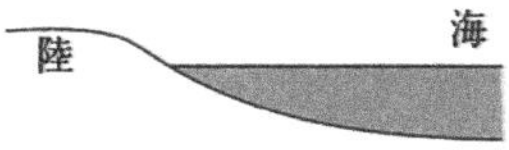

図3

（2）日本で，冬に吹く季節風について正しいものはどれですか。次のア～エの中から1つ選び，記号で答えなさい。

ア．大陸の冷たくかわいた空気のかたまりから風が吹いてくる。

イ．大陸の冷たくしめった空気のかたまりから風が吹いてくる。

ウ．海の冷たくかわいた空気のかたまりから風が吹いてくる。

エ．海の冷たくしめった空気のかたまりから風が吹いてくる。

Ⅱ．インゲンマメを用いて，次の【実験１】，【実験２】を行いました。あとの〔１〕～〔６〕の問いに答えなさい。

【実験１】　とう明なプラスチックのカップＡ～Ｆに，図１のような条件で同じ大きさのインゲンマメの種子をそれぞれ入れ，Ａ～Ｅは温度を20度にして，Ａ～Ｆにそれぞれ十分な光を当てました。表はこのときインゲンマメが発芽したカップを○，発芽しなかったカップを×で表しています。

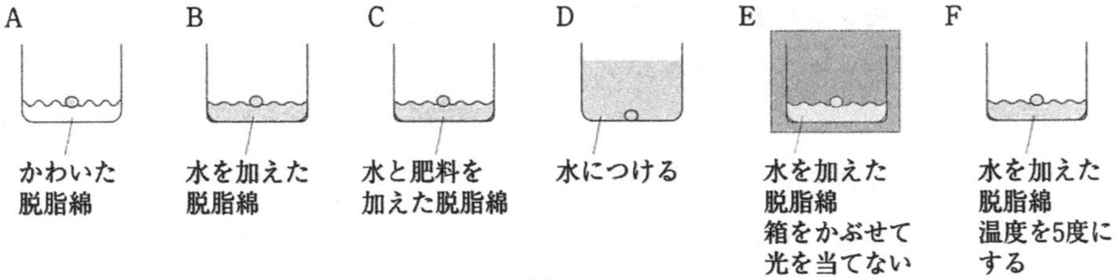

図１

表

カップ	A	B	C	D	E	F
発芽	×	○	○	×	○	×

【実験２】　発芽前のインゲンマメの種子を２つに割って，中のようすを観察しました。図２は，このときのインゲンマメの種子のスケッチです。このインゲンマメの種子をうすめたヨウ素溶液にしばらくつけると青むらさき色に変化した部分がありました。

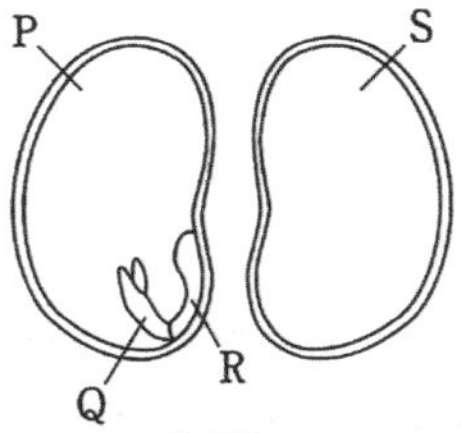

図２

〔１〕【実験１】で，次のことを確かめるためには，どのカップの結果を比べればよいですか。それぞれＡ～Ｆの中から２つ選び，記号で答えなさい。

（１）発芽に水が関係しているかどうか。

（２）発芽に光が関係しているかどうか。

（３）発芽に肥料が関係しているかどうか。

〔２〕【実験１】で，ＢとＤのカップの結果を比べることで，発芽には何が必要であることがわかりますか。

〔3〕【実験2】の図2で，Pの部分を何といいますか。

〔4〕発芽したあと，くき，または葉になる部分はどこですか。図2のP～Sの中から2つ選び，記号で答えなさい。

〔5〕【実験2】で，インゲンマメの種子をうすいヨウ素溶液につけたとき青むらさき色になった部分は図2のどこですか。正しいものを次のア～エの中から1つ選び，記号で答えなさい。

ア．P，Q，R　　イ．Q，R　　ウ．Q　　エ．P，S

〔6〕発芽してしばらくたったインゲンマメの子葉で，【実験2】と同じ実験を行いましたが，青むらさき色になった部分が減りました。この理由を20字以内で説明しなさい。

Ⅲ．糸とおもりを用いたふりこを使って，次の【実験１】，【実験２】，【実験３】を行いました。あとの〔１〕～〔７〕の問いに答えなさい。

【実験１】糸に100gのおもりをつけた長さ50cmのふりこAを天井からつるすと，図のように真下の①に止まりました。①からの高さが20cmの②でおもりを静かにはなすと，ふりこは①を通り，①からの高さが20cmの③まで上がり，ふたたび①を通り，②までもどってきました。このときにかかった時間は1.4秒でした。このように，ふりこのおもりがはじめの位置にもどるまでの時間を周期といいます。

【実験２】ふりこA，長さが25cmのふりこB，100cmのふりこCで，おもりをはなす②の高さや，おもりの重さを変え，１～８の条件で周期を調べました。表はその結果を表しています。

表

条件	1	2	3	4	5	6	7	8
ふりこの長さ	50	50	25	25	100	100	100	ア
高さ〔cm〕	20	40	10	20	20	20	60	20
おもり〔g〕	100	100	300	100	200	400	100	200
周期〔秒〕	1.4	1.4	イ	1	2	2	ウ	1

【実験３】ふりこAとふりこBにそれぞれ100gのおもりをつけて，同時に②でおもりを静かにはなしました。

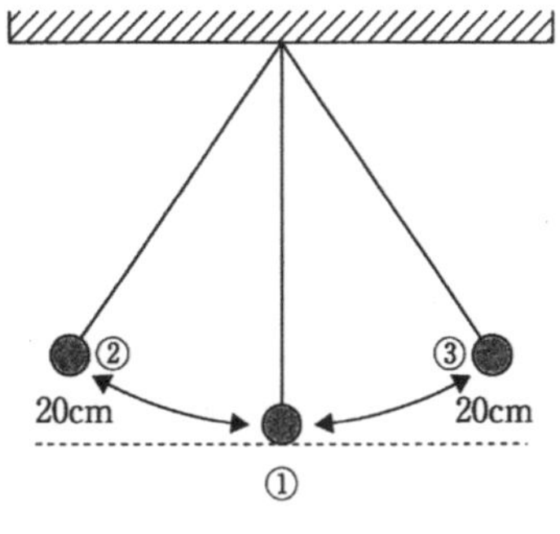

図

〔１〕【実験１】で，ふりこAをふらせているとき，おもりが②から①を通って③へと３回目に進むのは，おもりをはなしてから何秒から何秒の間ですか。

〔２〕【実験２】で，表のア～ウにあてはまる数字をそれぞれ答えなさい。

〔3〕【実験2】で，条件1と2を比べたとき，おもりが①を通るときの速さはどうなりますか。正しいものを次のア～エの中から1つ選び，記号で答えなさい。

ア．条件1の方が速い。　　イ．条件2の方が速い。　　ウ．速さは等しい。

エ．速さはそれぞれ途中で変化するのでわからない。

〔4〕ふりこDに100gのおもりをつけて，【実験1】と同じように，②でおもりを静かにはなすと，②～③の間を往復しました。①を8回目に通ったときの，おもりをはなしてからの時間は6秒でした。ふりこDの長さについて正しいものを，次のア～エの中から1つ選び，記号で答えなさい。

ア．ふりこBより短い。

イ．ふりこBより長く，ふりこAより短い。

ウ．ふりこAより長く，ふりこCより短い。

エ．ふりこCより長い。

〔5〕【実験3】で，ふりこAのおもりとふりこBのおもりが，ちょうど①ですれちがうのは実験開始から何秒後ですか。

〔6〕【実験3】で，ふりこAのおもりとふりこBのおもりが同時に③に上がるのは実験開始から何秒後ですか。

〔7〕【実験3】で，ふりこAのおもりとふりこBのおもりが，ちょうど①で5回目にすれちがうまでに，ふりこAのおもりとふりこBのおもりが同時に③に上がることは何回起こりますか。

Ⅳ．次の文章を読んで，あとの〔１〕～〔７〕の問いに答えなさい。

日本は世界有数の火山国で，1991 年の長崎県の（　①　）や 2000 年の北海道の（　②　）などでは激しい噴火《ふんか》が起こり，1986 年の東京都の（　③　）では大量の溶岩が流れ出て大きな被害《ひがい》がもたらされました。これらの(a)火山の形や噴火《ふんか》のしかたのちがいは，火山をつくり出すもとになるマグマという物質のねばりけのちがいによります。

マグマは地下深くにある高温の液状の物質で，溶岩は地下から上昇してふき出したマグマからできます。マグマが冷えて固まると火成岩という岩石になります。地下深くでゆっくり冷えて固まった火成岩を深成岩，マグマが上昇して溶岩のように地表や地表近くで急に冷えて固まった火成岩を火山岩といい，(b)深成岩と火山岩は岩石のつくりがちがいます。また，ねばりけの強いマグマからできた火成岩は白っぽく，ねばりけの弱いマグマからは黒っぽい火成岩ができます。

火山は私たちに自然のめぐみも与えてくれます。ペットボトルの飲料水で，「〇〇山のふもとの水」などの表示を見かけます。これらの水は地下水をくみ上げているもので，体に必要なミネラルという成分もふくまれているのでミネラルウォーターとも呼ばれます。水の成分表には，「(c)食塩相当量」が表示されているものがありますが，実際に食塩が入っているのではなく，食塩にふくまれるナトリウムというミネラル成分の割合を示しています。地下水にとけ込んでいるミネラルは地層の種類によってちがいがあり，(d)石灰岩の地層が多いヨーロッパの水は日本の水とは味が少しちがいます。

火山の熱によってあたためられた地下水は温泉としても利用されています。入浴の他にも温泉は料理に使われ，(e)ジャガイモやサツマイモを蒸気で蒸したり，ゆで卵をつくったりします。さらに，温泉水の熱を利用した発電は，地球温暖化の原因の一つであると考えられている（　④　）が排出《はいしゅつ》されないので，環境《かんきょう》にやさしいといわれています。

〔１〕文中の（　①　）～（　③　）の火山の組み合わせとして正しいものを，次のア～カの中から１つ選び，記号で答えなさい。

ア．①三原山《みはらやま》　②雲仙岳《うんぜんだけ》　③有珠山《うすざん》　　イ．①三原山　②有珠山　③雲仙岳

ウ．①雲仙岳　②三原山　③有珠山　　エ．①雲仙岳　②有珠山　③三原山

オ．①有珠山　②三原山　③雲仙岳　　カ．①有珠山　②雲仙岳　③三原山

〔2〕下線部(a)のマグマのねばりけによる火山の形のちがいについて実験を行いました。

【実験1】石こうに水を多く加えたものと，少なく加えたものをつくり，それぞれ大型注射器に入れ，同じ大きさの紙にあけた穴から，石こうを押し出すと，図1のように水を多く加えたものはAのようななだらかな形に，水を少なく加えたものはBのようなもり上がった形になりました。

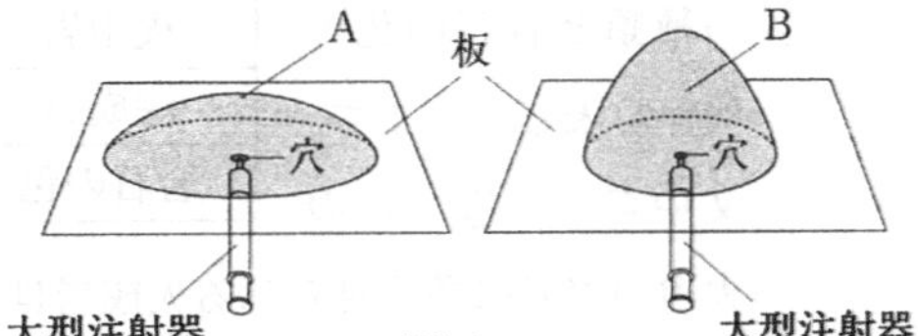

図1

【実験1】の結果から，溶岩が流れ出るような比較的おだやかな噴火《ふんか》をする火山のもとになるマグマのねばりけについて説明しなさい。

〔3〕下線部(b)の深成岩と火山岩のつくりのちがいについて実験を行いました。

【実験2】湯にミョウバンをとけるだけとかして濃いミョウバン水溶液をつくり，2つのガラスの皿に入れました。まず，図2のように，1つのガラスの皿を<u>湯の中に入れ，結晶《けっしょう》ができ始めるまで待ってから氷水の中に移し，しばらくそのままにしました。</u>ガラスの皿を氷水から取り出して中を観察すると，はじめにできた結晶のまわりには，もっと小さな結晶がたくさんできていました。

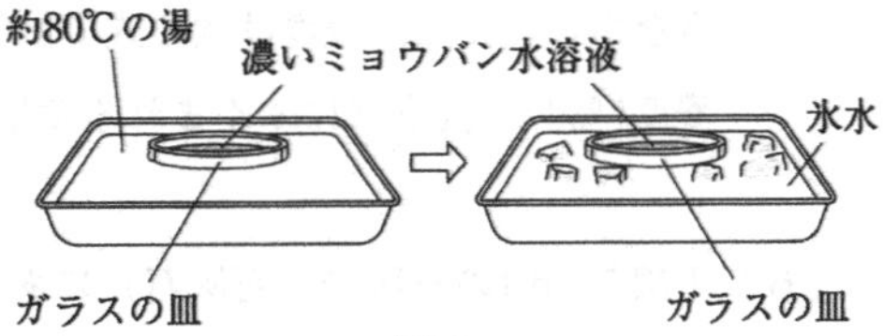

図2

【実験2】は，火山岩，深成岩のどちらのでき方を調べたものですか。
また，もう一方の火成岩のでき方を調べるために，もう1つのガラスの皿を使って，【実験3】を行いました。【実験2】の下線部をどのように変えて実験を行えばよいですか。これらの組み合わせとして正しいものを，次のア～エの中から1つ選び，記号で答えなさい。

	【実験2】の火成岩	【実験3】の実験方法
ア	火山岩	湯の中に入れ，そのまま冷えるまで放置する。
イ	火山岩	湯の中には入れず，はじめから氷水の中に入れる。
ウ	深成岩	湯の中に入れ，そのまま冷えるまで放置する。
エ	深成岩	湯の中には入れず，はじめから氷水の中に入れる。

〔4〕表は火山岩，深成岩の種類と岩石の色の関係を表しています。文中の（　③　）の火山の溶岩に多く見られる火成岩はどれですか。正しいものを次のア～カの中から1つ選び，記号で答えなさい。

表

火山岩	リュウモン岩	アンザン岩	ゲンブ岩
深成岩	カコウ岩	センリョク岩	ハンレイ岩
岩石の色	白っぽい ⟺		黒っぽい

ア．リュウモン岩　　イ．アンザン岩　　ウ．ゲンブ岩

エ．カコウ岩　　オ．センリョク岩　　カ．ハンレイ岩

〔5〕下線部（c）の食塩相当量について調べると，ふくまれているナトリウムの重さを2.5倍すると，食塩の重さで表すことができることがわかりました。ある食品の成分表を見ると「（食品100gあたり）ナトリウム200mg」と書いてありました。この食品を150g食べたときと同じ重さのナトリウムを，食塩水で取り入れるとすると，濃度が3%の食塩水を何g飲めばよいですか。ただし，途中の計算も書きなさい。また，濃度は次の式で計算します。

濃度〔%〕=（食塩水にふくまれる食塩の重さ）÷（食塩水全体の重さ）×100

〔6〕下線部（d）の石灰岩（石灰石）にある液体をかけると文中の（　④　）の気体が発生しました。この液体は何ですか。

〔7〕下線部（e）のジャガイモのいもは，何が変形したものですか。正しいものを次のア～オの中から1つ選び，記号で答えなさい。

ア．根　　イ．葉　　ウ．くき　　エ．葉とくき　　オ．くきと根

2021(R3) 立命館慶祥中
教英出版

2021年度C

社　会

（全14ページ）

（40分）

注意事項

1．受験番号，氏名および解答はすべて解答用紙に記入しなさい。

2．問題用紙に解答を書きこんでも採点されません。

3．解答は，ていねいに書きなさい。

4．解答は，すべて定められたところに記入しなさい。

Ⅰ．次の問いに答えなさい。

地図

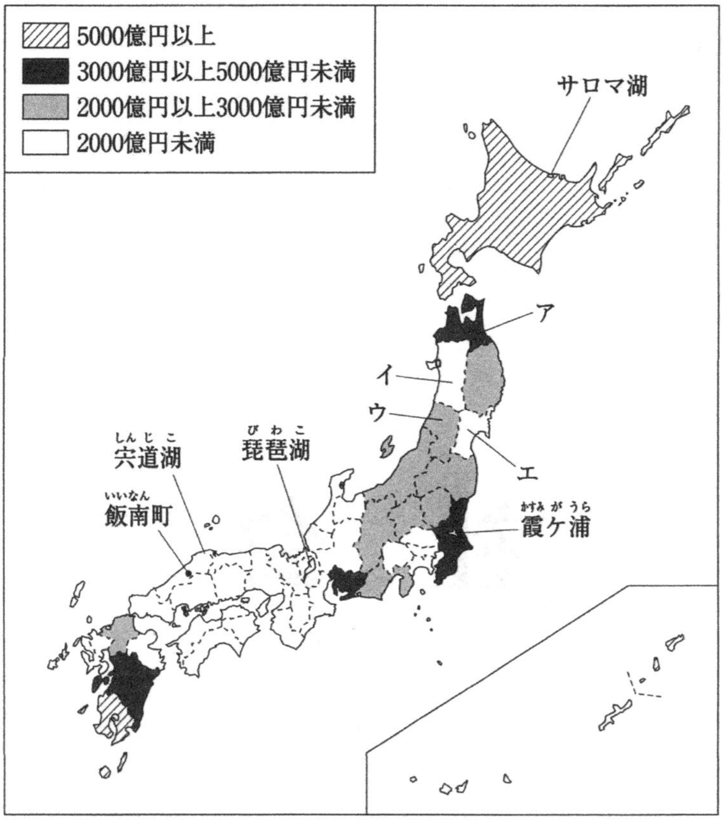

（統計年次は2017年，2020年版『データでみる県勢』より作成）

〔１〕地図中の都道府県は，ある項目《こうもく》にもとづいてぬり分けられている。この項目にあてはまるものを，次のア～エの中から１つ選び，記号で答えなさい。

ア　製造品出荷《しゅっか》額等　　イ　米の生産額

ウ　農業産出額　　エ　漁業産出額

〔２〕右の資料は，東北地方のある県で行われている夏祭りのようすである。資料の祭りが行われている県を，地図中のア～エの中から１つ選び，記号で答えなさい。また，その県名を答えなさい。

資料

〔3〕地図中の4つの湖について述べた文として**誤っているもの**を，次のア～エの中から1つ選び，記号で答えなさい。

ア　サロマ湖は，淡水《たんすい》と海水が混じる汽水《きすい》湖で，カキやホタテなどの養殖《ようしょく》がさかんである。

イ　霞ケ浦は，日本で2番目に大きな湖であり，太平洋と湖の一部がつながっていて，大型船舶《せんぱく》の航行《こうこう》が可能である。

ウ　宍道湖ではシジミ漁がさかんであり，東にある中海《なかうみ》とともにラムサール条約に登録されている。

エ　琵琶湖は日本で最も面積が大きい湖で，20世紀後半にはリンの流入によって富栄養化が進み，富栄養化防止条例が制定された。

〔4〕次の①・②の住居は，日本のある地域で見られる伝統的な住居である。①・②の住居が見られる地域の気温と降水量を示しているものを，あとのア～エの中からそれぞれ1つずつ選び，記号で答えなさい。

①

②

ア

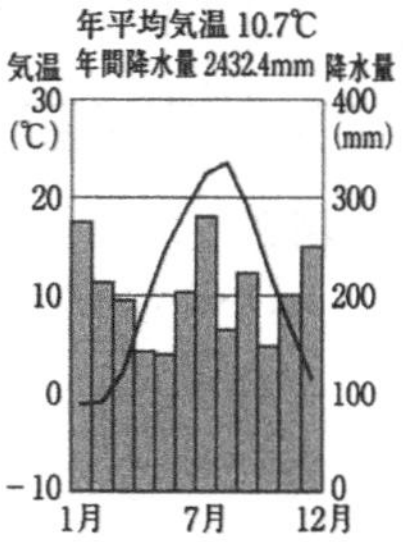

イ

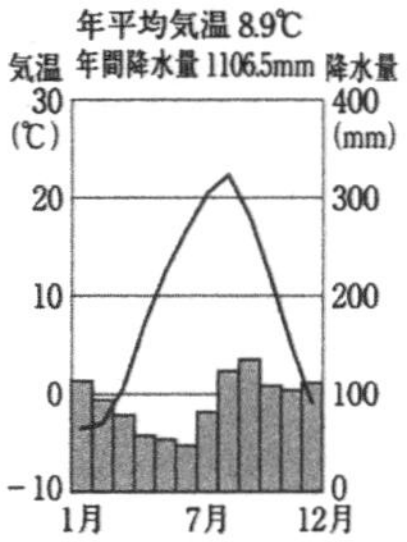

ウ

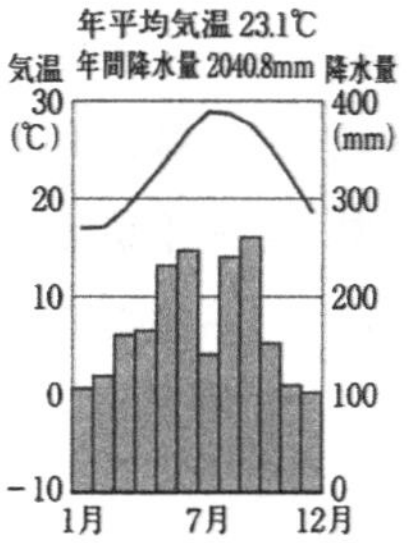

エ

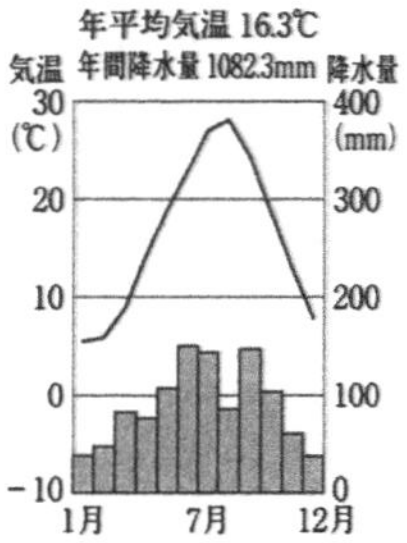

（2020年版『理科年表』ほかより作成）

〔5〕右の図1は，きゅうりの都道府県別収穫《しゅうかく》量割合を示している。図1中の［　　］にあてはまる都道府県について述べた文章として最も適切なものを，次のア～エの中から1つ選び，記号で答えなさい。

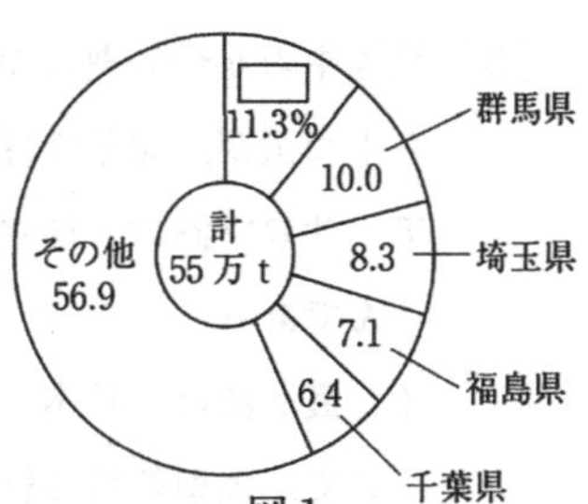

図1
（統計年次は2018年産，2020年版『データでみる県勢』より作成）

ア　八幡《やはた》製鉄所を中心として鉄鋼業が栄えた。1960年代以降，大気や海の汚染《おせん》が大きな問題となった。

イ　日本最大の掘《ほ》り込《こ》み港である鹿島港《かしまこう》がある。また，筑波《つくば》研究学園都市があり，さまざまな大学や研究機関が集まっている。

ウ　県の面積の85%以上を山地が占《し》めている。沖合を黒潮《くろしお》（日本海流）が流れており，かつお漁などがさかんである。

エ　県の南部には火山の噴出物《ふんしゅつぶつ》が降り積もったシラスが堆積《たいせき》している。肉用若鶏《にくようわかどり》や豚《ぶた》の飼育がさかんである。

〔6〕右の図2は，産業別の都道府県別製造品出荷《しゅっか》額割合をまとめたものである。図2中のB・Cにあてはまる都道府県名の組み合わせとして最も適切なものを，次のア～エの中から1つ選び，記号で答えなさい。

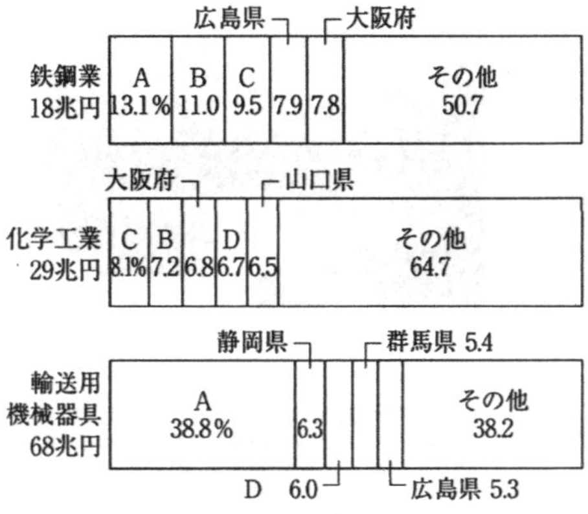

図2
（統計年次は2017年，2020年版『データでみる県勢』より作成）

ア　B－兵庫県　C－千葉県
イ　B－兵庫県　C－神奈川県
ウ　B－愛知県　C－千葉県
エ　B－愛知県　C－神奈川県

〔7〕次の図3は，日本の自動車メーカーの海外生産台数を示しており，図3中のア～エには，ヨーロッパ，アフリカ，アジア，北アメリカのいずれかがあてはまる。アジアにあてはまるものを，ア～エの中から1つ選び，記号で答えなさい。

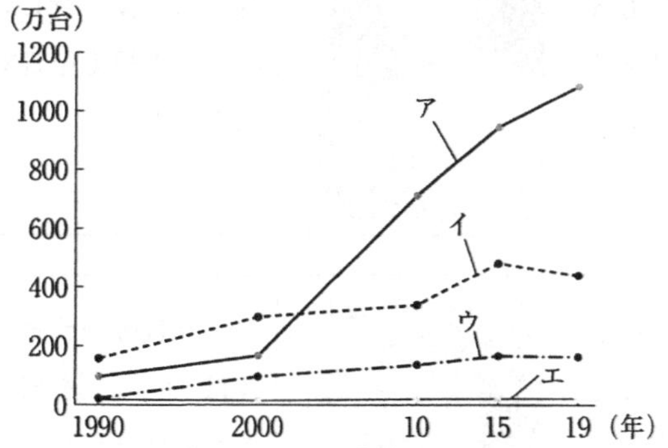

図3

(2020/21年版『日本国勢図会』より作成)

〔8〕次の図4は地図中の島根県飯南《いいなん》町の1960年と2019年の年齢《ねんれい》別人口割合，図5は飯南町の人口の移り変わりを示している。飯南町に今後起こると考えられる人口の問題点を，図4・5を見て，簡単《かんたん》に説明しなさい。

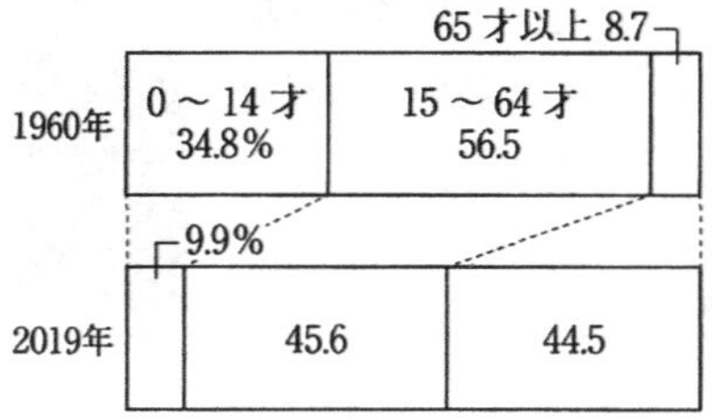

図4　飯南町の年齢別人口割合

(飯南町資料ほかより作成)
※2005年に頓原町・赤来町が合併。
2005年以前は，頓原町・赤来町の統計。

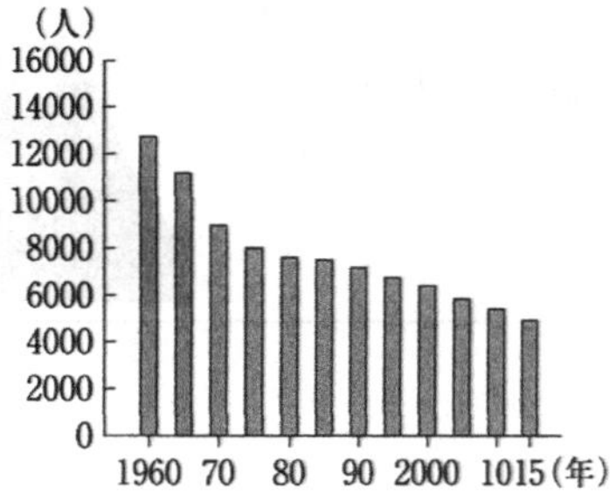

図5　飯南町の人口の移り変わり

(国勢調査より作成)

Ⅱ．次のA～Fの，日本の歴史に関する人物について，あとの問いに答えなさい。

A　鑑真《がんじん》は，何度も失敗しながらも来日し，日本に正式な［　　　］を伝えた。

B　最澄《さいちょう》は，唐《とう》から帰国した後，新しい［　　　］の教えを日本に伝えた。

C　法然《ほうねん》が一心に念仏を唱えることを説くなど，新しい［　　　］が民衆に広まった。

D　宣教師のザビエルは，［　　　］を伝えるために来日し，西日本各地で布教した。

E　本居宣長《もとおりのりなが》は，儒《じゅ》教《きょう》や［　　　］が伝わる前の日本人の考えを明らかにしようとした。

F　内村鑑三《うちむらかんぞう》は，［　　　］の信者の立場から，戦争への反対を表明した。

〔1〕カードAについて，次の問いに答えなさい。

（1）鑑真を日本へ招《まね》いた天皇《てんのう》について述べた文として最も適切なものを，次のア～エの中から1つ選び，記号で答えなさい。

ア　中国《ちゅうごく》にならって大宝律令《たいほうりつりょう》を定め，全国を支配するしくみをつくった。

イ　口分田の不足を解消するために，墾田永年私財法《こんでんえいねんしざいほう》を制定した。

ウ　大津宮《おおつのみや》に都を移して即位《そくい》し，全国の戸籍を初めて作成した。

エ　都を長岡京《ながおかきょう》，次いで平安京《へいあんきょう》に移し，政治を立て直そうとした。

（2）鑑真が来日したころの人々の負担《ふたん》について述べた次のX，Yの文の正誤の組み合わせとして正しいものを，あとのア～エの中から1つ選び，記号で答えなさい。

> X　荘園領主《しょうえんりょうしゅ》に年貢《ねんぐ》を納めるだけでなく，地頭《じとう》からも新たな負担を課され，人々は二重に支配を受けることがあった。
> Y　特産物を納める調《ちょう》や労役の代わりに麻布《あさぬの》を納める庸《よう》は，都まで運ばなければならず，人々にとって重い負担であった。

ア　X－正　Y－正　　イ　X－正　Y－誤
ウ　X－誤　Y－正　　エ　X－誤　Y－誤

〔2〕カードBについて，次の問いに答えなさい。

（1）最澄が延暦寺《えんりゃくじ》を建てた場所を，右の図中のア～エの中から1つ選び，記号で答えなさい。

※府県境は，現在のものである。
図

（2）次の表は，カードBと同じ時代の2人の人物についてまとめたものである。表中の□にあてはまる人物名を答えなさい。

表

	藤原道長《ふじわらのみちなが》	□
身分	貴族	武士
対応	自分の娘《むすめ》を天皇のきさきとし，生まれた子を次の天皇にたてる。摂政《せっしょう》に就《つ》き，朝廷《ちょうてい》の高官を一族で独占《どくせん》する。	自分の娘を天皇のきさきとし，生まれた子を次の天皇にたてる。太政大臣《だいじょうだいじん》に就き，朝廷の高官を一族で独占する。
結果	摂関政治《せっかんせいじ》の最盛期《さいせいき》となる。	しだいに貴族や武士などの不満が高まる。

〔3〕カードCについて，法然《ほうねん》の教えが広まり，親鸞《しんらん》や一遍《いっぺん》などが新たな教えを伝えた時代に起こったできごととして最も適切なものを，次のア～エの中から１つ選び，記号で答えなさい。

ア　裁判《さいばん》の基準となる公事方御定書《くじかたおさだめがき》が制定された。

イ　守護《しゅご》が国司《こくし》の権限をもち，守護大名《だいみょう》として領国《りょうごく》をまとめるようになった。

ウ　武家社会のしきたりをまとめた御成敗式目《ごせいばいしきもく》（貞永《じょうえい》式目）が制定された。

エ　一揆《いっき》を防ぐために，百姓《ひゃくしょう》から刀ややりなどの武器を取り上げた。

〔4〕カードDについて，ザビエルが来日したころの日本では，身分が下の者が，身分が上の者に実力で打ち勝つ風潮《ふうちょう》が広がっていた。この風潮を何というか，答えなさい。

〔5〕カードEについて，次の問いに答えなさい。

（1）カードEのころには，本居宣長《もとおりのりなが》が大成した国学のほか，蘭学《らんがく》も研究されていた。次の資料１は，『蘭学事始《らんがくことはじめ》』で，資料１中の「翁《おきな》」は著者自身のことを示している。この「翁」の人物名を答えなさい。

資料１

> そのとき，翁は，「何とかこのターヘル・アナトミアの一部を新たに翻訳《ほんやく》して，人体の内外のことを明らかにすれば，今日の治療《ちりょう》にとって有益《ゆうえき》であるはずだ。どうにかして，通訳の手を借りずに，読み解きたいものである。」と語った。（一部要約）

（2）カードEの時代には，庶民《しょみん》の識字率が向上し，日本は世界でも識字率の高い国となった。庶民の識字率が向上した背景を，次の資料２，資料３を参考にして，簡単《かんたん》に説明しなさい。

資料２　寺子屋

資料３　貸本屋

作文問題

「人間の脳は、一人よりも仲間と一緒に取り組み協働することに喜びを感じると言われています。一人でするより、家族や友達など、他の人と一緒に取り組む方がうれしいと感じることを、具体的な例をあげてくわしく書いてください。」

二〇二一年度C　入学試験　国語解答用紙

受験番号

氏名

一

問一
①　胸中
②　紅潮
③　ソウ
④　ソ　まる
⑤　カクノウ

問二
①
②
③
④
⑤

問三
①
②
③
④
⑤

問四
①
②
③
④
⑤

二

問一

問二

問三

問四

40

問五

0

採点欄

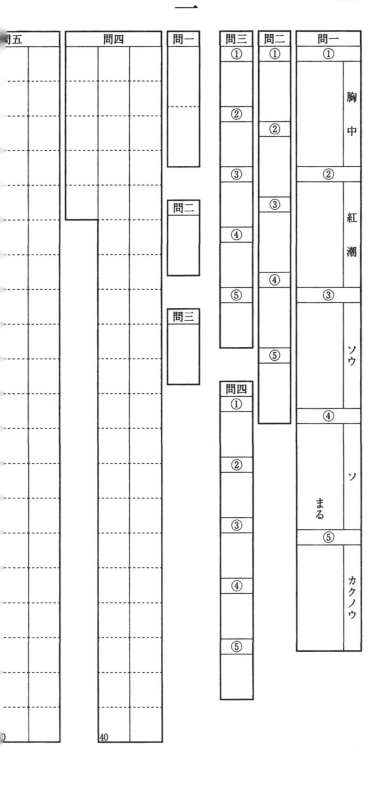

一問	二問	三問
①	①	①

一問	四問	五問

二問

三問

〔4〕	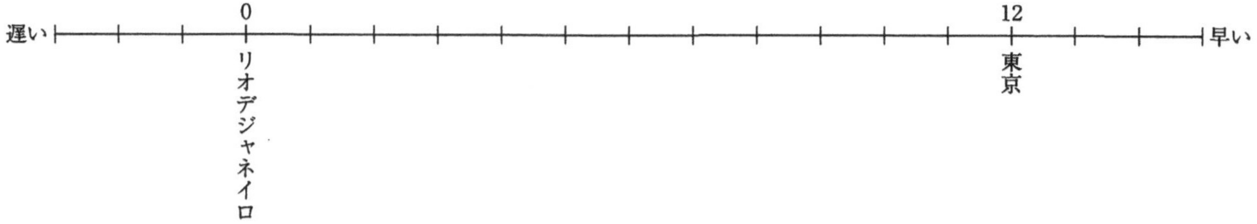

	シドニー	アテネ	北京	ロンドン	リオデジャネイロ	東京
〔5〕						

Ⅳ

〔1〕	ア　cm	イ　cm
〔2〕	蛇口	水の量 毎分　cm^3
〔4〕	cm	

〔3〕

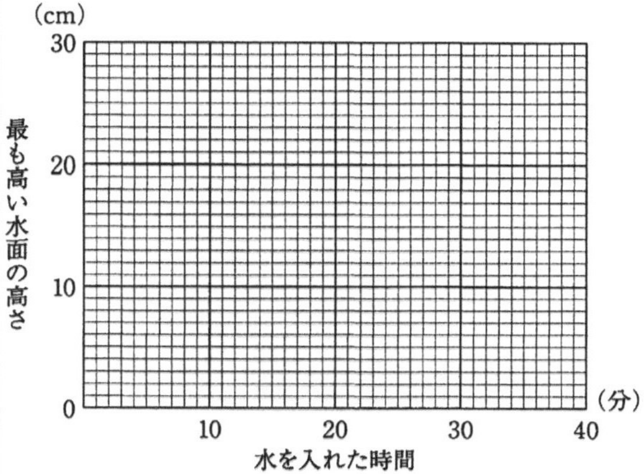

合計	※120点満点 (配点非公表)

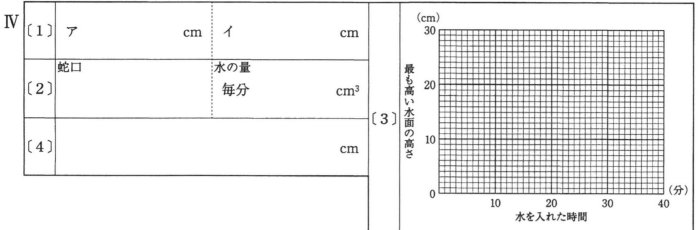

Ⅲ

〔1〕	秒から　　秒	〔2〕	ア	イ		ウ	
〔3〕		〔4〕					
〔5〕	秒後	〔6〕	秒後				
〔7〕	回						

Ⅳ

〔1〕		〔2〕		
〔3〕		〔4〕		
〔5〕	式			食塩水　　g
〔6〕		〔7〕		

合計	※80点満点 (配点非公表)

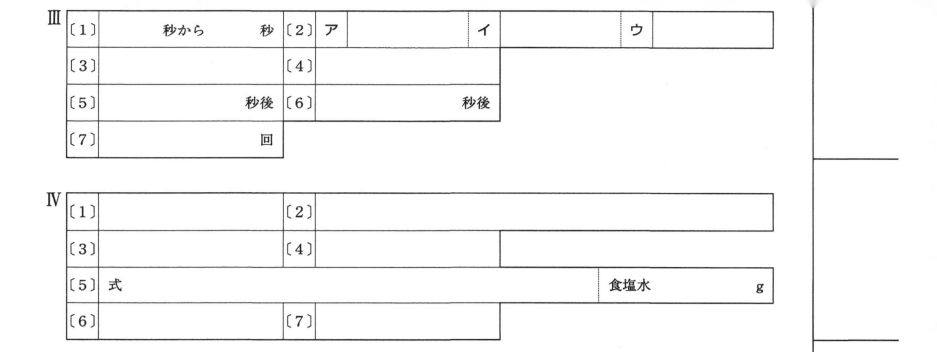

〔3〕		〔4〕		〔5〕		〔6〕	権
〔7〕	→ → →			〔8〕			
〔9〕							

◆の印から横書きで書き，途中で改行せず続けて書きなさい。（、や「 」などの記号は一字と数えます。）

Ⅳ ◆

100

200

合計

※80点満点
（配点非公表）

100

名前

学校使用欄

受験番号

（配点非公表）

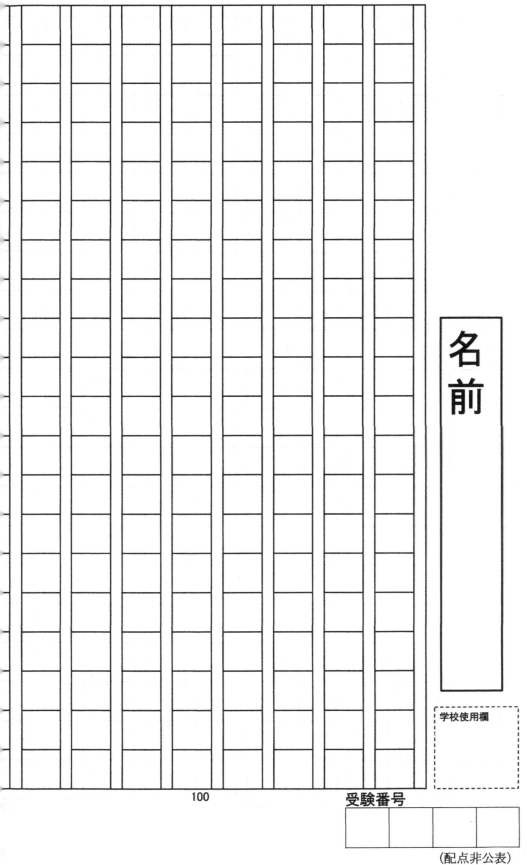

800 700 60

裏面

500

400　300　200

２０２１年度C　入 学 試 験　社会解答用紙

受 験 番 号	氏　　　名

採点欄

I

〔1〕		〔2〕	記号	県名　　県	〔3〕		
〔4〕	①	②	〔5〕		〔6〕		〔7〕
〔8〕							

II

〔1〕	(1)	(2)	〔2〕	(1)	(2)	
〔3〕		〔4〕		〔5〕	(1)	
〔5〕	(2)					
〔6〕	(1)	(2)	〔7〕	宗教名	記号	

III

〔1〕	

【解答

2021年度C　入学試験　理科解答用紙

受験番号	氏名

採点欄

I

〔1〕	(1)		(2)	m
〔2〕	(1)		(2)	
〔3〕	(1)		(2)	
〔4〕	(1)		(2)	

II

〔1〕	(1)		(2)		(3)	
〔2〕			〔3〕			
〔4〕			〔5〕			

【解答

２０２１年度Ｃ　入学試験　算数解答用紙

受験番号	氏名

採点欄

Ⅰ

〔1〕		〔2〕		〔3〕	
〔4〕		〔5〕		〔6〕	

Ⅱ

〔1〕		度	〔2〕		m^2
〔3〕	(1)	cm	(2)		cm^3

Ⅲ

〔1〕	が　　時間早い	〔2〕の求め方
〔2〕	%	

【解答

三

問六

問一

50

問二

問三

Ⅰ

Ⅱ

問四

55

問五

◆の印から縦書きで書きなさい。途《と》中《ちゅう》で改行せず、続けて書きなさい。

四

◆

70

60

※120点満点
（配点非公表）

合　計

二〇二一年度

【作文試験】

（30分）

（全1ページ）

注意事項

一　受験番号・氏名および作文は、すべて作文用紙に記入しなさい。
二　問題用紙に文章を書きこんでも採点されません。
三　縦書きで書くこと。
四　書き出しと段落の最初は、一マス空けること。
五　句読点や「　」（　）なども原則として一マス使うこと。ただし、行の先頭にきてしまう場合は、前の行の最後のマスに付け加えること。
六　文字数の指定はありません。ただし、配付された作文用紙の中におさまるように記入しなさい。（裏面も使ってよいです）

〔6〕カードFについて，次の問いに答えなさい。

（1）カードF中の下線部の戦争に備えて，日本が同盟を結んだ相手国を，次のア～エの中から1つ選び，記号で答えなさい。

ア　アメリカ　　イ　フランス　　ウ　ドイツ　　エ　イギリス

（2）カードFよりも後に起こったできごとを，次のア～エの中から1つ選び，記号で答えなさい。

ア　韓国《かんこく》を併合《へいごう》し，朝鮮総督府《ちょうせんそうとくふ》を置いて植民地支配を進めた。

イ　徴兵令《ちょうへいれい》を出して，満20才になった男子に兵役を課した。

ウ　ロシアと樺太《からふと》・千島交換《ちしまこうかん》条約を結び，日本は千島列島を領有した。

エ　板垣退助《いたがきたいすけ》が自由党を，大隈重信《おおくましげのぶ》が立憲改進党《りっけんかいしんとう》をつくった。

〔7〕カードA～F中の□には，それぞれ宗教名があてはまる。また，右の資料4は，世界遺産に登録されている大浦天主堂《おおうらてんしゅどう》である。資料4は何の宗教にもとづいて建てられたものか，宗教名を答えなさい。また，この宗教と関わりの深いカードを，A～Fの中からすべて選び，記号で答えなさい。

資料4

Ⅲ．戦後の日本経済に関する次のカードＡ～Ｅを読んで，あとの問いに答えなさい。

A　戦後日本経済の時代区分　経済の成長，発展《はってん》という観点から戦後日本経済を振《ふ》り返ると，戦後復興の時代，高度成長の時代，低成長の時代の三つに区分することができる。時代背景は大きく変わってきたが，いずれの時代にあっても景気の循環《じゅんかん》はあった。戦後日本経済の景気循環については，①内閣府《ないかくふ》（かつては経済《けいざい》企画庁《きかくちょう》）が景気の谷と山を決めている。おのおのの循環は固有の事情によって差があるが，景気循環は，「何によって景気の拡張《かくちょう》期が終了したか」という面に着目すると，②時代によって一定の共通性が見出《みいだ》せ，四つの時代区分ができるように思われる。第一は1960年代までの景気循環，第二は1970年代から80年代半ばに至る景気循環，第三は1980年代半ばから90年代半ばにかけての景気循環，第四は1997年以降の景気循環である。

B　国際収支の天井《てんじょう》があった時代　1960年代半ばまでの景気循環については，二つの際《きわ》立った特《とく》徴《ちょう》が指摘《してき》できる。一つは景気循環に金融《きんゆう》政策が大きな力を発揮《はっき》したということ，二つは金融政策変更《へんこう》の引き金となったのは国際収支（経常収支）の変動であったということである。経常収支が赤字になると金融政策は引き締《し》めに転じ，黒字になると引き締めは解除された。いわば，「国際収支の天井」が景気拡張の制約要因となっていた。日本経済のこうした景気循環パターンに変化が訪れたのは1960年代後半である。1966年から67年にかけての経常収支の赤字化を受けて政府は金融引き締めに転じたが，景気が後退期を迎《むか》えないうちに経常収支が黒字に転じ，それを受けて引き締め政策も解除された。この結果として，1965年に始まる景気拡張は長期化し，いざなぎ景気と呼ばれる戦後最長の景気拡張となった。その好況《こうきょう》を終了させたのは，③物価上昇《じょうしょう》を抑制《よくせい》すべく行われた1969年秋の金融引き締め政策だが，それをきっかけとする景気後退を長引かせたのは，1971年8月に生じたニクソン・ショックであった。

C　海外経済の変化が景気を変えた時代　1970年代から80年代にかけての景気拡張がどのようなきっかけで終了《しゅうりょう》したかを見ると，そのすべてに海外経済情勢の変化が影響《えいきょう》しているさまが読みとれる。1973年11月に始まる景気後退は，中東戦争《ちゅうとうせんそう》，アラブ産油国の輸出規制，④ＯＰＥＣ《オペック》（石油輸出国機構）による原油価格の大幅《おおはば》引き上げの影響を大きく受けてのものであった。1980年に始まる景気後退もまた，イラン革命の影響でイランからの原油供給の途絶《とぜつ》，その後の原油価格の高騰《こうとう》によってもたらされた。その次の1985年に始まる景気後退は，1985年9月のプラザ合意に影響を受けてのものであった。このように，戦後の景気循環第二の時代の特徴は⑤海外経済情勢に大きな変化があり，それが影響して日本の景気拡張が止められた，ということにある。また，この時代は，景気政策の主役が金融政策から財政政策へと，次第《しだい》に交替《こうたい》していく時代でもあった。

D　バブル景気とその反動不況《ふきょう》の時代　1986年の暮れに始まり，1991年始めまで続く景気の拡張期はバブル景気と呼ばれる。なぜ，この時期にバブルが発生したか。金融緩和《かんわ》が長期に及《およ》んだことが根本原因と思われるのだが，それではなぜ金融緩和が長期に及んだか。この問いに対する答えとしては，⑥対米協力を重視したこと，財政政策への協調を図《はか》ったこと，政策を転換《てんかん》すべき逼迫《ひっぱく》した事情がないと判断されていたことの三つが考えられる。また，なぜ長期に及ぶ金融緩和がバブルをもたらしたのかの答えとしては，金融緩和によって余分な資金が投機的な投資（株式《かぶしき》投資，不動産投資等）へと向かったことが考えられる。バブルを潰《つぶ》したのは金融政策の変更である。1993年10月に景気は谷を迎える。それから，1997年初にかけては景気の拡張期である。バブル景気という異常な好景気，その反動不況，その後の緩《ゆる》やかな回復という過程を経て，日本経済はようやく「振《ふ》り出しに戻《もど》った」のである。

E　政策不況としての1997，98年不況　1997年5月を山とする景気後退についてみると，この景気後退の原因は，財政政策にある。1996年1月に発足《ほっそく》した橋本《はしもと》内閣による「財政構造改革」と「⑦社会保障制度改革」が景気に大きな影響を及《およ》ぼした。この政策の下で，政府支出が削減《さくげん》され，国民負担が増加して，それが景気を後退させることになったのである。1960年代までの景気後退は，金融政策の変更によってもたらされていた，いわば⑧「意図された」政策不況《ふきょう》であった。しかし，1997年5月に始まる不況は，景気の拡張に歯止めをかけるという意図を少しももっていなかった，「意図せざる」政策不況であった。

（山家悠紀夫著『景気とは何だろうか』，一部要約）

〔1〕下線部①について，内閣府は，内閣に属する機関の1つである。内閣は，国会，裁判所《さいばんしょ》とともに，独立した権力をもち，たがいの権力を抑制《よくせい》し合っている。内閣が行う仕事を，次のア～オの中から**すべて**選び，記号で答えなさい。

ア　法律の違憲審査《いけんしんさ》を行う。
イ　最高裁判所の長官を指名する。
ウ　内閣不信任の決議を行う。
エ　弾劾《だんがい》裁判所を設置する。
オ　国会に対して連帯責任《せきにん》をとる。

〔2〕下線部②について，次の資料1～3は，明治時代における政策やできごとを示したものである。資料1～3に共通して見られる明治政府の目的を，次の用語を用いて，簡単に説明しなさい。

〔語句：　知識や技術　近代化　〕

資料1　明治政府が雇《やと》い入れた外国人

名前	国籍《こくせき》	業績
モース	アメリカ	大森貝塚《おおもりかいづか》の発見
クラーク	アメリカ	札幌《さっぽろ》農学校の指導
ブリューナ	フランス	富岡《とみおか》製糸場の指導
コンドル	イギリス	鹿鳴館《ろくめいかん》の設計
ロエスレル	ドイツ	憲法《けんぽう》草案作成の顧問《こもん》

資料2　岩倉《いわくら》使節団

資料3　生活様式の変化

年代	できごと	年代	できごと
1869	人力車の発明	1872	新橋《しんばし》－横浜《よこはま》間に鉄道が開通
1870	自転車，洋服，コウモリ傘《がさ》の普及《ふきゅう》		太陽暦《たいようれき》の採用
	日刊《にっかん》新聞の発行	1874	東京でガス灯の使用開始
1871	西洋料理店の開業，牛鍋《ぎゅうなべ》の流行	1876	日曜休暇制《きゅうかせい》の採用

〔3〕下線部③について，右の図1は消費者物価指数の移り変わりを示している。図1から読み取れることとして正しいものを，次のア～エの中から1つ選び，記号で答えなさい。

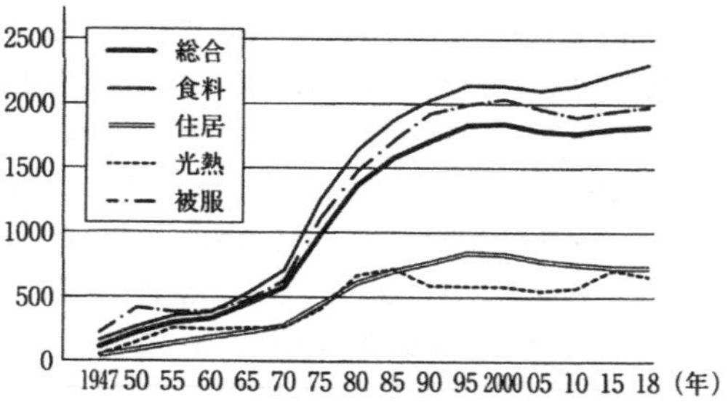

図1　消費者物価指数の移り変わり

※東京都区部，1934～36年の平均を1とした場合の数値。
（第7版『数字でみる日本の100年』より作成）

ア　1947年と比べて，最も消費者物価指数が大きくなったのは，被服《ひふく》である。

イ　1960年から1975年にかけて，消費者物価指数が500よりも大きくなったのは，総合，食料，被服である。

ウ　1947年から2018年にかけて，いずれの消費者物価指数も大きくなり続けている。

エ　2018年において，住居と光熱の消費者物価指数は，食料の消費者物価指数と比べて約2000の差がある。

〔4〕下線部④について，次の図2は国別原油生産量の変化，図3はアメリカのある新しい原油資源の生産量の変化，図4は新しい原油資源の採掘《さいくつ》のようすを示している。この新しい原油資源を何というか，**カタカナ**で答えなさい。

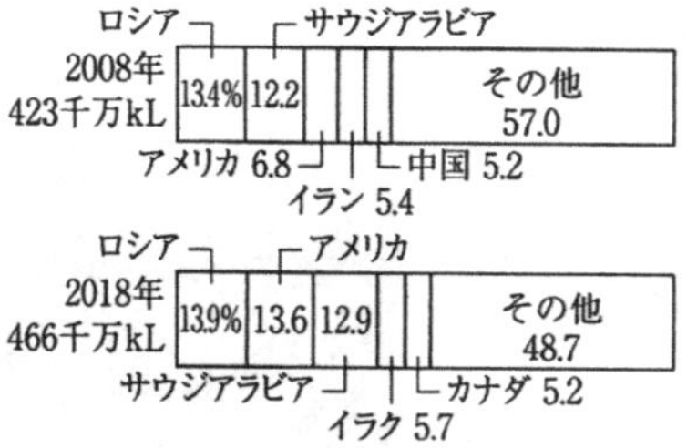

図2　国別原油生産量の変化
（第7版『数字でみる日本の100年』より作成）

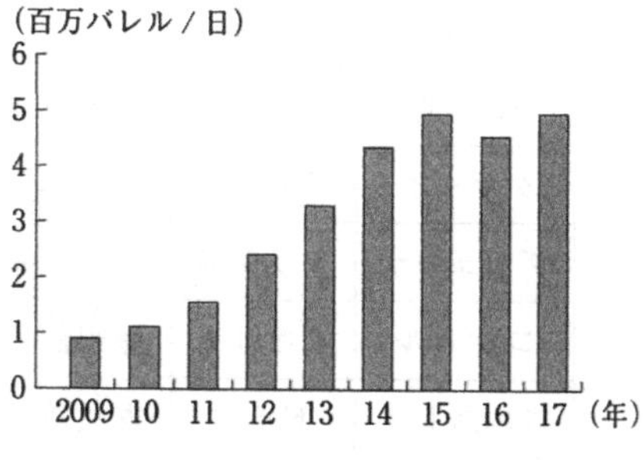

図3　アメリカの新しい原油資源の生産量の変化

（EIA「Annual Energy Outlook 2018」より作成）

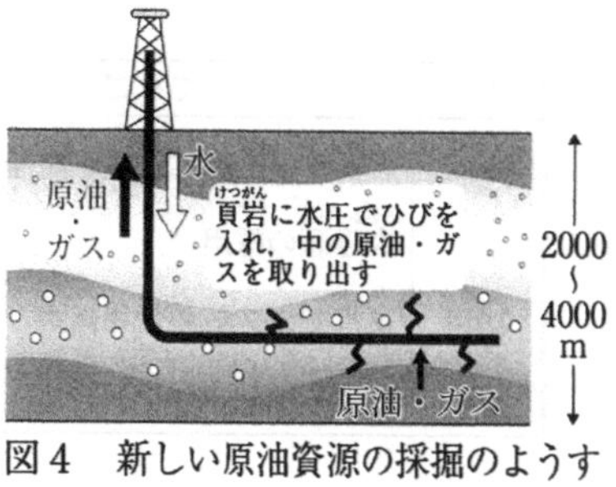

図4　新しい原油資源の採掘のようす

〔5〕下線部⑤について，2000年以降の海外経済情勢について述べた文として**誤っているもの**を，次のア～エの中から1つ選び，記号で答えなさい。

ア　アメリカの投資銀行のリーマン・ブラザーズ・ホールディングスが経営破綻《はたん》したことをきっかけに，世界中が不況《ふきょう》となった。

イ　貿易及《およ》び関税に関する一般協定（GATT《ガット》）での交渉《こうしょう》の末，貿易に関するさまざまな国際ルールを定めた世界貿易機関（WTO）が設立された。

ウ　イギリスが正式にヨーロッパ連合（EU《イーユー》）を離脱《りだつ》した。

エ　ギリシャの財政赤字による金融危機《きんゆうきき》のほか，スペインやポルトガル，東欧諸《とうおうしょ》国《こく》などでも金融危機が発生した。

〔6〕下線部⑥について，次の文章中の□にあてはまる語句を答えなさい。

日本は，日本と密接な関係にある国が他国から攻撃《こうげき》を受けた場合に，日本が攻撃を受けていなくても，日本の存立がおびやかされる場合は防衛することができるとする□権の行使を，限定的に認めている。

〔7〕次のア～エは，カードB～Eの時代に起こったできごとである。ア～エを，年代の古い順に並べかえ，記号で答えなさい。

ア　アイヌの人々の文化を振興《しんこう》し，伝統的な文化を尊重するために，アイヌ文化振興法が制定された。

イ　アジアで初めてのオリンピック・パラリンピックが，東京で開催《かいさい》された。

ウ　国際平和協力法（PKO協力法）が制定され，資金や物資だけでなく，人的側面でも国際貢献《こうけん》を行えるようになった。

エ　日中平和友好条約が結ばれ，日本と中国が恒久的《こうきゅうてき》な平和友好関係を築いていくことが確認された。

〔8〕下線部⑦について，国民が毎月保険料を支払《しはら》うことで，病気やけがをしたときや高齢《こうれい》になったときに，給付を受けるしくみを何というか，**漢字4字**で答えなさい。

〔9〕下線部⑧について，農業においても目的を定めた意図された研究が行われている。次の資料4と，表，図5・6，表を見て，遺伝子《いでんし》組み換《か》え作物の栽培《さいばい》がさかんな地域の特色を**2つ**と，この技術が世界の食料生産において期待されることを，簡単に説明しなさい。

資料4

> 遺伝子組み換えとは，大豆やとうもろこしなど，ある生物がもつ遺伝子（DNA《ディーエヌエー》）の一部を，他の生物の細胞《さいぼう》に取り入れて，その遺伝子の性質をもつように改良する技術である。遺伝子組み換えを行うことで，害虫や日照りに強くなったり，やせた土地でも生産できるようになったりする。

表　遺伝子組み換え作物の栽培面積上位4か国の農地面積の比較《ひかく》

		国土面積（千km^2）	国土面積に占《し》める農地面積の割合(%)
1位	アメリカ合衆国	9834	41.3
2位	ブラジル	8516	33.3
3位	アルゼンチン	2796	53.5
4位	インド	3287	54.7

（統計年次は遺伝子組み換え作物の栽培面積が2015年，国土面積が2015年，国土面積に占める農地面積の割合が2016年，2019/20年版『世界国勢図会』ほかより作成）

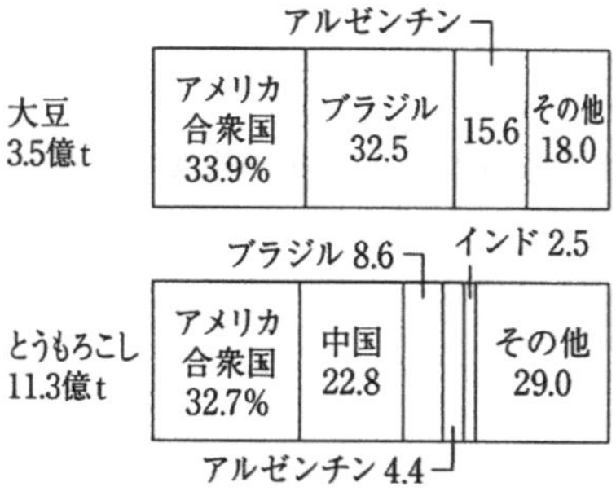

図5　大豆ととうもろこしの国別生産量

（統計年次は2017年，2019/20年版『世界国勢図会』より作成）

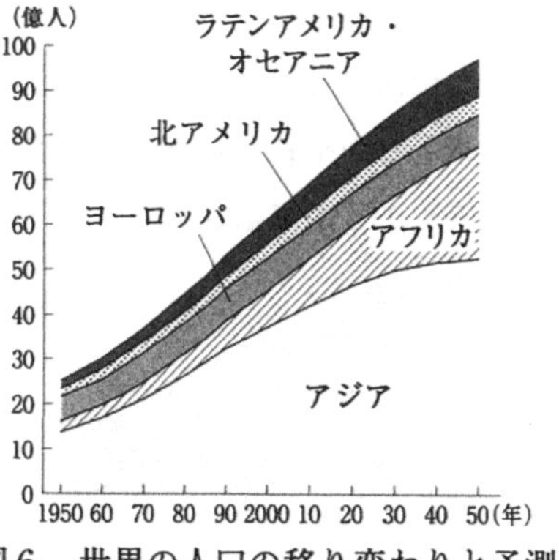

図6　世界の人口の移り変わりと予測

※2020年以降は予測。

（2019/20年版『世界国勢図会』より作成）

Ⅳ．近年，世界ではキャッシュレス決済が広まりつつある。次の資料１～４を参考にして，キャッシュレス決済の利点を**２つ**，キャッシュレス決済をより広めるために必要な取り組みを**２つ**考え，100字以上で説明しなさい。**解答するにあたり，以下の用語を必ず使用し，使用した部分に下線を引きなさい。**（同じ用語を何度使用してもかまいません。）

〔用語：　時間　負担　安心　新たな取り組み　〕

資料１　キャッシュレス決済のおもな手段

電子マネー	クレジットカード
さまざまな会社が独自に発行している電子的なお金。店のレジ，バスや電車，駅の改札機をタッチして支払《しはら》う。使うには前もってカードやスマートフォンなどにチャージ（入金）しておく必要がある。	店で支払いをするときに使うと，現金がなくても商品やサービスを受け取ることができるカード。代金はカード会社がたてかえて払い，あとで自分の銀行口座などから自動的に引き落とされる。

資料２　完全キャッシュレス決済の店

おつりの用意をしなくてすみ，お金の受けわたしでミスをする心配がない。また，現金を数えて，店の売り上げを確認するなどの手間も必要ない。

資料３　キャッシュレス決済を利用する上での不便や不安

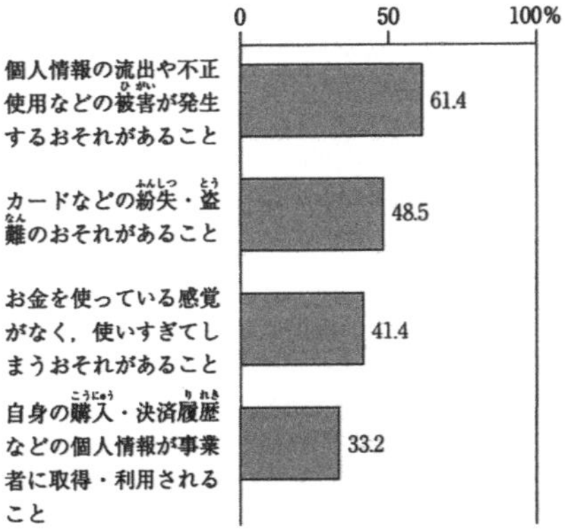

資料４　キャッシュレス決済の事業者に望む改善《かいぜん》点

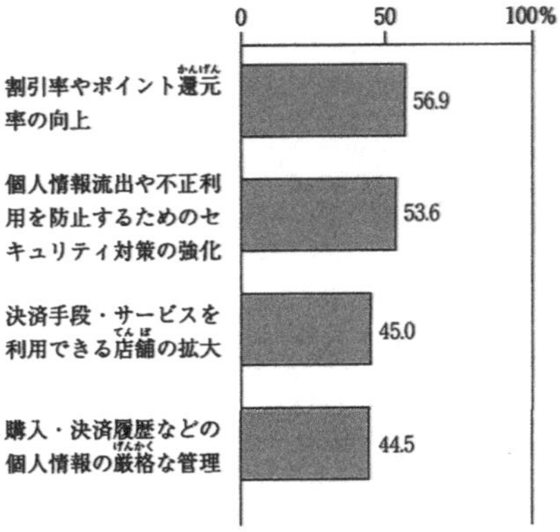

（統計年次は2019年，消費者庁資料より作成）

二〇二〇年度C

国語

（全16ページ）

（60分）

立命館慶祥中学校

注意事項

一　受験番号・氏名および解答は、すべて定められたところに記入しなさい。

二　問題用紙に解答を書きこんでも採点されません。

三　、や「　」などの記号は、特別の指示のない限り一字と数えます。

例

し	か	し	、	で	あ	る	。

一、次の各問いに答えなさい。

問一　次の――線部のカタカナは漢字に直し、漢字はその読みをひらがなで答えなさい。

① 新聞社に就職する。
② バイオリンの独奏。
③ 車のドアをシめる。
④ アルプスにトウチョウする。
⑤ 食器がハソンする。

問二　次の各組の熟語の中から、組み立ての異なるものを、ア～オの中から一つ選び、記号で答えなさい。

① ア 骨折　イ 円安　ウ 年少　エ 往来　オ 県営
② ア 曲線　イ 着席　ウ 激痛　エ 水力　オ 鉄板
③ ア 開始　イ 暗黒　ウ 断絶　エ 豊富　オ 呼応
④ ア 日照　イ 消毒　ウ 納税　エ 読書　オ 採血
⑤ ア 苦楽　イ 新旧　ウ 愛好　エ 当落　オ 正誤

問三　次の□に身体の一部を表す漢字一字を入れて、下の意味を持つ慣用句を完成させなさい。

① □にどろをぬる…人の面目《めんぼく》をつぶして恥《はじ》をかかせる。
② 二の□をふむ…ためらって決断できない。
③ □をかける…好意を持って世話をする。
④ □をあかす…相手を出し抜《ぬ》く。
⑤ □がかたい…秘密を軽々しく人に漏《も》らさない。

問四　次の□に漢字一字を入れて、四字熟語を完成させなさい。

① 大器□成
② 八方□人
③ 我田□水
④ 意気□合
⑤ 品行□正

二、次の文章を読んで、後の問いに答えなさい。

「気象観測がはじまってから、今年はもっとも平均気温が高い年になりました」

　毎年、十二月になるとテレビでは、きまってこんなニュースが流れる。ニュースのとおり、日本や世界の平均気温は毎年高くなっていて、記録をぬりかえている。[A]、二〇一五年の日本の平均気温は、前年より〇・六九℃高かった。二〇一六年は前年より〇・八八℃高く、二〇一七年は前年より〇・二六℃高かった。

　世界の平均気温もおなじように、毎年上昇《じょうしょう》している。「IPCC《アイピーシーシー》の報告書」というのがある。世界の温暖化について、国連の機関が発行している報告書のことだ。世界の科学者の八〇〇人以上が、地球温暖化についての研究論文を集め、その内容をしっかり確かめ、信頼《しんらい》できるものだけを選んでまとめている。その第五次報告書には、一八八〇年から二〇一二年の一三二年間で地球の平均気温は〇・八五℃上昇した、と書いてある。

　①毎年少しずつ気温が上がっていく温暖化の影響《えいきょう》は、世界各地にあらわれている。大型の台風が発生する、集中豪雨《ごうう》がおきる、大雪がひんぱんに降る。そうかと思うと、雨が少しも降らずに干ばつになって苦しむ地域もあったりする。以前はなかった異常気象が、世界の各地でたびたびおこっているのだ。

　地球の平均気温が、高くなっている原因はなんだろう。それは、人間の活動によって発生する「温室効果ガス」だといわれている。二酸化炭素などの温室効果ガスが、大気中にふえすぎたことが原因となっている。

　温室効果ガスというのは、地球のまわりを温室のビニールのように取りかこんでいて、地球を温かくしている。温室効果ガスがあることで地球の平均気温は約一五℃にたもたれ、人間や生き物は快適に生活することができる。しかし温室効果ガスがなくなると、地球の気温は約マイナス一八℃の冷凍庫《れいとうこ》のようになってしまうのだ。

　長い間、温室効果ガスは適当なバランスをたもっていて、人間や生き物はそこで暮らしてきた。しかし近年、そのバランスがくずれだした。人間のさまざまな活動によって、大量の温室効果ガスが大気中に放出され、地球の気温が上昇しているのだ。

　温室効果ガスの代表的なものは「二酸化炭素」で、二五〇年前までは空気中に〇・〇二八パーセントしかふくまれていなかった。いまはその約一・四倍になっている。

　一八世紀後半にイギリスで産業革命がおきて、石炭を燃やして動く蒸気機関が発明された。その後、人間は石炭だけでなく、石油や天然ガスも使うようになった。世界の産業はどんどん発展し、地中の石炭、石油、天然ガスが使われる量は大きくなった。石炭や石油などの資源は「化石燃料」といい、化石燃料が燃やされると二酸化炭素がでる。化石燃料は、機械を動かし、発電所で燃やされて発電機を回して電気をおこす。電気は、現代の生活になくてはならないものだ。家や会社の照明、電化製品、電車、エスカレーターなど、みんな電気で動く。現代の人間は、電気なしでは生活できない。つまり化石燃料の恩恵《おんけい》をたっぷり受けて、私たちの生活は成り立っているのだ。②化石燃料が放出する二酸化炭素の量は大きくふえてしまった。

熱帯雨林などの森林は、二酸化炭素を吸収し、酸素を供給してくれている。［B］、農地を広げるために森林は伐採《ばっさい》され、地球上からどんどん失われていっている。森林が二酸化炭素を吸収する量が減少したことも、温室効果ガスがふえつづける原因になっている。ほかに、メタン、二酸化窒素《ちっそ》、フロンなども温室効果ガスである。どの排出《はいしゅつ》原因にも共通するのは、すべて人間の活動がかかわっていることだ。

温暖化が進んでくると、地球の自然環境《かんきょう》にいろいろ影響がでるようになった。

世界の海面の水位は、毎年確実に上昇している。氷河がとけて、水が海に流れだしているし、海水が熱でふくれる。そのため海面水位は、一〇〇年前にくらべて平均約二〇センチメートルも上昇した。このまま温暖化が進めば、二一〇〇年までに、一九九〇年の海面とくらべて最大六〇センチメートルほど世界の海面が上昇する。そう科学者たちは予測している。

海面上昇の影響をいちばんに受けるのは、南太平洋の小さな島国だ。その地域では、海抜《かいばつ》が低いところで多くの人が生活している。温暖化で海面が上昇すれば、南太平洋の島じまはつぎつぎに海に沈《しず》んでしまうこととなる。

世界でもっとも高いヒマラヤ山脈でも、温暖化の影響はあらわれている。ヒマラヤ山脈とその周辺には、大きな氷河がある。そこで、琵琶湖《びわこ》の一・七個分に相当する氷河の氷が毎年減少していたとわかった。北海道大学の日置幸介《へきこうすけ》教授と大学院生の二人が、二〇〇三年から〇九年の米国の人工衛星の軌道《きどう》データを分析《ぶんせき》してわかった。

ヒマラヤ山脈には、面積約一一万四八〇〇平方キロメートルの山岳《さんがく》氷河がある。その氷河で、一年に四七〇億トンの氷がとけていたのだ。これは、氷河の厚さが年平均約四〇センチメートル薄《うす》くなっていることだという。

「数十年でヒマラヤの山岳氷河がなくなってしまうことはないが、地球温暖化で氷河がとけるスピードは、速くなっているのではないか。乾期《かんき》に下流のガンジス川などの流量が減ってしまい、ガンジス川の流域の農業に深刻な被害《ひがい》をあたえるかもしれない」

日置教授は心配している。

地球温暖化の影響は、身を守る手段をもたない生き物の生活にはっきりあらわれる。③日本列島の海や山で、いま多くの生き物たちに異変がおきている。

とても目立った異変の一つは、日本の海でサンゴが「白化《はっか》」におびやかされていることだ。サンゴはサンゴ虫という動物で、イソギンチャクやクラゲのなかまだ。サンゴの体には、褐虫藻《かっちゅうそう》という藻類※1がすみついている。褐虫藻は光合成をして、サンゴに栄養分をあたえている。サンゴの生息に適した海水温は、二五～二八℃といわれている。なのに三〇℃をこえる時間が長くつづくと、褐虫藻はサンゴから抜《ぬ》けでていってしまう。すると褐虫藻の色素はなくなり、サンゴは白く見えるのだ。これをサンゴの「白化」と呼ぶ。早く温度が落ちつけば褐虫藻はもどってくるが、もどらないとサンゴは栄養分があたえられず、白化したままで死んでしまう。

沖縄《おきなわ》・石垣島《いしがきじま》と西表島《いりおもてじま》の間には、石西礁湖《せきせいしょうこ》が広がっている。日本で最大のサンゴ礁域だ。その海には、約四〇〇種のサンゴが生息している。二〇〇七年の七月下旬《げじゅん》から八月上旬にかけて、この地方では晴天がつづいた。気温、海水温ともにどんどん上昇し、石西礁湖で白化が進んだ。直径一メートルのテーブルサンゴも多く死んだ。青色の海中に、白くなったサンゴが多くのこされた。九月に環境省が調べたところ、三三地点中、二六地点で八〇パーセント以上のサンゴが白化していた。そして恐《おそ》ろしいのは、サンゴが死んだ海からは、魚などほかの生き物も消えてしまっていたことである。

このサンゴの白化現象は、九州、四国の海でも、また和歌山《わかやま》県の海でもおきた。

沖縄の海でのサンゴの白化現象は、その後もつづいていた。二〇一六年の六月から八月、海水温を下げる台風も少なく、海水温の高い状態がつづいた。その結果、各地でサンゴの白化現象が見られた。石西礁湖では、またサンゴの大規模な白化現象がおきたのだ。石西礁湖の三五地点のうち九七パーセントで白化現象が見られた。そのうち半分以上のサンゴが死滅《しめつ》していた。

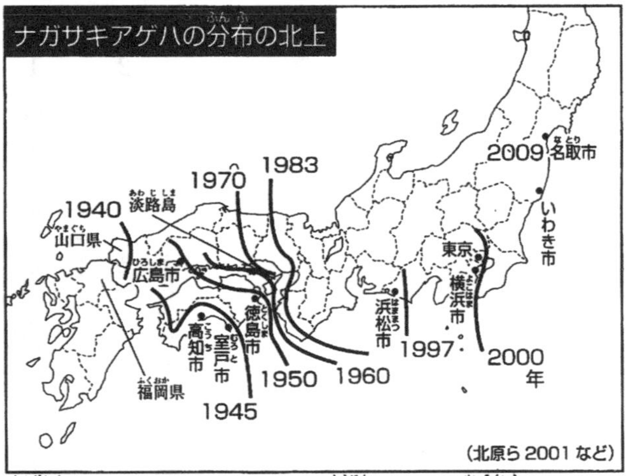

温暖化《おんだんか》にともない、この80年ほどで東北《とうほく》地方にまで生息域《せいそくいき》を広げた。

温暖化による気温上昇は、昆虫《こんちゅう》の世界にも影響をあたえている。ナガサキアゲハというチョウが、[C]に分布を広げているのだ。このチョウは、以前は西日本、九州や南四国でしか見られなかったのに、いま北上をつづけている。

ナガサキアゲハは、羽をひろげると九～一二センチメートルあり、日本産のチョウでは最大級の種類だ。このチョウは、インドから東南アジアの熱帯や中国南部などにすんでいる。日本は分布の北限だ。幼虫はミカン科の植物、ユズやカラタチ、グレープフルーツの葉などを食べる。

一九四〇年、ナガサキアゲハがいたのは[D]の西端《せいたん》だったが、五年後には四国の高知市《こうち》や室戸市《むろと》まで進んだ。一九六〇年には香川県《かがわ》と淡《あわ》路《じ》島の洲本市《すもと》をこえて、北上していった。一九九七年には静岡県《しずおか》浜松市《はままつ》に来て、その後神奈川県《かながわ》横浜市《よこはま》と東京都にもあらわれた。[E]になると関東北部でたくさんふえ、おなじ年には福島県《ふくしま》いわき市で幼虫が、宮城《みやぎ》県名取《なとり》市で成虫が確認《かくにん》されたのだ。

　温暖化によって、日本各地の気温は少しずつ上昇している。年平均気温が一五℃になると、その地にナガサキアゲハが飛んできてすみはじめる。ナガサキアゲハが北上する現象の観察をつづけると、日本列島の温暖化のようすがわかってくるのだ。

　秋から冬、広い水田の上空を、サオになりカギになり、編隊を組んで飛んでいく大形の水鳥といえばマガンだ。シベリアで子育てしたマガンは、日本には冬鳥として渡《わた》ってくる。その渡りにも温暖化の影響があらわれている。

　一九八〇年代まで、日本にやってくるマガンの北限の越冬《えっとう》地は、宮城《みやぎ》県の伊豆沼《いずぬま》だった。毎年、五万羽以上のマガンが伊豆沼で冬を越《こ》していた。ところが一九九〇年ごろから、渡りの中継《ちゅうけい》地だった秋田《あきた》県の小友沼《おともぬま》などで冬を越す群れがあらわれた。そして一九九五年の冬には、本州へは渡らないで、北海道で越冬する群れがでてきたのだ。

　北海道の南部、新ひだか町で、マガン四一羽、ヒシクイ※2一羽が越冬するのが観察された。その後、北海道の伊達《だて》市、むかわ町でもマガンが越冬するのが確認されている。

　その理由を考えると、新ひだか町では一九六〇年代までは、町には一面雪が積もり、川には厚い氷が張っていた。それが一九九〇年代になると、温暖化によって湖や沼、餌場《えさば》となる牧草地、水田は凍《こお》らなくなった。マガンが冬も生活できる土地となったのである。宮城県の伊豆沼より広い餌場があり、安全なねぐらがある北海道を越冬地に選ぶマガンの数は、これからもふえていくにちがいない。

　ナガサキアゲハやマガンの行動を知って、生き物のすみかが広がるのはよいことだ、と考える人がいるかもしれない。けれど生き物は、ほかの生き物を食べたり、食べられたりする「生態系」というつながりの中で生きている。一種でも生息地が変わると生態系はくずれてしまい、ほかの生き物の生活に影響をあたえるのだ。

（国松俊英《くにまつとしひで》『ライチョウを絶滅から救え』より）

※1　藻類……主に水中や湿地《しっち》に生育し、体内に葉緑素などの色素を持つ植物。

※2　ヒシクイ……カモ科の鳥で、マガンより大きい。日本には、越冬するため冬季に大陸より南下してくる。

問一 [A]・[B]に入ることばの組み合わせとして最も適切なものを、次のア〜オの中から一つ選び、記号で答えなさい。

ア　A　なぜなら　B　しかし
イ　A　また　B　あるいは
ウ　A　つまり　B　しかも
エ　A　たとえば　B　ところが
オ　A　そして　B　ところで

問二 ――線部①「毎年少しずつ気温が上がっていく温暖化の影響は、世界各地にあらわれている」とあるが、その一つとして「海面の水位の上昇」が見られる。温暖化すると海面の水位が上昇する理由を、本文中のことばを使って三十字程度で説明しなさい。

問三 ――線部②「化石燃料が放出する二酸化炭素の量は大きくふえてしまった」とあるが、この変化の原因はどのようなことか。現代の私たちの生活をふまえ、本文中のことばを使って五十字以内で説明しなさい。

問四 ――線部③「日本列島の海や山で、いま多くの生き物たちに異変がおきている」とあるが、異変の一つに「サンゴの白化」がある。本文から読み取れる、サンゴやサンゴの白化についての説明として最も適切なものを、次のア〜オの中から二つ選び、記号で答えなさい。

ア　サンゴはイソギンチャクやクラゲのなかまの動物で、光合成によって得た栄養分を、自分の体にすみついている褐虫藻に分けあたえている。
イ　サンゴの生息に適した海水温は二五〜二八℃といわれ、三〇℃をこえる時間が長くつづくとサンゴから褐虫藻が抜け出してサンゴは白く見えるようになる。
ウ　サンゴは日本中の海で見ることができ、代表的なサンゴ礁域としては、沖縄・石垣島と西表島の間にある、日本最大の石西礁湖のほかに、四国や和歌山県の海にもある。
エ　二〇〇七年の夏に沖縄地方では晴天がつづき、気温や海水温が上昇して石西礁湖のサンゴが白化したが、サンゴから抜けだした褐虫藻を食べるため魚が増えた。
オ　二〇一六年の夏には海水温を下げる台風が少なかったため、石西礁湖ではサンゴの大規模な白化現象がおき、白化現象をおこしたサンゴの半分以上が死滅していた。

問五 [C]・[D]・[E]に入ることばの組み合わせとして最も適切なものを、次のア～オの中から一つ選び、記号で答えなさい。

ア　C 北　D 山口《やまぐち》県　E 二〇〇九年
イ　C 北　D 福岡《ふくおか》県　E 二〇〇九年
ウ　C 北　D 山口県　E 二〇〇〇年
エ　C 南　D 福岡県　E 二〇〇〇年
オ　C 南　D 山口県　E 二〇〇〇年

問六 本文の内容として最も適切なものを、次のア～オの中から一つ選び、記号で答えなさい。

ア　温暖化をきっかけとするナガサキアゲハやマガンの行動様式の変化を見る限り、生き物のすみかが広がることはよいことだと考えられる。

イ　「白化」が進んで栄養分が十分にあたえられずに、サンゴが死んでしまうと、褐虫藻がサンゴから抜けでてしまい、サンゴが生き返る可能性がなくなってしまう。

ウ　化石燃料の恩恵をたっぷり受ける、現代の人間の生活を保つためには、森林を伐採したり、温室効果ガスを排出したりすることは仕方のないことである。

エ　温暖化による影響は人類だけでなく動植物にもおよんでおり、生態系の崩壊《ほうかい》によってさまざまな生物へと温暖化による影響は派生していくことになる。

オ　一九八〇年代まで、日本で冬を越すために大陸から渡ってくるマガンの越冬地は宮城県の伊豆沼以南に限られていたが、二〇〇〇年代になって北海道も選ばれはじめた。

三、次の文章を読んで、後の問いに答えなさい。

鈴木《すずき》さんは、クラスのなかでいちばんおとなしい女の子だ。鈴木帆乃《ほの》佳《か》ちゃんという名前のとおり、ほのかな感じのする子だと、暦《こよみ》は思う。

鈴木さんは、学校でしゃべらないことで有名だ。口数が少ないというのではなく、ひとこともしゃべらない。いつからそうなったのか、暦は覚えていない。少なくとも、高学年になってからは、一度も声を聞いていない気がする。しゃべらないのか、しゃべれないのか、それさえもわからない。

実は、暦は鈴木さんと一年生のときからずっと同じクラスだ。でも、鈴木さんは学校を休んでいることが多いので、はっきり言って、あまり同じクラスだという気がしない。

鈴木さんがどうしてときどき学校を休むのかも、暦はよくわかっていない。しゃべらないから、なにを考えているのか、わからないのだ。

一学期の終わりの算数の時間だった。

白滝《しらたき》先生は、みんなに問題を解かせている間、教室の中をゆっくり歩いて、つまずいている子を見つけると、近くに行って教えてあげる。そして、たいていいつも鈴木さんのところで立ち止まる。というより、まっさきに鈴木さんのところに飛んでいく。あんまり学校に来ていないから、わからないものと思っているのだ。実際、鈴木さんはあまり成績がよくないし。

そんな白滝先生を見て、床井《とこい》くんが言ったのだ。

「せんせーさぁ、いーっつも鈴木さんに教えてあげてるけどさー、ちょっと行くのが早すぎない？　もうちょっとひとりで考えたほうがいいって。解けるかもしれないんだから。それに、先生に教えてもらいたいときは、自分から手をあげる決まりだろ？」

正論だ。暦はひそかにうなずいた。白滝先生は鈴木さんにやさしすぎる。

本当は、わからないときは、「先生教えてください」って、声に出して言う決まりなんだけど、あえて、「手をあげる」って言いかえたところが、床井くんのやさしいところでもある。ただし、鈴木さんは「手をあげること」自体ができないくらいのはずかしがりやだということに、床井くんは気づいていない。

「えっ、そうですか……？」

白滝先生は自覚がなかったみたいで、床井くんに言われて、あわあわしている。

床井くんは、もちろん鈴木さんをいじめるつもりで言ったわけじゃなかったんだけど、次の日から終業式の日までの一週間、鈴木さんは学校を休んだ。床井くんはそのことをみんなからイジられて、わりと落ちこんでいた。

ところで、暦たちのクラスには、もうひとり鈴木という子がいる。

その鈴木くんは、床井くんとかなり仲がいい。家族同士で遊んだりしているみたいだ。

「とととと、とっこい。ひっさしぶりじゃん」

鈴木くんは新学期でテンションが高い。オーバーアクションで床井くんの肩《かた》を抱《だ》きながら、大声ではしゃいでいる。そう、鈴木くんはたいへんなお調子者である。

「きのう焼き肉いっしょに行ったばっかだろ。つーか、とっこいはヤメロ。おまえが犯人か。変なあだ名、はやらせやがって」

すると、鈴木くんは床井くんに向かって、両手の人さし指をびしっとさした。

「うっひょー、とっこいクール！」

「うるっせー。人を指さすな！」

ふたりがいっしょにいると、床井くんがとてもまともな人に見えてくるから、ふしぎだ。

「あ、ミケさん、おはよう」

「おはよう、鈴木くん」

このクラスでは、床井くんと鈴木くんだけが、暦をミケ呼ばわりする。変なあだ名、はやらせやがって。と、暦も床井くんに少し思っている。

教室でだれかが、「鈴木！」と呼ぶと、そのたびに鈴木さんがビクッとするし、「六年二組の鈴木」といえば鈴木くんをイメージする人が多いから、鈴木さんは陰《かげ》に隠《かく》れてしまってかわいそうなときがある。まぁ、多い名字だからしょうがないか。

そんな鈴木くんは床井くんのアンサーポール[※1]をひょいっと手に取って、

「アンサーポール、最高じゃん！　青が『解き終わりました』、黄色が『考え中』、赤が『助けてください』ってことらしいぜ。信号みたいだな」

「白滝先生のオリジナルだぞ」

「これなら手をあげなくていいしね」

「夏休み、海にも行かずに先生はこれを作ったんだ。みんな、大事に使うように」

「先生がサーファーってほんとかよ？」

「それ、ただの教授[※2]のネタだから」

「ええっ、そうなの？　わたし、本気にしてた」

「で、鈴木さんは？」

みんなで鈴木さんの席を見ると、残念ながら空席だ。でも、いつも始業ベルぎりぎりに来るから、まだ来ていないだけかもしれない。

「でもさ、鈴木さんってなんでクラスでしゃべらないんだ？　聞いてみようか、本人に」

鈴木くんが提案した。暦は「うわー」と思った。

「やめろよ、そういうこと言うの。しょうがないじゃん」

床井くんのフォローに、①鈴木くんはまゆをひそめた。

「なにがしょうがないわけ？　だってあいつ、塾《じゅく》ではふつうにしゃべるぜ？」

「ええええっ」

暦たちはみんなおどろいた。

「そんな話、一度も聞いたことなかったぞ。なんで言わねぇんだよ」

「え、だって、そういう話題にならなかったし」

「鈴木くんって、どこの塾なの?」
「商店街のタナベ教室。そういえば、このクラスでタナベはおれと鈴木さんだけだな」
暦は考えた。じゃあ、鈴木さんはしゃべれないんじゃなくて、しゃべらないんだ。しかも学校でだけ? 暦の疑問を、床井くんが口に出す。
「へぇ、なんで学校だとしゃべらないんだろ」
「だからそれを聞いてみようっての」
「もしかして、だれからも話しかけられないからじゃないかな」
教授が言った。鈴木くんが大きくうなずく。
「それな。このクラスの女子は、だれもあいつに話しかけねぇよな」
暦はそれを聞いてちょっとイラッとした。
「なにそれ、女子が悪いの? 男子だって話しかけないじゃん」
「おお、ミケさん意外に強気だな」
「それがミケのおもしろいところだよ」
ほめられているのか、けなされているのか、よくわからない。
鈴木さんに話しかけないのは、話しかけても返事がかえってこないかもって思うから。話しかけて返事がもらえなかったら、無視されているみたいになって、かなりみじめだ。
「みんなで話しかけてみようか。これのことか」
床井くんがアンサーポールを指さしながら言った。
「ああ、いいね」
「なんだっけ、青が?」
「『解き終わりました』」
「黄色が?」
「『考え中』」
「赤が?」
「『助けてください』」
「白滝先生が鈴木さんのために作ってくれたんだよーって」
「それ、恩着せがましいだろ」
「たしかに。じゃあ、おれがわかんねーわかんねーって授業中うるさいから、黙《だま》らせるために?」
案外それも狙《ねら》いかもしれない。暦はこっそりうなずいた。鈴木くんは勉強が嫌《きら》いで、算数の成績が特によくない。塾も親に無理やり行かされているんだろうなと、暦は思う。
「でも、突然《とつぜん》みんなで行ったりしたら、びっくりさせちゃわないかな」
「それもそうだな。じゃあ代表者が」
そして、床井くんと教授と鈴木くんは、暦のことを見た。
どうしてこんなことになってしまったんだろう。
暦はアンサーポールを手に、もうじき教室に入ってくるかもしれない鈴木さんを待っている。
なんか罰《ばつ》ゲームっぽい。
そんなふうに鈴木さんに思われてしまったら、ものすごく困る。自然に、自然に。
そのとき、ついに鈴木さんが教室に入ってきた。

しかも目が合った！

「おはよー」

②そう言ったのは、暦ではなくて、鈴木さんのほうだった。小さな声だったけれど、間違《まちが》いなく暦に向かってそう言った。

暦はびっくりしてしまって、返事ができなかった。その後ろで、床井くんたちも、もちろんびっくりしている。

その日、鈴木さんは、小さな声だったけれど、出席をとるときの返事をきちんとした。鈴木さんの順番のときだけ、教室が静まり返ったような気もした。みんなが鈴木さんに注目していたのだ。

すばらしかったのは、鈴木さんが声を出したことについて、だれも大きく騒《さわ》がなかったことだ。それは大きな変化だったけれど、大きな反応《はんのう》をしてはいけないんだってことに、暦たちはみんな気がついていた。六年二組の教室は、静かな[A]でつつまれた。

実際のところ、どうして鈴木さんはしゃべる気になったんだろう。

それから三年後、つまり中学三年生のとき、暦は鈴木さんにはじめて聞くことができた。そのころには、鈴木さんはクラスのなかでもおしゃべりなほうの子になっていた。

「あのアンサーポール、夏休みに白滝先生といっしょに図工室で作ったんだよ」

ちっとも知らなかった。

「こういうのがほしいかって聞かれて、ほしいって答えたら、じゃあいっしょに作りましょうって。みんなには内緒《ないしょ》だったんだけど、もうそろそろいいよね」

あのころはけっして見せなかったような顔で、鈴木さんは「ひひひ」といたずらっぽく笑った。

「そのかわり、新学期になって教室で最初に目が合った子に、自分からあいさつするって、それが先生との約束だったの」

暦のことだ。でも、鈴木さんはそれが暦だったってことを覚えていないみたいだった。相手がだれだかわからないくらい、緊張《きんちょう》していたのかもしれない。

「どうしてクラスでしゃべらなかったの？」

「それ、聞かれると困るんだよね。だって自分でもわからないから」

たしかに、自分のことでもわからないことってあるよなぁって、暦は思った。

「③先生、これ、せっかく作ってくれたけど、無駄《むだ》になったんじゃない？」

アンサーポールがみんなの机におかれたあの日、教室でしゃべるようになった鈴木さんを見て、床井くんは白滝先生にこっそり言った。白滝先生はにんまり笑って答えていた。

「そんなことはないですよ」

そのとおりだったなと、暦も思った。

（戸森《ともり》しるこ『ゆかいな床井くん』より）

※1 アンサーポール……直方体の、黄色い木製の積み木。長いほうの両端《りょうたん》が、それぞれ赤と青にぬられている。

※2 教授……クラスメートのあだ名。

問一 ――線部①「鈴木くんはまゆをひそめた」とあるが、それはなぜか。それを説明した次の文の[a]・[b]にあてはまることばを、本文中からそれぞれ六字以内でぬき出しなさい。

床井くんは、鈴木さんが[a]と思っているが、鈴木くんはだれからも話しかけられない鈴木さんが教室では[b]と思っているから。

問二 ――線部②「そう言ったのは、暦ではなくて、鈴木さんのほうだった」とあるが、鈴木さんは、なぜそう言ったのか。それを説明した次の文の[　　]にあてはまることばを、五十字以内で説明しなさい。

夏休みに白滝先生といっしょにアンサーポールを作ったとき、[　　　　]

問三 [A]に入ることばとして最も適切なものを、次のア～オの中から一つ選び、記号で答えなさい。

ア 失望　イ 疑念　ウ 自信
エ 混乱　オ 感動

問四 ――線部③「先生、これ、せっかく作ってくれたけど、無駄になったんじゃない？」とあるが、床井くんは、なぜ「無駄になった」と感じたのか。「これ」が何かを明らかにして、五十字以内で説明しなさい。

問五 本文中の人物の説明として適切でないものを、次のア～オの中から一つ選び、記号で答えなさい。

ア 鈴木さんは、場所を選んで話すかどうかを決めており、相手によって態度を変える裏表《うらおもて》のある性格である。

イ 白滝先生は、学校で話さない鈴木さんを心配してアンサーポールを作っており、生徒思いの先生である。

ウ 床井くんは、鈴木さんのことを思って白滝先生に質問しており、相手のことを思いやって行動に移せる積極性を持っている。

エ 暦は、鈴木さんに話しかけた時に返事が返ってこないことを心配しており、人からどう思われるかを気にする性格である。

オ 鈴木くんは、床井くんと親友で、いつも大声ではしゃいでおり、とても明るい性格である。

四、　次の資料や会話文を読んで、後の問いに答えなさい。

【資料Ⅰ】

「正しい敬語のマニュアル[※1]をつくってほしい」

私のところには、そんな依頼《いらい》がよく入る。私が国語学者であるところにその理由があるわけだが、それより何より、敬語に対するニーズ[※2]がとても高いということなのだろう。

ただし、毎回、丁寧《ていねい》に返すようにしている。

「つくれません」と。

敬語のマニュアルをつくることなど、まったくもってむだであるからだ。

たとえば「敬語のマニュアルをつくってほしい」というメールの中身からして、それはどうなんだ？　という敬語が使われていたりする。

『先生がスタジオにいらっしゃられましたなら……』とむだに敬語を重ねる二重敬語を使う。『こちらは書籍《しょせき》の制作をしているA出版になります』と一見、丁寧に見えるけれど敬語になっていない言葉を使っていたりするのだ。

ちなみに、前者は「スタジオにいらっしゃったなら」でOK。

後者は「A出版」だけでいい。

ちなみに「～になります」というのは本来〝変化の結果を表す表現〟で、「相手を敬う」敬語の意味はとくにない。だからまるで「(ついさっきまでB出版でしたが途中《とちゅう》から)A出版になります」みたいに聞こえて、戸《と》惑《まど》うような、さらにはワクワクするような気にさえなる。

よほど添削《てんさく》して返信してやろうかなと思うときもあるが、煎《せん》じ詰《つ》めれば私に対して〝敬う〟気持ちは十分伝わってくるから、本心では悪い気はしない。

実は、ここに敬語の本質がある。

敬語で大事なのは言葉そのものではない、ということだ。

敬語は文字通り、相手を〝敬う〟ときに使う言葉だ。もっといえば、敬うための「手段」でしかない。

この手段を目的と履《は》き違《ちが》えてしまう人がいる。

「敬語を使ってさえいれば、相手を敬っている」と勘違《かんちが》いするタイプの人だ。

しかし、いくら正しい敬語を使っていても、冷たく感じてしまうことがある。

たとえば「何かお探しでいらっしゃいますか？」という洋服屋の店員の言葉。

敬語としては、何も間違っていない。

しかし、これを歓迎《かんげい》の笑顔《えがお》もなく、無表情で、ふんぞり返った姿勢で、軽蔑《けいべつ》したような眼差《まなざ》しで、気取った店員に言われたとしたならば、どうだろう？

「お前のような、センスのない貧乏臭《びんぼうくさ》い人間はきてくれるな」と言われているようで、いかにも心が折れそうになる。丁寧な言葉を使われたらなお、バカにされているような気がしてくる。くるりと振《ふ》り向いて、「こんな店、二度とくるか」と捨て台詞《ぜりふ》の一つも言いたくもなる。

言葉は正しい。けれど、決して客を敬っていないというわけだ。

これこそが「敬語のマニュアルなんてつくれない」と言った理由だ。

敬語に一つのかたちはあるものの「こういうシーンでこの言葉を使えば正しい」とは言いきれない。いくら正しい敬語を使っても、腹が立つ相手はいる。逆に敬語が多少間違っていても、敬う気持ちが伝わるときはある。ようするに「自分がどんな言葉を使ったか」が大事なのではなく「相手がどう感じるか」につきるのだ。

（中略）

ともあれ、日常的に敬語を使わなくてはならないシーンはあるものだ。具体的には「目上の人」「外部の人」「知らない人」が、敬語を使うべき相手。

そう考えると、実はそれほど悩《なや》まなくてもいい。

想像してみてほしい。あなたが普段《ふだん》めったに会うことのない※3上役《うわやく》や、憧《あこが》れの芸能人などを前にしたとき、どうなるだろうか？

きっとものすごく緊張《きんちょう》するはずだ。緊張すると、身体は自然と硬直《こうちょく》して縮こまる。あるいは興奮して、自然と声が高くなったりする。

これらはすべて「敬意」を表す※4ボディランゲージだ。

たとえば、相手より身体が小さいことは動物的な弱さを表す。「私はあなたより弱い人間です」というわかりやすい意思表明になる。

人は八割以上の情報を視覚的な※5インプットから得るといわれる。実際に話す言葉そのものよりも、声や表情で「敬った」感じを醸《かも》し出せれば、十分、相手にそれは伝わるのだ。

裏を返せば、いくら正しい敬語を話したとしても、態度が横柄《おうへい》であったり、本気で恐縮《きょうしゅく》している気持ちがなければ、ぞんざいに見える可能性があるということだ。

（金田一秀穂《きんだいちひでほ》『日本語のへそ』より　一部中略）

※1　マニュアル……使用説明書、手引き書。
※2　ニーズ……必要性。
※3　上役……職場で自分よりも上位の立場にある人。
※4　ボディランゲージ……音声によらず表情や身振りなどで相手に意思を伝えること。
※5　インプット……外部にあるものを、内部に取りこむこと。

【資料Ⅱ】

「国語に関する世論調査」の結果

文化庁が実施《じっし》した、平成二八年度「国語に関する世論調査」のある項《こう》目《もく》の結果は以下のようになりました。

質問：コミュニケーション能力とはどのようなものか。（%）

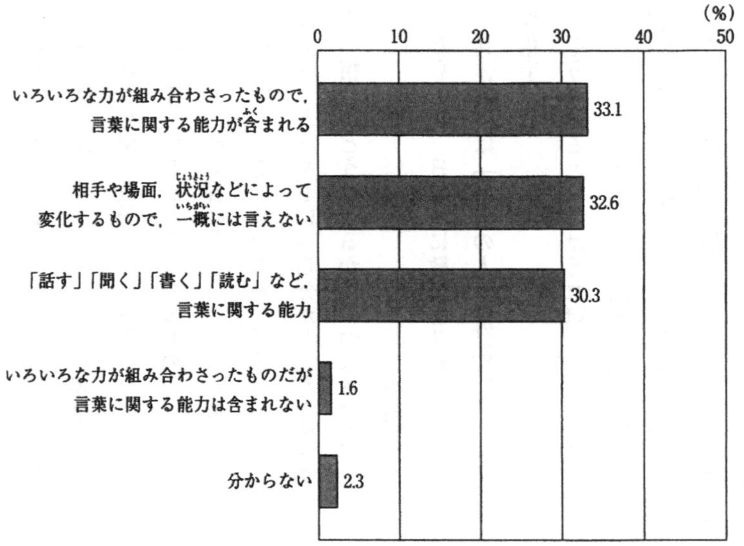

文化庁「平成28年度　国語に関する世論調査」より作成

【会話文】

次は、中学一年生のタツオ君とケイコさんの会話です。

タツオ　敬語って難しいよね。

ケイコ　特に尊敬語と謙譲《けんじょう》語の使い分けね。簡単に言うと、尊敬語は相手を敬い、謙譲語は自分がへりくだる、ということでいいのかな。でも、時々間違うよね。この前、「今、先生が申したことは、たいへん参考になりました」と言ってしまったの。言ってから気がついたのだけど、とても恥《は》ずかしかったわ。

タツオ　ぼくもよくあるよ。でも、敬語って、単なる形式なんじゃないかな。それより、もっと大事なものがあるような気がするんだ。

ケイコ　もっと大事なもの……か。私は人とうまくコミュニケーションをとるために、日本語の知識をしっかり身につけることが大切だと思うんだけど、タツオくんが考えているのは、そういうことではなくて？

タツオ　［　ア　］

ケイコ　なるほど、そういうことなんだね。

問

空欄《くうらん》 ア について、ここで、タツオさんは何と述べたと考えられるか。次の①～③を満たすように書きなさい。

① 二文構成で、六十字以上、七十字以内で書くこと（句読点を含む）。なお、会話体にしなくてもよい。

② 一文目は「確かに」という書き出しで、「言葉」について言及《げんきゅう》すること。ただし、その内容は、【資料Ⅱ】からわかる、一般《いっぱん》的な認識《にんしき》とする。

③ 二文目は「しかし」という書き出しで、【資料Ⅰ】から敬語を使う上で真に重要なことについて示すこと。

2020(R2) 立命館慶祥中
K 教英出版

2020年度C

算　数

（全7ページ）

（60分）

注意事項

1．受験番号，氏名および解答はすべて解答用紙に記入しなさい。

2．問題用紙に解答を書きこんでも採点されません。

3．解答はていねいに読みやすい字で書くこと。

4．答えは約分などをして，できるだけ簡単にして解答用紙に記入しなさい。

5．必要な問題では，円周率を3.14とします。

6．図は参考のための略図です。長さや比率や角度は実際と異なる場合があります。

2020(R2) 立命館慶祥中
教英出版

Ⅰ．次の□にあてはまる数を答えなさい。

〔1〕$\frac{6}{7}+1\frac{2}{3}\times\frac{4}{5}=\square$

〔2〕$(43-\square\div 8)\times 21=567$

〔3〕$\left(0.5-\frac{1}{3}\right)\div\left(0.25+\frac{7}{12}\right)=\square$

〔4〕兄が分速95m，弟が分速85mで，家を同時に出発し，同じ道を通って公園に向かいました。兄と弟の間の道のりが80m離《はな》れたとき，兄が分速65mにしたので，2人は同時に公園に着きました。家から公園までの道のりは□mです。

〔5〕ある整数から7をひくと9でわりきれ，9をひくと7でわりきれます。このような3けたの整数のうち最も小さいものは□です。

〔6〕長さのちがう赤，青，黄のテープがそれぞれ1本ずつあります。赤のテープ4本分と青のテープ5本分と黄のテープ6本分は同じ長さです。また，青のテープを$\frac{1}{4}$だけ使ったあとの残りの長さは，黄のテープより3cm短くなります。3つのテープの長さの合計は□cmです。

Ⅱ．次の問いに答えなさい。

〔1〕下の図の四角形 ABCD は長方形で，AF＝6cm，FB＝10cm，AE＝18cm です。四角形 AFGE の面積が 108cm²，三角形 BCG の面積が 64cm² のとき，四角形 CDEG の面積は何 cm² ですか。

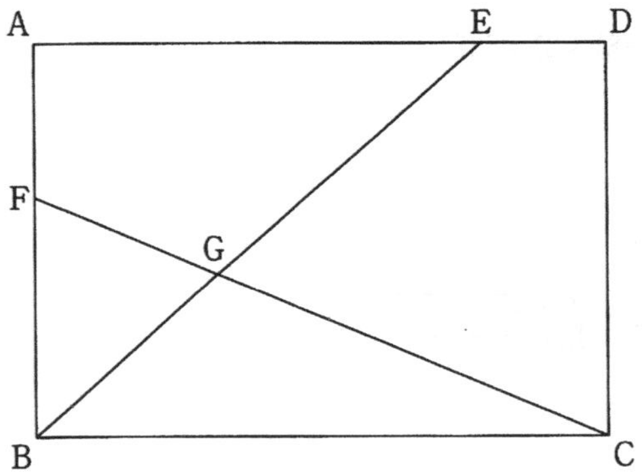

〔2〕下の図は，中心角が 120° のおうぎ形において，4 本の直線をひいたものです。同じ印をつけた角の大きさは等しくなっています。角㋐の大きさは何度ですか。

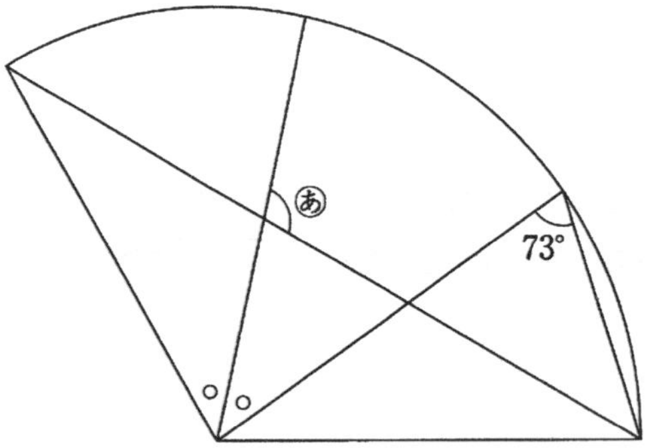

〔3〕右の図は，2つの柱体を重ねた立体を，真正面から見た図と真上から見た図です。

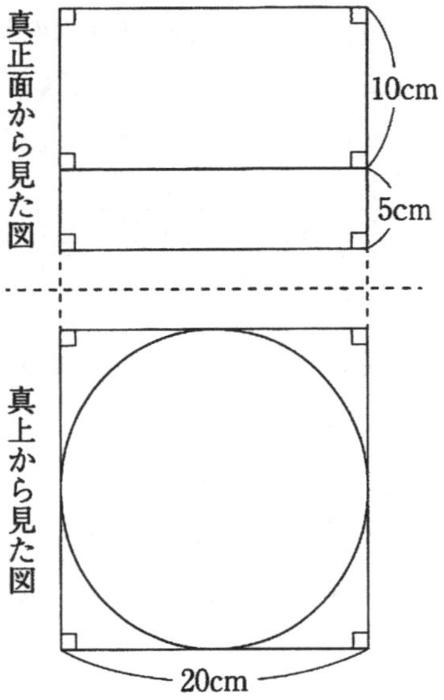

（1）この立体の体積は何 cm^3 ですか。

（2）この立体を2つ重ねた立体の表面積（表面全体の面積の和）は何 cm^2 ですか。ただし，重ねたあとも真上から見た図が右の図のようになるようにして，2つめの立体は1つめの立体の上に重ねるものとします。

Ⅲ．平面上の動きの表し方を次のように考えます。

点Oから点Pまで動くときの表し方	〈O → P〉
点Oから点Pまで動き，続けて点Pから点Qまで動くときの表し方	〈O → P〉 ＋ 〈P → Q〉
東へ4m，北へ3m動くときの表し方	（東4，北3）
西へ1m，南へ2m動くときの表し方	（西1，南2）

この表し方にしたがって考えると，右の図1の矢印のように動いたときは，

〈O → P〉 ＝ （東4，北3）

〈P → Q〉 ＝ （西1，南2）

〈O → P〉 ＋ 〈P → Q〉 ＝ （東3，北1）

となります。

図1

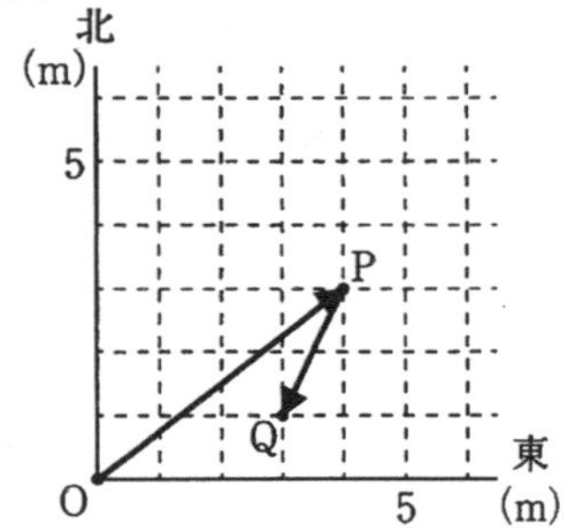

このとき，次の問いに答えなさい。

〔1〕〈O → A〉が（西5，北2），〈A → B〉が（東4，南6）のとき，〈O→A〉＋〈A→B〉を上の図1にならって，矢印と点A，点Bを解答欄《らん》にかき，（　，　）で表しなさい。

〔2〕右の図2のような正方形の形をした平面上を，点Oを出発して点アに着くまでの進み方は次の通りです。

> ①　毎秒（東2，北3）で5秒進む。
> ②　毎秒（東3，北1）で4秒進む。
> ③　1秒休む。
> ①～③を順にくり返し，正方形の辺に着いたら，そこからは点アに向かって最短距離で毎秒2mで進む。

図2

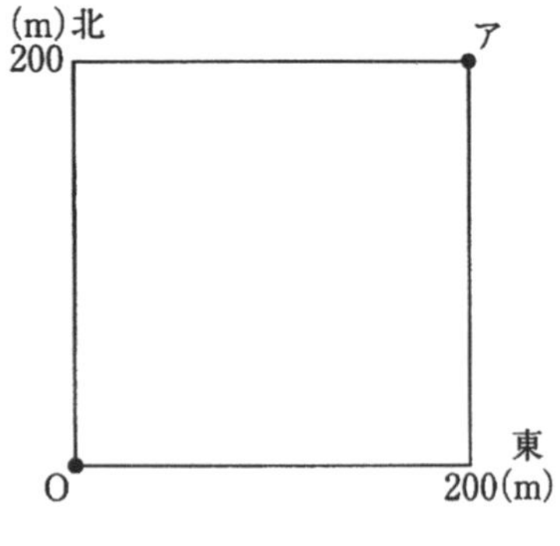

このとき，点Oを出発してから点アに着くまでには何秒かかりますか。

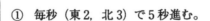

〔3〕タツオくんとケイコさんは，下の図3のような長方形の形をした平面上を，点Oから別の方向に向かって同時に出発してから出会うまで，それぞれ一定の速さで進み続けました。2人は辺に着くと下の図4のように方向を変えて進み続け，16分後に初めて出会いました。タツオくんは，はじめ毎分（東25，北35）で点Oを出発し，ケイコさんと出会うまでに1回だけ辺に着き方向を変えました。このとき，次の問いに答えなさい。

図3

図4

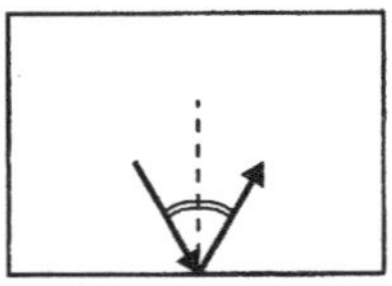

同じ印をつけた角の大きさは等しい。

（1）タツオくんとケイコさんが初めて出会ったのは，点Oから東へ何m，北へ何mの地点ですか。

（2）2人が出会うまでに，ケイコさんが1回だけ辺に着き方向を変えました。そのときのケイコさんの進み方を，解答欄にかきなさい。また，ケイコさんが出発した時の動き方を毎分（　，　）で表しなさい。

（3）2人が出会うまでに，ケイコさんが2回だけ辺に着き方向を変えたときのケイコさんの進み方はいくつかあります。そのような進み方について，ケイコさんが出発した時の動き方のうちの1つを毎分（　，　）で表しなさい。

Ⅳ. 下の表1は，ある宅配会社に北海道内から荷物の配達を依頼《いらい》したときにかかる料金の表です。たとえば，サイズ 100 の荷物を関東に送るときにかかる料金は 1800 円であることを表しています。荷物のサイズは表2のように荷物の大きさと重さによって決まり，大きさと重さでサイズが異なるときは，サイズの大きいほうの料金になります。また，荷物の大きさとは図1で示した直方体の箱のA，B，C3種類の辺の長さをたした長さです。このとき，次の問いに答えなさい。

表1

単位：円（税込）

サイズ	北海道	東北	関東	中部	近畿《きんき》	中国・四国	九州・沖縄
60	900	1100	1300	1400	1700	1800	2000
80	1100	1300	1500	1700	1900	2000	2200
100	1400	1600	1800	1900	2100	2200	2400
120	1600	1800	2000	2100	2300	2400	2700
140	1800	2000	2200	2400	2600	2700	2900
160	2000	2200	2500	2600	2800	2900	3200

表2

サイズ	60	80	100	120	140	160
大きさ	60cm まで	80cm まで	100cm まで	120cm まで	140cm まで	160cm まで
重さ	2kg まで	5kg まで	10kg まで	15kg まで	20kg まで	25kg まで

図1

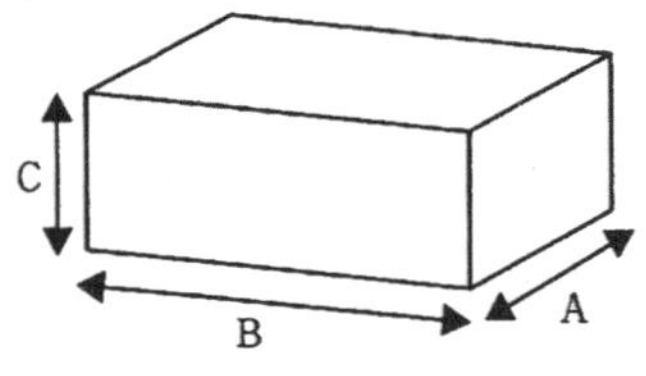

A+B+C=荷物の大きさ

〔1〕図1のAの長さが 30cm，Bの長さが 50cm，Cの長さが 10cm で重さが 12kg の荷物を中部に送るときにかかる料金は何円ですか。理由も含めて説明しなさい。

図２のような直方体で重さ600gの品物がたくさんあり，この品物を直方体の箱にすべて同じ向きにつめて荷物を作ります。このとき，次の問いに答えなさい。ただし，箱の重さや厚さは考えないものとします。

図２

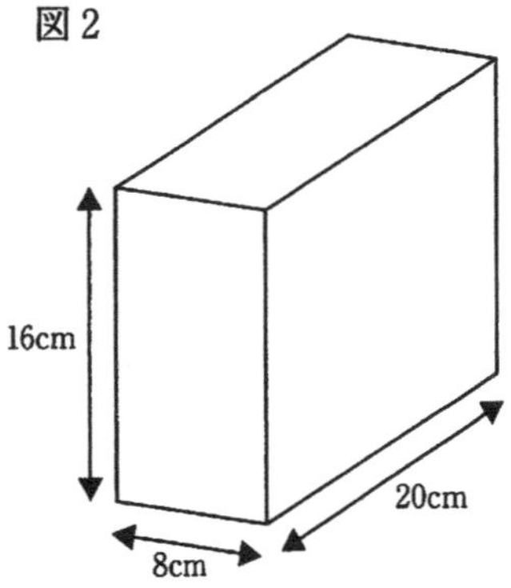

〔２〕図２の品物を箱にできるだけ多くつめて，サイズ120の荷物として送るとき，何個の品物を入れることができますか。

〔３〕図２の品物100個をいくつかの箱に分けて九州に送ります。料金の合計ができるだけ安くなるようにするとき，何円で送ることができますか。ただし，サイズ160をこえる荷物は配達できないものとします。

2020(R2) 立命館慶祥中
K 教英出版

2020(R2) 立命館慶祥中
教英出版

2020年度C

理　科

（全9ページ）

（40分）

注意事項

1．受験番号，氏名および解答はすべて解答用紙に記入しなさい。

2．問題用紙に解答を書きこんでも採点されません。

3．解答は，ていねいに書きなさい。

Ⅰ．次の〔1〕～〔4〕の問いに答えなさい。

〔1〕同じ豆電球２個とかん電池２個を使って，図１のような回路をつくりました。また，図１と同じ豆電球とかん電池を使って図２のア～カのような回路をつくり，豆電球とかん電池のはたらきについて調べました。あとの各問いに答えなさい。

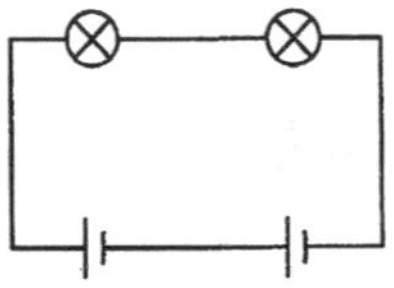

図１

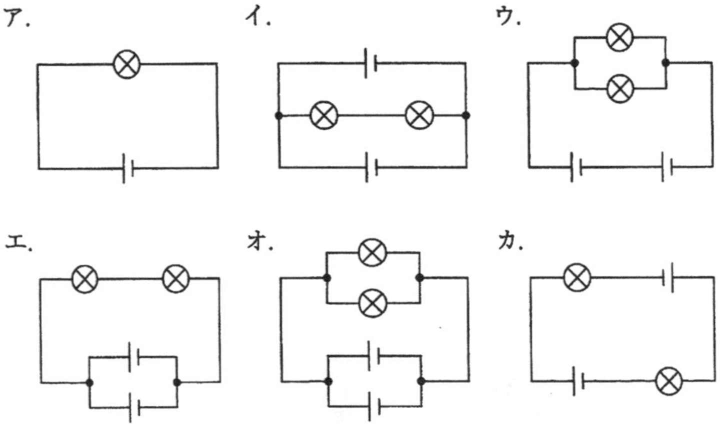

図２

（１）図２で，図１の豆電球より明るく光る豆電球がある回路はどれですか。ア～カの中から１つ選び，記号で答えなさい。

（２）図２で，図１の回路よりかん電池が長もちする回路はどれですか。ア～カの中からすべて選び，記号で答えなさい。

〔2〕気体Ａ～Ｄを用意し，それぞれの性質を調べました。気体Ａ～Ｄのにおいを調べると，気体Ｂだけにおいがありました。次に，気体を入れた試験管に火のついた線香《せんこう》を入れると，気体Ｂ，気体Ｃ，気体Ｄでは線香の火が消えました。また，気体を石灰水に通すと，気体Ｄだけ石灰水が白くにごりました。次の各問いに答えなさい。ただし，気体Ａ～Ｄは酸素，二酸化炭素，ちっ素，塩化水素のいずれかです。

（１）空気中に最も多くふくまれている気体はどれですか。Ａ～Ｄの中から１つ選び，記号で答えなさい。

（２）気体をとかした水溶液《すいようえき》にアルミニウムを入れたとき，あわが出るのはどの気体ですか。Ａ～Ｄの中から１つ選び，記号で答えなさい。

〔3〕図3は，ある地域にすむ生物のつながりを表したもので，→は「食べられるもの→食べるもの」の関係を表しています。あとの各問いに答えなさい。

生物A → 生物B → 生物C → 生物D

図3

（1）生物の「食べる，食べられる」の関係を何といいますか。

（2）生物Cの数だけが減ったとき，生物Bと生物Dの数は，はじめのうち，どのようになりますか。簡単に説明しなさい。

〔4〕江別市のある場所で，北の空の星を観察しました。図4は，ある日の午後9時に見えたカシオペヤ座のようすを表したものです。次の各問いに答えなさい。

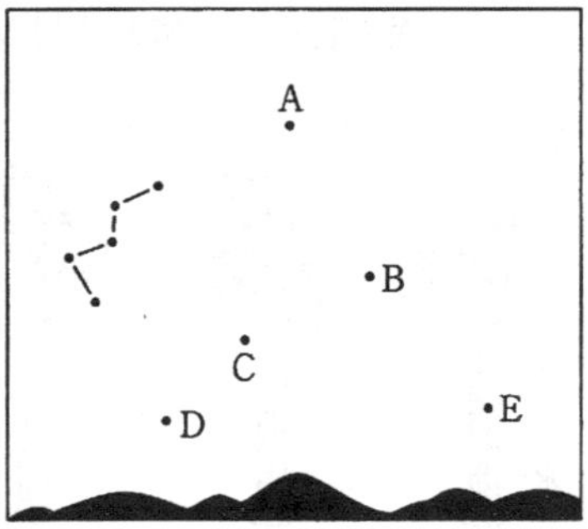

図4

（1）星座早見を空にかざして北の空の星を観察するときの，星座早見の持ち方として正しいものはどれですか。次のア～エの中から1つ選び，記号で答えなさい。

ア．
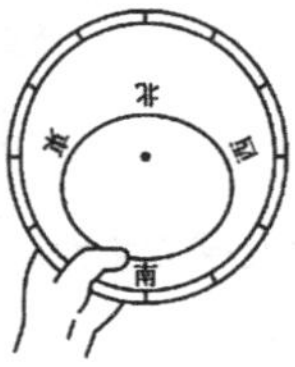

イ．
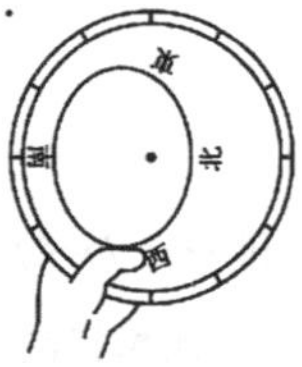

ウ．
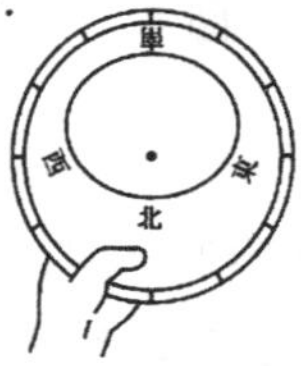

エ．
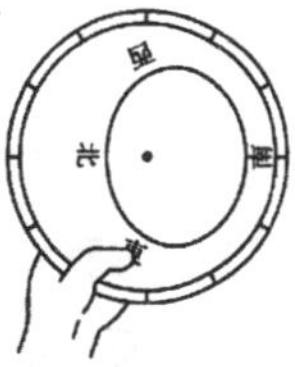

（2）北の空の星は，北極星を中心に回って見え，北極星は，カシオペヤ座を手がかりにしてさがすことができます。図4で，北極星はどの位置にありますか。A～Eの中から1つ選び，記号で答えなさい。

Ⅱ．植物のはたらきについて調べるために，晴れた日に次の【実験】を行いました。あとの〔1〕～〔7〕の問いに答えなさい。

【実験】 葉の大きさや枚数がほぼ同じホウセンカの枝A～Dを４本用意し，枝Aは何も処理せず，枝Bはすべての葉の裏側にワセリンをぬり，枝Cはすべての葉の表側にワセリンをぬり，枝Dはすべての葉の表側と裏側にワセリンをぬった。図１のように，枝A～Dをメスシリンダーに入れ，100mLの目もりまで水を入れて，水面に油をうかべた。枝A～Dを入れたメスシリンダーを日光のよく当たる風通しのよいところに，6時から22時まで置き，１時間ごとに水面の目もりの値を調べた。図２は，枝A～Dを入れたメスシリンダーの水面の目もりの値と時刻の関係をまとめたものである。

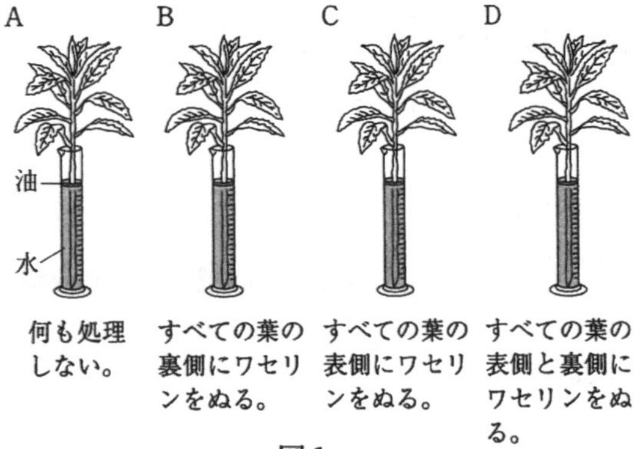

図１

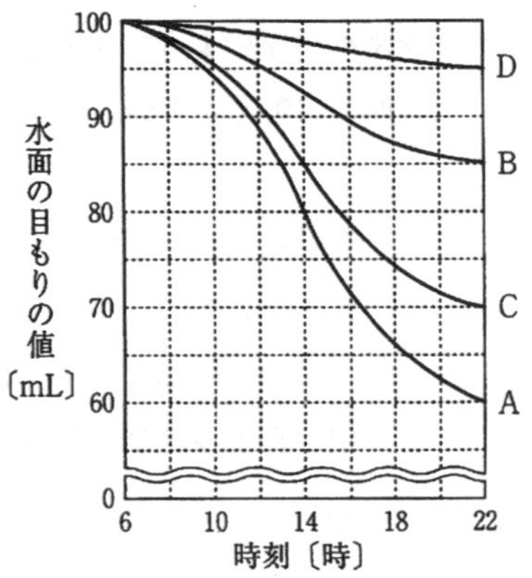

図２

〔1〕実験で，下線部のように，水面に油をうかべたのはなぜですか。その理由を，「水面から」で始まる文で，20字以内で簡単に説明しなさい。

〔2〕実験で，メスシリンダーの水が減少したのは，ホウセンカの体の中の水が水蒸気となって空気中に出ていったからです。この現象を何といいますか。

〔3〕図3は，ホウセンカの葉の表面のようすを拡大して表したものです。ホウセンカの体の中の水が水蒸気となって出ていく部分はどこですか。図3のア～エの中から1つ選び，記号で答えなさい。

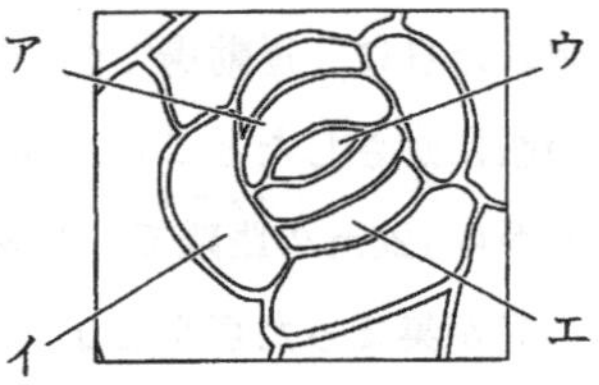

図3

〔4〕6時から22時までの間に葉の表側から出ていった水の量は何mLですか。

〔5〕6時から22時までの間に葉の裏側から出ていった水の量は，枝A～Dのうちの2つの水の減少量の差で表すことができます。どれとどれの量の差ですか。次のア～カの中からすべて選び，記号で答えなさい。

ア．Aの水の減少量とBの水の減少量の差

イ．Aの水の減少量とCの水の減少量の差

ウ．Aの水の減少量とDの水の減少量の差

エ．Bの水の減少量とCの水の減少量の差

オ．Bの水の減少量とDの水の減少量の差

カ．Cの水の減少量とDの水の減少量の差

〔6〕6時から22時までの間に葉の裏側から出ていった水の量は，葉の表側から出ていった水の量の何倍ですか。

〔7〕この実験から〔2〕の現象についてどのようなことがわかりますか。次のア～オの中からすべて選び，記号で答えなさい。

ア．昼間より夜間のほうがさかんに起こる。

イ．夜間より昼間のほうがさかんに起こる。

ウ．葉の表側より裏側のほうがさかんに起こる。

エ．葉の裏側より表側のほうがさかんに起こる。

オ．葉以外の部分では起こらない。

Ⅲ．晴れた日に，運動場で凸《とつ》レンズXを用いた虫めがねを黒い紙にかざしたところ，図1のように，凸レンズXの中心から12cmの距離《きょり》で，太陽の光が1点に集まりました。この光が集まった点をしょう点といい，凸レンズの中心からしょう点までの距離をしょう点距離といいます。この凸レンズXと，しょう点距離の異なる凸レンズYを用いた虫めがねを使って，次の【実験】を行いました。あとの〔1〕～〔6〕の問いに答えなさい。

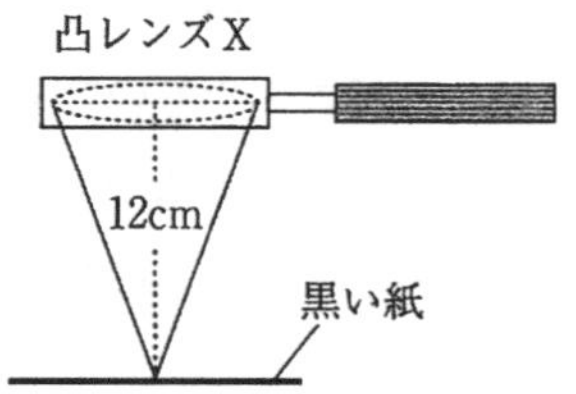

図1

【実験】図2のように，ろうそく2本と凸レンズX，半とう明のスクリーンを並べた。ろうそくと凸レンズの距離Aを変えながら，スクリーンにろうそくの像がはっきりとうつるときの凸レンズとスクリーンの距離Bを調べた。また，凸レンズXを凸レンズYに変えてAを変えながら，スクリーンにろうそくの像がはっきりとうつるときのBを調べた。表は，このときの結果をまとめたとちゅうのものである。

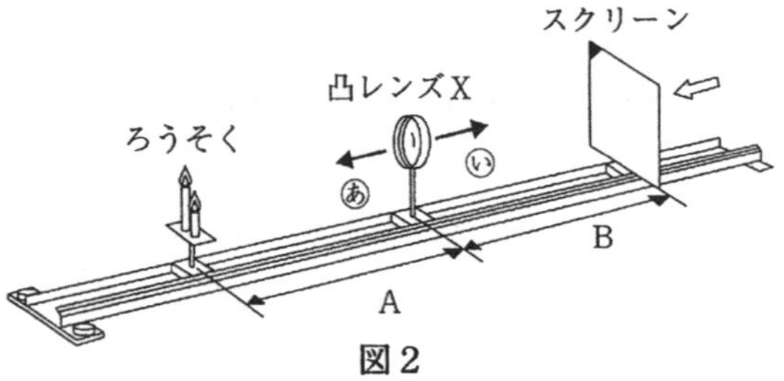

図2

表

	凸レンズX			凸レンズY		
A〔cm〕	a	24	30	20		80
B〔cm〕	36		b	80	48	

実験の結果，次の①～④のことがわかりました。

① スクリーンにうつった像は，凸レンズ側から見ると，上下，左右が逆向きの像でした。

② 凸レンズのしょう点距離をFとすると，F，A，Bは，次の3つの式で表されました。

$F=(A\times B)\div(A+B)$

$A=(B\times F)\div(B-F)$

$B=(A\times F)\div(A-F)$

③ Aが凸レンズのしょう点距離の2倍になるとき，スクリーンにうつる像は実物と同じ大きさになり，Aがしょう点距離の2倍より大きいとき，スクリーンにうつる像は実物より小さくなり，Aがしょう点距離の2倍より小さいとき，スクリーンにうつる像は実物より大きくなりました。

④ Aがしょう点距離より小さいとき，スクリーンに像はうつりませんでした。

〔1〕凸レンズXを用いた虫めがねで花を観察するとき，花を凸レンズの中心から12cmより小さい距離で凸レンズを通して見た場合，花の見え方はどうなりますか。次のア～エの中から1つ選び，記号で答えなさい。

ア．同じ向きで，もとの花より大きく見える。

イ．同じ向きで，もとの花より小さく見える。

ウ．上下左右が逆向きで，もとの花より大きく見える。

エ．上下左右が逆向きで，もとの花より小さく見える。

〔2〕凸レンズXを用いて，Aを24cmにしたときの，スクリーンにうつった像を，図2の⇐の方向から見た場合の見え方として正しいものはどれですか。次のア～エの中から1つ選び，記号で答えなさい。

ア．　イ．　ウ．　エ．

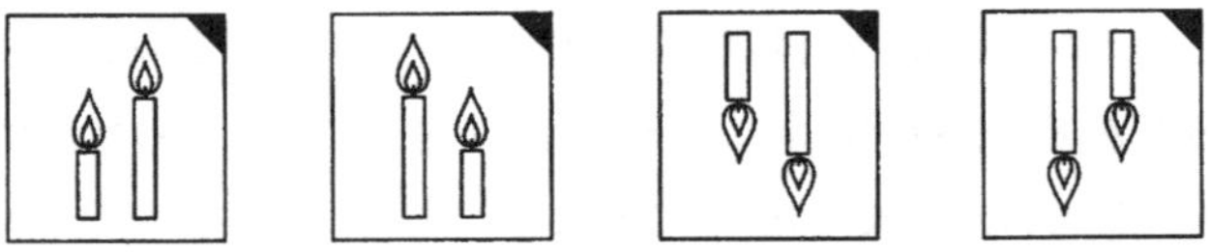

〔3〕表のａ，ｂに入る数字をそれぞれ答えなさい。

〔4〕凸レンズYのしょう点距離は何cmですか。ただし，計算式も書きなさい。

〔5〕表にまとめた6組の結果のうち，スクリーンにもとのろうそくより大きな像がうつった組み合わせは何組ありますか。

〔6〕凸レンズYを用いて，Aを20cm，Bを80cmにした状態から，ろうそくからスクリーンまでの距離を変えずに，凸レンズYだけを動かして，スクリーンにはっきりした像をうつしました。このとき，凸レンズYは，図2の(あ)または(い)のどちらの方向に，何cm動かしましたか。

Ⅳ．次の文章を読んで，あとの〔1〕～〔3〕の問いに答えなさい。

2018年7月23日，埼玉県熊谷市で気温41.1℃を記録し，国内最高気温が約5年ぶりに更新《こうしん》されました。また，同じ月，中国地方を中心に集中豪雨《ごうう》が多発し，過去の気象記録をぬりかえる雨量が記録されました。近年よくみられるこのような気象現象の原因として，空気中の二酸化炭素などの量が増加することで，気温が上昇《じょうしょう》する地球温暖化による気候変動や，都市部の舗装《ほそう》された地面の温度が太陽の熱によって上がると，土の地面に比べて，温度が下がりにくいため，夜に気温が下がらなくなるヒートアイランド現象などの影響《えいきょう》が考えられています。

また，雨の量は空気中の水蒸気の量と関係しています。空気がふくむ水蒸気の量には気温によって限度があり，空気1 m^3 中にふくむことができる水蒸気の量を飽和《ほうわ》水蒸気量といいます。気温が上がると空気中の飽和水蒸気量が増え，気温が下がると空気中の飽和水蒸気量は減り，限度をこえた水蒸気は液体の水に変わります。このときの温度を露点《ろてん》といいます。露点に達すると水蒸気が液体の水になって雲ができ，これによって雨が降ります。雲がさらに上昇すると，液体の水が氷になり，これによって雪が降ります。

気温の上昇は，生物にも影響があります。最近，住宅地にイノシシやシカなどが現れて，作物を食いあらす被害《ひがい》が拡大していますが，地球温暖化によって雪の降る量が少なくなり，野生動物の生存率が高くなったのがその理由の1つと考えられています。平均気温が高くなると，寒い気候で育つ動物や植物は，同じ場所では育ちにくくなり，（　A　）したり，より（　B　）のほうへ移動したりする必要があります。しかし，植物は動物に比べて，育つ場所を移動する速さはとてもおそいので，気温の上昇が進むと，将来，西日本では見られなくなる植物があるのではないかともいわれています。

気候の変動をおさえるためには，地球温暖化の原因となる二酸化炭素のはい出を制限したり，ヒートアイランド現象などが起こらないようにしたりするくふうをしていくことが大切です。

〔1〕下線部の地球温暖化は，空気中の二酸化炭素の割合が大きくなることがおもな原因とされています。これは石油，石炭などの燃料が燃えたときに出されたものです。石油や石炭とちがって，燃えたときに二酸化炭素が出ない物質を，次のア～エの中から1つ選び，記号で答えなさい。

ア．ろうそく

イ．スチールウール

ウ．木

エ．プラスチック

〔2〕文章中の（　A　），（　B　）にあてはまる語句の組み合わせとして正しいものを，次のア～エの中から1つ選び，記号で答えなさい。

ア．A　北上　B　高い山

イ．A　北上　B　低い土地

ウ．A　南下　B　高い山

エ．A　南下　B　低い土地

〔3〕空気中でどのように雲ができるかについて調べました。表1は，ある空気のかたまりが上昇して雲ができ，さらに発達しながら上昇するときの高度と気温の関係を表したものです。水蒸気をふくむ空気のかたまりが上昇すると，上空は空気が少なく，空気の圧力である気圧が低いので，空気のかたまりの体積は（　C　）なります。上空にいくほど空気のかたまりの温度が（　D　），この空気のかたまりは高度1600 mで雲になりました。また，雲ができるまでと雲ができてからでは，高度が上昇したときの温度の下がる割合が異なることがわかりました。

表2は，気温と飽和水蒸気量との関係を表したものです。あとの各問いに答えなさい。

表1

高度〔m〕	0	400	800	1200	1600	2000	2400	2800	3200	3600
気温〔℃〕	30	26	22	18	14	12	10	8	6	4

表2

気温〔℃〕	0	2	4	6	8	10	12	14
飽和水蒸気量〔g/m^3〕	4.8	5.6	6.4	7.3	8.3	9.4	10.7	12.1
気温〔℃〕	16	18	20	22	24	26	28	30
飽和水蒸気量〔g/m^3〕	13.6	15.4	17.3	19.4	21.8	24.4	27.2	30.4

（1）文章中の（　C　），（　D　）にあてはまる語句の組み合わせとして正しいものを，次のア～エの中から1つ選び，記号で答えなさい。

ア．C　大きく　D　上がり

イ．C　大きく　D　下がり

ウ．C　小さく　D　上がり

エ．C　小さく　D　下がり

（2）表1をもとに，この空気のかたまりの気温と高度の関係をグラフに表しなさい。

（3）雲ができはじめるまで，この空気のかたまりは100 m上昇するごとに何℃の割合で温度が下がっていますか。

（4）この空気のかたまりの露点は何℃ですか。

（5）高度600 mのとき，この空気のかたまり1 m^3 中にはあと何 g の水蒸気をふくむことができますか。

（6）この空気のかたまりで，雲の中に氷ができはじめるのは雲が高度何 m まで上昇したときですか。ただし，液体の水は0℃になると氷になるものとします。

2020(R2) 立命館慶祥中
K 教英出版

2020年度C

社　会

（全14ページ）

（40分）

注意事項

1．受験番号，氏名および解答はすべて解答用紙に記入しなさい。

2．問題用紙に解答を書きこんでも採点されません。

3．解答は，ていねいに書きなさい。

4．解答は，すべて定められたところに記入しなさい。

Ⅰ．次の地図中のＡ～Ｊの都市は，日本の政令指定都市の一部である。これらを見て，あとの問いに答えなさい。

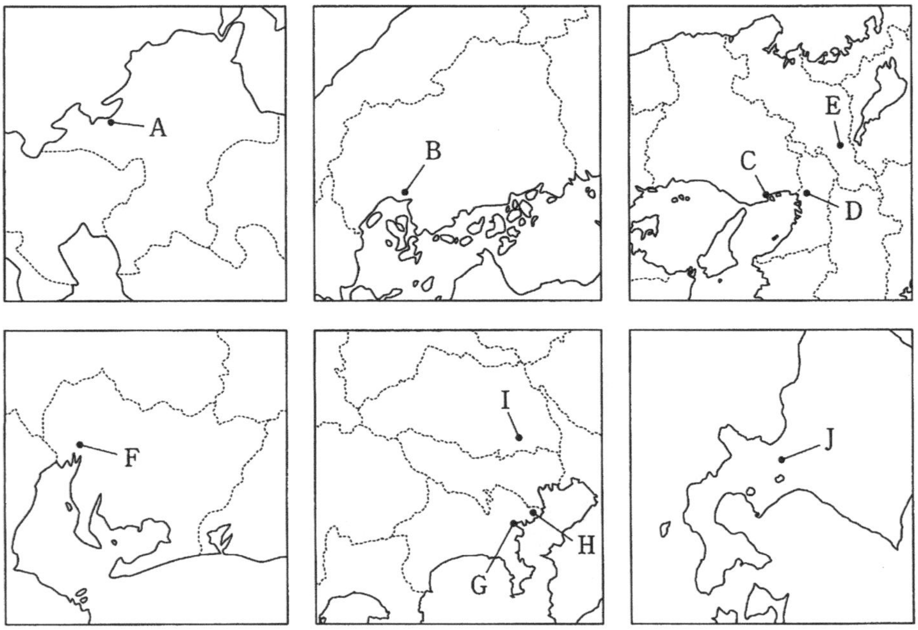

（それぞれの図の縮尺は同じではありません。一部の島は省略しています。）

〔１〕地図中のＡ～Ｊの都市は，政令指定都市のうち人口が多い都市上位10位（2018年）を示している。このうち，Ａ，Ｄ，Ｆ，Ｇ，Ｊの都市について，人口が多い順に並べたものとして最も適切なものを，次のア～エの中から１つ選び，記号で答えなさい。

ア　Ｄ→Ｇ→Ｆ→Ａ→Ｊ　　イ　Ｄ→Ｇ→Ｆ→Ｊ→Ａ

ウ　Ｇ→Ｄ→Ｆ→Ａ→Ｊ　　エ　Ｇ→Ｄ→Ｆ→Ｊ→Ａ

〔２〕地図中のＡの都市が位置する県で行われている農業について述べた文として最も適切なものを，次のア～エの中から１つ選び，記号で答えなさい。

ア　水はけのよい扇状地《せんじょうち》では，さくらんぼ（おうとう）の栽培《さいばい》がさかんである。

イ　シラスが積もっており水はけがよいため，畜産《ちくさん》がさかんである。

ウ　一年の中で，同じ土地で二種類の作物を栽培する二毛作が行われている。

エ　温暖な気候を生かして，さとうきびやパイナップルが栽培されている。

〔3〕地図中のBの都市が位置する都道府県では，工業がさかんである。この都道府県に位置する呉《くれ》市で生産がさかんな工業製品として最も適切なものを，次のア～エの中から1つ選び，記号で答えなさい。

ア　製紙・パルプ　　イ　造船　　ウ　精密機械　　エ　印刷

〔4〕地図中のCの都市が位置する都道府県と本州四国連絡橋《れんらくきょう》で結ばれた都道府県について述べた文章として正しいものを，次のア～エの中から1つ選び，記号で答えなさい。

ア　この県には，吉野《よしの》川が流れており，その水は近隣《きんりん》の県でも利用されている。また，夏には阿波《あわ》おどりが開催《かいさい》され，多くの観光客が訪れる。

イ　この県は，オリーブの生産がさかんで，生産量が日本一（2016年）である。また，満濃池《まんのういけ》など14000以上のため池があり，農業用水に使われている。

ウ　この県では，たいや真珠《しんじゅ》の養殖《ようしょく》がさかんで，生産量が日本一（2016年）である。また，道後温泉《どうごおんせん》があり，夏目漱石《なつめそうせき》の小説『坊《ぼ》っちゃん』の舞台《ぶたい》にもなった。

エ　この県は，みかんやうめ，かきなどの果樹栽培がさかんである。また，紀伊《きい》山地の霊場《れいじょう》と参詣道《さんけいみち》が世界遺産に登録されている。

〔5〕地図中のEの都市は，次の図1の西陣織《にしじんおり》の産地である。近年，その技術を用いて，図2のような商品の生産が行われている。その目的を，図3を参考にして簡単に説明しなさい。

図1　西陣織の着物

図2　西陣織のスマートフォンケース

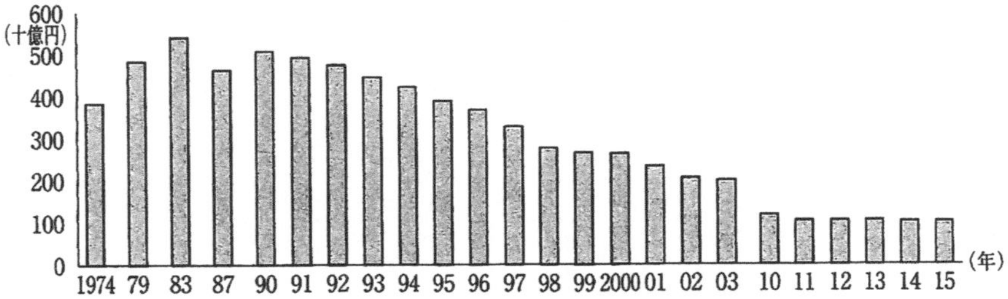

図3　伝統的工芸品の生産額の移り変わり

（一般財団法人 伝統的工芸品産業振興協会資料より作成）

〔6〕次の図4は，地図中のFの都市が位置する都道府県で見つけたマークである。図4は，どのような取り組みを推進するためにつくられたマークか，**漢字4字**で答えなさい。

図4

> 図4のマークには，次のような意味がある。
> ○県内の生産者と消費者がよい関係になる。
> ○EAT《イート》 MORE《モア》 AICHI《アイチ》 PRODUCTS《プロダクツ》.
> 　＝もっと愛知県産品を食べよう。

〔7〕地図中のIの都市について述べた次の文章中の［X］と［Y］にあてはまる語の組み合わせとして正しいものを，あとのア～エの中から1つ選び，記号で答えなさい。

> 　Iの都市が位置する関東地方の大部分では，冬は晴天の日が多い。これは，冬に北西の季節風が［X］をこえて，乾燥《かんそう》した［Y］と呼ばれる風となって吹《ふ》くからである。

ア　X－奥羽《おうう》山脈　Y－からっ風　　イ　X－奥羽山脈　Y－やませ
ウ　X－越後《えちご》山脈　Y－からっ風　　エ　X－越後山脈　Y－やませ

〔8〕地図中のＪの都市が位置する都道府県は，水産業がさかんである。次の図５は，世界の国別漁獲量《ぎょかくりょう》の移り変わりを示している。図５から読み取れることとして正しいものを，あとのア～エの中から１つ選び，記号で答えなさい。

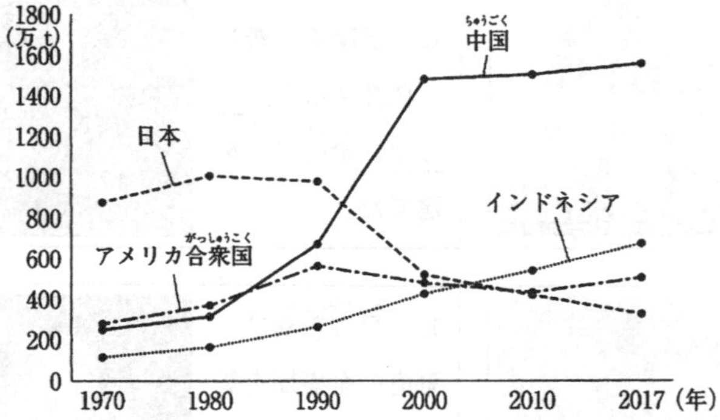

図５　世界の国別漁獲量の移り変わり

（2019/20 年版『日本国勢図会』ほかより作成）

ア　1970 年と 2017 年において，最も漁獲量が多い国は，ともに中国である。

イ　1990 年から 2000 年にかけて漁獲量が減少した国は，アメリカ合衆国のみである。

ウ　1970 年から 2017 年にかけて，インドネシアは漁獲量が 1000 万ｔ以上増加した。

エ　2017 年において，中国の漁獲量は，日本の漁獲量の３倍以上である。

〔9〕次のア～エは，地図中のＡ，Ｄ，Ｆ，Ｈのいずれかの都市が位置する都道府県におもに広がる工業地帯（地域）の製造品出荷額割合を示している。あとの文が示す工業地帯（地域）のグラフを，ア～エの中から１つ選び，記号で答えなさい。

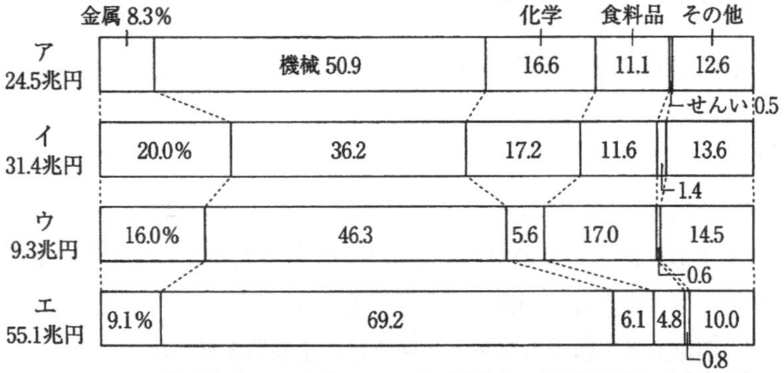

（統計年次は 2016 年，2019/20 年版『日本国勢図会』より作成）

> この工業地帯（地域）において，内陸部では精密な部品などの電気機械，臨海部では化学製品の生産がそれぞれさかんで，近年は，太陽光発電のパネルや蓄電《ちくでん》池《ち》の生産が行われている。

Ⅱ．次のA～Fのカードについて，あとの問いに答えなさい。

A　中大兄皇子《なかのおおえのおうじ》は，この地に都を移して即位《そくい》し，初めて全国の戸籍《こせき》を作成した。

B　空海《くうかい》は，遣唐使《けんとうし》とともに唐へ渡《わた》り，帰国後，新しい仏教を伝え，この地に金剛峯寺《こんごうぶじ》を建てた。

C　源頼朝《みなもとのよりとも》は守護《しゅご》や地頭《じとう》を設置し，征夷大将軍《せいいたいしょうぐん》に任命されて，この地に幕府《ばくふ》を開いた。

D　足利義満《あしかがよしみつ》は，幕府の全盛期を築き，将軍職を退いた後は，この地に金閣《きんかく》を建てた。

E　松平定信《まつだいらさだのぶ》は，寛政《かんせい》の改革で，この地に昌平坂学問所《しょうへいざかがくもんじょ》をつくって，朱子学《しゅしがく》以外の学問を禁じた。

F　板垣退助《いたがきたいすけ》は，この地に立志社《りっししゃ》を結成して自由民権運動を進め，国会の開設を目指した。

〔1〕カードAの人物の死後，あとつぎをめぐっておこった戦いを何というか，答えなさい。

〔2〕カードBについて，次の問いに答えなさい。

（1）カードBと同じころのできごとについて述べた文として正しいものを，次のア～エの中から1つ選び，記号で答えなさい。

ア　藤原道長《ふじわらのみちなが》・頼通《よりみち》の父子が摂関《せっかん》政治の全盛期を築いた。

イ　関東で平将門《たいらのまさかど》が，瀬戸内海《せとないかい》で藤原純友《すみとも》が反乱をおこした。

ウ　征夷大将軍に任命された坂上田村麻呂《さかのうえのたむらまろ》が，蝦夷《えみし》を平定した。

エ　平清盛《きよもり》が政治の実権をにぎり，一族を高い位につけた。

(2) 894年に，遣唐使の派遣の再考を進言した人物と最も関わりの深いものを，次のア～エの中から1つ選び，記号で答えなさい。

ア　平等院鳳凰堂《びょうどういんほうおうどう》　イ　太宰府天満宮《だざいふてんまんぐう》　ウ　東大寺《とうだいじ》　エ　延暦寺《えんりゃくじ》

〔3〕カードCについて，この時代のようすとして最も適切なものを，次のア～エの中から1つ選び，記号で答えなさい。

ア

イ

ウ

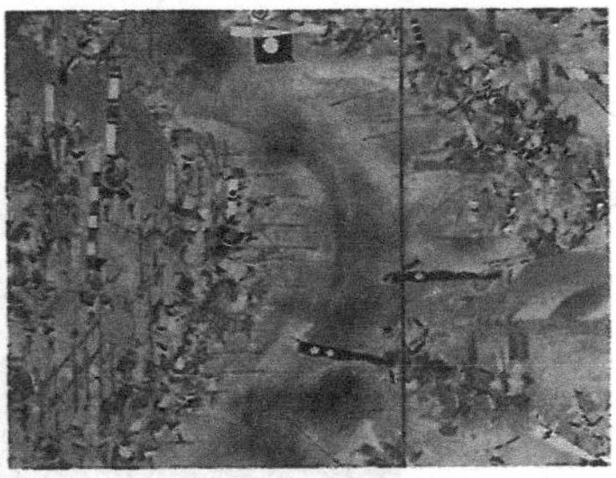

エ

〔4〕カードDについて，次の問いに答えなさい。

（1）次の文章中の□にあてはまる語を，**漢字2字**で答えなさい。

> 足利義満《あしかがよしみつ》は，明《みん》の求めに応じて，大陸沿岸で船をおそい，海賊行為《かいぞくこうい》を行っていた□を取り締《し》まり，正式な交易船には勘合《かんごう》を持たせて，明と交易を行った。

（2）カードDのころの商業について述べた文として正しいものを，次のア～エの中から1つ選び，記号で答えなさい。

ア　神社の門前などで定期市《ていきいち》が開かれ，高利貸しの土倉《どそう》や酒屋《さかや》が増えた。

イ　西廻《まわ》り航路や東廻り航路が整備され，大きな財力を持つ商人が現れた。

ウ　株仲間《かぶなかま》に属する商人は，幕府《ばくふ》に税を納めるかわりに営業を独占《どくせん》した。

エ　都と地方を結ぶ道路が整備され，都の東西には官営の市場が置かれた。

〔5〕カードEについて，次の問いに答えなさい。

（1）松平定信《まつだいらさだのぶ》は，右の資料1のような倉を各農村に設置して，米を蓄《たくわ》えさせた。この政策を何というか，答えなさい。

資料1

（2）カードEの時代の農村のようすについて述べた文として適切なものを，次のア～カの中から**すべて選び**，記号で答えなさい。

ア　備中《びっちゅう》ぐわが開発され，深く土を耕せるようになった。

イ　農作業に牛や馬が使われるようになった。

ウ　石包丁《いしぼうちょう》が，稲《いね》の穂《ほ》をつみ取るために使われた。

エ　いわしを乾燥《かんそう》させて固めた干鰯《ほしか》が各地で使われるようになった。

オ　草木を焼いた灰を肥料に用いるようになった。

カ　藍《あい》や紅花《べにばな》などの商品作物がさかんにつくられるようになった。

作文問題

「人の喜びは、時に自分自身の喜びにもなることがあります。あなた以外の誰かに起きたできごとで、あなたが最もうれしかったことについて、くわしく書いてください。」

二〇二〇年度C　入学試験　国語解答用紙

受験番号

氏名

一

問一

①　就職

②　独奏

③　シめる

④　トウチョウ

⑤　ハソン

問二

①

②

③

④

⑤

問三

①

②

③

④

⑤

問四

①

②

③

④

⑤

二

問一

問二

問三

採点欄

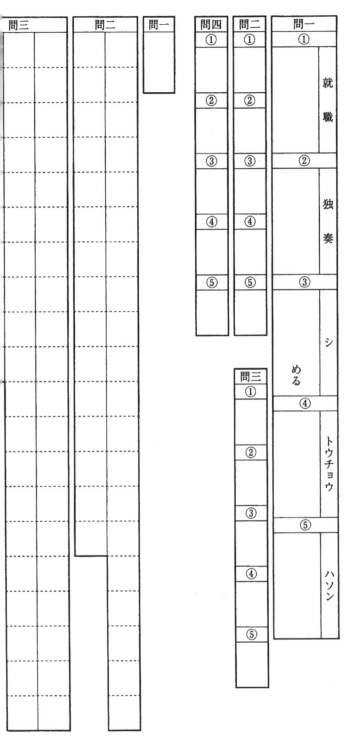

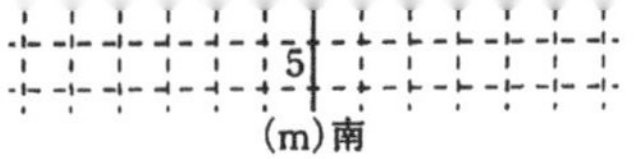

〔3〕

(1) 東へ　　　m，北へ　　　m

(2)

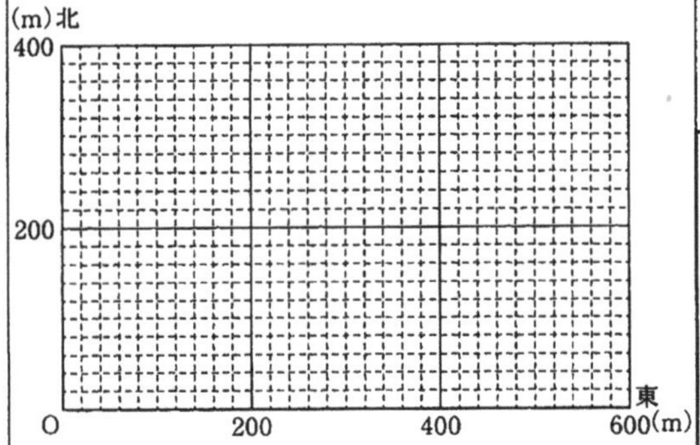

毎分(　　　，　　　)

(3) 毎分(　　　，　　　)

Ⅳ

〔1〕 料金　　　円

説明

〔2〕　　　個

〔3〕　　　円

合計

※120点満点
(配点非公表)

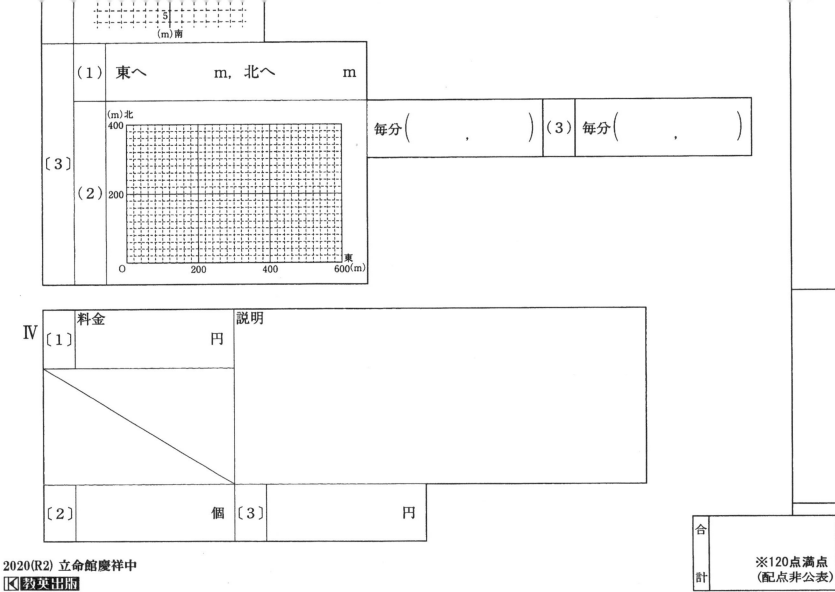

〔5〕	組	〔6〕	

Ⅳ

〔1〕			〔2〕		
〔3〕	(1)		(2)	右の図に記入	
	(3)	℃	(4)	℃	
	(5)	g	(6)	m	

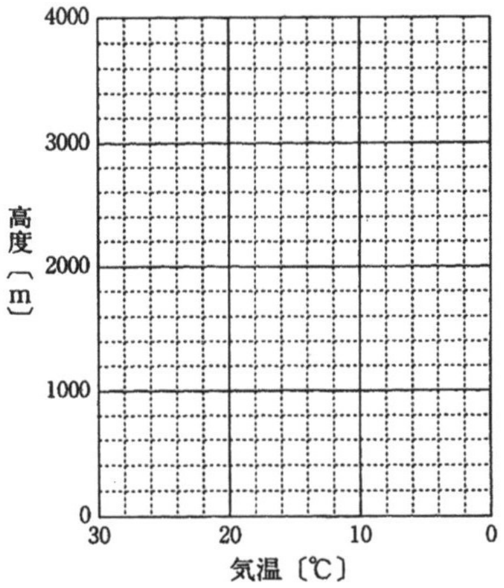

合計	※80点満点 (配点非公表)

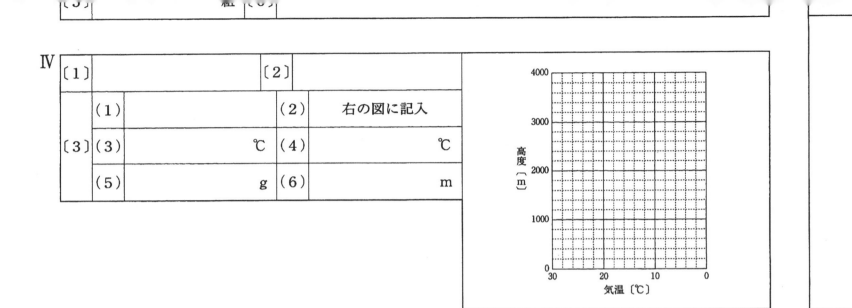

〔4〕			
〔5〕		〔6〕	
〔7〕			
〔8〕			

◆の印から横書きで書き，途中で改行せず続けて書きなさい。(、や「 」などの記号は一字と数えます。)

Ⅳ ◆

100

200

合計

※80点満点
(配点非公表)

2020年度C　入学試験　社会解答用紙

受験番号	氏名

採点欄

I

〔1〕		〔2〕		〔3〕		〔4〕	
〔5〕							
〔6〕		〔7〕		〔8〕		〔9〕	

II

〔1〕		〔2〕	(1)	(2)	〔3〕
〔4〕	(1)	(2)	〔5〕	(1)	(2)
〔6〕	(1)				
〔6〕	(2)	〔7〕	記号	都道府県名	

III

〔1〕	(1)	(2)　X	Y

【解答用

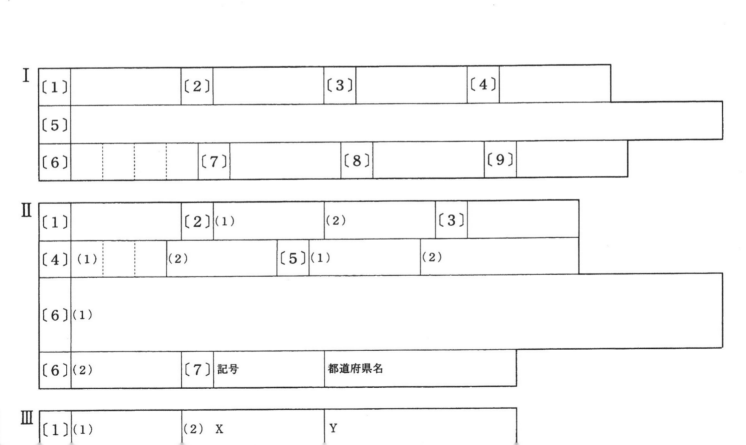

2020年度C　入学試験　理科解答用紙

受験番号	氏名

採点欄

I

〔1〕	(1)		(2)	
〔2〕	(1)		(2)	
〔3〕	(1)		(2)	
〔4〕	(1)		(2)	

II

〔1〕	水	面	か	ら					10										20

〔2〕		〔3〕		〔4〕	mL
〔5〕		〔6〕	倍	〔7〕	

III

〔1〕		〔2〕		〔3〕	a　　b

【解答用

２０２０年度Ｃ　入 学 試 験　算数解答用紙

受 験 番 号	氏　　　名

採点欄

Ⅰ

〔１〕		〔２〕		〔３〕	
〔４〕		〔５〕		〔６〕	

Ⅱ

〔１〕	cm²	〔２〕		度
〔３〕（１）	cm³	（２）		cm²

Ⅲ

図

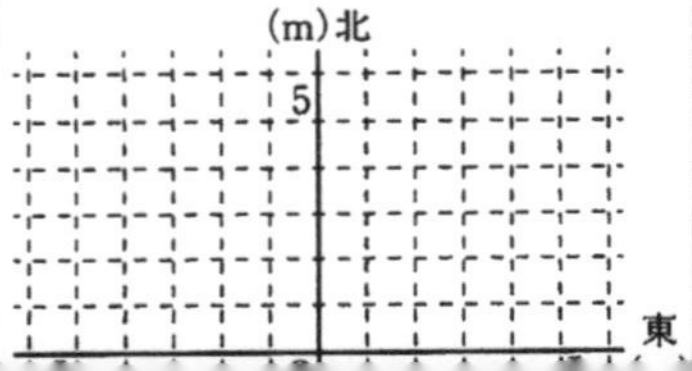

（　　　，　　　）	〔２〕	秒

【解答用

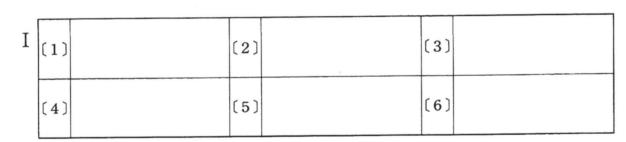

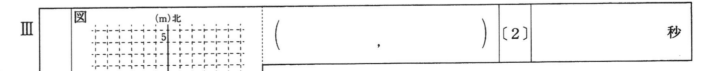

三

問一

a

b

問二

問三

問四

問五

四

◆の印から縦書きで書きなさい。途中《とちゅう》で改行せず、続けて書きなさい。

◆

70

60

※120点満点
(配点非公表)

合　計

二〇二〇年度

【作文試験】

（30分）

（全1ページ）

※作文用紙・配点非公表

注意事項

一　受験番号・氏名および作文は、すべて作文用紙に記入しなさい。
二　問題用紙に文章を書きこんでも採点されません。
三　縦書きで書くこと。
四　書き出しと段落の最初は、一マス空けること。
五　句読点や「」（）なども原則として一マス使うこと。ただし、行の先頭にきてしまう場合は、前の行の最後のマスに付け加えること。
六　文字数の指定はありません。ただし、配付された作文用紙の中におさまるように記入しなさい。（裏面も使ってよいです）

〔6〕カードFについて，次の問いに答えなさい。

(1) 国会開設に向けて，明治《めいじ》時代には内閣が設置された。次の資料2は明治時代初期の内閣，表は大正《たいしょう》時代の内閣の構成を示している。表のような内閣ができた歴史的意義を，資料2のような内閣と比較《ひかく》して，簡単に説明しなさい。

資料2　明治時代初期の内閣（1885年）

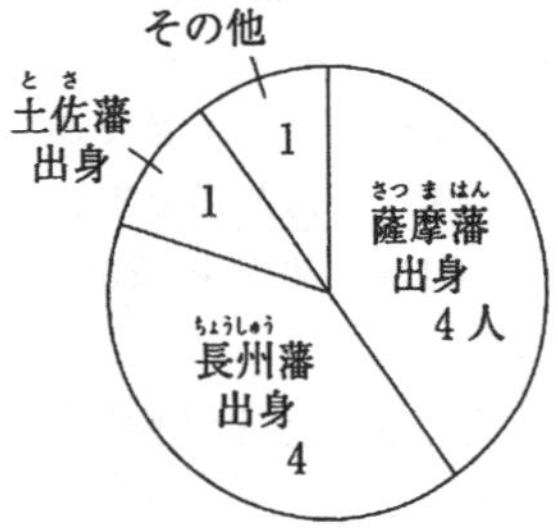

表　大正時代の内閣（1918年）

役職	出身・所属	役職	出身・所属
総理大臣	立憲政友会	陸軍大臣	陸軍中将
外務大臣	駐露《ちゅうろ》大使	海軍大臣	海軍大将
内務大臣	立憲政友会	司法大臣	立憲政友会
大蔵大臣	立憲政友会	文部大臣	立憲政友会
農商務大臣	立憲政友会	逓信《ていしん》大臣	立憲政友会

※当時の衆議院における第一党は，立憲政友会。

(2) 次の図1と図2は，明治時代の日本の領土を示している。図1から図2に領土が変化する間におこったできごととして**誤っているもの**を，あとのア～エの中から1つ選び，記号で答えなさい。

図1

図2

ア　日本は日英同盟《にちえいどうめい》を結んで，ロシアに対抗《たいこう》しようとした。

イ　いわゆる普通《ふつう》選挙法により満25歳《さい》以上のすべての男子に選挙権が与《あた》えられた。

ウ　陸奥宗光《むつむねみつ》が，領事裁判権（治外法権）の撤廃《てっぱい》に成功した。

エ　教育勅語《ちょくご》を制定して，教育や国民の精神的なよりどころとした。

〔7〕カードA～F中の下線部の土地を，**東から西へ**順に訪れる場合，**最後**に訪れる場所はどこか，A～Fの中から1つ選び，記号で答えなさい。また，その場所が位置する都道府県名を答えなさい。

Ⅲ．水の危機と環境《かんきょう》に関する次の文章を読んで，あとの問いに答えなさい。

A

「地球温暖化」という言葉を聞いたことがありますか？世界的に気温が高くなっていることです。「①地盤沈下《じばんちんか》」という言葉はどうでしょう。土地がどんどん低くしずんでいくことです。地球上で問題になっているこれらの現象は，どちらも水の問題が大きな要因となっています。地球温暖化は海面を上昇《じょうしょう》させたり，雨の降り方などにもえいきょうをもたらしています。また，地盤沈下は地下水の減少が大きな原因の一つとなっています。水の危機と環境の危機とがつながっている，これらの問題について，学んでいきましょう。

B

気候変動に関する政府間パネル（IPCC《アイピーシーシー》）の第4次報告書によれば，過去100年で地球の平均温度は0.74度上がっています。過去50年間の気温の上昇は，②過去1300年とくらべて急激であり，異常であった可能性が高いと考えられています。さらに約100年後（2100年）には，地球の平均気温が1.1度～6.4度ほど上がると予想されています。

③このような地球温暖化で気温が上がると，南極や北極の氷，その他の地域の氷河や氷原，そして永久凍土《とうど》（ロシアやカナダなどにある，夏にもとけることがないこおった土）がとけてしまうと予測されています。そして，氷河や雪原などがとけたり，海水の温度が上がって海水の体積が大きくなったりすることで，海面が上昇するといわれています。

また，1961年（昭和《しょうわ》36年）～2005年（平成《へいせい》17年）まで（20世紀）の間に約8センチメートル海面が上昇しました。このままでは，21世紀中に1980年（昭和55年）～1999年（平成11年）とくらべて18センチメートルから59センチメートル上昇すると予測されています。

C

降水量は，1900年（明治《めいじ》33年）～2005年（平成17年）にかけて，南北アメリカの東部，ヨーロッパ北部，アジア北部と中部でかなり増えた一方，サヘル地域，地中海《ちちゅうかい》地域，アフリカ南部や南アジアの一部では減りました。1970年代以降，世界的に干ばつのえいきょうを受ける地域が広がった可能性が高いと報告されています。今後，大雨のひん度は増加する可能性が高いといわれています。今世紀半ばまでに，世界の河川流量は高緯度《いど》地域およびいくつかの熱帯しつじゅん地域において増え，中緯度地域と熱帯のいくつかのかんそう地域において減ると予想されています。地中海周辺，アメリカ西部，アフリカ南部，④ブラジル，北東部などの半かんそう地域では，気候変化によって水資源の減少に苦しむと予想されています。

すでに，フィジー共和国，ツバル，マーシャル諸島共和国など多くの島国で，⑤高潮による被《ひ》害《がい》が大きくなり，潮が満ちると海水が住宅や道路に入りこんでいます。さらに，海水が田畑や地下水に入りこみ，作物が育たない，飲み水が塩水となるなど，生活に大きなえいきょうが出ています。

日本では，⑥環境省の発表で，40センチメートル海面が上昇すると，おきに出ている約120メートル分の干がたが消え，65センチメートル上昇すると，日本全国の砂はまの約80パーセント以上がなくなってしまうと予測されています。

D

人びとが使用できる淡水《たんすい》は，ほとんどが地下水です。人口増加や生活の発展により必要な水の量が増え，動力ポンプなど技術の進歩によって，地下水を多量にくみ上げるようになりました。その結果，地下水の量が減ってしまっています。

地下水の量が減り，地下水位が下がると，地面がしずみこみ，地盤沈下を起こします。世界の人口増加にともなって，世界の国ぐにでは食料をどんどん生産しなくてはならず，そのためにこれまでより⑦大量の農業用水が必要になりました。また，工業の発展により，たくさんの工業用水も必要になりました。世界のあちこちで起きている地盤沈下は，農業用水や工業用水のために地下水をくみ上げすぎたことが，主な原因になっています。

例えば，メキシコでは1年に約100万人の割合で人口が増加しています。メキシコシティの水不足は有名で，この100年の間に都心の地盤が約7.5メートルも下がっています。

現在，日本では⑧法律や条例によって，地下水のくみ上げを規制したり，河川水利用へ変えていったりする，地下水保全対策がおこなわれています。この結果，近年では一時期のような激しい地盤沈下は起きていません。しかし，水不足のときなどに地下水を急激にくみ上げると，大きな地盤沈下を発生させることがあり，国土交通省では今でも，「地下水くみ上げと地盤沈下の問題は解決した，ということはできない」としています。その一方で，地下水のくみ上げをやめたことで，地下水位が回復し，東京《とうきょう》駅などの地下構造物がうかんでしまうといった問題も起きています。適切な量だけ地下水を使用することが重要です。

（サントリー次世代教育「水育」「水の危機と環境の危機」より作成）

〔1〕下線部①について，2019年8月26日，インドネシアのジョコ大統領は，地盤沈下などの問題を解決するために，2024年に首都の移転を開始することを発表した。

図1

（1）右の図1中に示した，インドネシアの現在の首都名を答えなさい。

（2）次の文章は，インドネシアで今後起こると心配されている問題について述べている。文章中の［ X ］と［ Y ］にあてはまる語や表現を，A～Dの文章を参考にして答えなさい。

インドネシアでは，人口の増加と過密化によって，今後も［ X ］を利用する人が増え，さらに地盤沈下が進むことが予想されている。また，地球温暖化による［ Y ］によって，地盤沈下してしまった低い土地が浸水《しんすい》し，被害がさらに増えてしまうと考えられている。

〔2〕下線部②について，次の図2は，7世紀から19世紀における地球の寒暖の変動を示したものである。図2より，江戸《えど》時代には，地球の寒冷期間に入っていたことが分かる。

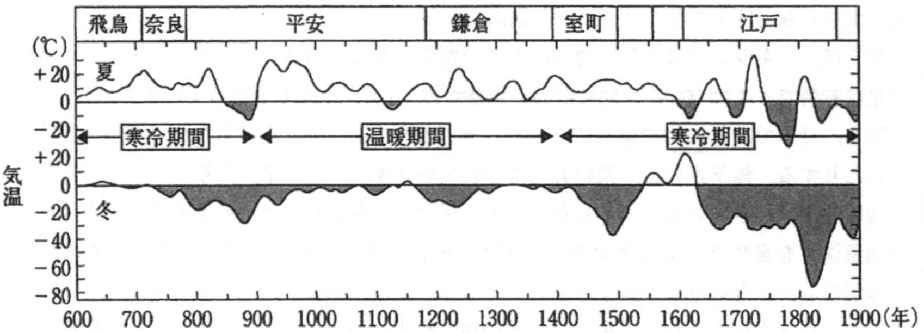

図2　7世紀から19世紀の地球の寒暖の変動

（『地理学基礎シリーズ2 自然地理学概論』より作成）

（1）江戸時代の社会のようすとして最も適切なものを，次のア～エの中から1つ選び，記号で答えなさい。

ア　ききんが発生したことから，百姓一揆《ひゃくしょういっき》や打ちこわしがおこった。

イ　人口が増加したことから，口分田《くぶんでん》が不足するようになった。

ウ　借金の帳消しを求めて，土《ど》一揆《つちいっき》がおこった。

エ　地租の引き下げを求めて，一揆がおこった。

（2）8代将軍徳川吉宗《とくがわよしむね》は，享保《きょうほう》の改革において，（1）の状況《じょうきょう》への対策を行った。享保の改革の内容として最も適切なものを，次のア～エの中から1つ選び，記号で答えなさい。

ア　極端《きょくたん》な動物愛護政策である，生類憐《しょうるいあわれ》みの令を制定した。

イ　旗本《はたもと》や御家人《ごけにん》の借金を帳消しにした。

ウ　甘藷《かんしょ》（さつまいも）の栽培《さいばい》を全国に広めた。

エ　株仲間《かぶなかま》を解散させ，物価を引き下げようとした。

〔3〕下線部③について述べた次の文章中の［　　　］に共通してあてはまる語を，カタカナ3字で答えなさい。

> 永久凍土《えいきゅうとうど》がとけると，永久凍土中に含《ふく》まれる［　　　］ガスが大気中に放出され，地球温暖化が進む原因となるといわれている。しかし，近年，［　　　］ガスを含む新たなエネルギー資源である［　　　］ハイドレートが，日本近海の海底から発見され注目されている。これは，「燃える氷」とも呼《よ》ばれ，商業化に向けた技術開発が進められている。

〔4〕下線部④について，次の図3は日本の国籍《こくせき》別の在留外国人割合を示している。日本とブラジルは遠く離《はな》れているのにもかかわらず，多くのブラジル人が日本に在留している理由を，資料1，2を見て，簡単に説明しなさい。

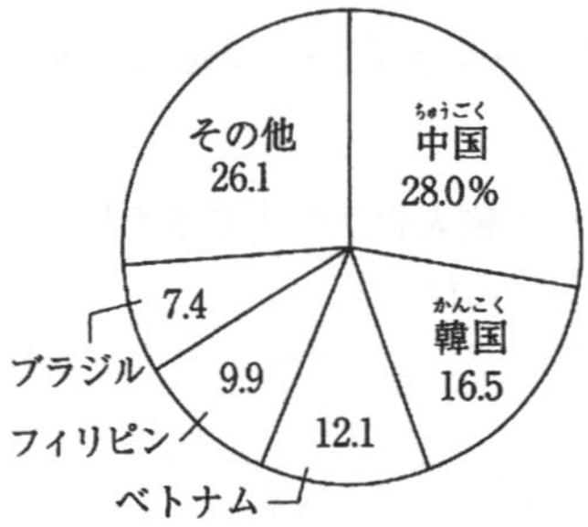

図3
（統計年次は2018年末，
2019/20年版『日本国勢図会』より作成）

資料1

資料2

ブラジルの人口
…2億1100万人
ブラジルに住む日系人
…推計約200万人

（統計年次は2017年10月）
（外務省資料ほかより作成）

〔5〕下線部⑤について，高潮と津波《つなみ》に関して述べた次のA，Bの文の正誤の組み合わせとして正しいものを，あとのア～エの中から1つ選び，記号で答えなさい。

A　高潮は，地震《じしん》や火山噴火《ふんか》などによって水中で発生する，大規模な波のことである。

B　津波は，台風や強い低気圧によって，海水面が普段《ふだん》より高くなる現象である。

ア　A－正　B－正　　イ　A－正　B－誤

ウ　A－誤　B－正　　エ　A－誤　B－誤

〔6〕下線部⑥について，環境省《かんきょうしょう》は内閣に属する官庁である。内閣のしくみとはたらきについて述べた文として**誤っているもの**を，次のア～エの中から1つ選び，記号で答えなさい。

ア　内閣は閣議で行政の方針を決定するが，国会に対して連帯責任を負うため，閣議では首相と閣僚の全員一致《いっち》によって決定するとされている。

イ　内閣総理大臣は国務大臣を任命するが，その過半数は国会議員の中から選ばなければならない。

ウ　内閣不信任決議が可決されたとき，内閣は10日以内に衆議院が解散されない限り，総辞職しなければならない。

エ　内閣総理大臣の指名は，衆議院の解散総選挙後40日以内に召集《しょうしゅう》される臨時国会（臨時会）で行われる。

〔7〕下線部⑦について，「仮想水（バーチャルウォーター）」とは，食料を輸入している国において，もしその輸入食料を国内で生産するとしたら，どの程度の水資源が必要かを推定したものである。表と図4を見て，この「仮想水」の考え方のもとでは，日本はどのような国であるということがいえるか。問題点に触《ふ》れ，あとの用語を用いて，簡単に説明しなさい。

表　日本のおもな食料の自給率とその輸入相手国上位3か国

品目	自給率	輸入相手国
小麦	14%	アメリカ 48.3%，カナダ 33.2%，オーストラリア 16.7%
果実	39%	アメリカ 21.3%，フィリピン 19.0%，中国 14.6%
肉類	52%	アメリカ 27.8%，オーストラリア 14.8%，タイ 14.5%
全体	38%	

（統計年次は自給率が 2017 年，輸入相手国が 2018 年，2019/20 年版『日本国勢図会』より作成）

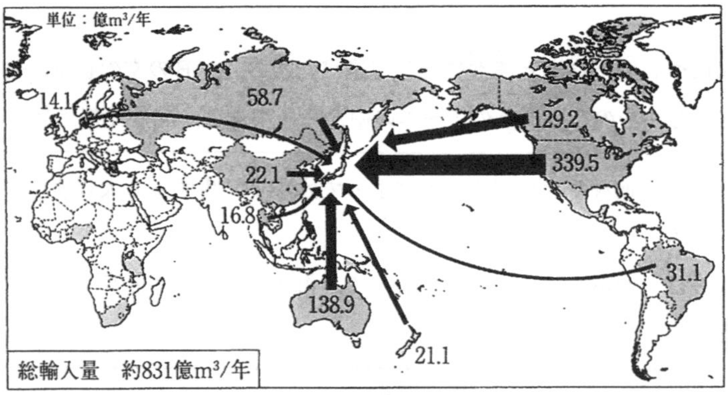

図4　日本の仮想水輸入量

（統計年次は 2005 年，環境省資料より作成）

〔用語：　間接的　輸入相手国の水資源　〕

〔8〕下線部⑧について，次の図5は，法律ができるまでの流れを示している。図5中の［　　］に共通してあてはまる，関係者や専門家を招いて意見を聞き，審議《しんぎ》の参考にするために開かれる会を何というか，答えなさい。

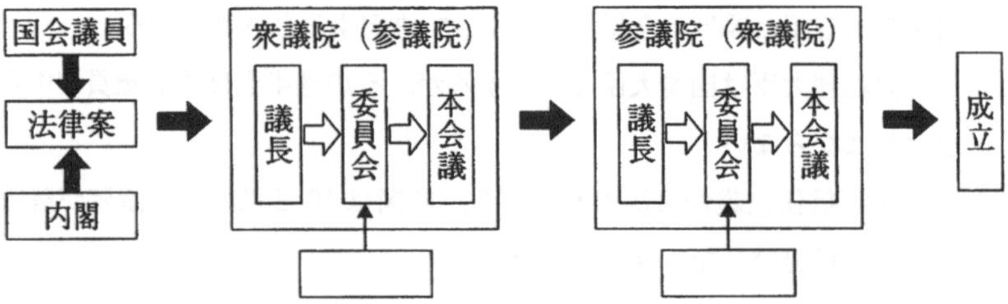

図5　法律ができるまでの流れ

Ⅳ．北海道上川郡下川町では，2030年の下川町のあるべき姿を定め，そのゴールに向けたさまざまな取り組みを行っている。資料1は，下川町が取り上げたSDGs《エスディージーズ》の目標の一部を示したものである。これらを達成するために，下川町が行っていることを，資料2～資料4を見て**3つ**考え，100字以上で説明しなさい。**説明するにあたり，以下の用語を必ず使用し，使用した部分に下線を引きなさい。**（同じ用語を何度使用してもかまいません。）

〔用語：　地域おこし協力隊　支援　自給率　〕

資料1　下川町が取り上げたSDGsの目標の一部

7-2　2030年までに，世界のエネルギーミックスにおける再生可能エネルギーの割合を大幅《おおはば》に拡大させる。

8-5　2030年までに，若者や障《しょう》がい者《しゃ》を含《ふく》むすべての男性及《およ》び女性の，完全かつ生産的な雇用《こよう》及び働きがいのある人間らしい仕事，ならびに同一労働同一賃金を達成する。

資料2　下川町の取り組み

○地域おこし協力隊の結成…人口が約140人，高齢者《こうれいしゃ》の割合が50%以上の一の橋地区を活性化させるために結成。日本各地から隊員を募集《ぼしゅう》している。任期は3年間。平成22年に任用した25名のうち12名が下川町に定住した。地域おこし協力隊は，高齢者の生活支援《しえん》だけでなく，下川町への移住や新たな企業《きぎょう》の設立などの支援も行っている。

○一の橋バイオビレッジの設立…地域おこし協力隊のアイデアをもとに建設された集住型の住宅地で，バリアフリー設計となっており，若者から高齢者まで，さまざまな家族のスタイルに合わせて住むことができる。ここでは，地域おこし協力隊を中心に運営する地域食堂が営まれている。また，豊かな森林を生かしたエネルギー供給が行われている。

資料3　一の橋バイオビレッジのエネルギー供給

下川町の面積の9割以上が森林。冬の暖房《だんぼう》を，灯油ではなく木質バイオマスエネルギーで代用する。

森林整備から発生する残材や廃棄《はいき》木材など

↓

おが粉，木くずに加工　→　木質バイオマスエネルギーの燃料へ

資料4　下川町のエネルギー自給率の移り変わり

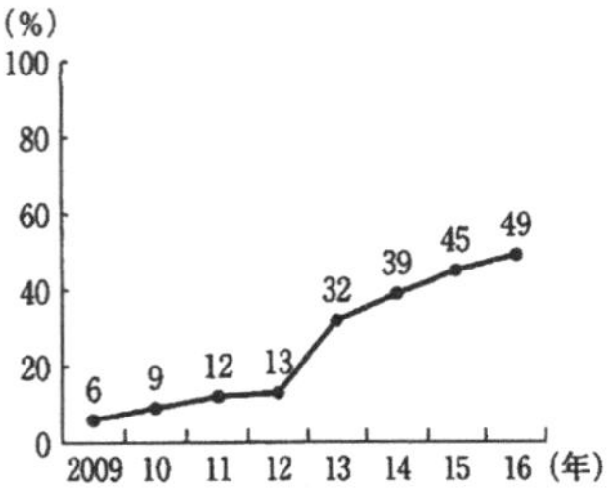

（下川町資料より作成）

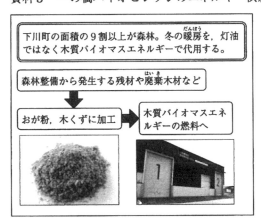

2020(R2) 立命館慶祥中
教英出版